青峰学志

——柴德赓先生110周年诞辰纪念文集

柴念东　编

2019年·北京

图书在版编目（CIP）数据

青峰学志：柴德赓先生110周年诞辰纪念文集 / 柴念东编. — 北京：商务印书馆，2019
ISBN 978-7-100-17565-4

Ⅰ.①青… Ⅱ.①柴… Ⅲ.①柴德赓（1908－1970）—纪念文集 Ⅳ.①K825.81-53

中国版本图书馆CIP数据核字（2019）第113170号

权利保留，侵权必究。

青峰学志
——柴德赓先生110周年诞辰纪念文集
柴念东　编

商　务　印　书　馆　出　版
（北京王府井大街36号　邮政编码 100710）
商　务　印　书　馆　发　行
北京兰星球彩色印刷有限公司印刷
ISBN 978-7-100-17565-4

2019年8月第1版　　　开本 710×1000　1/16
2019年8月第1次印刷　　印张 23 3/4

定价：148.00元

柴德赓先生塑像
(苏州大学独墅湖校区,2015年立)

柴德赓诞辰110周年学术研讨会暨《柴德赓全集》学术委员会议
（2018年11月4日于北京师范大学）

《柴德赓点校新五代史》新书发布会
前排左起：于殿利、邱居里、陈祖武、瞿林东、刘家和、柴邦衡、陈智超、田晓明
（2014年6月29日于商务印书馆）

柴德赓先生《清代学术史讲义》学术座谈会
（2013年7月20日于北京师范大学）

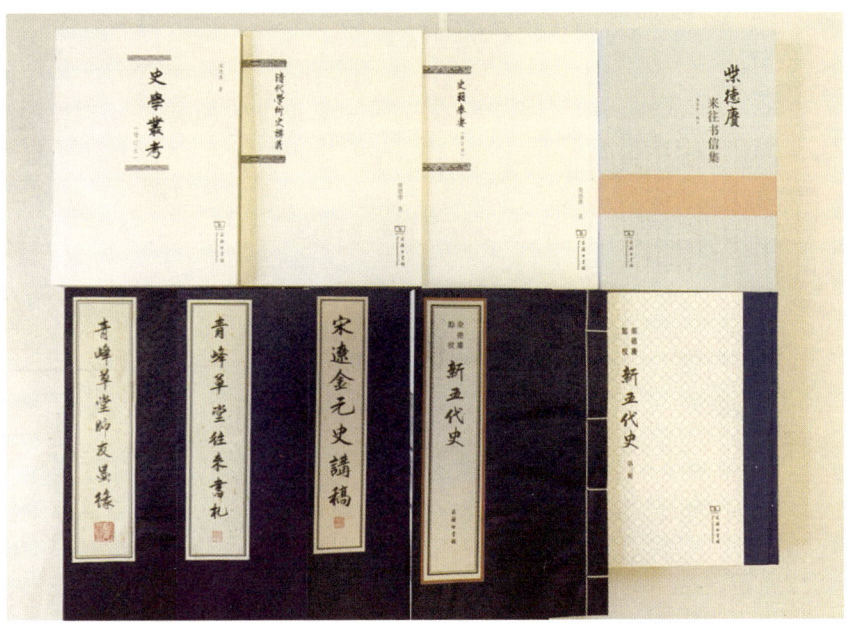

商务印书馆近年出版的柴德赓先生著作

柴德赓小传*

柴念东

柴德赓，字青峰。浙江诸暨里亭人。生于清光绪三十四年九月初六日（1908年9月30日）。四岁入私塾，以《四书》开蒙。十一岁习《古文观止》，始发国文兴趣。就读于萧山临浦小学高小及该校增办初一时，遇蔡东藩亲授文史，深喜掌故，萌发史学志向。1923年秋入杭州私立安定中学，越二年考取浙江省立第一中学校高中文科，其间发奋学习，热心于革命，被推为杭州学生联合会代表。1928年加入中国国民党，毕业后脱离关系。

1929年夏柴德赓考入北平师范大学史学系，师从陈垣、邓之诚等。因学业突出，得陈垣器重。所撰论文《明季留都防乱诸人事迹考上》被荐载于本校《史学丛刊》创刊号。1933年毕业后，柴德赓于安庆安徽省立第一中学任国文教员。翌年秋转至杭州市立中学任教。1935年7月返北平，于辅仁大学附属中学教授国文，次年任辅仁大学史学系讲师。1941年发表《宋宦官参预军事考》，1944年发表《〈鲒埼亭集〉谢三宾考》。以上三篇考证文章，为秉继乾嘉考据精髓，传承学脉经典之作。其中《〈鲒埼亭集〉谢三宾考》是"陈门北方抗战史学"的组成部分，获国民政府教育部1945年度著作发明奖励文学类二等奖（一等奖空缺）。①

---

* 原载李峰主编：《苏州通史·人物卷》，苏州大学出版社2019年版，第360—362页。

① 《申报》1946年12月30日报道称："12月28日经教育部学术审议委员会第二届第四次全体会议通过民国三十四年著作发明奖励案，决议：一等奖八十万元，二等奖四十万元，三等奖二十万元，并经选定：（一）文学类，二等奖二人，柴德赓《〈鲒埼亭集〉谢三宾考》、姚薇元《鸦片战争史事考》。"

1944年初因不满汉奸曹汝霖参预辅仁大学校董会事，柴德赓携家南下，于教育部洛阳进修班讲授国文，并兼任第一战区长官部秘书之职。中日洛阳会战后，西行入蜀，留下诸多爱国诗篇。同年9月被国立女子师范学院聘为副教授，任教于国文、史地两系，1945年2月又被聘为学院图书组主任。1946年夏再返师门，任辅仁大学史学系教授。热情迎接人民解放军和平解放北平，热烈拥护中国共产党的人民民主建国纲领和新生的中华人民共和国。1950年任史学系主任。同年，经马叙伦、陈伯君介绍加入中国民主促进会。1952年全国高校院系调整，辅仁大学被并入北京师范大学。柴德赓任新组建的北京师范大学历史系教授、系主任。连续当选为民进北京市分会第二、三届理事。

1955年柴德赓奉调至江苏师范学院历史专修科，受命创建江苏省属高校第一个历史系，任教授、系主任。到苏州后组建民进基层组织，吸收周瘦鹃、范烟桥、谢孝思、程小青、顾公硕等加入民进。1956年当选为民进第四届中央委员。兼任苏州市第二届人大代表，苏州市人民委员会委员，江苏省、苏州市政协常委，并任民进江苏省筹委会副主委、民进江苏省委员会第一届副主委，苏州市筹委会主委、苏州市委员会第一届主委，苏州专区、市筹备委员会委员等职。

柴德赓注重苏州地方史研究，被调至江苏师范学院当年年末，即于玄妙观机房殿发现了雍正十二年（1734）所立《长洲县奉各宪永禁机匠叫歇碑记》，并考证其文物价值，为研究18世纪中国丝织业中资本主义因素增长问题及机织工匠罢工斗争历史提供了重要资料。1957年，署名中国史学会主编的《中国近代史资料丛刊》之《辛亥革命》全八册出版，实由柴德赓领衔编纂完成。后柴德赓撰有《从白居易诗文中论证唐代苏州的繁荣》、《明末苏州灵岩山爱国和尚弘储》、《王西庄与钱竹汀》等地方史文章，并承担苏州市政府对外活动中介绍姑苏掌故工作。还先后邀请尚钺、吴晗、吴泽、韩儒林、翦伯赞、邓广铭、胡华等友人来学院座谈和做学术报告，加强学术交流。

1957至1958年，柴德赓在整风、反右运动中曾遭受错误的批判，被迫进行四十余次检查。1962年奉教育部之命，赴京参加全国高等学校历史教材编审工作，并于中共中央高级党校、北京大学讲授"资治通鉴介绍"、"史料与史学"等课程。此后，写成《试论章学诚的学术思想》、《章实斋与汪容甫》、《王鸣盛和他的〈十七史商榷〉》等清代学术研究论文。1964 年受命参加国家组织的中华书局"二十四史"整理工作，再度赴京，协助陈垣点校《新五代史》，留有完整的点校本及校勘记，为学林"校勘历史文献之范本"[①]。柴德赓对陈垣十分敬重，一生追随，撰有《我的老师——陈垣先生》，在华东师范大学做过题为"陈垣先生的学识"的演讲，以传承陈门衣钵为己任，被人视为陈垣门下"四翰林"之首[②]。

1966 年"文化大革命"开始后柴德赓被迫离京返苏，被抄家、批斗，关入"牛棚"，身心备受摧残。1970 年 1 月 23 日在苏州尹山湖农场劳动中，柴德赓因心脏病突然复发猝死。1979 年被定性为受"四人帮"迫害致死，并恢复名誉。1987 年与夫人陈璧子被合葬于北京八宝山公墓。

柴德赓多才艺，同门启功学长称其"精于文史，敏于词章，书法潇洒流畅，得张阆生先生（宗祥）之传"[③]。去世后，亲属后代将其所遗藏书、手稿、藏品等陆续捐赠给苏州大学、复旦大学、苏州档案馆和国家图书馆，其中"中国历史要籍介绍"、"清代学术史讲稿"等手稿被列为国家图书馆善本典藏。遗著陆续出版的有《资治通鉴介绍》、《史学丛考》、《史籍举要》、《清代学术史讲义》、《柴德赓点校新五代史》、《宋辽金元史讲稿》等。另有《柴德赓来往书信集》等行世。

[①] 陈祖武 2014 年 6 月 29 日在"《柴德赓点校新五代史》新书发布会暨《柴德赓全集》编辑启动仪式"上的发言。

[②] 首都博物馆藏"陈垣旧藏《汪中临圣教序》"尾跋。周祖谟之子周士琦《辅仁大学四翰林》一文中的排序为柴德赓、余逊、周祖谟、启功。

[③] 刘乃和：《历史文献研究论丛》，广西师范大学出版社 1998 年版，第 345 页。

目　录

从《王西庄与钱竹汀》谈柴德赓先生的史论观……………刘家和　　1

《清史稿儒林传校读记》举要………………………………陈祖武　　10

千古师生情……………………………………………………陈智超　　16

《资治通鉴介绍》再版前言…………………………………瞿林东　　22

读谱感言
　　——《柴德赓年谱长编》代序…………………………陈　晶　　25

柴青峰藏陈援庵《中国史学名著评论》
（讲授记录稿）跋…………………………曹永年　柴念东　　31

读柴德赓先生《宋辽金史讲义》感言………………………邓小南　　48

柴德赓批《书目答问补正》学习笔记………………………孙文泱　　52

传承与发展
　　——柴德赓先生《史籍举要》读后……………………邱居里　　69

论柴德赓对清代学术史研究的贡献…………………………武少民　　95

读柴德赓先生《"中国史部目录学"教学大纲》札记…李岭　宁侠　121

袁枚《祭庄滋圃中丞文》略考………………………………韩益民　127

柴德赓日记及来往书信中所见之《辛亥革命》署名及稿酬风波…丁波　147

柴德赓与陈乃乾往来函札二通考释…………………………孔令通　162

柴德赓先生出北平记…………………………………………俞　宁　174

抗战胜利前后的辅仁师友
　　——《柴德赓来往书信集》中的珍贵记载……张建安　183
《柴德赓来往书信集》札记三则……王江鹏　192
柴德赓与"章黄学派"关系考……赵宇翔　211
第一销魂是此时
　　——史树青致柴德赓尺牍杂谈……朱万章　223
心路历程与家国情怀
　　——读《柴德赓来往书信集》有感……沈慧瑛　229
手稿的价值与捐赠的意义……杜　羽　232
《中国历史要籍介绍》学习笔记读后……崔　珏　236
潇洒流畅　学者风范
　　——记著名历史学家柴德赓先生的书法成就……邹典飞　245
一个极其宝贵的遗产……陈祖武　263
文化传承是大学的首要责任……田晓明　267
柴德赓先生与《新五代史》点校……陈尚君　272
《新五代史》"谢瞳"辨……杨立新　276
试谈研究史学的一些基本功
　　——读柴德赓先生《清代学术史讲义》等的一些体会……刘家和　280
传薪学术有三书
　　——《清代学术史讲义》读后……关永礼　294
刘家和先生与《清代学术史讲义》……丁　波　298
追忆师者风范，继承优良传统
　　——柴德赓先生《清代学术史讲义》出版座谈会纪要……武晓阳　302
你看！他们是怎么弄学术的……张旭东　307
柴德赓的学术贡献……王卫平　317

论柴德赓史学研究的主要方法和特点 ………………… 侯德仁　320

柴德赓历史教育思想探析 ……………………………… 吴　琼　337

柴德赓中国史学史研究的特点及局限 ………………… 王　冰　349

附录：《柴德赓全集》总目（初稿） …………………… 柴念东　362

编后记 …………………………………………………… 柴念东　363

从《王西庄与钱竹汀》谈柴德赓先生的史论观*

刘家和

各位专家、各位中青年朋友，我今天来参加柴德赓先生诞辰110周年的纪念会，同时也是一场学术研讨会。

今天我尤其想讲的是1963年白寿彝先生请柴德赓先生到师大来讲课，我去听了，题目就是《王西庄与钱竹汀》。

今天要讲的是柴先生的《王西庄与钱竹汀》这篇。我作为柴先生的学生、北京师范大学的教员，我就讲讲那时的经历。诸位可以想象，援庵先生、青峰先生都是功夫下在考据上的。所以柴先生的文集叫作《史学丛考》，是对的，所收的也有这篇《王西庄与钱竹汀》，虽然是考，但这篇也是论。可是一到解放后考据之学被认为是烦琐考证，不能适合时宜，没有理论，接受批判。所以援老停笔，不写文章，柴先生也一时写不了文章。毕业以后，我被分配作世界史，我们那届同时毕业的三位，还有龚书铎先生、王桧林先生，他们二位都搞中国史。学校说我会点外文，要我搞世界史，那就服从分配搞外国史。我毕业三年，柴先生当三年系主任，我和柴先生接触比较少，反过来和白先生接触比较多。白先生很快就发现了我，因为白先生住西单，我也住西单，上班下班不管新的

---

* 根据刘家和先生2018年11月4日在北京师范大学"柴德赓诞辰110周年学术研讨会暨《柴德赓全集》学术委员会议"上的讲演录音整理。

师大历史系是在和平门外还是在北校（老辅仁定阜大街），还是到新校（现在师大这个地方），我们上班的路上，都经常同时坐车，白先生看我在车上看外文，就和我聊天，他发现这小青年还懂得一点中国史，所以那时和白先生来往比较多。再说一个事，我之所以知道白先生，第一个是谁介绍的呢？是柴先生。当时有一个新史学会（中国新史学研究会），在南池子（欧美同学会）①开会，柴先生就带我这么一个学生去了，柴先生去开会，学生没有资格，他带着我，这样可以。讲演的人是谁呢？就是白寿彝先生。柴先生就把我介绍给白先生，我那时就认识了白先生，但白先生并不认识我，很快就忘了。后来到师大我入世界史教研室，白先生是中国史教研室。当时系里情况复杂，柴先生的处境很困难，我没法和柴先生在一起，那时白先生对我也很关注，这样的情况下我就和白先生来往较多。我觉得柴先生在辅仁期间起了作用，在师大也起了作用。

柴先生是1955年离开北京的，当时送柴先生上火车，我去的。我给柴先生提着小箱子，坐的是头等车厢的卧铺，他坐的是特别的头等车厢和现在不一样，也不是现在上下层四人一个包间，是一个人一间，一张床、一张办公桌，有个灯。柴先生说安排好了，现在我就准备打开桌子坐在这看书，很讲究。正在此时陈乐素先生（就是智超先生的令尊）到了，然后我就告辞回去了。

那么以后师大白先生当系主任，白先生跟柴先生的学术风格有什么分别？白先生继承了援庵先生的学术吗？继承了，继承了哪些援庵先生的学问？先讲二位先生原来的性格是不同的。柴先生我知道，我做学生的时候和柴先生往来很多，可以到他家里去谈，柴先生掌故非常多，我爱听。我们家乡老辈也会讲几句掌故。所以我在柴先生百年诞辰的时候写过一首词《鹧鸪天》②，柴先生研究学术搞考据，讲掌故，柴先生能诗能文，古文写得很漂亮。我呢，也凑合懂一点古文，还能作点诗。所以为什么纪念柴先生诞辰100周年时写一首词，我要告诉柴先生，您这个学生对您还是有些了解的。柴先生书法好，我的

---

① 北京南池子金钩胡同19号。

② 词云："忆昔师门问学时，屡闻考史复言诗。闲来慢语连掌故，兴到挥毫走龙蛇。 流年改，南北离，侍从朝夕不堪期。高才硕学人难企，每念先生总心仪。"

字一般，偏偏得到柴先生的夸奖"刘家和字写得好"，其实我知道不行。柴先生是亦步亦趋跟援庵先生学的，柴先生"才高"，思维敏捷。

白先生呢，是"高才"。白先生是什么情况呢？早年家里很有钱，他在开封上的是教会中学（圣安德烈中学），所以白先生的英文也很好。结果白先生考到燕京大学国学研究所当学生，那时援庵先生也在国学研究所当导师，他不止在一所学校当导师。白先生不是援庵先生直接指导的，直接指导他的是黄子通先生。老先生问白先生："你将来想搞什么？"他说："我想编哲学史。"结果黄先生给他来了一句："我看你是趾不高而气甚扬。"拿本英文书给他翻，规定四星期白先生向他说明书中观点并提出自己看法。白先生固然是教会学校毕业的，外文不错，白先生也看得懂。黄先生一考，说："不行，你这不行。"黄子通先生后来指导白先生，做的论文题目是什么呢？《周易本义考》①。朱熹的《周易本义》考，有可考吗？有可考。朱熹的《周易本义》写成之前不是有程氏易学吗？易学，《程氏易传》，这个东西有很多纠葛，白先生考这个。所以白先生深知道在这时受到陈援庵先生的影响。我看白先生《陕甘劫余录》里写的，很广泛，不是一般的学者能达到的。白先生讲朱彝尊的《经义考》，不知在座的有没有搞中国史的同学，有几个看过《经义考》、知道《经义考》的价值。白先生讲得很清楚。我也看《经义考》，《经义考》是只讲经书的。目录学有两种，一种是藏书家目录学（那是讲版本、善本的），一种是读书家目录学。在读书家目录学中又有两种，一种是只讲现存书，《经义考》这书不是，《经义考》就同郑樵的"二十略"（《艺文略》）一样，存书、佚书都讲。郑樵讲的这个，没有讲细讲原因。其实《汉书·艺文志》就是存佚都讲的。为什么？朱彝尊讲得很清楚，佚书虽然佚了，但只要有序，有人评，他都给记在内，上面有的都可以。《经义考》告诉我们读书必须看序，看过序再读书和没有看的劲头根本完全不一样。白先生的特点是什么呢？白先生高才，高才是什么，白先生理论行，解放后很快就动笔写文章，文章一篇篇发。柴先生这时就

---

① 白寿彝《周易本义考》后发表于《史学集刊》1936 年第 1 期。

要有个时间适应期。我讲白先生的确是高才，但他的倾向是论。柴先生重的是考，援庵先生是以考为根据的。援庵先生不是不重视论，《元西域人华化考》怎么不是论呢？《开封一赐乐业教考》怎么不是论呢？包括《通鉴胡注表微》也有论，但是都建立在考的基础上的论。这是第一辈老先生的论，到第二辈时，白先生从来都是宏观的论。

柴先生是1955年秋天走的，天有凉意①。1963年北大历史系主任翦伯赞先生邀请柴先生到北京来讲学，讲学一段时间，不是一讲。这时候白寿彝先生请了柴德赓先生回来讲课，我去参加听讲了，地点是新一教室，一个下午。讲的是《王西庄与钱竹汀》，这篇文章照说现在看到的文章要比当时讲的多，因为讲不能讲多少②。听他这次讲课，我觉得醍醐灌顶。讲演下来以后，白先生就跟我讲："家和，柴先生原来是这么能论啊，这个文章写得真是到位！"（原话我记不住了）大加赞扬，这是我亲耳听到了。念东编注的《柴德赓来往书信集》家书里有柴先生给柴师母的信里也说到这事，当天晚上白先生还请他吃烤鸭，何兹全先生作陪③。这次讲演，对白先生来说彻底改变了对柴先生的看法。这篇文章好在哪里？好在你说它是不是考？它是考，但是这篇文章论得真深呵，没有深考就不能论得深。如果讲考，柴先生这篇还没有考尽，这是很明显的。考的时候要知道到论的时候哪些考最主要。清代学术内容太丰富，所以他的《清代学术史讲义》一开头讲清史最难考。

现在正式说这篇文章。白先生盛赞这篇文章，所以我感觉到援庵先生的学术这时在柴、白二位先生中间是变成合一的了。这是对于我们来讲，对北京师范大学学术传承来讲（包括你们搞文献的）真正是留下了一个宝贵的遗产，珍贵的遗产。这篇文章是1963到1964年间写的，后发表在《史学史资料》。为什么这篇文章没有在别的地方发表，大概白先生打过招呼④，"给我吧"。我

---

① 据《柴德赓日记》大致时间为9月15日。
② 据柴德赓家书（1963年4月23日）共讲了三个钟头。
③ 柴念东编注：《柴德赓来往书信集》，商务印书馆2018年版，第51页。
④ 关于《王西庄与钱竹汀》一文的发表时间，中华书局1982年版《史学丛考》注为1979年发表于北京师范大学史学史研究所《史学史资料》第3期。据《柴德赓来往书信集》，该文完成于1964年7月2日（第82页），交稿与《北京师范大学学报》。发稿衔接有不清楚之处，待核。

讲这些主要是说，应该是援庵先生的学问通过白、柴二位先生继承，在我们师大能够有所发展，有所发扬。可是我呢，虽然还没有昏聩，但是已经差不多糊涂，愧疚的是眼睛看不见，也差不多了。

这篇文章，不提赵瓯北，而提钱和王，为什么？赵瓯北是一个类型，真正的要讲史学、经学还是钱、王。这两个人很相像，又是亲戚。南方有句话，亲不过郎舅。钱大昕是王鸣盛的妹夫郎，钱比王小六岁。雍正时人，活得比较长，到嘉庆初年去世。这两个人，能诗能文。王是家庭富有，家里很有钱。王是高才，王是很早科举成功，考中探花。（我觉得读柴先生这篇文章，我们需要知道清代科举、官制，包括人名、官职、品位，这些都需要知道，没有一点知识是很难了解的。严格地说读柴先生的文章到现在也都需要注了。）王鸣盛考试的就是这样的情况，当时的规矩，考试一榜三名，这叫进士及第：第一名是状元，第二名是榜眼，第三名是探花。第二榜就是赐进士出身：二榜第一名是传胪（第四名）。凡是前三名出来以后就是翰林学士，官位的底子基本上打定了，在二品这一层次，这是很容易发的。王鸣盛考的是这个，所以官升得也快，当过学士，当过礼部侍郎，最终也得皇帝欣赏，后来在上任福建乡试主考官的路上买了一个妾，这事被别人告了，告了以后就被贬了职，就左迁到光禄大夫（光禄寺卿），品级降一等，由二品到三品。后来母亲去世，趁着丁忧，四十多岁就休官，到了苏州。可是王这个人的性格富而骄，赵翼曾有赠王诗云："却羡贫官做富人。"说他家里很富足。还有一个，柴先生只点到一点，没有细说，细说就是《啸亭杂录》。《啸亭杂录》是清代一个重要著作，你要知道这个为什么重要，读其书必知其人，要知其人必知其世。礼王府在哪里，在现在的西皇城根南街。昭梿早年没有什么事情，所以他知道清朝的材料特别多。这本书我没敢细看，他讲好多官制。昭梿在《啸亭杂录》中说王西庄有贪污失职，所以说这个人的人品不太好，他所以被人告也因为在朝中为官时闹一些矛盾。但是他明白，事出有因，他在家里官品那么高，家里有钱。

钱竹汀则不同，钱的家里父亲、祖父都是老秀才，教书的。钱倒是很聪明，考秀才的时候以后，考中第二名，他才十五岁。结果被王鸣盛的父亲发现了，就把小女儿许配给钱大昕，这样钱大昕是王鸣盛的小妹夫。钱大昕考秀才考得很好，可考举人不顺利。乾隆南巡（1751），那时文人都献赋，钱大昕的赋被乾隆看中了，乾隆御赏他一个举人。御赏举人后钱大昕和王鸣盛同时考进士，大舅爷王鸣盛考的是探花，钱大昕考的是二榜进士。这名次就差下了，官品就不同了。一榜前三名是直接做翰林，第二榜就开始变成庶吉士，庶吉士可以是学习做官，学习期满以后叫散馆，散馆以后分配到詹事府。詹事工作本来是东宫教皇子读书，做点文书事，没有实权，所以这个情况也同王鸣盛不一样，终在詹事府，二级官。钱大昕最高做到少詹事（四品官）。所以王鸣盛比他高二品，被贬过后也高一品。这里讲他们二人处境与性格大不相同。从前说要阶级分析，这两个都是地主阶级，讲世界观都是三纲五常，就没有区别。

所以柴先生这时候知道，除掉这个以外，讨论人品还要讲大节，对于清朝入关问题。王、钱他们都是嘉定人，大家都知道有"嘉定三屠"，杀得很厉害："扬州十日"和"嘉定三屠"。清兵在北方遇到的抵抗少，到江南一带抵抗多，这很奇怪。在北方，傅斯年先生的祖先就是清朝开科后的第一个状元傅以渐，傅斯年先生不太愿意说。王、钱这两人对清朝入关和文字狱问题是噤若寒蝉，绝对不敢说。王鸣盛这个人是爱发议论的，可是对此也不敢发，他的《十七史商榷》写到《五代史》就完了，后边不敢评，宋辽金元明都被排除了。钱大昕的《廿二史考异》对《明史》还是不能触动的。在清代学者个人不敢讲《明史》有问题，清初修的《明史》，怕文字狱特别是触动做《元史》，这个柴先生极为敏锐地看出并指明，知道元史就是所谓知道清史，满汉之间还是有区别的，有歧视的。可是这个杭大宗上皇帝书，说满汉不平等，汉人官太少，差点被杀头。所以王鸣盛和钱大昕都知道避讳这个。三个要避讳：三纲五常要避讳，明史要避讳，清朝的事要避讳，他们都知道。可是要真正进一步钻研两人的区别，看起来王西庄有才华，可才华不深入。王西庄非常自负，说我是经学有《尚书后案》，其实《尚书后案》不能说是没有贡献，可是《尚书后案》，在辨伪古文《尚书》方面。其实经过阎若璩、惠栋的考据之后，《尚书》伪古文的伪就基本定案了，这都在王鸣盛以前，所以他写《尚书后案》并无特殊贡献。经学是这个情况，史学呢？他有《十七史商榷》，名字为什么叫"商榷"？商榷不像札记，商榷就是要批评的，要批判的，Criticism。不是类比，是分析批判，是考据的辨。所以在《十七史商榷》中批驳的人多了，所以援庵先生专门写过文章，说王鸣盛好骂人，援老举过例子，柴先生也举过一些，说骂得有些出格的。从这地方比起来，就和钱大昕不一样。譬如讲《汉书》，读《汉书》不能不看颜师古注。颜师古是颜之推的后代，是很博学的。师古注也不是他一家注，是集注。如果没有师古注，我们不知道那么些家注在里面。所以读《汉书》没有不读师古注的。可是在王鸣盛眼里，颜师古是什么？其实颜师古是很渊博的，那么钱大昕呢，对颜师古就很重视。钱大昕把人家的优点尽可能表扬，至于缺点就不说了，我讲这个大家当然能够认同，所以钱大昕说我们一定要对古人要有敬意。你们看陈援庵先生是怎么教导我们的，"我们要对古人要有敬意，我们对前辈学者要有敬意"。我们不能学习一点东西就了不得了，就把前人看成如粪土。

对于诗文，王、钱两人都行，王太猖狂，笑钱大昕没有他多。钱大昕的官只做到四品，但官做大以后，这个人知足。这点柴先生的文章讲到了，官登四品，不为不达，也不算小了，生活也可以。这是讲的钱大昕谦逊的一面，满招损，谦受益。王还有一点不如钱，钱是懂数学、天文、历算的。

王鸣盛只是对钱大昕这种博学表示不满，可岂止是这些？王鸣盛的《蛾术编》里也讲"小学"，可钱大昕讲没讲"小学"？钱大昕对"小学"的贡献是无法回避的，在《十驾斋养新录》里有声纽表，历史上的范文，都是很著名的。第一个，对韵部的研究，从明朝的陈第到清朝的顾亭林以后，韵部的研究是比较充分的，声纽的研究却十分忽略。在研究声纽有突破的第一个人是钱大昕。他第一个发现，古无轻唇音。第二个发现，钱大昕说古人没有舌上音。钱大昕提出就是这两条，一个是轻音，第二条，古时候的卷舌音（大舌头）。所以钱大昕不仅在数学、天文方面有研究，在"小学"，文字音韵上也有不是王所能想象的贡献。所以这样一个情况，钱大昕的东西，不能只在《廿二史考异》里面看，要看《十驾斋养新录》，要看《潜研堂文集》，对这个柴先生是下了功夫的。

陈老对柴先生要求多看前人文集、诗集，以至于他们之间的书信都要看，这里有好多东西可以看。所以柴先生要讲王西庄，讲钱竹汀他们二人差别，正是在钱大昕的文集里发现一些东西。那时谁敢对清朝表示不满？对满汉歧视表示不满？"嘉定三屠"说不说？钱大昕到什么时候说的呢？乾隆四十一年（1776，美国独立那年），乾隆下一个命令，史书要写《贰臣传》，《贰臣传》写洪承畴，明朝投降清的，对清朝有大功的人，写《贰臣传》。为什么？因为乾隆四十一年，当时再也翻不了天了，清朝统治已经非常巩固。所以这些明朝投降清朝的这些人，在当时是肯定的，他们是有功的，但是他们做人不健全，人格不健全。《贰臣传》里人还分两等，有的还是比较好一点，最糟糕不过的是钱谦益（钱牧斋）。清军过来的时候他开城门投降，投降以后又抱怨，说这种人最糟糕。那么吴伟业（吴梅村），大诗人，也在里面，吴伟业有首诗很有名："误尽平生是一官，弃家容易变名难。"投降以后很懊悔。这是人之常情，可以理解。乾隆想编《贰臣传》，就是让大家都忠于清朝，这时钱大昕写出来当时抵抗清朝英勇惨烈的事，都写出来了。

我觉得柴先生讲到钱大昕对清朝的制度的不满，这简直妙绝了，钱大昕有篇文章，在《潜研堂文集》里，明的意思是批评苏东坡的《刑赏忠厚之至论》。说当尧之时人犯法了，皋陶曰杀之三，尧曰宥之三。文章写得很好嘛，可是考官就问你这个典故是从哪里来的，他说想当然，可以看出苏东坡也是才高，想当然地自编典故。所以钱竹汀名义上是批评苏轼，实际上是针对当时清朝。清初帝王自康熙至乾隆，凡官吏有罪，经谕旨交王公大臣议罪的，往往议决加重处罚，以待皇帝的削减，表示罪该万死，恩命出自格外。所以这样一个情况都是做好的局，让所有这些残酷暴政都归咎到这些大臣身上。大臣们为加官晋爵，所以无耻得很。这讲当时的事情，我觉得柴先生揭露得真好。然后还有一条，清朝取税，不从老百姓这里取，从商人那里取，商人也是四民之一。钱大昕讲，所收商人的钱不过是把物价提高的那部分（就是剥削），还是落在老百姓头上。清朝还有一个办法，就是"宰肥鸭"。清朝官制里有些问题，官很容易贪污。扬州、淮扬一带盐商，非常有钱，官贪污也容易。清朝的督抚，尤其总督，他用人都是由他自己安排，这是一个很大的资源。尤其当学政，学政有什么呢，清官？不是，你到地方上当学政，学生考试动不动塞点礼，权力在你这里。所以到广东当学政是肥缺。钱大昕写《惠先生士奇传》的时候，他写得很好，他先写惠士奇这人如何如何，然后他到广州任学政，主管广东学生读书和地方考试。惠这个人是学者，雍正曾经说过，惠士奇在广州"居官声名好"，调回来以后，命惠士奇去修镇江城，惠奉命去修，把所有家产变卖修城墙。以一人之力来修一个城，这怎么可能。所以修了不久，财产尽了，修不了了，于是罢官。清朝的办法就是先减轻老百姓的赋税，从贪官污吏这里收取。柴先生讲的这几句话对，这是逼着下面贪污，你不贪哪里来罚俸。官要不贪的话就要饿死，这都是柴先生的话，这些地方写得极其深刻，对清朝真正的了解。所以我觉得柴先生这篇文章写得正像孟子讲的，尚友古人："颂其诗，读其书，不知其人，可乎？是以论其世也。是尚友也。"要知其世才能尚友。所以我们要知道清朝的思想，就要把那时的制度、情况了解得清楚，透透地，不能看表面的现象，然后你才能知道内在。所以读钱大昕写的惠氏传的时候，你细心才能看出。

我觉得这篇文章之所以令白先生赞赏，这里有史、有料、有论，他还没有真考。要是真考的话，能写出大文章来，结果就没有人看了。他考得恰当，把问题都说明白了，是他的优点，也不是简单扣纯粹的帽子，分析入微。我觉得，现在我们作为柴先生的学生，应该把陈援老、柴先生、白先生的学术继承下来，传承下去。所以，白先生是怕我掉进考证、陷入考证，但我还没有完全陷进去，可是我也有一点考证癖，就这么一个情况。所以，我觉得现在我们这个时代，作为我们师大教师，恐怕应该继承的是陈援庵先生，然后是柴德赓先生、白寿彝先生，他们是第二辈，我们是第三辈。我们能要这样发扬陈援庵先生的学术，一代一代地能与时俱进，这也是我所希望的。

我今天说到这里，请各位指教。

（作者单位：北京师范大学历史学院）

《清史稿儒林传校读记》举要

陈祖武

柴青峰先生早年讲授《清史稿》，于该书有一经典之基本评价，多历年所，允称不刊。先生认为，《清史稿》是学清史的人的基本参考书，所据的史料是极丰富的，但缺点很多。诸如复辟思想浓厚、不奉民国正朔、夸美清朝统治、重复舛漏、差谬时见，等等，简直不胜枚举。因此，先生据以得出结论："以其内容论，志、表尚属有用，本纪简略，列传最下。"青峰先生何以要用"最下"二字来批评《清史稿》的列传一类？除历史观及治史态度之外，先生一语破的，乃在于《清史稿》之列传部分"是转手多次以后的资料"。遵青峰先生之教，读《清史稿·儒林传》数十年，近期幸成校读札记一帙。欣逢先生一百一十周年冥诞，谨奉上札记大要，以申景仰悃忱。

一、校读前言

《清史稿·儒林传》凡四卷，卷一至卷三，大致以学术宗尚区分类聚，略依年辈先后为序，著录一代儒林中人近三百家生平学行。卷一专记理学诸儒，二、三两卷分记经学、小学、史学及诸子学中人。所录各家，人自为传，或独领一篇，或诸家共席，首尾一贯，自成体系。凭以知人论世，可得一代学术演进大要。卷四则沿《明史》旧规，专记入清以后，历世衍圣公之承袭，惟无以附丽，乃置诸《儒林传》末。由于《清史稿·儒林传》前三卷所具学术价值，因之自1928年刊行以来，一直以治清代学术史之基本史籍，而为学人所重视。

然而清史馆开，正值民国肇建，军阀纷争，社会动荡，并非史家潜心修史之时。故而踯躅十四载所成之《清史稿》，错讹甚夥，争议不绝。诚如上世纪中，点校《清史稿》诸位专家所言："《清史稿》成于众手，编写时很少照应，完稿以后，又未经复核改定，匆忙刊行，校对也很不认真。因此体例不一，繁简失当，往往发生年月、事实、人名、地名的差误，遗漏颠倒，以及文理不通的现象。此外，还有史事论断的错误。"同《清史稿》全书相比，《儒林传》本来基础很好，既有《清国史》旧文可据，又有晚清国史馆耆硕缪荃孙先生提供之初稿，理当脱颖而出，独步全书。缪先生过世，在其后的八九年间，如果后继者能够勤于比勘，精心校核，则不难订讹正误，去非存是，编就上乘信史。恰恰相反，由于史馆管理无章，统稿乏人，加之后期急于成书，斧钺随意，以致酿成《儒林传》的过多失误。

《清史稿》成书之后，迄今曾经有过两次较大规模的集中整理。第一次是新中国成立初期，自五十年代末起，国家集合四方专家，对《二十四史》及《清史稿》的系统点校。第二次则是七八十年代，台湾地区众多清史专家合作完成的《清史稿校注》。《清史稿》的两次整理，于《儒林传》用力重点各异。前者系具有开拓意义的创举，做了可贵的传文分段，并施加新式标点。后者乃采"以稿校稿，以卷校卷"原则，利用存档史稿及相关资料，进行全面校勘，出有校记476条。之后，以传主著述、碑传、年谱及《实录》、《会典》、《起居注》等官私史籍为据，从历史学与文献学相结合的角度，逐传精心校读，遂成前辈师长交给后起学人的为学功课。

1978年10月，笔者有幸负笈京城，考入中国社会科学院历史研究所，追随先师杨向奎先生问清儒学术。从此，恭置《清史稿·儒林传》于案头，作为入门史籍而随时检读。光阴荏苒，转瞬四十年过去，当初所购《史稿》，而今装帧已多破损，然从中所获教益，则受用终身。犹记拜读之初，每有疑问，往往录之专用卡片，置诸纸质硬盒。久而久之，苦于卡片盒无处放置，便径记于各传天头、地脚，乃至字里行间。岁月流逝，字迹漫漶，早年之所记竟有难以辨识者。因之晚近以来，遂生将历年所记整理成帙之想。2016年4月，《清代学者象传校补》竣稿，未作停歇，旋即开始《清史稿儒林传校读记》之整理。历时两年，粗见眉目，所成校记居然已逾千条。抚卷冥思，百感交集。

　　清代乾嘉史家钱竹汀先生有云："史非一家之书，实千载之书，去其疑乃能坚其信，指其瑕益以见其美。拾遗规过，匪为齮齕前人，实以开导后学。"恪守"实事求是，护惜古人"宗旨，先生究心历代史籍，撰成不朽名著《廿二史考异》。笔者之从事《清史稿·儒林传》校读，实乃遵循竹汀先生教诲，沿着前辈史家之艰苦跋涉而学步向前。古往今来，关于中华学术之世代传承，前哲屡有教言："先创者难为功，绍述之易为力。"《清史稿儒林传校读记》之幸成完帙，皆仰赖二百余年来，先辈史家一代接一代的辛勤耕耘。其间，既有嘉庆中叶以降，清代国史馆《儒林传》之创编及迄于清亡的数度重修，亦有民国初年，《清史稿·儒林传》之据以成书，还有20世纪中，前辈史家的两次系统整理，以及晚近数十年，众多专家的勠力精进。饮水思源，不忘根本，唯有无尽的缅怀和感恩。只是学殖寡浅，识见孤陋，桑榆景迫，病痛缠身，凡所校读，多有错讹，敬祈方家大雅不吝赐教。

二、校读凡例

　　（一）本书秉持乾嘉史家钱竹汀先生倡导之"实事求是，护惜古人"宗旨，以中华书局1977年12月版《清史稿》点校本为依据，对该书《儒林传》著录之近三百家传记进行整理。逐家校读，订讹正误，以期得一可据可依之读本。

　　（二）订正范围，拟包括人名、地名、时间、史事、职官、制度、著述及学术主张等。

　　（三）凡有订正，一般不改动原文，概见之于各传篇末之校记。唯避讳改字一类，则径予改回，并酌出校记。

　　（四）诸家传记，原文过录，依通行规范，施加新式标点。原点校本偶见之疏忽，则随文酌改，并出校记说明。

（五）中华书局 1993 年 6 月影印之复旦大学图书馆所藏嘉业堂抄本《清国史》，乃本书梳理《清史稿·儒林传》史源之主要依据。该部《清国史》之《儒林传》，凡存三稿，一为吴格教授所称之《儒林前传》八卷本；二为作上下区分之七十三卷本；三为不分卷之《儒林传后编》。

（六）逐传附录中华书局 1987 年 11 月版《清史列传》之相关传记。一则可存《清史稿·儒林传》之史源，且见清史馆当年删削《清国史》旧文之痕迹。再则凭以补《清史稿》儒林各传所记传主籍贯，不录行省名之缺失。三则意欲竭尽绵薄，为已故王钟翰先生早年之辛勤劳作，做些许文字句读的校对工作。既以报先生的知遇之恩，亦以备他日先生后学修订《清史列传》点校本之参考。

（七）《清史稿·儒林传四》，专记一代衍圣公承袭，不涉二百数十年间学术递嬗，故校读从略。

三、校读举例五题

（一）黄宗羲是否著有《明史案》

《清史稿》之《黄宗羲传》，源自《清国史》宗羲本传，合全祖望《梨洲先生神道碑文》而成。关于宗羲一生著述，其子百家撰《梨洲府君行略》有云："《明儒学案》六十二卷，此有明一代学术所关也。《明文案》二百一十七卷，《明文海》四百八十二卷，此有明一代之文章也。"其中并无《明史案》一书。数十年之后，全祖望补撰宗羲《神道碑文》，擅改百家旧文，臆增《明史案》，遂成"辑《明史案》二百四十四卷"之说，而《明文案》之卷数则悄然抹去。嘉庆中叶以后，江藩、徐鼒纳全说入所著《汉学师承记》、《小腆纪传》，《文案》不存，俨若定论。《清国史》及《清史稿》沿讹袭误，更以《明史案》取代《明文案》，乃成谬种流传。

（二）《顾栋高传》编次释误

《清史稿》之《顾栋高传》，源出《清国史》，一载《儒林前传》卷八，一载《儒林传》下卷卷七。所见二稿，文字大体相同，唯记传主著述，前稿以《大儒粹语》为先，后稿则先记《春秋大事表》。据考，《大儒粹语》二十八卷，并非顾栋高著，乃出江苏吴江顾栋南手。乾隆间修《四库全书》，馆臣所撰《总目》，误将作者名之"南"字写作"高"，遂以讹传讹。《清史稿》不察，竟据《总目》语而论栋高为学，失之毫厘，谬以千里。且栋高及附见之陈祖范、吴鼎、梁锡玙，皆为乾隆十四至十六年间，经学特科所拔擢，四人同以经学名，并非理学中人。《清史稿》不尊重传主为学实际，仅据误植栋高名下的《大儒粹语》而移花接木，强四家入理学诸儒之列，紊乱编次，不伦不类。

（三）《丁晏传》误读文献致张冠李戴

《丁晏传》有云："晏以顾炎武云，梅赜《伪古文》雅密，非赜所能为。考之《家语后序》及《释文》、《正义》，而断为王肃伪作。"粗读一过，似无不妥。殊不知校以传主原文，则实系混阎若璩与顾炎武为一人，大谬不然。据晏撰《尚书余论·自叙》称："乡先生阎潜丘征君著《尚书古文疏证》，抑黜《伪书》，灼然如晦之见明。……顾征君每云，梅赜作《伪古文》雅密，非梅氏所能为也。愚考之《家语后序》及《释文》、《正义》诸书，而断其为王肃伪作。"文中之"顾征君"，本与顾炎武不相干。"征君"乃专指《叙》首阎若璩，而"顾"字不可作为姓氏读，系句首发语词，当训作"惟"，亦可训作"但"。

（四）"有清讲学之风倡自顾亭林"不能成立

《清史稿》之《黄式三传》，并所附传主子以周、从子以恭二传，皆源出《清国史》，载《儒林传》下卷卷四十。《黄以周传》有云："有清讲学之风，倡自顾亭林。"此语不见《清国史》，乃《清史稿》撰文者之一家言，出之无本,似是而非。据考,顾炎武一生,于晚明讲学之风最是痛恨,始终以"能文不为文人,能讲不为讲师"自誓,至年七十辞世,从未登坛讲学。《清史稿》当年若将"讲"字改作"经",抑或能得要领。

(五)《孙诒让传》擅改传主原文最不可取

孙诒让乃晚清大儒,朴学殿军,望重学林。所著《周礼正义》、《墨子间诂》诸书,学养精湛,冠绝一代,章太炎先生因之赞为"三百年绝等双"。《清史稿》之《孙诒让传》,有引述传主关于《周礼正义》的大段文字,语出该书卷首《自叙》。文中,谈及与贾公彦旧疏的比较,传主用的是"略为详矣"四字,《史稿》则擅改作"实乃淹贯"。文末,诒让谦称:"或以不佞此书为之拥篲先导,则私心所企望而旦莫遇之者与。"《史稿》复改为:"无论新旧学均可折中于是书。"传主原文,足见诒让为人为学之谦逊自律、严谨笃实。而《史稿》之所改,不尊重传主著述,已乖违中华数千年良史笔法,与孙诒让之为人为学,相去实在太远。

(作者单位:中国社会科学院历史研究所)

千古师生情[*]

陈智超

2005年初启功先生逝世时，我以他和陈垣先生的师生情谊为主要内容，为文纪念，题目就是"千古师生情"。现在我们纪念柴德赓先生百年诞辰，我这篇文章，也是以他和陈垣先生的师生情谊为主要内容，考虑很久，题目仍采用"千古师生情"。因为陈柴与陈启的师生情谊，完全可以媲美，值得后人珍惜。

一、一条批语

1930年6月，陈垣先生在他的"中国史学名著评论"课的讲稿上，写了一条批语："十九年六月廿五日试卷，师大史系一年生柴德赓、王兰荫、雷震、李焕绂四卷极佳。"

柴德赓先生是1929年慕陈垣先生之名而考入北平师范大学史学系的，当时陈垣先生担任史学系主任，并讲授"中国史学名著评论"等课程。柴在课堂答问、作业、测验等方面的优异表现，很快就引起了老师的注意。这次年终考试，老师更把他列为优秀学生中的第一名。到三年级时，知道他经济困难，又把他介绍到辅仁附中兼课。后来的情况证明，老师慧眼识英才，而学生也没有辜负老师的期望。

---

[*] 原载《民主》2008年第1期。

二、一份讲稿

陈垣先生作为一位大教育家，在课程的设置上也有许多创新，有些沿用至今。"中国史学名著评论"课就是其中之一。

他先后在燕京大学、辅仁大学、北京大学讲过这门课，他为这门课程写的说明是："取史学上有名之著作，而加以批评。每书举作者之略历，史料之来源，编纂之体制，板本之异同，以及后人对此书之批评，等等，以为学者读史之先导。"这门课程对学生的帮助很大，现在已作为大学历史学系的必修课之一。

陈垣先生这门课程没有印发讲义，但他的讲稿却保存下来了。前面说的那条批语，就写在这份讲稿的扉页上。

柴先生在师大时听过老师这门课。师大毕业后，1936年他到辅仁大学任教，多年在辅仁讲授这门课。1955年调到江苏师范学院后，他又继续讲这门课（当时名为"中国历史要籍介绍"），大受学生欢迎。在他去世后，他在江苏师院的三位学生根据他的手稿和部分油印本讲义整理成书，名为《史籍举要》。出版后多次获奖，学者得益不少。

柴先生的《史籍举要》和陈垣先生的"中国史学名著评论"课有什么关系呢？我认为，陈先生的这份"中国史学名著评论"讲稿，可以帮助我们解答这个问题。

这份讲稿全是陈垣先生的手迹，用墨笔书写。但在个别地方，在某些行间段末，有不同笔迹的钢笔字。如关于《晋书》的评论，段末有钢笔书写的"晋略，周济"四字。查柴先生《史籍举要》"《晋书》的改编和校注"一节，谈到清代治《晋书》的学者，正有"周济撰《晋略》六十卷"的内容。据此可作如下推断：当柴先生在辅仁大学继老师之后讲授"中国史学名著评论"课时，老师把他的讲稿交给柴先生参考，而柴则在个别地方作了些补充。

如果将这份讲稿（已收入《陈垣全集》中）与《史籍举要》对照，我们更可以得出结论：两者是继承与发展的关系。有继承也有发展，这正是一个好学生所应做的。当然，如果此书再版时，对这种传承关系作必要说明，就更圆满了。

三、一则题记

我在整理陈垣先生的遗稿时，发现一张他用铅笔写的纸条，正反两面都有字，内容如下：

今此卷跋尾独阙余一人，盖余逊让之也。辅仁大学史学，辅仁大学史学系盛时有陈门三翰林之目。所谓三四翰林者，柴德赓青峰、启功元白、周祖谟燕孙，独阙余一人。一九六 年 月。特为补阙如右。今此卷三人皆备。独阙余一人，特为补阙如右。

辅仁大学史学系盛时有陈门四翰林之目。所谓陈门翰林者，柴、启、周、余四君也。今此卷跋尾，三人□皆备，独阙余，余逊让之也。

显然这是陈垣先生为一书卷或画卷作题记时的草稿。从笔迹看，当时他身体已相当虚弱。语句也有重复、矛盾，如究竟是三翰林还是四翰林。说辅仁史学系有四翰林也不准确，因为启功、周祖谟两位在国文学系而非史学系。但有一点是明确的，就是他肯定"陈门四翰林"的提法，也就是肯定这四位是他的得意门生。

根据启功、周祖谟两位先生的回忆，抗战时期，在沦陷区的北平，文学院的四位年轻教师经常到兴化寺街五号（今兴华胡同十三号）陈宅去请教问题，聆听教诲。谈话的地点就在陈宅前院的南房，那是主人会客的地方。时间长了，有人戏称他们是"南书房四行走"或"陈门四翰林"。启功先生在回忆中还幽默地说："这说明我们四个人名声还不坏，才给予这样的美称，要不然为什么不叫我们'四人帮'呢？"

我查找了很久，没有能确认此卷的名称和题记的时间。在这次纪念会上，卞孝萱教授听了我的发言后提醒我，这好像是清代学者汪中临《圣教序》卷。陈垣先生收藏的此卷以及其他文物，于他逝世后家属遵嘱全都交公，此卷现藏首都博物馆。我去首博查阅该卷，果然卷后有启功 1964 年 10 月、柴德赓 1965 年 1 月和周祖谟 1966 年首夏的识语。最后是陈垣先生的学生兼助手刘乃和于 1966 年 5 月书写的一段话：

> 昔柴、启、周、余，人称陈门四翰林。今柴、启、周三人皆有题词，独阙余，盖余逊让之也。

后面说"援庵吾师为词命书"。由此可知，这是陈垣先生题词的定稿，当时他已是八十七岁高龄，"文化大革命"的风暴已经来临，他已无力用毛笔写字，只好由刘代笔了。至于余逊先生，50 年代以后长期卧病，也无法题词了。

四、一组家书

1944 年初，陈、柴师生相约离开沦陷已六年半的北平，奔赴大后方。教会驻辅仁代表兼校务长雷冕等，闻讯恳留陈垣先生，声泪俱下。陈先生也考虑到如果他南下，当时沦陷区唯一可以不向敌伪当局注册的辅仁大学将很难维持，只好勉强留下，师生泣别。柴先生一家辗转到了四川江津，柴在白沙女子师范学院任教。抗战期间以及胜利初期，双方通讯相当困难。我在陈垣先生与长子乐素先生的家书中，找到了一些反映陈柴师生情谊的珍贵资料。

1945 年 5 月至 1946 年 7 月，陈垣先生有九封家书都提到了柴先生。当时，乐素先生在贵州遵义的浙江大学史地系任教授。家书中提到的（陈）潜，是陈垣先生的次女，在重庆工作。现摘录部分内容如下：

> 一月卅一日寄青兄一函。二月廿八日复寄潜女《胡注表微》提要数份，属转青兄及汝，未知收到否？（1945 年 5 月 1 日。"青兄"指柴，柴

字青峰）

　　青峰兄常有信否，余极念之。六月卅日曾复伊二月九日来函，由潜夫妇转，未知渠收到否，余极愿他回辅仁也……青峰走后，余竟无人可商榷也。（1945年10月7日）

　　《表微·本朝篇》一份寄汝，有意见可告我……《出处篇》亦油印一份，已寄青峰，他能知我心事也。（1945年12月3日）

　　青峰情形殊可念。吾甚欲其北来，未知途中易走否也？（1946年3月25日。当时白沙女子师范学院解散，所以说"殊可念"）

这些家书中所反映的陈垣先生对柴德赓先生的感情与评价，没有任何夸张与掩饰，是最真实的想法。"他能知我心事也"，陈垣先生视柴为知己，这是老师对学生的最高评价了。

五、一封短信

1946年秋季，柴先生终于回到辅仁大学任教，师生分别两年多后得以重逢。此后两人一同迎接北平的解放，经历辅仁的接管、辅仁与北师大的合并。

1955年，柴德赓先生从北师大调至苏州江苏师范学院，师生再次分别，但书信往来不断。我要特别介绍陈垣先生给柴先生的一封短信。

1956年3月3日，陈垣先生收到柴先生自苏州的来信，说："连日甚寒，请夜间勿去书斋胡同。"当即回信：

　　半夜提灯入书库是不得已的事情，又是快乐的事情，诚如来示所云，又是危险的事情。但是两相比较，遵守来示则会睡不着，不遵守来示则有危险。与其睡不着，无宁危险。因睡不着是很难受的，危险是不一定的，谨慎些、当心些就不至出危险。因此每提灯到院子时，就想起来示所诫，格外小心。如此，虽不遵守来示，实未尝不尊重来示。请放心，请见谅为幸。谨此复谢青峰仁兄。陈垣。

陈垣先生写信极少用白话文，这是难得一见的一篇。文字幽默风趣，是一篇漂亮的散文，更重要的是它的丰富内涵。"书斋胡同"和"半夜提灯入书库"的本事，需要作些解释。陈垣先生的书库，在兴化寺街五号后院的三间西厢房。他藏书达四万余册，绝大部分是线装书。书都码在书箱上，一个书架上放两或三个书箱。书多房不大，所以两排书架之间的距离很窄，陈垣先生戏称之为"胡同"。他对自己藏书的位置十分熟悉，要查某一部书，常让助手到第几胡同第几架第几箱去取，百无一失。师生之间讨论学问，有时到深夜。一个问题，双方有不同意见时，经常争得面红耳赤，最后只好以书为证。于是两人提着马灯，拿起小凳，到书库去查书讨论。问题解决，乐在其中。柴先生远在苏州，担心老师在研究中想起一个问题，急于查书解决，半夜也要提灯入书库，所以苦心相劝。老师的复信则是对学生的真切感谢。师生之间真可以说是情真意切。

柴德赓先生是1929年二十二岁考入北平师范大学时认识陈垣先生并向他学习的，以后成为一位著名的学者和深受学生爱戴的教授。但无论地位发生什么样的变化，四十年间师生之间始终保持着深厚的情谊。本文所举的五个例子，虽只是一鳞半爪，但我相信，读者会体会到，它们绝不是随手拈来、随机抽取，而是反映了事情本质的。

附记：2007年11月10日，我在"柴德赓先生百年诞辰纪念暨学术思想研讨会"上作了发言。这篇文章就是在发言的基础上整理、补充而成的。

2007年12月1日于北京

（作者单位：中国社会科学院历史研究所）

《资治通鉴介绍》再版前言*

瞿林东

柴德赓先生是著名的老一辈历史学家。他的《资治通鉴介绍》一书，深入浅出，雅俗共赏，自出版至今已30年，受到学术界和读书界的广泛好评，现在予以再版，既说明了它本身的价值，也满足了广大读者尤其是青年读者的需要。

《资治通鉴介绍》是柴先生在讲课记录的基础上整理而成的，保留了不少口语，故读其书，如闻其声，有一种亲切感，因而增强了此书的可读性。当本书再版付梓之际，编者要我谈谈对它的认识。对此，我自当应命，就讲一点关于阅读此书的感受，供读者参考，也向同行请教。

读《资治通鉴介绍》，首先要看清书中所贯穿的"学脉"，这就是司马光《资治通鉴》—胡三省《资治通鉴音注》—陈垣《通鉴胡注表微》。这条"学脉"反映了三个不同的历史时代，也是我们深入理解这三部书的撰述宗旨的关键。

北宋士人有一种突出的忧患意识，王安石变法是这种忧患意识在政治上的反映，司马光撰《资治通鉴》是这种忧患意识在史学上的反映。司马光说他撰《资治通鉴》是"专取国家盛衰，系生民休戚，善可为法，恶可为戒"的史事入书，以及他"鉴前世之兴衰，考当今之得失，嘉善矜恶，取是舍非"（司马光《进资治通鉴表》）的期望，集中反映了《资治通鉴》一书的撰述宗旨。

---

* 原载柴德赓：《资治通鉴介绍》，中共中央党校出版社2010年版。

关于这一点，柴先生在本书第四章中"史料的选择问题"这一部分，论之甚详，是本书中极重要的部分。

胡三省是宋元之际的学人，于宋亡后注《资治通鉴》，其功甚伟，至今读《资治通鉴》者仍不可不读胡注。读胡注，一是帮助理解文字上的不明之处，一是探究胡注的思想内涵，前者反映胡三省的学识，后者反映胡三省的气节。关于这一点，柴先生在本书的第六章"胡三省的注"中有很好的分析，读者可予以关注。

陈垣先生著《通鉴胡注表微》一书，时在1944—1945年，中华民族处于生死存亡的抗日战争时期。陈垣先生著此书，以讲求考据为形式，以抒发思想为底蕴，反映出了他的深厚的爱国主义精神和崇高的民族气节。柴先生在本书第九章"《通鉴胡注表微》浅论"中，对此有深刻的论述。柴先生对"《胡注表微》分开四点来说"，这四点都很重要，尤其是第一点"陈先生能了解胡三省"最为重要。我以为，只有读懂了这一点，才能真正认识《通鉴胡注表微》一书的真谛和它的作者的高尚人格。正如1950年初陈垣在致友人书中所说：

> "九一八"以前，为同学讲嘉定钱氏之学。"九一八"以后，世变日亟，乃改顾氏《日知录》，注意事功，以为经世之学在是矣。北京沦陷后，北方人士气萎靡，乃讲全谢山之学以振之。谢山排斥敌人，激发故国思想。所有《辑覆》、《佛考》、《诤记》、《道考》、《表微》等，皆此时作品，以为报国之道止此矣。所著已刊者数十万言。言道、言僧、言史、言考据，皆托词，其实斥汉奸、斥日寇、责当政耳。①

这封信深刻地反映出了一位严谨的历史考证学者，是如何在自己的学术著作中寄托民族情感和"报国之道"的。

柴先生评价陈垣先生"是思想、学问、生活打成一片的，不是徒发空论

---

① 陈垣：《致席启驷》，《陈垣全集》第23册，安徽大学出版社2009年版，第337页。

的",是很中肯的评价。因此,读懂了这一章,才贯通了《资治通鉴介绍》全书的"学脉"。

其次,读《资治通鉴介绍》,要关注本书第四章中所讲"《通鉴》的'论'",字数虽不多,但提出了一个重要问题:研究司马光《通鉴》的思想,"那是要读《通鉴》的'论'的"。究竟怎样评价《通鉴》的"论"和司马光作《通鉴》的思想,读者和研究者可以作出自己的判断,但柴先生指出这个问题的重要,是不可忽视的。

第三,读《资治通鉴介绍》,要发掘其中的学术含量。本书虽是一部据讲课记录整理而成的著作,表述平实不带有通常学术著作惯有的那种"学术味儿",但它的学术含量却是十分丰富的,这渗透在本书的每一个标目之中,反映了作者对《资治通鉴》研究的深厚功力。如本书第三章讲"《通鉴》的史料",柴先生引用了多种说法,可供研究者参考。又如上文讲到"《通鉴》的'论'",柴先生列举了《通鉴》引用他人之论有84篇,其作者从荀子到欧阳修近30人,一一列出姓名,等等,对研究《资治通鉴》的朋友来说,都有重要的参考价值。其他一些相类似的问题,30年前刘乃和先生在本书初版"前言"中作了很好的阐述,这里就不再赘述了。

2010年6月22日

(作者单位:北京师范大学历史学院)

读谱感言
——《柴德赓年谱长编》代序

陈 晶

去岁入秋以来，世侄念东与我通微信，得知他已在编著《柴德赓年谱长编》，有时也会让我回忆核实一些材料。秋后接柴德赓先生次子邦衡先生电话，告知年谱初稿已就，要送来让我先读。不敢劳驾邦衡先生，我即刻去取。

我并没有按年谱的系年从头读起，而是急着先翻到我从师柴德赓先生的入学年代，即初稿本卷四。从年谱所记1955年柴师服从分配自北京师范大学历史系调苏州江苏师范学院创建历史系起，一直读到1970年柴师在"文化大革命"中蒙冤辞世。再含泪读完第八卷"身后事"，掩卷长思了整整一天。然后再从头通读了一遍，也作了一些笔记，为不影响出版计划安排，将稿本寄还给了念东。

不久前，邦衡先生又示意让我写"序"，顿感惶恐，论辈分、资历、才学，都不是我所及。我虽读的是历史系，但走出校门就进博物馆，一直从事考古、文物工作。考古当然离不开史学，尽管也写过一些文章，但愧对老师，没有像样的研究论文，更没有在史学方面有所造诣。然而作为一名受柴师教诲的学子，我的学业和成长备受柴师关怀和呵护。这本年谱初稿中就引述了多封我和柴师的往来信札。泽师恩，沐师情，铭记在心，我深切领悟到老师对我的期盼。经过岁月沉淀，所有思念、追忆也渐趋理性。年谱中一部分记述亦为我熟知，有些还真是柴师言谈中亲自所述。作为当事人与见证人，我应该有感而发来怀念恩师的。

柴师在讲授"中国历史要籍介绍"课时,讲解"传记类史学"内容丰富,讲到个人传记、年谱,称:编著个人年谱要见录很多资料。我想他当时或者想过"自撰年谱",才留存下很多实录材料。现在这本《柴德赓年谱长编》编著者又是《柴德赓全集》编者,熟读过柴德赓学术著作,整理过笔记、日志、信札、诗文、书法作品等资料,可以说是年谱的最佳作者。《柴德赓年谱长编》是一本现代史学专家一生为史学做贡献的纪实,内容齐全,解释通达,真实性强。

柴师出身浙江诸暨的农耕家庭。20世纪二三十年代,许多大教育家在浙江实施教育救国的理念,深入县乡开门办学,广纳勤奋聪颖的寒门子弟入学,柴师也是其中的受惠者。年谱所记柴师十五岁时,读临浦小学初中班,时历史教师为名师蔡东藩。在蔡先生影响下,柴师对史学和文学多有涉猎,他渴求历史知识的欲望贯穿整个青年时代。后来柴师从事历史教育工作,对历史知识的传播,提出要有多种载体的读物,一方面提倡撰写史实可靠、观点正确,有系统有重点的通史,另一方面还提倡出版既有丰富正确历史内涵,又文字生动活泼、引人入胜的历史读物。后来他成为研究蔡东藩《中国历朝通俗演义》的专家,是当之无愧的。20世纪60年代初,我得柴师作序,蔡东藩著《前汉演义》。柴师倡导的用不同体裁传播历史知识的方法,对我深有影响和启迪,后来为普及考古知识,我也探索着将具有考古专业水准的题材写成通俗易懂的随笔,这一推介考古、文物知识的工作亦被学界认可,聊作告慰我师。

从小学到中学,浙江名师为他打下了扎实的基础,直至考入北平师范大学。此时的古都新潮涌动、学术自由,是出大师立栋梁的年代。他就读师大史学系,勤奋攻读,成绩优秀,一年级的试卷,就得到老师陈垣"极佳"的评语,不久又写出史学论文《明季留都防乱诸人事迹考上》。在学生时代,就已成陈垣老师的助手。25岁在师大毕业后,任教中学教授历史、国文等课,后又重返师门,任辅仁大学史学系讲师,成为陈垣师的入室弟子。

在抗日战争最艰难的时期，他经长途跋涉，来到蜀中任教。每到一处，不管间隙的暂停或较长的居留，他必要借阅当地的方志书籍。在后来的课堂教学中，他一直谆谆教导我们读、查地方志是史学工作者必备的基本功。

我在缅怀业师的一篇小文中，也写到听他讲过在白沙国立女子师范学院艰苦执教，与相识的老友、新知，议论时弊，切磋治学，以诗言志。这段时期的年谱上，收有多篇他的诗作：有目睹战乱而作的《洛阳述怀》；记国军50万竟不敌日寇15万，感慨万分作《闻龙门不守》；有喜闻日寇投降而作的《乙酉秋日寇投降后作》；有痛恨国民党时弊所作《卅五年一月一日和静农迎神韵》。及至1946年《丙戌正月初六，蜀中述怀。自余南来，忽已两年矣》，备述入蜀两年中他当时的思想、抱负、志向、际遇。柴师的诗词造诣，可谓"笔一抬就出七律"。

从1955到1965年十年间年谱所记，可看出我是最受老师关注的学子之一。我读历史系之前，对史学几乎无知。1953年参加全国大学生统一招考被录取在河北师范学院地理系本科，读了两个学期，因患肺疾，休学回苏州疗养，康复后不想再到北方上学了，申请转学到江苏师范学院。当时江苏师院不设地理系，不知转读什么是好，茫然中听江苏师院办公室殷翔远主任及秘书科陆志琴老师介绍，新创建的历史系刚调来原北师大历史系主任柴德赓当掌门人，是位著名教授，为之所动，拟选读历史，而又怕不被接受。两位师长指点我自己去找柴主任，在我写过的《忆吾师柴德赓先生》文中有记，几近程门立雪，柴师终被感动，收为试读生，未经复考而试读。开始对纪庸教授讲的"中国古代及中世纪史"及柴师讲的"中国历史要籍介绍"有兴趣，讲义上列有参考书籍，但到图书馆上自修时又借不到，我就与同班的一位女同学商量，闯到柴师住所去借书看。唐突跨入师门，未想竟掀开了我们十来年的师生情谊。无论在学校上课或在外地实习期间，我一直在柴师的视线中，得到柴师的辅导和关怀。

我毕业分配到博物馆从事考古、文物工作后，他自嘲教不了这学生了，并亲自带我到北京大学历史系考古专业让我拜师苏秉琦教授。柴师与苏先生是北师大读书时的老同学，已疏往来，那年是我与柴师在北大相聚，他主动提出去看望苏先生，记得在苏先生办公室相见后，在北大勺园餐厅就餐时，巧遇我在苏州市三中时比我高一级的同学顾文璧，顾此时是北大历史系邓广铭教授的助教，柴师也热情招呼。顾很感动地告诉我，他登门去柴先生在北大的临时居所请教，柴师平易、温和，毫无门户之见，热情接待求学者。我也告诉顾，柴师特意拜会苏秉琦先生，是为请苏先生指导我工作。柴师这种帮助后学者提高学业的境界，让人高山仰止。

在年谱上还有印迹可寻，柴师为拓宽我的学习视野，致书山东大学历史系郑鹤声教授，请他收我为学生。我在济南博物馆工作的业余时间里，跟郑鹤声先生学习。在为他抄写他正在著作中的《郑和下西洋资料汇编》，从中我顿悟了在研究工作中应充分利用古代笔记资料书籍，这对于我后来整理考古出土实物与对照文献笔记资料相结合的研究很有帮助。

20世纪50年代，柴师奔赴苏州后，即全身心融入了这座城市，他在课堂上声情并茂地讲过两位为苏州文化作过奉献的近现代著名人物，一位是辛亥革命元老、爱国名士李根源，一位是国学大师章太炎，他们都是把苏州融进自己生命历程的楷模。柴师到苏州后，撰有《从白居易诗文中论证唐代苏州的繁荣》、《天堂苏杭说的由来》，以及《明末苏州灵岩山爱国和尚弘储》等。他不仅研究苏州经济文化的历史，又为发掘古文化、发扬光大苏州当代文化事业努力奔波。他骑着那辆28英寸的单车，颠簸在石子路上，寻访明清碑石，考察古建寺观，做了许多工作，结识团结了现代苏州著名人士顾公硕、汪旭初、蒋吟秋、周瘦鹃、范烟桥、汤国梨等，还有当时在职的主持过抢修已颓废的多座园林的李芸华市领导。20世纪70年代李云华调任常州市领导，有次来常州市博物馆，还对我这个苏州人表示，他没有忘记柴德赓教授为苏州文化事业所做的奉献。

2004年我曾将缅怀柴师之文投稿苏州杂志社，随即接到素昧平生的杂志社总编陆文夫的电话，并告知柴师曾给香港报刊撰写过有关苏州园林、掌故等文章，问及是否有遗存稿。此时我在沪上，即告知当时尚在苏州居住的邦衡先生，包括文学大家陆文夫先生在内的苏州文化人都在怀念柴德赓先生。

柴师热爱苏州，热爱至极。他呕心沥血创办发展了江苏师院历史系教育事业，也为苏州文化发展义无反顾地费尽心思。在"文化大革命"之初又忍辱负重地倒在苏州这方他挚爱的土地上。

年谱第八卷"身后事"，我反复读了数遍，再回顾前面的年谱纪实，我悟出柴师生前一定考虑过要将他的史学著作结成文集，传承后世。谱中多次述说柴师在江苏师院历史系，树大招风，历次政治运动都把他当重点批判对象。白天的光阴被剥夺了，身心受摧残，而晚间他还要伏案备课、读书研究或考虑着著书立说。人是要有点精神的，柴师就在自己的精神世界里，为了事业，再苦再难也要坚持，待有点阳光透露，他就直起腰杆，全身心地投入史学教学工作、展示出为人师表的风范。

师母陈璧子与柴师相濡以沫数十载，她理解柴师心愿。师母是一位不平凡的长者，青年时思想进步，追求真理，秉性真实、坚强。在思念柴师的悲痛中，她虔诚地为了完成柴师遗志，着力组织柴师学生中几位有专长的学者，整理出版了柴德赓著《史籍举要》、《史学丛考》和《资治通鉴介绍》等。正当她还想继续率领子女发掘柴师的各类遗著时，不幸因病于1986年辞世，遗志未酬。

作为一名学子，我不具学识专长，无能力参与发掘被历史尘埃淹埋的柴师留下的这份丰厚的史学遗产，心感内疚。但我很期望苏州大学历史系的师生们能担起发掘这份史学遗产的重任。

2007年苏州大学举办了柴德赓先生百年之辰的纪念活动，专门筹备了纪念展，为整理研究柴师史学遗著搭建了框架平台。从无到有，柴师是苏大历史系当之无愧的开天辟地人，历史系能有今天的规模和成绩，柴师功绩卓著。

我在江苏师院历史系读书时，念东世侄就在苏州，生活在爷爷身边，自小耳濡目染接受熏陶。我见念东儿时性格内向、腼腆、温和、礼貌，也曾产生过一种感觉，念东有望成长为柴师接班人。如今念东已过耳顺之年，仍在刻苦发掘祖父的史学著作，一本一本读，一页一页整理，有担当地挑起这副重担，年复一年编著《柴德赓全集》。在当下，看到念东世侄能够一头扎进故纸堆里，为爷爷立传，为中国文化树碑，让人欣慰。柴师地下有知，他未竟的事业正在薪火相传，一定也会含笑于九泉。

2018 年 2 月 10 日

于礼耕义种屋

（作者单位：常州博物馆）

柴青峰藏陈援庵《中国史学名著评论》
（讲授记录稿）跋

曹永年　柴念东

柴德赓（青峰）先生珍藏的图书中，有陈垣（援庵）先生授课记录稿一册。封面题"中国史学名著评论——陈援庵先生讲述"。

第五页正文开篇，右下钤篆书朱印"青峰藏书"。

全书正文103页，一页两面，共206面。蓝色边框、行线，每面10行。左边框左下，印蓝色隶书"武陵余氏读已见书斋钞本"。

内容正楷抄录，每行大致25字，全书约五万字，据余逊（让之）重排目录，全书评论史学名著13类，约124部。

一

柴德赓先生所藏陈垣先生《中国史学名著评论》[①]（以下简称《余钞评论》或本书）没有标示该书是陈先生何年在何校授课的记录，记录者也没有留下姓名。但有若干线索供我们作推测。

关于授课时间，本书讲《宋会要》时说：

---

① 此书于2015年在南京大学周国伟先生亲属刘秀玲、周勋宜捐赠苏州大学博物馆一批柴德赓旧藏线装古籍中发现。

《宋会要》现有印出之希望。现存北平图书馆。①

按《宋会要》徐松辑本及刘承幹清本于民国二十年（1931）由北平图书馆购得，民国二十二年（1933）成立编印《宋会要》委员会，陈垣先生任委员长，由大东书局印刷厂代印，至民国二十五年（1936）用徐氏原本印成二百册。以陈垣先生所云"现有印出之希望"推测，此次讲授当在民国二十二年编印《宋会要》委员会成立，至二十五年《宋会要》印成，即1933—1936年之间。又本书讲顾祖禹《读史方舆纪要》，谈及道光间济宁人许盘鸿《方舆考证》百卷，"直至民国二十二年山东人始代刻出"②，亦可作旁证。

本听课笔记出于何人之手，亦无记载。"读已见书斋"是武陵余氏余嘉锡先生的斋名。余嘉锡的公子余逊（让之）先生是"陈门四翰林"之一，柴德赓先生的好友。余逊先生用他父亲的稿纸钞录了此《中国史学名著评论》。书成后发现原目录不全，且甚错谬，余逊先生重新编制；书中又有错简，余先生亦作调整③；书眉又有若干余先生的批注。但是余先生应该不是这本书的记录者。第一，倘若此书稿是余先生手记，就不会在成册后再调整错简，也不会重新编目。第二，稿纸"读已见书斋钞本"明示，此书是借来某人的原件钞录。

事实似乎应该是，余逊先生从某位听课者借来笔记，请人用他父亲的稿纸，钞录成册，认真学习揣摩，重编目录，纠正错简，并在天头记下自己的若干心得和文献。

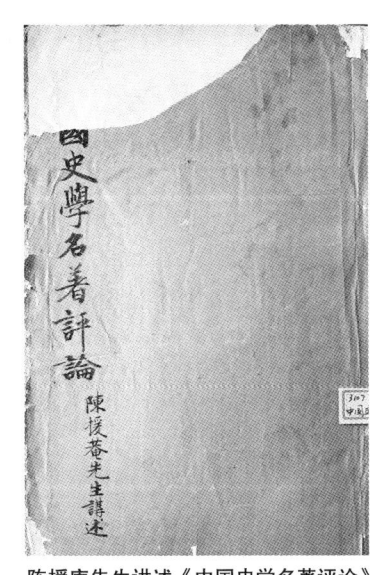

陈援庵先生讲述《中国史学名著评论》
（柴德赓藏）

---

① 陈援庵讲述：《中国史学名著评论》，第31页A。柴先生批注为"民国廿一年印书"，有误。
② 陈援庵讲述：《中国史学名著评论》，第86页A。
③ 陈援庵讲述：《中国史学名著评论》，第7页B—8页。

后赠柴德赓先生,成为柴先生珍藏并反复研读的要籍。

二

"中国史学名著评论"(或称"史学要籍解题"、"历史要籍介绍"等)自20世纪20年代末由陈垣先生开创此课程以来,陈先生为燕京大学、北平师范大学、辅仁大学、北京大学等校历史系讲授多年,广受学生欢迎。但是很可惜,相关文字材料留下极少。

2014年陈智超先生披露了现存唯一一份陈垣先生讲授《中国史学名著评论》的手稿。此手稿写在燕京大学"点名成绩录簿"上。经初步整理,以陈垣著《中国史学名著评论》为名,由商务印书馆出版。这是陈垣先生的一份讲课提纲,记载了17类208部史学著作,共三万余字。内容极为简略,且主要是一些备忘的书名、作者、卷数、篇目等。陈智超先生说:

> 因为陈垣先生对于讲课内容已有长期深入的研究,烂熟于胸。所以讲课时根据这份提纲,挥洒自如,许多即兴发挥也十分精彩。①

所言甚是。就这份讲课提纲而言,其写作主要是备忘,精粹之处基本上没有反映出来。

学生听课的记录稿,就我们所知,目前已经发现并公开发表的是三份。

一份是来新夏先生的听课笔记。收录在上述陈智超先生所编《中国史学名著评论》一书之中。为陈垣先生1943年9月—1944年6月在辅仁大学所讲。讲授内容是正史廿四部,编年六部(《汉纪》、《后汉纪》、《西汉年纪》、《资治通鉴》、《续资治通鉴长编》、《建炎以来系年要录》),纪事本末一部(《续资治通鉴长编纪事本末》),会要一部(《建炎以来朝野杂记》)计32部

---

① 陈垣著,陈智超编:《中国史学名著评论·前言》,商务印书馆2014年版,第3页。

书。来先生记录相当详细，陈先生讲授精彩之处多有体现。

第二份是刘乃和先生所藏《中国史学名著评论》。封面题"一九三五年度在师范大学历史系讲，某同学纪录笔记"。经过整理誊清。据目录，所讲从《史记》至《元史》，计正史廿三部。

第三份是刘乃和先生本人的听课笔记《中国史学名著评论》。未经整理，内容仅前四史，全文约 47 页。邱瑞中先生编《刘乃和百年诞辰纪念专辑》上册①影印了上述刘先生自藏记录稿 16 页。

柴先生所藏余氏钞本《中国史学名著评论》，是已知的第四份听课笔记。这份记录稿与陈先生手书讲授提纲、前三份听课笔记相比较不仅字数最多，所记最详尽，且具有明显的特点。

第一，所讲书目有讲究。

陈垣先生的受业弟子都说，陈先生所讲书目经常根据情况有所变动。陈智超先生刊布的陈先生手书大纲，达二百余种，最全面。已出三份记录，来先生所记仅 32 部，其他记录更少。而《余钞评论》所记是 124 部名著。虽大部分在陈先生手书大纲之中，但本书目中"年谱"一类《杜工部年谱》等十余部书，则溢出大纲之外。来氏等记录稿，皆以正史为主，而本书正史仅有《史记》，且不及《史记》本身，只讲《集解》和《索隐》；编年类《通鉴》也只讲与《通鉴》相关的考异等。本书于"廿四史"、《通鉴》等人们最熟悉、最主要的史部名著略而不讲，集中精力于百余部次一等的史部名著，显然是因为听课者已有相当基础，据此推测，该课程或为某大学研究生开讲。

第二，以史料价值衡量名著之优劣。

柴德赓先生讲：

> 目录学是搞学问的门径，是掌握书目、书的内容、版本以及相关书目的一门学问。一个人要搞学问，必须掌握目录学。清代学者已经认识到这

---

① 邱瑞中编：《刘乃和百年诞辰纪念专辑》上册，广西师范大学出版社 2018 年版。

点,……但当时搞目录学,讲书的源流和版本多,对书的内容和如何利用这部书就讲得很少,而且他们是专讲目录之学,并非把它作为基础来搞学问。陈先生搞目录学,是把它作为工具、作为手段,通过它掌握材料、做科学研究。①

作为得陈先生真传的入室弟子,柴先生的评价精准地把握了陈垣先生目录学思想的核心。本书围绕名著的史料价值展开讲授,所讲内容充分显示了作为史学大师的独到、精粹和渊博的学识,美不胜收。

陈先生讲名著,常以三言两语便将其史料价值揭示出来。有的书先生认为是材料书,如《续资治通鉴长编》:

> 其材料为以政府之档案及宋各朝之实录为基础,参以宋人各家之书,……此书其材料因在《宋史》之外,故吾人用宋史之材料时当以《续资治通鉴长编》为佳。②

《建炎以来朝野杂记》:

> 此书偏于典章制度……治南宋制度非取材料于此不可。③

《通典》:

> 此书为材料书,为唐史书最佳者。盖新旧《唐书》成于后者也。④

---

① 柴德赓:《陈垣先生的学识》,载陈智超编:《励耘书屋问学记》(增订本),生活·读书·新知三联书店 2006 年版,第 80 页。
② 陈援庵讲述:《中国史学名著评论》,第 14 页。
③ 陈援庵讲述:《中国史学名著评论》,第 16 页 B。
④ 陈援庵讲述:《中国史学名著评论》,第 24 页 A。

此外，本书于《建炎以来朝野杂记》、《三朝北盟汇编》、《文献通考》、《五代会要》、《宋会要》、《名臣言行录》、《名臣碑传琬琰集》、《碑传集》、《续补》、《元和郡县图志》、《太平寰宇记》、《水经注》等，无不充分肯定它们的史料价值，并简要说明其理由。

有的议论极为精彩，足以窥见陈先生学识之渊博，如评论《唐会要》：

> 此为极重要之材料书。作法同百科辞典，立门目后寻材料。如类书，《崇文总目》、《郡斋读书志》将《唐会要》入类书类，《（直斋）书录解题》入类书之典故门，《通考》之《经籍考》入故事类，《宋史·艺文志》入类事类，《四库》入政书类。（……《唐会要》虽为类书，但全为记载典章制度者，故逐渐高之，由类书而典故故事类，至政书类矣）
>
> 《唐会要》之价值何以甚大？盖现所见之《唐会要》，即宋王溥据自唐时之二《会要》，增加而成。《新唐书·艺文志》有《会要》四十卷，现亡。而现《唐会要》之自唐高宗至德宗者，即其本。崔铉亦有《续会要》四十卷，为自肃宗至宣宗。此为无上之材料，因唐人所作唐时之史料也。而王溥即以此二书之八十卷，续自宣宗后，至唐末，共为一百卷。此书虽成于宋人王君之手，但彼皆据之当时人之史料。况《唐书》复成于后者哉！是故唐天宝以前《通典》可据，《通典》以后，则以《唐会要》为最佳之材料中工具书。《唐会要》当时固仅备检查，目录即有五百一十四条之多，用之甚便，唯因其所引书亡，故此乃变而为材料书，大有取《唐实录》之地位而代之之势。①

不仅指出《唐会要》最初为材料工具书，且将其由材料工具书，如何演变而为极重要之材料书的过程，引经据典，娓娓道来，令人大开眼界。

也有一些名著并无史料价值，仅可作工具书，如《通鉴纪事本末》：

---

① 陈援庵讲述：《中国史学名著评论》，第29—30页。

此书因据《通鉴》,故为二等材料,然检每事之始末则甚便细……吾人治史者不可引用此书。①

《西汉会要》:

　　检查研究《汉书》,观之甚便,但并非材料书。②

《东汉会要》:

　　非材料书,但观之甚便也。③

有的书被认为毫无价值,如"九通"中的《通志》:

　　此书耗(毫)无价值。材料固全抄自正史,则较原书则串通而略之,故此材料不可用。④

陈先生还批评乾隆四十七年官编《明臣奏议》:

　　此书材料不可靠。《四库》著录有聚珍本。此乃欲暴露明之暴政,搜集明末诸臣互相攻击、暴露弊政之奏议编成,使人读之不复有思明反清之思想,此法最为毒辣。此书乃皇子选材,又注此书不得不删改者则又露此为伪作,而非书录奏议之真目。⑤

---

① 陈援庵讲述:《中国史学名著评论》,第19—20页A。
② 陈援庵讲述:《中国史学名著评论》,第23页A。
③ 陈援庵讲述:《中国史学名著评论》,第23页B。
④ 陈援庵讲述:《中国史学名著评论》,第25页B。
⑤ 陈援庵讲述:《中国史学名著评论》,第80页A。

在陈先生看来，有些书，即使是废物，还有利用价值。如云：

> 《雪楼集》——程文海，诰封三代文套甚佳，《元史·氏族表》即利用之而成，亦废物利用也。①

陈垣先生明确地将史学名著按其史料价值分类，以指导学生掌握第一手历史资料，做好科学研究，以往历史上的学者包括清乾嘉时期的目录学家皆似未曾言及，属开创性的工作。陈先生的这种分类，八十年来史学研究的进展，包括他的学生们的传承发扬，特别是柴德赓先生《史籍举要》的出版，在史学界已成为常识，但在当时，却是了不起的新见。

第三，讲文章和著作的作法。

陈先生特别强调，史学研究无论是作文、著书，首要的是态度严谨。吴任臣《十国春秋》，陈先生讲：

> 康熙初年，此书为四大奇书之一。……其材料可谓善，文亦佳美。此书亦有英雄欺人之事，是其病焉。如其所引书，有当时确亡者，而引用书目列之，似大言欺人也。如《徐骑省（铉）集》为当时决无者，而吴氏列之引之，而于徐铉之事迹又甚忽略，故彼或未之见也。又引《旧五代史》名列薛居正《旧五代史》。而现今之《旧五代史》为清邵晋涵先生自《永乐大典》内辑出，而薛氏原本至今未见，故其所云，亦欺人之谈也。此书虽自云句句皆有所据，但彼俱未注出处，仅于书首列引用书目，此大病也。既未逐条注明，而每卷之后亦无引用书名，故虽云引数百种，究未可靠也。②

---

① 陈援庵讲述：《中国史学名著评论》，第 75 页 B。
② 陈援庵讲述：《中国史学名著评论》，第 55 页 B—56 页。

陈先生对于这部"四大奇书"之一的《十国春秋》，既肯定其成就，同时也严肃批评了"英雄欺人"之"病"。陈先生还说：

> 乾隆甲戌，王鸣盛西庄先生之《十七史商榷》内有批评《十国春秋》一段，惠栋（字定宇）、戴震（字东原）告余曰：学不在博，而在精。今吴氏以博学名时而不精。陈垣氏评此书博专而不精。①

陈先生讲文章作法，强调基本规范。引书必须注明出处。他认为顾炎武之《天下郡国利病书》：

> 此书之材料多取自各府州县地方志及奏议、文集、《明实录》等，原文抄出，而顾氏无一句考证，且不注出处，亦无卷目，不能引用。②

但情况也有例外。如杜佑《通典》：

> 此书为材料书，为唐史书最佳者……《通典》引书不注出处，为其病焉（如某人谓……等语），但因其本书资格已足，亦可作为根据。③

至于出注的方法，他在批判吴任臣时，总结以往学者有四法，指出《绎史》派"凡引用之材料，逐条列下，如物理作用"；《畴人传》派"引用材料，未逐句注明，而每传末注明其引用之书目"④；此两派为佳。

在评述名著的过程中，陈先生常常会深入讨论文章的做法。关于作考证文字，陈先生认为，李心传之《旧闻证误》：

---

① 陈援庵讲述：《中国史学名著评论》，第57页A。
② 陈援庵讲述：《中国史学名著评论》，第86页B。
③ 陈援庵讲述：《中国史学名著评论》，第24页。
④ 陈援庵讲述：《中国史学名著评论》，第56页B—57页A。

作法最科学。所谓旧闻者，专述北宋事而言也。将北宋史事之各家多矛盾者，及李焘未收入者，首将各说书之前列，而以自己之考证加以论断。此书文章佳辨，证法精当，宜精读之。①

又，李心传之《道命录》，陈先生说：

比较《旧闻证误》尤佳。……此书专载赞成程朱及反对程朱两派之意见加以考证，未以论断。其材料全据政府之档案，如诏书奏议。载元祐党籍碑及伪学党籍。为关于历代学术事论之最佳书，当精读之。②

关于为古籍作注，陈先生在评述吴士鉴《晋书斠注》时说：

作书（指注书）有三（二）法，即归纳法与演绎法是也。例之如下：
一、演绎法——从《晋书》第一卷读起，遇疑问时则自己去考证而探求之，或再寻他人对此问题研究之成绩，故成书时必久，而工作甚累，笨法也。
二、归纳法——可以不看《晋书》，先找前人关于《晋书》之材料而逐条记于《晋书》原处。此法易，收效大，然他人知者则我知，他人不知者我亦未可作对也。③

关于作传记，陈先生就《名臣言行录》发表议论：

此书可视作模范传记作品。其取材于当时之记传，各家文集、行状、

---

① 陈援庵讲述：《中国史学名著评论》，第17页A。
② 陈援庵讲述：《中国史学名著评论》，第17页A—19页A。
③ 陈援庵讲述：《中国史学名著评论》，第38页。

墓志等，分类而录之，并注其出处。读此书可得见其作法。①

此外，还有关于学案的作法、年谱的作法等，以及因《清史稿》的遗漏，提出"此种大著作应首作一姓名通检，以备检查，不致遗漏"等，不胜枚举。

令人颇感兴趣的还有，陈先生评论《朝鲜实录》时提到：

将此书关于中国之材料俱抄之，亦甚善。②

此时吴晗先生的确在从事此项研究工作，后成《朝鲜李朝实录中的中国史料》十二巨册，中华人民共和国成立后由中华书局出版。陈先生所言，与吴晗先生的工作是否有某种联系，待考。

第四，陈先生在评论史学名著的过程中，还就历史时代、学术派别、学风演变等，发表了大量真知灼见，以开拓学生的眼界，培养学生学术志趣、思维能力和研究能力。

评论《五代会要》时，陈先生说：

五代虽乱，然对学术之利甚大。因古之所谓统一，乃由极大之压力而成，学术思想自受其莫大之影响，致未发达，反睹五代，因政治之乱，故当时人民得到思想之自由，对学术自有莫大之功利焉！③

以五代为例，提出封建社会治、乱与学术发展之关系，命题深刻，值得深思。

关于史学界的两个学派，陈先生在评论《通志》时说：

史学界分为二派，即事实派与理论派是也。事实派实事求是，注重考

---

① 陈援庵讲述：《中国史学名著评论》，第 62 页 B。
② 陈援庵讲述：《中国史学名著评论》，第 60 页 A。
③ 陈援庵讲述：《中国史学名著评论》，第 31 页 A。

证，如宋之史家、清之考证家。理论派善发议论，此是得名，亦易失败，如清之章实斋，以其新奇之意见，书之成书，自受欢迎，初学尤好读之。但此派之作品，倘他人发现与其言论矛盾时，则非之亦当。且《通志》为理论派，因以理论而得名也。……材料固全抄自正史，则较原书则串通而略之，故此材料不可用。……郑氏对理论最得意，故此书之精论即在其《二十略》中。……今人并《二十略》而不看，而阅其《二十略序》，因中多他人想言而未言之议论也。……校雠多发议论，甚可读。①

陈先生并不认同所谓"理论派"，但对于《通志·二十略》并没有否定。

陈先生结合评论史学名著，还对一些具体历史问题追本溯源，展示了渊博的学识。如在评论《陆宣公奏议》时说：

中国古文古籍皆不点句，故散文之不点句者，颇艰阅读，而诏令奏议等为便于阅读，乃用骈体文。②

揭示了唐代诏令奏议等公文流行骈体文的原因。

关于《永乐大典》，他说：

《永乐大典》六年成功（由永乐元年起至六年止），初其项目极细，后帝促之太急，因即以全书装入，遂失类书之本性，故为《永乐大典》之病焉。然正因其装整部书入《永乐大典》，故因之明初之书籍今不可见者，我侪又可于《永乐大典》中得见之。故其由类书而变为丛书，正其佳点也。③

---

① 陈援庵讲述：《中国史学名著评论》，第25—26页。
② 陈援庵讲述：《中国史学名著评论》，第77页B。
③ 陈援庵讲述：《中国史学名著评论》，第33页。

将《永乐大典》由类书变丛书的过程，原原本本交代清楚。

关于类书与清代学风，陈先生结合评论《唐会要》说：

> 前于帝政时代，类书甚要，且于科举时代作词赋，所谓文章华丽者，即因用典故多也。然人力有限，未能读尽全书，故类书乃应时而生，且多述风花雪月。清时类书之对象为原本书，如有人者不出于类书，而由于原书，则名高矣，因甚倡读原本书，则类书之格低矣。①

关于清代研究《晋书》风气甚盛的原因，陈先生说：

> 一、清代经学甚佳。
> 二、凡研究经学者，莫不读前四史，以其文章甚佳也。
> 三、读四史首重文章，次重史事。
> 四、以其四史之范围太窄，故扩充而至《晋书》与《五代史》、《明史》，至光绪时重《魏书》，而《唐书》、《五代史》欧派不甚见重，故除四史之外，学者咸趋《晋书》，以《晋书》文章体裁之佳丽耳。②

此确非谙熟清代学风者所能言。

关于《尚史》，陈先生说：

> 此书无甚佳点，以其材料无可取，作工具书亦不足用也。《四库》著录。《四库》之所以著录者，盖《四库》中有所谓销毁（为反对清朝者）、抽毁（即内中有一二篇不利于清者）、扣除（即乾隆五十年时，将已载入《四库》而查得仍有反对者扣除之）。《简明目录》无《尚史》，四十七年

---

① 陈援庵讲述：《中国史学名著评论》，第29页B—30页A。
② 陈援庵讲述：《中国史学名著评论》，第37页。

之目录载之。四库书目略即将《简明目录》与《提要》之不同处说明，扣除之后书箱内之所空处，小者用纸，大者用书填好。当时曾将李清之《南北史合注》扣除，而适逢《尚史》卷数大致相同，故将《尚史》取而补《南北史合注》之空箱。①

这样生动的细节，只有对《四库》做过彻底研究，才能道来。

三

柴德赓先生得余逊先生所赠余氏钞本《中国史学名著评论》，如获至宝，奉为治学之圭臬。

1943年柴先生南下四川，执教于白沙国立女子师范学院，从该院档案资料可看到柴先生开设课程中有"史部目录"。他以此书自随，为案头卷。抗战胜利回辅仁以后，继续讲授"中国史学名著评论"。本书最后，另纸粘贴1951年度两位历史系二年级学生朱莱英、何无忌选学"中国史部目录学"的选课单，并附录柴先生"中国史部目录学"的教学大纲。这一事实反映，柴先生上课时，是携此书进课堂，作为自备教材的。

本书有柴先生的批注不下一百余处，从批注的墨迹看，有墨色、朱色和橙色三种，而墨、朱两色，又往往浓淡不同。不同颜色的笔记全书皆有分布。由此推测，柴先生通读此书不下四五遍，用功很勤。

所作删、改、增、补，一般都是由于记录者或传抄者的水平有限，人名、书名有误。人名如《佛国记》的作者"德显"改正为"法显"②。"邵晋涵二灵先生"，"灵"改正为"云"③。"陈东舒"，"舒"改正为"塾"④。书名如苏天爵

---

① 陈援庵讲述：《中国史学名著评论》，第48页。
② 陈援庵讲述：《中国史学名著评论》，第85页B。
③ 陈援庵讲述：《中国史学名著评论》，第41页B。
④ 陈援庵讲述：《中国史学名著评论》，第66页B。

《滋汉文集》，"汉"改正为"溪"。还有的文句不顺，漏字、错字等。

但有许多添改很重要，并且颇能说明问题。

本书第 3 页 B 至第 4 页，陈先生有《文津阁本二十四史页数年数表》，横排上列为书名，柴先生于第二列添加"大小次序"，第三列添加书"页数"，最下列添加"年数"等字样，以明各列的内容。对于陈先生的统计数字，柴先生进行了复核，发现了数处错误，并以墨笔作了修改，如《后汉书》"3213"页，柴先生改正为"3113"页；《陈书》"566"页，柴先生改正为"568"页；《南史》"2354"页，柴先生改正为"2254"页；《宋史》"920"年，显然是抄写者的笔误，柴先生改为"320"年。柴先生并在陈先生的基础上又增添了六部典籍的统计数字：包括"《通鉴》10890"页，"《长编》14499"页，"《要录》5138"页"200 年"，"《御批辑览》7413"页"120 年"，"《纪事本末》5407"页，"《会编》3689"页"250"年。刘乃和先生在为《史学丛考》所撰序中说：

> （柴先生）他在大学学习时，埋头苦读，除不断向陈老请教外，并经常到北平图书馆中文部看书，几年从未间断。①

此可证柴先生遵循老师的教导和研究方法，也作了相关的统计，故可以对陈先生的统计作增改。这里必须指出，原稿的数字错误很可能出于记录者和抄写者，不应看作是陈先生的错误。此书内另有一些数字改动也大体是这种情况。

还有几处数字改动，则有证据表明是陈先生的统计出现了错误。

一例是《通鉴纪事本末》。《通鉴纪事本末》将《通鉴》所记史实重新按事件编为 239 事，每一历史事件均加标题，成事目，如《三家分晋》等。陈先生对"每类事目之见于五次以上者"作了统计。其中"叛二一"、"灭二一"、"乱一八"、"篡一六"、"逆七"、"讨八"。陈智超先生整理公布的陈

---

① 刘乃和：《史学丛考·序》，载柴德赓：《史学丛考》，中华书局 1982 年版。

垣先生《中国史学名著评论》手稿《通鉴纪事本末》条亦有该项统计，其中"叛"、"灭"、"乱"、"篡"、"逆"、"讨"的次数与余钞《评论》完全相同。①此可确证，上述数字为陈先生统计无疑。但是柴先生根据自己的统计证明他老师的统计错了，因此修改为"叛廿三"、"灭廿三"、"乱廿"、"篡廿"、"逆八"、"讨七"。

另一例是《三国会要》之引书。陈先生说，杨晨《三国会要》引书一百十五种。陈智超先生整理出版的陈垣先生手稿《中国史学名著评论》之《三国会要》条亦谓"引书百十五种"②。柴先生改为"一百五十五种"。③

柴先生反复细读他老师的这本讲授记录稿，努力领会、吃透陈先生学术的精义，但他没有躺在老师成就之上，满足于照本宣科，更没有盲从，而是一丝不苟地去查核原书，认真按陈先生指示的治学之路去读书、学习、深研。以上的改动，虽是小事，但足以反映柴先生对传承陈垣之学的认真、执着和所达到的水平。刘乃和先生在《史学丛考·序》中说：

（柴先生）在辅仁任教时，他和援庵老师住得很近，每有疑难，就去请教。师生谈文论史，往往直到深夜，不计时间早晚。谈到高兴时，索兴把椅凳移到励耘书屋的书库里，一面谈论，一面翻书。有时为一个问题争得面红耳赤，有时为查找论据，搬出多少典籍图书。后来他常喜欢提起这时期难忘的"夜谈"，他说他就是在这几年的登门求教和谈笑争论中，学问才有了显著的进展和提高。④

上述《通鉴纪事本末》、《三国会要》数据的改正，说不定也是师生夜谈、争论、查书的一项内容呢！陈智超先生披露的陈先生1945年10月7日的家信

---

① 陈垣著，陈智超编：《中国史学名著评论》，第19页。
② 陈垣著，陈智超编：《中国史学名著评论》，第24页。
③ 陈援庵讲述：《中国史学名著评论》，第36页A。
④ 刘乃和：《史学丛考·序》，载柴德赓：《史学丛考》。

说："青峰走后，余竟无人可商榷也。"① 从柴先生对余钞《中国史学名著评论》极其认真的学习态度和展现的学术水平看，柴德赓这位得意门生在陈先生心目中有如此重要的地位，绝非偶然。

最后还想指出，这份《余钞评论》，是陈先生和柴先生在"中国史学名著评论"这一经典课程中，唯一一件两人交集的文字资料，它为我们探讨柴先生和陈先生在这一领域学术传承提供了很好的标本，值得我们深入研究。

（作者单位：内蒙古师范大学历史文化学院；苏州大学柴德赓研究所）

---

① 陈垣著，陈智超编：《中国史学名著评论》，第165页。

读柴德赓先生《宋辽金史讲义》感言

邓小南

能有机会为柴德赓先生的《宋辽金史讲义》写几段个人感言，就我来说，是一种意外，也是一种荣誉、一种责任。

2016年冬，柴先生女公子令文和嫡孙念东亲临舍下，惠赠商务印书馆出版的柴德赓先生《宋辽金元史讲稿》线装影印本，

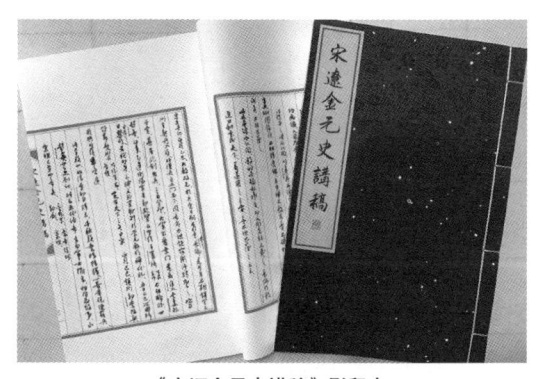

《宋辽金元史讲稿》影印本

并且嘱我为讲稿的宋辽金史部分写一序言。我自知是柴先生的晚辈，学术上更是后来人，本没有资格为前贤讲稿作序；但面对这份诚挚的信任，目睹老先生潇洒流畅的手迹，心底涌起对柴先生的忆念与情感，因而觉得无法拒绝。于是呈上这一感言。

在我心中，柴先生庄重、温雅、慈祥。对柴先生初有印象，是在上小学的时候。记得先生曾经住在北京大学朗润园的专家招待所，先父邓广铭前去探望，也带我同行。当时还在两位父辈面前背诵了唐诗（已经不记得是哪一首），大概完全没有吟诵的味道，我父亲并不满意，但先生还是勉励了一番。在家中，父亲母亲时常谈及柴德赓、刘乃和二位先生（刘先生曾经半开玩笑地称我为她的"干女儿"），往来交际十分亲切。1964年，先母过世，墓碑上的

文字就是家父请柴先生书写的。

现在想起五十多年前的往事，会觉得，先父与柴先生的交情，或许不仅是性情的投契，也是由于学术上的相知。先生熟晓宋代史料，对于宋代历史进行过精深的研究。他于1941年发表的《宋宦官参预军事考》，至今仍是宋史学人的必读之作；1961年发表的《陆秀夫是否放翁曾孙》一文，当时曾引发历史界、文学史界诸多大家的广泛关注。

柴先生与北大历史系也有深切的情谊。1962年初，翦伯赞先生率北大历史系几位教师，集中在苏州撰写修订《中国史纲要》。当时柴先生在江苏师范学院主持历史系工作，是年1月16日的日记中说，得知"翦伯赞同志及北大诸君来苏编教材，约余相见，遂驱车前往，晤于礼堂。伯赞夫妇、邓广铭、田余庆、许大龄等均来，相晤甚喜。同观评弹、苏剧演出"。次日则称"携回《中国通史》（按：指《中国史纲要》）初稿排印分册本，灯下阅之。言简意赅，无牵强附会、拖泥带水之病"。翦老的助手张传玺先生回忆说，《中国史纲要》文稿形成过程中，柴先生经常参与讨论，提出过许多有价值的意见；也曾"全程陪同"北大一行，到寒山寺等处参观。那段期间，先生曾经邀请翦老和我父亲到江苏师院做学术讲座；1963年，先生又应翦老邀请，到北京大学讲授"中国历史要籍介绍"课程。

《宋辽金史讲义》是柴德赓先生1946年在辅仁大学史学系任教时的讲稿。讲稿分为"宋之代周及统一"、"辽之兴起及宋辽之冲突"、"宋初制度"、"变法与党争"、"辽之衰落及金之兴起"、"金之侵宋"、"南宋建国及与金和战经过"（1457）等八个部分（"第四"阙），并附有"宋辽金史习题"十道。

这部《讲义》总计三万余字。讲义用于课堂教学的时候，正值抗战胜利不久，诸事丛脞，百废待举，文稿并未最终完成。但在这有限的篇幅中，柴先生以宋代政治史为主线，并及契丹/辽、女真/金的历史，勾勒出一个南北对峙时代的整体面貌。刘乃和先生曾经说，柴先生讲课"内容丰富，深入浅出，引人入胜。凡听过他讲课的，有口皆碑"。许大龄先生也回忆说，柴先生的授课"是最有魅力的，因为他不仅教历史知识，还教些历史方法"。从《宋辽金史讲义》的内容来看，先生"既教历史知识，也教历史方法"的特点是十分突出的。

《讲义》尽管是未完成稿，但已经呈现出两宋辽金历史的大体结构，基本脉络明确清晰。文稿含括时段自五代末年至南宋初年，依循政治史线索，对于其间的重要事件、重要制度，进行了有选择的交代，详略取舍自成一体。其中予人印象深刻的是，史界惯于铺陈渲染的"陈桥兵变"，包括事件发端、材料引述、概括点评，先生共用249字予以扼要说明；而通常不够重视的"黄袍加身"之后续事件，包括王彦升杀韩通、陶谷进禅文、殿前司调整等事，先生则用了近千字考订叙述。材料的疏密安排，显示出先生思考重点的不同，对于读者与学生关注点的引导也有所不同。

《讲义》各个部分，对于历史事实的讲述，都自基本史料入手，大量列举原文，引证丰赡。先生在其《史籍举要》一书中曾说："研究一个问题，必须把和这个问题有关的史料尽量搜集起来，这是调查研究工作的最基本的条件。"《讲义》"宋初制度"一篇中讲"科举"，短短689字的篇幅中，依次引述了《宋史》、《燕翼诒谋录》、《能改斋漫录》、《涑水记闻》、《文献通考》、《石林燕语》等史籍的记叙。广征博引的目的，在于引导学生丰富认识，进行比对。讲高梁河之战，先生比较了《续资治通鉴长编》、《宋史》、《辽史》中的相关记载，指出"《长编》有掩饰也"。《讲义》的这种撰写方式，具有那一时代的鲜明特色，也让我们想到先生长期倡导的"不发空论，讲事实"的学术风气，想到先生指引的"从目录学入手"，"以博学广读，为基础雄厚；以精读深研，为专门之学"的治史门径。

《讲义》存留的文字中，先生个人的表述并不多见。但每一评述按语，都寓含着先生对于史料、史事的犀利观察。引用李焘《续资治通鉴长编》卷一所说出兵陈桥前，"都下諠言，将以出军之日策点检为天子，士民恐怖，争为逃匿之计，惟内廷晏然不知"；先生指出："陈桥兵变之事，《长编》、《东都事略》、《宋史》、《涑水记闻》均载之，系预定计划，必非偶然发生之事。外间纷传，内廷不知，固可疑。"讲到太宗时期的宋辽会战，先生说，"宋初文人大抵欲用师"；讲到南宋高宗即位，先生批评"即位之初即杀陈东、欧阳澈，最失人心"。凡此种种，都显示出先生的敏锐洞察力。

如今，宋辽金史的讲义教材已经不少，但柴德赓先生七十年前撰写的这一部仍然有其独特的价值。相信《讲义》的读者都会从中感受到前辈学者严谨沉厚的学术风范，感受到史料研读对于历史学习的重要意义，也感受到薪火相传的责任在肩。

2017年8月6日
于北京大学
（作者单位：北京大学历史学系）

柴德赓批《书目答问补正》学习笔记

孙文泱

承蒙柴念东先生见示乃祖柴德赓先生旧藏《书目答问补正》（以下简称"《补正》"）线装二册，民国二十年（1931）南京国学图书馆排印本。与《书目答问汇补》（中华书局2011年版）图版十相同，而非来新夏先生《书目答问汇补叙》所提及的柴先生所藏贵阳本《书目答问》。

柴德赓先生书中批识较多，或加圈加点，或改正错讹，或核查《书目答问》与《四库提要》之异同，或点评本书特点，或标示人名书名，是认真读过，并且在不同时期反复读过的本子。今略分成四类，记录本书特征，兼识一二学习心得，与各位分享。

释文部分得柴念东、邹典飞两先生指正，谨致谢忱。

一、书名上加圈

画一"〇"、双"〇"者，多为重视其下范补意见，特为标出。原文或以墨点"、"断句，今则酌加标点以便读者。

〇《卦气解》一卷。范补：《书目答问》原刻后印本本行下增印"《卦本图考》一卷，胡秉虔。吴县潘氏刻《滂喜斋丛书》本"二十字。

〇〇《毛诗地理释》四卷。焦循。范补：此书未详。朱右曾《诗地理征》七卷，《续经解》本。南清河程大镛《毛诗地理证今》十卷，未刊。

○《毛诗证读》□卷。翟灏。范补：此书不分卷，嘉庆十年刻。戚学标撰，非翟灏撰。

○《齐诗传》二卷。玉函山房辑本。近人别有《齐诗翼奉学》一卷。范补：此云近人，当即吴江连鹤寿所辑《齐诗翼氏学》，刻入《续经解》中，书实二卷。

○《诗考补注》二卷。《补遗》一卷。林伯桐。修本堂本。范补：《修本堂丛书》中无此二种。此乃丁晏所撰，属之林氏者，误也。

○《毛诗古音考》六卷。明陈第。范补：此书实四卷、《学津》本附刊《读诗拙言》一卷、《附录》一卷，故漫题六卷。

○○《车制图考》一卷。阮元。揅经室本，学海堂本。较钱坫《车制考》尤核。("较"字右标三角）朱鸿《考工记车制参解》，未刻。范补：阮书原名《考工记车制图解》，分上下二卷。此云一卷，误。

○《考工轮舆私笺》二卷。郑珍。附《图》一卷。今人。同治戊辰莫氏刻本。范补：广州局本，《续经解》本，巴陵方功惠刻《碧琳琅馆丛书》本。附《图》，珍子郑知同撰。

○○《仪礼释宫》九卷。胡匡衷。家刻本，学海堂本，胡肇智重刻本。蒙按：智疑当作昕。《仪礼正义》中，胡肇昕说多，或即其人。

○○《仪礼集编》四十卷。盛世佐。刻本。范补：此书《四库全书》著录作四十卷、嘉庆辛酉冯集梧贮云居刻本作十七卷，仅分卷有别，书内并无同异，刻本且有《附录》，为《四库》本所无。

○○《经义丛钞》三十卷。学海堂本。体例未协，中有精粹。范补：此书余杭严杰编。《续经解》刻武亿《群经义证》八卷、洪颐煊《读书丛录》一卷、徐养原《顽石庐经说》十卷、朱大韶《实事求是斋经说》二卷、俞正燮《癸巳类稿》六卷、《癸巳存稿》四卷、陈澧《东塾读书记》十卷、朱绪曾《开有益斋经说》五卷、陈乔枞《礼堂经说》二卷、邹汉勋《读书偶识》十一卷、刘书年《贵阳经说》一卷、俞樾《达斋丛说》一卷、黄以周《经说略》二卷、陶方琦《汉孳室文钞》二卷、林兆丰《隶经剩义》一卷、林颐山《经述》二卷。诸书中间系摘本。

○《说文谐声谱》□卷。张惠言。范补：此书二十卷，由惠言子张成孙续成，刻于广州，未见传本。又临桂龙翰臣节本九卷，刻《续经解》中，署张成孙撰。

○《汉学谐声》二十卷，《古音论》一卷，《附录》一卷。戚学标。原刻本。范补：《汉学谐声》凡二十四卷，此云二十卷，误。

○《说文通检》十四卷。今人。同治十二年广州新刻本，附《说文》后。此书为翻检《说文》而设，极便。毛谟《说文检字》二卷，止可检汲古本，原刻重刻两本，皆在成都。范补：《通检》，番禺黎永椿编。涵芬楼影印番禺陈氏原刻本，武昌局重刻本。毛谟《检字》，姚氏咫进斋重刻本。史恩绵《说文易检》十四卷，涵芬楼影印稿本。丁养和《说文便检》十二集，刻本。《一贯三》，不著编撰人名氏，十二集。此书可检《说文段注》、《经籍籑诂》、《说文通训定声》三书，尤为便用，非上列诸种所及。有石印本。

○《说文提要》一卷。武昌局本。范补：成都存古书局本。扫叶山房石印本，附《说文段注》影印本后。此书陈建侯编，但载部首，而许书说解多加删节，虽便初学，未为善本。张行孚《说文揭原》□卷，原刻本，专释部首，有新意，胜陈书。丁福保编《说文解字诂林》，所收凡一百六十余种，分类别裁，不加改削，集校释之巨观。凡无力分购原书者，得此为便。

○《汉书地理志校本》二卷。汪迈孙。杭州刻本。范补：汪远孙。

○《汉书地理志水道图说》七卷，《考正德清胡氏禹贡图》一卷。今人。广州刻本。范补：此书番禺陈澧撰，刻《东塾遗书》内。今版在广州局。

○《后汉书补逸》二十一卷。姚之駰。刻本。孙志祖补辑《谢承后汉书》五卷，未见传本。范补：黟县汪文台辑《七家后汉书》二十一卷，光绪间南昌刻本。黄奭汉学堂亦辑《后汉书》数种。杨守敬《汉书二十四家古注辑存》十二卷，未刊。孙辑《谢承后汉书》，未刊，南京龙蟠里图书馆有钞本。章实斋《文外集》尝谓山阴王氏有《谢承后汉书》一部，守藏至秘，是乾隆间其书尚未佚绝。今又百余年，几经变乱，不知孤本犹存否。

○《历代纪元编》三卷。李兆洛。江宁官本，粤雅堂本。此书最便。范补：此书江阴六承如撰。

○《御批通鉴辑览》一百二十卷。

子部以下各类"○"则未见深意，多仅为普通读书圈识。

○《法言李轨注》十三卷，《音义》一卷。汉扬雄。

○《新语》一卷。汉陆贾。

○《新书》十卷。汉贾谊。

○《盐铁论》十卷，《考证》三卷。汉桓宽。

○《潜夫论笺》十卷。汉王符。

○《申鉴》五卷。汉荀悦。

○《中论》二卷。魏徐幹。

○《傅子》一卷。晋傅玄。

○《中说》十卷。旧题隋王通。

○《续孟子》二卷。唐林慎思。

○《伸蒙子》三卷。唐林慎思。

○《蛾术编》一百卷。王鸣盛。

○《十驾斋养新录》二十卷，《余录》三卷。钱大昕。

○《古书疑义举例》七卷。今人。俞氏丛书本。此书甚有益于学者。范补：德清俞樾撰。

○《西京杂记》六卷。梁吴均。抱经堂校刻别行本，又津逮本，学津本，《汉魏丛书》本。范补：旧题汉刘歆撰，或题晋葛洪撰，皆误。

○《世说新语》三卷。宋刘义庆。

○《北梦琐言》二十卷。五代孙光宪。

○《唐语林》八卷附校勘记。宋王谠。

○《挥麈前录》四卷，《后录》十一卷，《二录》三卷，《余话》二卷。宋王明清。

○《闻见前录》二十卷。宋邵伯温。

○《闻见后录》二十卷。宋邵博。

○《桯史》十五卷，《附录》一卷。宋岳珂。

○《辍耕录》三十卷。元陶宗仪。

○《震泽纪闻》二卷，《震泽长语》二卷。明王鏊。

○《居易录》三十四卷，《池北偶谈》二十六卷。王士禛。

○《太平广记》五百卷。宋李昉等。通行本。所引多唐以前逸史，可资考证者极多。范补：明刻大字二本，乾隆十八年天都黄晟刻小字本，江西巾箱本。此亦一类书，所引皆汉以来稗史、传记、小说之属。

○《文苑英华》一千卷。宋李昉等编。明刻本。范补：上虞罗振玉《宋椠文苑英华残本校记》一卷，载北平《北海图书馆月刊》卷二第五号。

○《宋诗钞》一百六卷。吴之振编。

○《元诗选》一百一十一卷。顾嗣立。

○《明诗综》一百卷。朱彝尊编。

○《宋六十名家词》九十卷。毛晋编。

○《全唐文纪事》一百二十二卷。陈鸿墀。

通计经部15种，史部5种，子部26种，集部6种。不知此系列圈注与柴先生个人藏书读书之关联情形，或待日后检索考求。

二、字右加三角标志

（一）字右加三角标志者，为阅读注意之标记，或批语所指。

柴老对《补正》内蒙文通所加按语很重视。"蒙案"之"蒙"右侧均加三角标记"∆"。经统计，经部"蒙按"共46处，柴批标出45处，或用深蓝钢笔，或用红色笔记近似蘸水钢笔所书，或兼用蓝、红两色标记。兼用红蓝28处，仅用红笔者12处（亦即蓝笔28处，红笔40处），墨笔6处。应为读书时先用蓝色笔标记，后加标红色的当是专为统计蒙按数字之笔迹。墨笔6处，疑为最后统计核实所补。

《永怀堂古注十三经》下《易》九卷。蒙按"Δ"(红)。

同条《周礼》四十二卷。蒙按"Δ"(蓝、红)。

同条《孝经》九卷。蒙按"Δ"(红)。

同条《尔雅》十卷。蒙按"Δ"(蓝、红)。

《毛郑诗》三十卷。蒙按"Δ"(蓝、红)。

重刻嘉靖本《周礼郑注》十二卷。蒙按"Δ"(红)。

影宋单注本《公羊传》十一卷。蒙按"Δ"(蓝、红)。

《郑氏易注》十卷。蒙按"Δ"(红)。

《周易郑注》十二卷。蒙按"Δ"(红)。

《周易郑氏义》二卷。蒙按"Δ"(红)。

《周易本义辨证》五卷。蒙按"Δ"(蓝、红)。

《尚书大传定本》八卷。蒙按"Δ"(红)。

《尚书马郑注》十卷。蒙按"Δ"(红)。

《尚书今古文注疏》三十卷。蒙按"Δ"(蓝、红)。

《尚书王氏注》二卷。蒙按"Δ"(蓝、红)。

《毛诗传笺通释》三十二卷。蒙按"Δ"(蓝、红)。

《毛诗后笺》□卷。蒙按"Δ"(蓝、红)。

《诗经小学》四卷。蒙按"Δ"(红)。

《毛诗通考》三十卷,《郑氏诗谱考正》一卷。蒙按"Δ"(蓝、红)。

《鲁诗故》三卷。蒙按"Δ"(蓝、红)。

《毛诗名物图说》九卷。蒙按"Δ"(蓝、红)。

《仪礼释宫》九卷。蒙按"Δ"(蓝、红)。

《仪礼逸经传》二卷。蒙按"Δ"(蓝、红)。

《大戴礼记正误》一卷。蒙按"Δ"(蓝、红)。

《孔子三朝记》七卷。蒙按"Δ"(蓝、红)。

《白虎通义》四卷。蒙按"Δ"(蓝、红)。

《礼说》□卷。蒙按"Δ"(蓝、红)。

《五礼通考》二百六十二卷。蒙按"∆"（蓝、红）。

《瑟谱》六卷。蒙按"∆"（蓝、红）。

《春秋左氏古义》□卷。蒙按"∆"（红）。

《左传杜解补正》三卷。蒙按"∆"（红）。

刘炫《规杜持平》六卷。蒙按"∆"（蓝、红）。

《春秋识小录》九卷。蒙按"∆"（蓝、红）。

《春秋繁露注》十七卷。蒙按"∆"（蓝、红）。

《春秋正辞》十三卷。蒙按"∆"（蓝、红）。

《穀梁大义述》□卷。蒙按"∆"（红）。

《箴膏肓》一卷，《起废疾》一卷，《发墨守》一卷。蒙按"∆"（蓝、红）。

《春秋说略》十二卷。蒙按"∆"（墨）。

《论语正义》二十卷。蒙按"∆"（蓝、红）。

《论语后案》二十卷。蒙按"∆"（蓝、红）。

《四书释地》一卷，《续》一卷，《又续》二卷，《三续》二卷。蒙按"∆"（蓝、红）。

《圣证论》一卷。蒙按"∆"（墨）。

《国朝汉学师承记》八卷。蒙按"∆"（墨）。

《唐石经》。蒙按"∆"（墨）。

《龙龛手鉴》四卷。蒙按"∆"（墨）。

《急就篇》四卷。蒙按"∆"（墨）。

综合以上，"蒙按"累计统计数字为46处，唯一遗漏的是《五经异义疏证》三卷蒙按一条。

（二）柴德赓先生于书中其他地方标志红色三角者，多为提示重要评语，加于该句首字或第二字右侧。今于标志之字后加（）表示。

《车制图考》一卷。阮元。较（∆）钱坫《车制》考尤核。

《五礼通考》二百六十二卷。秦蕙田。最（∆）有用。

《尔雅义疏》二十卷。郝胜（∆）于邵。

《说文通训定声》十八卷,《柬韵》一卷。朱骏声。甚(Δ)便初学。

《说文通检》十四卷。此书(Δ)为翻检《说文》而设,极便。

《埤雅》二十卷。宋陆佃。多(Δ)驳杂,不尽关经义。

《尔雅翼》三十二卷。宋罗愿。不(Δ)尽可据。

《历代史表》五十九卷。万斯同。原(Δ)刻足本。初(Δ)印本少末六卷。

《历代帝王年表》三卷。齐召南。此书(Δ)最简括。

《纪元通考》十二卷。叶维庚。此书(Δ)最详。

《历代纪元编》李兆洛。此书(Δ)最便。

《续资治通鉴》三百二十卷。毕沅。宋(Δ)元明人续《通鉴》甚多,有此皆可废。

《援鹑堂随笔》四十卷。姚范。范补:书名《援鹑堂笔记》。按:"援鹑堂笔记"五字右加四个红色标记。

《通俗编》三十八卷。翟灏。无不宜斋刻本,《指海》本。范补:《指海》内无此书。按:此六字右红色三角标识有四。

蒙文通按语是柴德赓特别留意之处,有批语数条。学术界对《书目答问补正》蒙文通按语并没有太多注意,从正式披露的材料看,柴先生的批语是比较系统的意见,值得学者注意。

《周易本义辨证》五卷条,柴先生上批:蒙按多无卷数。言王书亦不善,王树柟书耶?王闿运书耶?文浃按:范补有"新城王树柟《费氏易订文》十二卷",蒙按又有"湘潭王闿运《周易笺》□卷",故柴先生批曰:"言王书亦不善,王树柟书耶?王闿运书耶?"

《国朝汉学师承记》八卷条,蒙按:江书有陈寿祺眉注本,偶见传钞。柴先生眉批:眉注本何足奇?大抵学人平日用功,多有此等眉批,距成书有间。

《唐石经》条,蒙按:张宗昌有覆刻本,凡阙文均双钩补足。柴先生眉批:张书刻于民国□年。

《白虎通义》四卷条,蒙按:《白虎通义》以十卷终嫁娶本为善,今惟北宋小字本(或谓亦是元本)为终嫁娶,而书合为上下二卷,但十卷之次可寻。

元大德本十卷,终于崩薨,已非宋人之旧。明人合此十卷本为二卷,再分二卷本为四卷。今因范君之注,故附记如此。柴先生眉批:此按太碎屑。

《龙龛手鉴》四卷条,蒙按:夏书大同郭书,所收古文字多出郭书外,两书应并存。柴先生末批:蒙所谓郭书,上文未及,疑即郭忠恕书,此按不清楚。

阎若璩《四书释地》一卷,《续》一卷,《又续》二卷,《三续》二卷条,蒙按:王鎏《四书地理考》十二卷。柴先生眉批:蒙按无版本。

以上蒙按,柴批指出:(1)蒙按多无卷数。(2)蒙按补王鎏《四书地理考》书名卷数,而缺失版本信息。(3)王树枏《费氏易订文》与王闿运《周易笺》,竟不知何指,交代不清。(4)《唐石经》条蒙按提到张宗昌覆刻本,凡阙文均双钩补足。柴批:张书刻于民国□年。文泱按:年数空一格,或待核实。

这六条批语,对蒙文通按语具体而微的批评,显示了柴先生学术修养。柴先生《重印〈书目答问补正〉序》指出:"(《补正》)书印于一九三一年,蒙文通先生加了一些按语,实是补正之补正。可惜蒙按只限于经部,所补书的卷数、版本及刻书年月,亦未一一注明。大概是就原稿随手批注,并未全校一过。"书中批语,如实显示了柴先生为撰写此《序》所做的准备。整体来说,蒙文通按语不全、不细,比较随意,应该就是柴先生所说"就原稿随手批注",不是精心之作。恰如《国朝汉学师承记》蒙按柴先生眉批所云:"眉注本何足奇?大抵学人平日用功,多有此等眉批,距成书有间。"

三、标注书目数量统计数字

100.《仲氏易》三十卷。

200.《仪礼古今文疏义》□卷。

300.《春秋识小录》九卷,《职官考略》三卷,《地名辨异》三卷,《左传人名辨异》三卷。

400.《汉魏遗书钞》一百八种。

500.《汉学谐声》二十卷,《古音论》一卷,《附录》一卷。

600.《通鉴地理通释》十四卷。

700.《建炎以来朝野杂记》四十卷。

800. 王隐《晋书地道记》一卷,《太康三年地记》一卷。

900.《地球图说》一卷。

1000.《集古录跋尾》十卷。

87.《史林测义》三十八卷。

1200.《示儿编》二十三卷。

1300.《授时通考》七十八卷。

1400.《借根方勾股细草》一卷。

1500.《参同契考异》一卷。

1600.《笠泽丛书》一卷,《补遗》一卷,《附考》一卷。

1700.《二曲集》二十二卷。

1800.《述学外篇》,汪中互见。

1900.《唐人选唐诗》八种。

74.《带经堂诗话》三十卷。

2100.《苏斋丛书》。

柴先生《重印〈书目答问补正〉序》提出的2200种,首次提出《书目答问》收书数量问题,这一数字则长期为学界所引用。

大致按照柴先生的统计单位计算一下,第一个100,从《四书章句集注》到《仲氏易》,共61种。前有《十三经》3种,《五经》2种,以丛书计则为5种,以单书不同版本计则为49种。无论哪一数字,与61相加,都是不会得出"100"的结论的,而是66种或110种。后者较为接近,也就是说,丛书计算时是收书数量统计的。

《仲氏易》之后的《易说》,至《仪礼古今文疏义》□卷,柴统计为100种,实为99种。

《仪礼故书疏证》至《春秋识小录》九卷,《职官考略》三卷,《地名辨异》三卷,《左传人名辨异》三卷,共 100 种。

《春秋繁露》至《汉魏遗书钞》,柴统计为 100 种,经核实,为 101 种。

《古经解钩沈》至《汉学谐声》二十卷,《古音论》一卷,《附录》一卷,共 101 种;至《说文通训定声》为 100 种。

自《六书说》至《历代地理志韵编》100 种,至《通鉴地理通释》十四卷,实为 112 种。此条出入较大。

至《尔雅翼》,小学类结束,共 86 种。

自《通鉴释文辨误》起,至《涑水记闻》,应为 100 种。经核实,实有 99 种,不足 100 种之数。

自《渑水燕谈录》十卷,至《建炎以来朝野杂记》四十卷,柴统计为 100 种,经核实有 102 种。

自《大金吊伐录》至王隐《晋书地道记》一卷,《太康三年地记》一卷为 100 种。是。其中杂史类事实之属有《明季稗史十六种》,按丛书算,计为 1 种。

自阚骃《十三州志》二卷,至《地球图说》一卷为 100 种,实为 98 种,至《海国图志定本》一百卷则为 102 种。此统计包括附录《国朝省志府州县志善本》内《浙江通志》等 15 种。

自《瀛寰志略》十卷至《集古录跋尾》十卷为 100 种,至《集古录跋尾》为 92 行。"目录之学最要者"至"皆非切要"提到如《汉书艺文志》、《三国志注引书目》等一律不计在内。如将《颐志斋四谱》四卷,洪文惠洪文敏、陆放翁、王伯厚、王弇州《年谱》各一卷,《顾亭林年谱》四卷,《阎潜丘年谱》四卷分别按 4 种、5 种、2 种计算,则统计数字增加 8 种,正合 100 种之数。

87 为《史林测义》三十八卷。【可疑】《金石录》至《史林测义》63 行,《国朝各省金石书精审者》23 种,略近 87 之统计数字。

《示儿编》二十三卷标 1200,《授时通考》标 1300。

自子部儒家类《示儿编》之后《演繁录》十六卷起,至《授时通考》七十八卷,应为 100 种。经核实,至农家类《康济录》为 100 种,而至《授时通考》则少两种,为 98 种。

1300 为《授时通考》，1400 为《借根方勾股细草》一卷。则自《授时通考》之后《农桑易知录》至《借根方勾股细草》为 100 种。经核实，《戴校算经十书》10 种，《杨辉算法》6 种，《新法算书》一百零三卷 30 种，《天学初函器编》三十卷 10 种，其中《同文算指前编》二卷，《通编》八卷计为 1 种，《勿庵历算全书》七十四卷 29 种，《江慎修数学》八卷 9 种，《董立方遗书算术》七卷 5 种，《里堂学算记》十六卷 5 种，《翠微山房数学》三十八卷 15 种，《数学五书》□卷 5 种，《六九轩算书》□卷 6 种，《观我生室汇稿》二十四卷 11 种，《夏氏算书遗稿》4 种，《邹征君遗书》8 种，《吴氏丁氏算书》17 种及所附《借根方勾股细草》得 18 种，诸丛书所收书共得 171 种，其他各书按行来计，仍有 65 种，则合计已达 236 种。如《农桑易知录》以下只算丛书名数，则共有 84 种。唯有《戴校算经十书》计为 10 种，则为 93 种。所以无论怎样计算，这 100 种的统计都应该是问题较大的。

从《借根方勾股细草》一卷后之《则古昔斋算学》二十四卷，至 1500《参同契考异》一卷应为 100 种。经核实，共 99 种，《则古昔斋算学》13 种按丛书算 1 种。

自《参同契考异》之后的《道藏目录详注》四卷至《笠泽丛书》七卷（1600）柴先生统计为 100 种，经核实，至《笠泽丛书》七卷为 102 种，至《皮子文薮》为 100 种。

自《笠泽丛书》七卷本之后的《甫里集》二十卷，至（1700）《二曲集》二十二卷，应为 100 种，经核实，为 101 种，至《夏峰先生集》则为 100 种。

自《二曲集》之后的《三鱼堂文集》十二卷（1800）《述学外篇》条，应为 100 种，经核实，至汪中《述学外篇》为 99 种，至朱珪《知足斋集》为 100 种。

自《知足斋集》，至（1900）《唐人选唐诗》八种，应为 100 种，经核实，至《唐人选唐诗》为 103 种，实则至《全金诗》为 100 种，至《唐人选唐诗》为 103 种。

自《唐人选唐诗》之后《唐人万首绝句》九十一卷，至（74）《带经堂诗话》为 74 种。

自《汉魏丛书》起，至（2100）《苏斋丛书》凡 72 种，与前《唐人万首绝句》至《带经堂诗话》74 种，合计 146 种，并非整数。《古今人著述合刻丛书目》、《国朝一人自著丛书目》与前经史子集四卷以专著别集为主的性质不同，数字叠加并没有统计学的意义。而且丛书内《戴校算经十书》、《汉魏遗书钞》、《皇清经解》等书前已著录，不必重复计算。如果需要叠加计算，应该统计丛书所收各书，而《书目答问》丛书类所收丛书，其子目多半已在经史子集卷分注于各书之下，没必要重复统计。经史子集四卷的书目采择排列也不是很讲究，如果要做统计，也要尽量避免重复计算，比如，国朝考订家集有《述学内外篇》六卷，国朝人骈体文家集有《述学外篇》，只应该算一种书。集部朱墨本《昌黎诗注》十二卷，书后别录群书读本又有朱墨本《昌黎诗注》，不仅只应计为 1 种，还应该注意到群书读本是较前经史子集低一档的普及性读本，在集部正文里本应删去。

柴先生《书目答问》收书 2200 种的结论，影响很大。因统计方法比较简单，统计也不精准，概算而已。

四、综论批语

（一）纠正《书目答问补正》国学图书馆版的讹误，如"《近事会元》五卷。宋叶上交"，"南海陈垣《史讳举例》不分卷"，《沈下贤十集》二卷"，"梁章钜"，"秦田蕙"等。

国学图书馆本误而未改正者亦时有见之，如史部地理类"《元丰九域志》十志（卷）"，"《舆地记》三十八卷"。

（二）为张氏《答问》、范氏《补正》做一梳理。如《释名疏证》八卷，《补遗》一卷。江声补疏。补正曰：江声为毕沅撰，书署毕名。柴批：原具毕沅名，张改为江声。

又如《农书》三卷。宋陈旉。附《蚕书》一卷。宋秦湛。《蚕书》亦在道光重刻《淮海集》内，作秦观撰。柴批：秦湛，秦观子，本非观作。湛字处度，《宋志》不误，然《书录解题》已言为少游作。

与《隋书·经籍志》、《旧唐书·经籍志》、《新唐书·艺文志》、《四库提要》、《四库简明目录》等比较，比较存佚增损，著录类别、结构分类、价值所在，等等。

如《蔡中郎集》六卷眉批：《隋志》十二卷，《旧唐》二十卷。

《曹子建集》十卷眉批：《隋志》三十卷。

《嵇中散集》十卷眉批：《隋志》十五卷。

《昭明太子集》六卷下批：《隋志》二十卷。

如《鸡肋编》柴批：小说二以为与《齐东野语》相类，非《辍耕录》诸书可及。

《桯史》批：一百四十余条。小说二。《癸辛杂识》批：小说二。以为究在《辍耕录》之上。文泱按：均是参考《提要》而作。

《李太白集》三十卷批：《四库》录两本。

《宏简录》二百五十四卷条，范氏补正云：辽阳李锴《尚史》七十卷，轩辕迄秦代。柴批：《尚史》至秦止，以接《汉书》，意欲废《史记》，取材多从《绎史》。《四库》本未著录，四十七年去《南北史合注》，遂以此补入，《简明目录》无之。

较多的有注意比较《书目答问》与《四库》之别，注明《提要》分类。

如《陆士衡集》十卷眉批：《四库》有士龙，无士衡集。

又如别史类《春秋别典》十五卷。眉批：集古书而无出处，明人通病。末批：《四库》别史。

文泱按：分类相同亦注明。《总目》"其抄撮具有苦心，惟各条之末不疏明出何书，明人之习，大都若是"诸语，是柴批依据。

又如杂史类《建康实录》二十卷末批：《四库》别史，《新唐》杂史。

《南部新书》十卷末批：《四库》子部小说家类，共八百余条。

《鉴诫录》十卷末批：《四库》子部小说家类。蜀事为多，有夹注，不明何人。

《锦里耆旧传》四卷眉批：又名《成都理乱记》。末批：王氏、孟氏据蜀时事，载记类，近编年。文汭按：此全据《总目》而书。《锦里耆旧传》《答问》在史部杂史类，《四库提要》在史部载记类，并云："其书乃记王氏、孟氏据蜀时事"，"其体实近编年"。

又如《涑水记闻》末批：《四库》子部小说家类。《渑水燕谈录》末批：《四库》子部小说家类。《靖康传信录》三卷末批：《靖康要录》《四库》入编年，《传信录》未收。文汭按：这一类批语数量较多，对于读《书目答问》，理解图书分类的观念和历史，都是很有帮助的，值得仔细体会。注意《书目答问》与《四库全书》及《总目》的联系和区别，至今仍是读《书目答问》的基本方法。

（三）柴先生对成书经过背景等特别留意，时有批注。

如《龙沙纪略》条批：实纪东北。式济父澄崃谪居黑龙江，式济往省，考核古迹，分为九门。

又如《台海使槎录》条批：康熙壬寅叔璥为御史，巡视台湾时所作，记台湾民风、土俗、物产、海道、风信、形势等。

附录《国朝省志》、《府州县志善本》条眉批：康熙十一年，令天下郡县分辑书目。雍正七年，命天下重修通志，上诸史馆，以备《一统志》之采择。见《四库畿辅通志提要》。

文汭按：此可见柴先生读书秉持大处着眼的学风，并非斤斤于校订文字等细节。

（四）对于近人著述学界成果十分熟悉，随手征引。

《大金吊伐录》朱批：《大典》本，康王南渡止。《四库》杂史。《北盟会编》有之。墨批：余文疑梦莘并非见金国刊本，材料偶同耳。文汭按：柴批提到的"余文"，即余嘉锡《四库提要辨证》卷五"大金吊伐录"条，谓徐梦莘撰《三朝北盟会编》所引《大金吊伐录》，非金刻本。

《楚辞补注》。汲古阁毛表校本。眉批：毛表，子晋第四子，字奏叔，见

《清话》。文泆按：毛表见《书林清话》卷七"明毛晋汲古阁刻书之二"条。

又如《庚申外史》二卷。眉批：谢山主顺为瀛国公子，王静安《观堂集林》证之。文泆按：王观堂文即《书〈宋旧宫人诗词〉、〈湖山类稿〉、〈水云集〉后》，见《观堂集林》卷二一。余季豫《四库提要辨证》卷五"庚申外史"条对王观堂、全谢山诸说有详尽的印证，然《辨证》并不认可王说，以为王观堂先有庚申帝为瀛国公子之成见，从而傅会之。

（五）自有论断。

毕沅《续资治通鉴》三百二十卷。毕沅。宋元明人续《通鉴》甚多，有此皆可废。柴批：有毕作，前人书亦何可废也？

别史弟五眉批：陈振孙始立此目。《答问》又云：别史、杂史，颇难分析。今以官撰及原本正史，重为整齐，关系一朝大政者，入别史；私家记录中多碎事者，入杂史。柴批：上不至于正史，下不至于杂史者入之。

又如《明名臣奏议》二十卷下批：此书暴露明政缺点，以示明之当亡，读此书者当注意。

《近事会元》五卷。宋叶上交。"叶"字圈出。柴批：应作李上交。《提要》言始末未详。劳格《读书杂识》十一有"李上交"条，《辨证》引，详见《长编》皇祐四年八月。文泆按：可参《四库提要辨证》卷十五"近事会元"条。劳格《读书杂识》卷十一"李上交"条所引有《续通鉴长编》卷一七三"皇祐四年八月乙未"条、卷一五八"庆历六年三月丙午"条、《容斋三笔》十五"总持寺唐敕牒"条等，并非仅从《长编》"皇祐四年八月乙未"条立论，柴批信息不完整，盖个人读书提示耳。

（六）补《答问》《补正》之缺。

如《国朝著述家姓名略》金石学家内眉批：陈介祺。

柴先生此《书目答问补正》批读本，有比较《书目答问》、《四库总目》异同的大量眉批，用功甚勤。尤以反复标记蒙文通按语数量的不同颜色笔迹最为显著，先生《重印〈书目答问补正〉序》所云："可惜蒙按只限于经部，所补的卷数、版本及刻书年月，亦未一一注明，大概是就原稿随手批注，并未全校一过。"《答问》卷一经部，江藩《国朝汉学师承记》八卷条，蒙按："江书有陈寿祺眉注本，偶见传钞。"柴先生眉批："眉注本何足奇？大抵学人平日用功，多有此等眉批，距成书有间。"柴先生对蒙按的意见是我们对待一般眉批的阅读和研究所持基本立场和态度，值得重视和学习。

柴先生对《书目答问》和《补正》的研究，可以参考先生《记贵阳本〈书目答问〉兼论〈答问补正〉》（初刊于 1947 年 12 月《辅仁学志》第 15 卷 1、2 期合刊本，后收入柴先生《史学丛考》）。其中如改"郑余庆"为"郑元庆"等均见于此国学图书馆排印本眉批。柴先生的比较工作细致入微贡献甚多，研究者另行参考，此不赘言。

又，新刊《柴德赓来往书信集》有 1948 年 2 月 6 日孙楷第来函，称："《书目答问校笺》亦是不苟之作。"按：此条值得注意，或有未发之覆？观上下文，首先，可以肯定此为柴氏所作无疑。其次，柴先生《记贵阳本〈书目答问〉兼论〈答问补正〉》一文刊于 1947 年底，孙先生来书写于 1948 年初，故所谓《书目答问校笺》应即指《记贵阳本〈书目答问〉兼论〈答问补正〉》，非另有《书目答问》之论述之谓也。第三，孙函前称："大作《论谢山稚威交情》，前已读过，今阅刊本，更觉隽永有味。"所称柴著《论谢山稚威交情》者，亦刊于 1947 年 12 月出版的《辅仁学志》，原题《全谢山与胡稚威》。可见孙子书连读柴先生两文，亦称扬并举，连带及之也，论及题目，则全凭印象书写，并未严格遵从原文。

我辈读学术书，抑或是读当初并非为发表而作的批校本，主要是体会前贤的用心、读书的关注点、文化的意味、历史的痕迹、作者和批注者的趣向情怀，等等。数十年之后，得亲见先贤手泽，实属幸事，自当惜福。

凡有笔者水平见识所限，未得张之洞、范希曾及柴德赓先生用心之处，敬祈读者不吝赐教。

（作者单位：首都师范大学历史学院）

传承与发展
——柴德赓先生《史籍举要》读后

邱居里

20世纪20年代末至40年代后期,陈垣先生先后在燕京大学、北平师范大学、辅仁大学、北京大学开设"中国史学名著评论"课程。① 相关的课程资料,由先生哲孙智超先生编辑成《中国史学名著评论》一书,于2014年由商务印书馆出版,内容包括援庵先生20世纪30年代及1946年初的课程说明二份,20年代末的备课手稿,1943—1944学年在辅仁大学讲授该课的教学日记及札记,同年来新夏先生的听讲笔记(简称来新夏笔记)。为了解援庵先生创设的这门课程,提供了珍贵的文献。

2015年,柴德赓先生哲孙念东先生在南京大学周国伟老师的遗书中,新发现《陈援庵先生讲述中国史学名著评论》钞本一册。钞本使用每页皆印有"武陵余氏读已见书斋钞本"的特制线装本,墨笔钞录,封面为启功先生题签,钤有"青峰藏书"朱文印,疑是余逊先生整理的听讲笔记(简称余逊笔记)②,其后长期由柴先生收藏。钞本的发现与影印整理,进一步丰富了关于援庵先生授课情况的资料。

---

① 陈智超:《百世师表》:"援庵先生1936年在辅仁大学女院讲授本课时曾改名'史籍解题'。"载陈垣著、陈智超编:《中国史学名著评论》,商务印书馆2014年版,第158页。
② 余逊先生是著名史学家余嘉锡之子,1926年考入北京大学历史系,大学期间曾修习援庵先生课程,1930年毕业,留校任教。抗日战争期间,曾任教辅仁大学,与柴德赓、启功、周祖谟并称"陈门四翰林"。

1929年，柴德赓先生考入北平师范大学史学系，一年级即修习了援庵先生的"中国史学名著评论"课程，课业表现卓异，并在年终考试中名列第一。①1936年以后，柴先生任教辅仁大学，成为陈门的得意弟子。②继援庵先生之后，1952—1955年，柴先生在北京师范大学历史系开设"中国历史要籍介绍"课程；1955年以后，长期在江苏师范学院讲授这门课程；1963年，又在北京大学授课③，大受学生欢迎。柴先生逝世后，他的"要籍介绍"课程手稿和部分讲义，由江苏师范学院学生邱敏、胡天法、许春在三先生整理成《史籍举要》一书，并经北京大学许大龄教授审定修补，于1982年由北京出版社出版。

1978年以后，"中国历史要籍介绍"成为高校历史系的必修课程，《史籍举要》亦被国家教委评为优秀教材，多次获奖，影响深远。因此，细心阅读援庵先生《中国史学名著评论》、《陈援庵先生讲述中国史学名著评论》与柴德赓先生《史籍举要》，才有可能较为深入地探讨柴先生对于援庵先生开创的这门课程的传承与发展。

一、名著与要籍的择取

1929年，援庵先生在燕京大学、北平师范大学同时开设"中国史学名著评论"课程，课程的第一步，即是首先确定哪些典籍属于史学名著。这是课程的奠基性工作。

（一）规模宏大的史学名著

在同年开始草拟的备课手稿中，援庵先生共选录史学名著248种，包括史

---

① 1930年，援庵先生在"中国史学名著评论"备课手稿封面后批语："十九年六月廿五日试卷，师大史系一年生柴德赓、王兰荫、雷震、李焕绂四卷极佳。"载陈垣著，陈智超编：《中国史学名著评论》，第174页。
② 详见陈智超：《千古师生情》（二），载陈垣著，陈智超编：《中国史学名著评论》，第160—161页。
③ 柴先生1963年在北京大学开设"史料与史学"课程，内容与"史籍举要"基本相同。详见许大龄先生：《史籍举要·序言》，载柴德赓：《史籍举要》（修订本），商务印书馆2015年版，第6页。

部书籍12类187种，经部书籍4类4种，子部书籍5类57种。说明入选的名著不限于史部，而是以史部为主，子部为辅，也涉及经部。手稿的分类基本依据《四库全书总目》。若以两者相校，则在《四库》史部15类书中，手稿选录了12类；经部10类书中，选录了4类；子部14类书中，选录了5类：堪称种类众多，规模宏大。

援庵手稿选录史学名著分类表[①]

史	部			经	部	子	部
正史	24	传记	14	书	1	儒家	7
编年	8	史钞	7	礼	1	医家	1
纪事本末	10	诏令奏议	15	春秋	1	天文算法	1
政书	17	地理	34	四书	1	艺术	3
别史	7	目录	19			杂家	45
载记	13	史评	19				

手稿选录的248种史学名著，源自《四库全书总目提要》者184种，约占全稿四分之三，选自阮元《四库未收书提要》者4种，选自张之洞《书目答问》与范希曾《书目答问补正》者43种，其他来源者17种。可见，援庵先生对史学名著的择取，主要依据《四库提要》，至于《四库》之后的书籍，则主要根据《书目答问》及《补正》。[②]

这份名著在历年讲授时多有调整。据余逊与来新夏两份听讲笔记，调整大致分两种情况：一是省略部分书籍不讲。如编年类的《资治通鉴纲目》，纪事本末类的《绎史》，别史类的《东观汉记》，载记类的《吴越春秋》、《越绝书》、《华阳国志》，史钞类的《十七史详节》、《史纂左编》、《史书纂略》、

---

① 备课手稿没有标立史部、经部、子部等部名，仅有分类，且史部正史、编年、纪事本末、政书、史评等5类手稿没有类名，陈智超先生整理本做了统一增补；经部仅选4种书，亦未予分类。

② 范希曾：《书目答问补正》，初刊于1931年，然史部一卷，1929年已发表于南京《国学图书馆第二年刊》。详见《补正》后附范希曾民国十八年跋，上海古籍出版社1983年版，第361—362页。

《史纬》、《廿一史约编》，诏令奏议类的《包孝肃奏议》、《皇朝经世文编》等，其中地理类省略最多，计有《三辅黄图》、《禁扁》、《延祐四明志》、《武功县志》、《朝邑县志》、《泉州府志》、《日下旧闻》、《历代帝王宅京记》、《历代河防统纂》、《小方壶斋舆地丛钞》、《诸蕃志》、《岭外代答》12种书略去不讲。二是新增部分名著，如编年类的《西汉年纪》、《续资治通鉴长编拾遗》，编年类附讲的《道命录》，纪事本末类的《西夏纪事本末》、《三藩纪事本末》，政书类的《建炎以来朝野杂记》，别史类附讲的《新旧唐书合抄》，载记类的《南唐书补注》、《朝鲜实录》，传记类的《碑传集补》、《文献征存录》、《清史列传》、《清儒学案》，史钞类的《两汉博闻》、《通鉴类纂》、《南史识小录》与《北史识小录》，地理类的《明朝舆地碑记目》、《嘉定赤城记》，目录类的《旧唐书·经籍志》、《新唐书·艺文志》等。尤其是在传记类新增加了年谱部分，综述北宋至清年谱的出现与发展，概要介绍了12种年谱，并重点讲述《昌黎先生年谱》、《白香山年谱》、《全唐诗人年表》、《元遗山年谱》等4种模范年谱。可知，援庵手稿所列名著并非一成不变，而是在讲授过程中不断调整完善，以适应课程的需要。

  此外，援庵先生手稿还有一个特点，即不仅注意名著的体裁分类，也关注史书内容之间的联系。因此，手稿在著录名著的同时，还经常连带介绍后世与之相关的著述。这方面的介绍以正史为主，仅《史记》、《汉书》、《三国志》、《晋书》、《南史》、《北史》、《旧唐书》、《新唐书》、《旧五代史》、《新五代史》、《宋史》、《辽史》、《金史》、《元史》、《明史》等15部正史，手稿即列举相关史籍52种。① 如《三国志》，有宋萧常、元郝经《续后汉书》及钱大昭《续汉书辨疑》3书。② 新旧《五代史》，手稿介绍吴缜《五代史记纂误》等7书。《宋史》，则有柯维骐《宋史新编》等6书。尤以《元史》为最，列举

---

① 这里所举相关著述，不包括史书的注释之作。
② 陈垣：《中国史学名著评论讲稿》，载陈垣著、陈智超编：《中国史学名著评论》，第3页。萧常、郝经两部《续后汉书》，是将蜀汉视为东汉之续朝，实为三国史。手稿此条眉批原在《三国志》之上，整理本移置《后汉书》下，误。

至 14 种之多。正史之外,《建炎以来系年要录》、《三国会要》、《东都事略》、《皇明开国功臣事略》、《水经注》等名著,也各介绍相关著述 1 种,至于朱熹《通鉴纲目》,则举金履祥《前编》、商辂《续编》、陈景云《纲目订误》、李述来《读通鉴纲目条记》等 4 种书。这些相关著述,有些本身即是手稿选录的史学名著。如《史记》、《汉书》附录的倪思《班马异同》、刘辰翁《班马异同评》、许相卿《史汉方驾》,新旧《唐书》附录的吕夏卿《唐书直笔》、吴缜《新唐书纠谬》,新旧《五代史》附录的吴缜《五代史记纂误》等。《建炎以来系年要录》附录的李心传《旧闻证误》,同时也是手稿史评类收录的史学名著;邵远平《元史类编》,是别史类收录的史学名著;郑麟趾《高丽史》,是载记类收录的史学名著。不过更大量的是没有列入名著的史籍,尤其是清朝或近代的史书,由于记载的内容相关而附录于名著之后。因此,手稿实际涉及的史著,应在 300 种以上。

显而易见,这份涵盖 21 类、多达 248 种名著的备课手稿,在一学年(每周二学时)的课程之内是不可能讲完的。不过,援庵先生授课,素来有同一门课程,在不同学年讲授不同内容的传统。如他的"史源学实习"课程,就曾先后以赵翼《廿二史札记》、顾炎武《日知录》和全祖望《鲒埼亭集》三部书作为教材,在不同的学年讲授不一样的内容。"中国史学名著评论"也是如此。据援庵先生的教学日记及来新夏先生的听讲笔记,1943—1944 学年辅仁大学"名著评论"课程,是自《史记》始,至《建炎以来朝野杂记》止,只讲了正史类名著 24 种、编年类 6 种,纪事本末、政书二类各选讲 1 种,共 4 类体裁的名著 32 种。而据余逊笔记,该学年自《史记》始,至《新唐书·艺文志》止,不过正史仅选讲《史记》1 种,编年从《通鉴》开始,凡讲述正史、编年、纪事本末、政书、别史、载记、传记、史钞、诏令奏议、地理、目录 11 类体裁的名著约 140 种。即在上述两个学年内,援庵先生讲述了自正史至目录(前半部分)的 160 多种名著。所余目录(后半部分)、史评及经部、子部的 90 多种名著,是否会在其他学年讲授,限于资料,目前还无法确认。

可以说，援庵先生这份规模宏大、种类繁多的史学名著手稿，既是为"名著评论"课程所作之准备，更是在对历史上堪称名著的史籍进行一次全面的遴选与整理，以便完整把握中国史学名著之全貌。

（二）历史要籍的选类与调整

在援庵先生奠定的基础之上，1952年，柴德赓先生在北京师范大学历史系率先开设"中国历史要籍介绍"课程，并在长期授课的过程中，逐渐形成《史籍举要》书稿。不过，由于时代的变化与新的教学规范，"要籍介绍"只能是一学年的课程，不可能在不同的学年再接续讲述不同的内容。这就必须在援庵先生名著的范围内进行大幅度缩减，筛选出史著中必不可少的体裁与要籍，以适应一学年课程的要求。柴德赓先生《史籍举要·前言》即说明："本书的目的，在于使高等学校历史系的学生和有志于史学的青年，在自己能初步阅读古代史籍的基础之上，了解中国历史方面有哪些是重要书籍。""为了达到这样一个目的，应该设置一些专门学科，像史料学、史学史、目录学这一类功课。可是我们教学计划上课程已经很多，不可能用很多时间来讲这许多内容，也不可能对每一部重要史籍都讲得很详尽，只能选择比较重要的，也是常用的史籍来做扼要的介绍。"[①]

据此，"要籍介绍"课程在援庵先生21类名著中，仅选择了纪传体、编年体、纪事本末、政书、传记、地理6类体裁，各类体裁的要籍也多有增删调整，其中前4类讲述或附带介绍了61种要籍（包括纪传体25种、编年体9种、纪事本末6种、政书21种），后2类采取分门类讲述，在概要介绍的基础上重点讲授了29种要籍（传记8种，地理21种）。即在"名著评论"的基础上，择取最重要的史书体裁与要籍。瞿林东先生敏锐地指出："若以《史籍举要》所选之书同《四库全书总目》分类相对照，作者只选了纪传体类（即正史）、编年体类、纪事本末类、政书类、传记类、地理类等6类史

---

① 柴德赓：《史籍举要》（修订本），第9页。

书。作者略去的是有关言论、官制、目录、评论，而突出了人物、事件、政治和地理，从这个比较中，我们可以窥见作者的卓识：纪传体类、编年体类、纪事本末类、政书类史书，是中国古代史书中的几种主要表现形式，它们分别是于综合叙事中以人物为中心、以年代为中心、以事件为中心、以制度为中心，这是人们认识和研究历史最基本的文献；传记则是对纪传体类史书的补充，地理类史书向人们提供历史演进之地理环境和建制沿革的基本知识。这几类史书相对于其余一些类别的史书，是基础性的，是重要的。"①清楚地强调了这 6 类体裁的史书，在整个史学领域的重要地位。此外，类目的设定还受到其他因素的影响。如目录类著述，也是史籍的重要内容，甚至是引导历史系学生探寻史学领域不可或缺的工具。柴先生 1944 年在白沙国立女子师范学院，1951 年在辅仁大学，都曾开设"中国史部目录学"课程。"要籍介绍"未选目录类典籍，或许是柴先生考虑在历史系教学体系中，同时设置"史部目录学"的课程。

除了类的去取，还有类下名著的调整。如编年类舍弃《汉纪》、《后汉纪》等书，纪事本末类省略《皇朝通鉴长编纪事本末》、《绎史》、《辽史纪事本末》、《金史纪事本末》等书，传记类去除《皇明开国功臣事略》、《国初群雄事略》、《清史稿列传》、《宋元学案》、《明儒学案》等书，地理类更减省《至顺镇江志》、《西湖游览志》、《长春真人西游记》等 16 种名著不讲，以便精简课程内容，突出必讲的要籍。

必须指出，"要籍介绍"在援庵先生名著择要的基础上仍有许多新的突破。首先，增补了一些重要的史著，如纪传体类增加《清史稿》，编年类增加《续资治通鉴》、《明实录》、《清实录》，纪事本末类增加《续通鉴纪事本末》等。1929 年援庵先生开始草拟备课手稿时，赵尔巽等编纂的《清史稿》刚刚完稿刊刻，因成书草率，问题很多，未经民国政府承认，尚未列入正史，故称之为稿。所以，援庵先生备课手稿未选入《清史稿》，此后授课也没有介绍过

---

① 瞿林东：《登堂入室的门径——〈史籍举要〉重版前记》，载柴德赓：《史籍举要》，北京出版社 2002 年版，第 5 页。商务印书馆 2015 年出版《史籍举要》（修订本），未收这篇重要的《重版前记》，实属缺憾。

此书。但它毕竟是中国古代最后一个皇朝的唯一一部纪传体史书，理应接续在二十四史之后。柴先生《史籍举要》即在纪传体类之末，"附"讲《清史稿》，较为详细地介绍了该书的类目、编纂、史料来源、版本异同，肯定该书是"学清史的人的基本参考书"①，也不讳言其在立场、编纂体例等方面的缺点。实录是官修的编年体史书，自《梁武帝实录》起源，唐以后每位皇帝死后必敕史臣纂修实录，在史学史上源远流长。然而，历代实录残佚殆尽，只有《明实录》与《清实录》保存下来。《明实录》不合清朝立场，《清实录》则为宫内秘书，因此，《四库全书》、《书目答问》都不可能收录这两部实录，援庵先生名著亦未选取。柴先生《史籍举要》重视这两种研究明清史必须参考的史著，专门在编年体类增补《明实录》与《清实录》，详细说明二书的卷册、编修、体例异同、庋藏、传抄、影印，追溯实录的源流，并简略介绍与之相关的明清档案及蒋良骐、王先谦两部《东华录》。这些增补的典籍，确实是学习明清史不可不参考的历史要籍。

其次，"要籍介绍"还开辟了一些新的领域，以补充某些类型的史著。如政书类加入《元典章》、《唐律疏义》、《大清律例》、《营造法式》等专书，将政书的范围，从十通、会要扩大到法律与考工。传记类添设分类专书与地区性传记，前者增补《列女传》、《高僧传》、《续高僧传》、《宋高僧传》等要籍，后者概要介绍《汝南先贤传》、《浦阳人物记》等地方人物传记。地理类综合概述古代地图类书籍的发展演变，还补充《水道提纲》、《西域水道记》等水道类著述，以及《东京梦华录》、《梦粱录》、《武林旧事》、《帝京景物略》等都邑类志书。这些都是在援庵"名著评论"的基础上，进一步拓宽历史要籍的范围，丰富了课程的内容。

无论是类目的缩减，要籍的调整，领域的拓展，都是对援庵先生"名著评论"的传承与发展，体现着柴德赓先生对于"要籍介绍"课程及其教材的全局性思考。

---

① 柴德赓：《史籍举要》（修订本），第165页。

二、课程说明与要籍重点

名著或要籍选出后，接着就需要确定课程的要点。《中国史学名著评论》收录援庵先生的课程说明二份，即是作为总纲概括课程的主要内容。

其一，约写于20世纪20年代末至30年代初："取历代史学名著，说明著者之生平，本书之体例，以及史料来源，编纂方法，板本异同等等，俾学者读书、引书时得一明了向导。"

其二，写于1946年1月："取史学上有名之著作，而加以批评。每书举作者之略历，史料之来源，编纂之体制，板本之异同，以及后人对此书之批评等等，以为学者读史之先导。"①

与之印证的还有余逊笔记首页的一段话："评论史书之数点：（一）史料之来源；（二）编纂之方法；（三）参考要籍；（四）版本之讲求；（五）本书之用途；（六）阅读之方法。"②

综观三份资料，文字虽有小异，内容大致相同，说明自20年代末课程初设，至40年代后期，援庵先生"名著评论"的课程要点，始终没有大的变化。它包括：作者生平、史料来源、编纂体例、版本异同、参考要籍（注释及相关著述）、后人批评、书籍用途、阅读方法诸项，目的在为学者指导读史之门径。

与此相同，柴德赓先生《史籍举要·前言》亦提出介绍历史要籍的四个重点："（一）作者及著作时代；（二）史料来源及编纂方法；（三）优缺点及在史学上的地位；（四）注解及版本。"③显然，柴先生的重点与援庵先生的课程说明一脉相承，而且概括得更为准确集中。可以说，它既是"要籍介绍"的

---

① 陈垣：《中国史学名著评论课程说明》，载陈垣著，陈智超编：《中国史学名著评论》，第1页。
② 陈援庵讲述：《中国史学名著评论》，影印武陵余氏读已见书斋钞本（下同），第5页。
③ 柴德赓：《史籍举要》（修订本），第9页。

课程重点，也是《史籍举要》一书的撰述体例。①

根据上述课程重点，援庵先生备课手稿对每种史学名著，都有或长或短的一段提纲式著录，类似一篇简明的提要或解题。实际授课时，即根据手稿展开。不过，亦非每书各项内容皆面面俱到，而是根据名著情况各有侧重。其中二十四史及《汉纪》、《后汉纪》、《资治通鉴》等重要史著，授课时均按课程要素与名著特点添加小标题，以便更有条理地细致讲解。其他名著，虽不标列小标题，但也依据名著的重要性，或详加说明，或简略介绍，但讲述之中亦遵循课程重点。

援庵先生的讲授特点，亦为柴先生所继承。《史籍举要》将全部要籍分为上下两编，上编包括纪传体类的二十四史及《清史稿》，下编收录编年、纪事本末、政书、传记、地理 5 类要籍。在要籍中，同样对二十四史及《资治通鉴》最为重视，全部添加小标题详尽讲述；其他各书则详略不一，视情况而定。也即是《史籍举要·前言》所云，四条重点"只是大概，具体史书，讲法可以变动，不完全以此四点为限"②。

三、历史要籍的阐述

名著或要籍既已选出，课程要点也已规定，第三步自然是对名著或要籍进行阐述。也正是在要籍的阐述方面，柴德赓先生有着更多的发展。

（一）类目的诠释

柴德赓先生《前言》提出，《史籍举要》"介绍的方法，以史籍性质分类择要来讲"③。分类择要，既是对援庵先生"名著评论"讲授方式的总结，也是

---

① 详见瞿林东：《登堂入室的门径——〈史籍举要〉重版前记》，载柴德赓：《史籍举要》，第 8—9 页。
② 柴德赓：《史籍举要》（修订本），第 9 页。
③ 柴德赓：《史籍举要》（修订本），第 9 页。

"要籍介绍"课程遵循的原则。

然而，援庵先生在备课伊始，对于分类讲授的方式在思想上尚未完全明晰，只是根据《四库提要》的分类逐一择取名著。因此，手稿中的分类名或有或无，并不一致。史部名著12类，正史、编年、纪事本末、政书、史评5类手稿没有标写类名，整理本的类名是智超先生统一增补。① 经部，仅选4种书，分属书、礼、春秋、四书类，手稿与整理本均未标类名。② 子部书5类，全部有类名。可见分类讲授的方法，是在备课过程中逐步明确起来的。实际授课时，援庵先生的分类意识还是非常明确的。余逊笔记涉及的11类名著，正史、编年、纪事本末、别史、载记、传记、史钞、诏令奏议、地理、目录等10类皆标明类目；来新夏笔记涉及正史、编年、纪事本末、会要4类名著，也都类目分明。只有政书一类，类名较为含糊。手稿原未标示类名，但在该类名著的第一部杜佑《通典》之下指出："《崇文总目》、《书录解题》入类书，《通考》入故事，《宋志》入类事，《提要》特入政书。"③ 似乎是赞同《四库提要》的类名。余逊笔记该类名著之前亦未出现类名，仅在该类所讲的第一部《西汉会要》之上，有朱笔眉批"类书类（制度史）"，尚不清楚是否援庵讲授时的原名。④ 而且，《通典》下同样注明，"《四库》以其入政书类"。⑤ 来新夏笔记该类类目是"会要"，讲授的唯一一书，却是未列入手稿的李心传《建炎以来朝野杂记》，讲解云："《书目答问》置杂史类，《提要》置政书类。其书专记典章制度。"⑥ 参考手稿和两部笔记，则整理本补充类名为"政书"，应该是符合援庵先生本意的。

---

① 参见陈垣：《中国史学名著评论讲稿》及图版的讲稿部分。
② 手稿史部书与经部书之间，留有多行空白，见《中国史学名著评论·图版·讲稿四十一》。整理稿将经部四种书直截连于史部史评类之后，似欠妥当。
③ 陈垣：《中国史学名著评论讲稿》，载陈垣著，陈智超编：《中国史学名著评论》，第21页。
④ 陈援庵讲述：《中国史学名著评论》，第45页。余逊笔记这部分内容似有错乱，先讲《西汉会要》、《东汉会要》，继述《通典》、《通志》、《文献通考》等九通，然后又接讲《唐会要》、《五代会要》等书。因此，无法确定该类未标类名，究竟是讲述时即没有，还是因错简而缺失。
⑤ 陈援庵讲述：《中国史学名著评论》，第46页。
⑥ 《来新夏听讲笔记》，载陈垣著，陈智超编：《中国史学名著评论》，第147页。

援庵先生的备课手稿与听讲笔记,对类目也有若干解释,一般文字比较简约,或追述该类史书的起始:如载记"出于《晋书》之末"①,"《新唐·艺文志》起居注类始有诏令一门"②,史钞"早已有之,但史钞之名,实自《宋史·艺文志》始"③;或解释类目与此类史书的价值:"别史者,别于正史而言,即深于正史一等,或谓副史,然其材料,或有超出正史者。"④ 史钞"用途:一、便省览与记忆;二、可为类书,为作文之料资也"⑤。说明援庵先生关注分类的源起,也注意该类史书的价值。

柴德赓先生《史籍举要》非常重视类目的诠释,纪传体、纪事本末、政书、传记等类皆有专门解说。现以纪传体、纪事本末、政书三类为例,试比较二者的异同。

1. 纪传体

纪传体史书,自汉代起即是中国最基本的史书,《隋书·经籍志》专列"正史"一类,位居史部书籍之首。援庵先生授课时,沿用"正史"这一类目,并在其后破例作了一段较长的解说:正史"名始见于梁处士阮孝绪之《七录》。阮曾为《正史删繁》一百三十五卷,序录一卷。《四库提要》史部第一,开始即是正史。《提要》谓正史之名见于《隋志》,然不如谓为始自《七录》矣。……史在昔不能独立分之。(《汉志》无史类,附之于春秋家,《史记》入之,称'《太史公》百三十篇')晋时分为经、子、史、集。至《隋志》始改为经、史、子、集。正史云者,不论其为官书或私书,一般学者承认之史也。"⑥ 解说有三层含义:其一,正史之名始于阮孝绪《七录》,纠正《隋志》之失;其二,史书由附于春秋家到独立成部且位列第二的发展;

---

① 陈援庵讲述:《中国史学名著评论》,第96页。
② 陈垣:《中国史学名著评论讲稿》,载陈垣著,陈智超编:《中国史学名著评论》,第29页;同见陈援庵讲述:《中国史学名著评论》,第147页。
③ 陈援庵讲述:《中国史学名著评论》,第144页。
④ 陈援庵讲述:《中国史学名著评论》,第77页。
⑤ 陈援庵讲述:《中国史学名著评论》,第144页。
⑥ 《来新夏听讲笔记》,载陈垣著,陈智超编:《中国史学名著评论》,第63—64页。

其三，正史名称的意涵。

《史籍举要》以"纪传体类"取代"正史类"，并明确指出："《史记》是我国第一部纪传体通史。""《史记》以前的史书，《尚书》只是上古历史文件的汇编，还算不得是正式的史书；其他如《竹书纪年》、《春秋》、《左传》等均是按年月日的顺序编写的；《国语》、《战国策》则是分国编写的。《史记》的编纂方法在当时具有独树一帜的首创精神。司马迁创造性地以本纪、表、书、世家和列传五种不同的体例来记载复杂的历史事实。这种方法，便于考见各类人物的活动情况以及各类典章制度的沿革源流，开创了以人物传记为中心的纪传体史书的编纂方法，成为历代封建王朝所修正史的典范。"① 柴先生的这段阐释，突出纪传体史书的体例构成，强调司马迁《史记》的创新及对后世的深远影响，说明由"正史"改为"纪传体"，不仅是类名的转换，更是对作为分类标准的史书体裁的强调。

2. 纪事本末

对于纪事本末体，援庵先生未作说明，柴德赓先生的阐释是："纪事本末这一种体裁，在中国史学史上出现是比较晚的。中国史学最早是编年体。太史公出，创造了包括纪传表志的综合体例，南北朝以至唐宋，大致如是。至南宋始有纪事本末一体，以事件为主，不以年代、人物为主，史体遂备。"② 这段简明的文字，非但概括了纪事本末以事件为主的体裁特点，而且溯源史学的发展，肯定编年、纪传、纪事本末是中国史书的三种基本体裁。

关于纪事本末体的起源，援庵先生认为："袁枢于纪传、编年二体外创为此体。"③《通鉴纪事本末》"为纪事本末体之第一书。袁氏以司马氏书太繁，人多苦之，遂创此体"④。柴德赓先生对此作了辨正："纪事本末一体，自来皆称始于袁枢《通鉴纪事本末》。《四库提要》以徐梦莘《三朝北盟会编》入于纪

---

① 柴德赓：《史籍举要》（修订本），第3、6页。
② 柴德赓：《史籍举要》（修订本），第197页。
③ 陈垣：《中国史学名著评论讲稿》，载陈垣著、陈智超编：《中国史学名著评论》，第19页。
④ 陈援庵讲述：《中国史学名著评论》，第37页。

事本末类。梦莘之书全记宋金外交，实一专史，与纪事本末意义相似。然以时代论之，梦莘与袁枢同时而长于枢，其作书时间亦略早于枢，其作书之困难亦倍于枢；今仍以枢书开始，用'纪事本末'之名故耳。史学至于宋，以纪事为主之体已经成熟，故徐梦莘与袁枢初不相谋，而其结果实相似也。"① 指出《会编》之作早于袁枢《通鉴纪事本末》，专记宋金外交，具有纪事本末史的意义。《四库提要》以纪事本末体始于袁枢，实因袁书以"纪事本末"命名之故。

基于以上认识，柴先生对《三朝北盟会编》的处理，与援庵先生不同。援庵手稿原将《会编》列在编年类，且云："旧隶纪事本末，实应隶编年。"② 但在实际讲授时，仍归属纪事本末类，仅说明"此书为编年体"，"《四库全书》置于纪事本末类"③，却并未解释原因。据《四库提要》，《会编》虽然"年经月纬，案日胪载"，但因为"凡宋金通和用兵之事，悉为诠次本末"④，正合于"凡一书备诸事之本末，与一书具一事之本末者，总汇于此。其不标纪事本末之名，而实为纪事本末者，亦并著录"的原则⑤，所以，《四库》将编年体裁的《会编》归于纪事本末类。根据援庵手稿与《四库提要》，《史籍举要》一方面将该书归入编年类讲授，指出："这是专记徽、钦、高三朝宋金交涉史事的编年史书。""编纂方法以编年叙事，年经月纬，案日胪载。"⑥ 肯定《会编》是编年体裁，同时在介绍纪事本末体时又说明它具有纪事本末的史书性质，并通过《会编》与袁枢《通鉴纪事本末》二书比较，追寻纪事本末体史书的创立。

3. 政书

关于政书这类史书体裁，援庵先生没有专门论述，但在讲述杜佑《通典》

---

① 柴德赓：《史籍举要》（修订本），第197页。
② 陈垣：《中国史学名著评论讲稿》，载陈垣著、陈智超编：《中国史学名著评论》，第19页。
③ 陈援庵讲述：《中国史学名著评论》，第43—44页。
④ 《三朝北盟会编提要》，载永瑢等撰：《四库全书总目》卷四九《史部·纪事本末类》，中华书局1987年版，第438页。
⑤ 《纪事本末序》，载永瑢等撰：《四库全书总目》卷四九《史部》，第437页。
⑥ 柴德赓：《史籍举要》（修订本），第190—191页。

时，清楚地指明了政书的起源："言各代典制者，当推正史之志书，然多为断代。将历年典制通而述之者，则自《通典》起。"①柴德赓先生《史籍举要》在援庵先生讲述的基础上，对政书做了概括与分析："政书是记述历代王朝经济制度、政治制度的书籍。'政书'这个名称，目录学上以前无定名，是清代修《四库全书》时开始使用的。""记载这一类材料的史籍，最主要的，二十四史中有'志'这一类。""政书是在'志'以外的一些专讲典章制度的书籍。这些书中像《通典》、《文献通考》等是把古今制度联系起来讲的；像《唐会要》、《五代会要》等是把某一朝制度分类编纂的；像《大明会典》、《大清会典》等是把当时制定的原文件汇集成册的；还有专讲某一部分制度的档案书籍，像《唐律疏议》、《大清律例》等，我们也要择要讲及。""这一类材料，是研究当时社会经济、政治、文化的具体资料。它们的说服力是比较大的。"②即政书是记载典章制度的专书，滥觞于纪传体史书中的"志"，到清修《四库》始有"政书"的定名。政书类型多样，有古今通制、断代典章、档案汇编、专门制度等。援庵先生手稿与讲课，只涉及前两类的九通及会要，《史籍举要》则在这两类外，又特地增补了记载元代典制的《元典章》，专讲法律制度的《唐律疏义》、《大清律例》，以及专载建筑制度的《营造法式》，以丰富政书类要籍的类型与内容。

由上可知，柴先生《史籍举要》对于史书类目的诠释，包括该类史著的体裁、源起、定名、价值、类型等多方面，定义更为准确，内容也更加完整。

（二）逐书讲解

按史籍性质分类择要之后，在类目下逐书讲解，是援庵先生笔记的备课方式，也是授课时运用的基本方法。柴先生《史籍举要》对纪传体、编年体、纪事本末、政书4类要籍的阐述，亦遵循此法。这中间又分两种情况：一是

---

① 陈援庵讲述：《中国史学名著评论》，第46—47页。
② 柴德赓：《史籍举要》（修订本），第209页。

二十四史及《资治通鉴》等最基本的史著，根据课程重点及要籍特点分设小标题，以便讲述更为条理，内容更为充实；二是按要籍特点直接介绍，内容相对简明。

以下试以纪传、编年二体最具代表性的《史记》与《资治通鉴》为例，比较两位先生的异同。

1.《史记》的讲述

司马迁《史记》，是中国史学史上具有开创性的历史巨著。援庵先生列名史学名著第一部，非常重视。备课手稿著录约200字，概述《史记》的作者、体例、书名缘起、史料来源、三家注释等。授课时根据手稿展开叙述，当另有详细的讲稿。余逊、来新夏两部听讲笔记皆有记录，内容大致包括：

（1）名目之由来（余逊笔记未讲，来新夏笔记补入）；

（2）史料之来源；

（3）编纂之体例；

（4）文章之得失（手稿无）；

（5）版本（注释）之异同。

大体上，来新夏笔记较余逊笔记内容更为充实。如《史记》名目之由来，手稿已有，余逊笔记未讲，来新夏笔记则专题讲述。又如史料来源，手稿有书籍、档案二者；余逊笔记列书籍、传说、档案三类，且举例说明；来新夏笔记增加为经典、见闻、档案、游历四类，并详加举证。文章之得失，即后人对史记的批评。手稿原列宋人倪思《迁史删改古书异辞》，倪思著、刘辰翁评《班马异同评》，明人许相卿《史汉方驾》三书。余逊笔记，《迁史删改古书异辞》附讲于史料来源，文章得失另设专题讲授，然仅介绍金人王若虚《滹南遗老集》的《史记辨惑》部分。来新夏笔记则在《史记辨惑》之外，增补了《班马异同》与《史汉方驾》。这些都反映"名著评论"课程，由最初的备课手稿，经历年讲授，日臻丰富完善的过程。

柴德赓先生《史籍举要》的阐述，首先说明《史记》的断限和体裁："记事起于传说中的黄帝，迄于汉武帝太初年间，共三千年左右，是我国第一部纪传体通史。"① 明确概括史著的断限与体裁，是柴先生要籍课程的一个特点，其他典籍也是如此。《史记》的讲授，共分六个专题：

（1）《史记》的作者；

（2）《史记》的史料来源；

（3）《史记》的编纂方法；

（4）《史记》的价值；

（5）《史记》缺补问题；

（6）《史记》的注本和版本。

其中史料来源、编纂方法、注本和版本等方面，是承援庵先生课程之绪而加以补充完善，作者、价值和缺补，则是柴先生新增的内容。

《史记》的作者，援庵先生未展开讨论。柴先生设专题，简述司马迁生平，征引近人王国维、梁启超、郭沫若、程金造的考证，说明关于作者生年的疑问，最后介绍《史记》书名的变迁，涵盖了援庵先生"名目之由来"的内容。

《史记》的史料来源，基本祖述援庵先生的书籍、档案、见闻、游历四类，增补了对各历史时期史料不平衡的分析："春秋以前间有缺略；春秋战国至秦比较详细；汉建立后一百年左右的历史，则详尽记载，篇幅最多。"②

《史记》的编纂方法，是阐述这部纪传体通史的中心环节。援庵先生逐一说明本纪、表、书、世家、列传五体的体例特征，尤其注重各种体例的因与创。本纪、表、世家三体因袭前代典籍，则揭示其来源；书、列传二体，则强调为司马迁首创。《史籍举要》对《史记》编纂方法的讲解更加深入完善。首先，柴先生善于深入分析各种体例，对各体篇章作了进一步的分类研究。如本纪十二篇，分为以朝代为主与以帝王为主两类。表十篇，分成大事年表和人物年表，前者是了解春秋战国与秦楚之际等分裂割据时期历史不可缺少的工具，

---

① 柴德赓：《史籍举要》（修订本），第3页。

② 柴德赓：《史籍举要》（修订本），第6页。

后者与列传相互补充，既可减省篇幅，又能眉目清晰。列传七十篇，亦可分为人物传记和对外国或国内少数民族的记载两大类，前者包括一人一传、多人合传、按人物性质合在一起的类传三种形式；后者叙述各族的"种族来源、风俗制度、王族兴衰及与中土的关系"，这一类"专章记载，极为重要"[①]。柴先生还非常善于概括各体的体例特征及其功能。如本纪的两类"都是编年史，是大事记，等于全书的总纲。"[②] 书八篇，"是一种系统记述典章制度的体裁，也可以说是分类史"，"是研究历史制度所不可缺少的资料"。世家三十篇，"用以记封国诸侯"，"以其子孙世系，故称世家。实际是本纪的雏形"。"古书中凡记事、立论、解经的著作，皆可谓之传。以人物为中心作列传，从司马迁开始。"[③] 五种体例的分别介绍，最终归结于司马迁开创的纪传体史书体裁："《史记》的五种体例，虽各有分工，但又有内在联系，详于此则略于彼，或载于此即省于彼，因此虽分五体，实际是一整体，我们总的称它为纪传体。后世正史，虽各因时代特点，传目有增损，编纂有异同，但没有超越《史记》体例的范围。"[④] 如此分析与归纳相结合，系统而完美地阐述了《史记》的编纂方法。

《史记》的价值，援庵先生未加讨论，仅就文章得失，介绍《班马异同》、《史汉方驾》、《潏南遗老集·史记辨惑》三书。柴先生不同意《史记辨惑》与《迁史删改古书异辞》对《史记》的批评，用很大篇幅总结《史记》的价值，提出三方面优点：一是史料的丰富与选择的审慎；二是对统治者与人民、贫富寿夭等社会现象、工商业的必要性、历史人物的评价等方面的进步的思想观点；三是史才卓越与文笔精彩的完美结合。这些评价，反映了史家思想在新时代的发展与进步。

《史记》的残佚与补缺，是读史者应该知晓的问题。援庵先生课程未曾涉及。柴先生作了专题讲解，说明《景帝纪》、《武帝纪》等十篇阙文，褚少孙

---

① 柴德赓：《史籍举要》（修订本），第8页。
② 柴德赓：《史籍举要》（修订本），第6页。
③ 柴德赓：《史籍举要》（修订本），第7页。
④ 柴德赓：《史籍举要》（修订本），第8页。

等补缺及相关疑问，弥补了课程的缺憾。

重视版本之学，是援庵先生的学术特色。他在讲课时特意提醒学生："史学界于版本之学，初不甚注意。近十余年来，学者颇注意及之。"① 因此，对于《史记》的版本，援庵先生讲解十分详尽：从版本的分类、《史记》的古本、《史记》三家注、单行注解本与三注合编本、清人考证《史记》之书及其分类，直至日本泷川龟太郎《史记会注考证》的三个特点，基本是从历史发展纵向叙述。柴先生传承陈门的学术特长，重点说明三家注与注本的演变、现存最善的《史记》版本（商务印书馆百衲本与中华书局点校本）、泷川龟太郎《史记会注考证》的优长，简明扼要，便于学者。

2.《资治通鉴》的阐释

《资治通鉴》，于援庵先生备课手稿中，只有200字左右的简要纲目，授课时依据手稿展开讲述。余逊与来新夏两部笔记虽记录风格详略有异，但记载的授课内容大致相同，主要包括：

（1）史料之来源；

（2）编纂之体例（手稿无；来新夏笔记补入助手分工）；

（3）编纂之得失，引谈允厚《通鉴补·序》，讨论《通鉴》七病（手稿无）。

（4）相关书籍：

①《通鉴考异》；

②《通鉴目录》及其缺点；

③《稽古录》（手稿列入名著，来新夏笔记在《通鉴》之后单独讲）；

④胡三省《通鉴音注》（余逊笔记未讲）；

⑤严衍《通鉴补》（手稿无）。②

---

① 陈援庵讲述：《中国史学名著评论》，第14页。

② 参见陈垣：《中国史学名著评论讲稿》，载陈垣著、陈智超编：《中国史学名著评论》，第17—18页。《来新夏听讲笔记》，载陈垣著、陈智超编：《中国史学名著评论》，第144—146页。陈援庵讲述：《中国史学名著评论》，第17—27页。余逊笔记，《通鉴》部分内容有颠倒错乱。

柴德赓先生对《通鉴》素有深入研究。1963年春，曾以《〈资治通鉴〉及其有关的几部书》为题，在中央党校历史系作系列讲演，并出版讲稿的铅印本。①1981年，求实出版社出版为专书《资治通鉴介绍》。因此，"要籍介绍"课程对《资治通鉴》的讲述，必然更多地带有柴先生的研究特色。

《史籍举要》开篇，即明确定义："《资治通鉴》从周威烈王二十三年（前403）至后周世宗显德六年（959）止，共记一千三百六十二年的史事，是我国编年史中包含时间最长的一部巨著。"② 其下，柴先生列七个题目分别讲解：

（1）《资治通鉴》的作者；

（2）《资治通鉴》的史料来源；

（3）《资治通鉴》的编纂方法；

（4）对《资治通鉴》的评论；

（5）《资治通鉴》的胡注；

（6）与《资治通鉴》有关的几部书；

（7）《资治通鉴》的版本。

上述问题，有些是援庵先生已经涉猎的，如史料来源、编纂方法、胡三省注、相关书籍等；有些是柴先生新增补的，如《通鉴》的作者、评论、版本等。

关于《通鉴》的作者，援庵先生没有展开讨论，只对助手分工有说明，且前后思想有所游移。20年代末的备课手稿引《四库提要》之说："《史》、《汉》刘攽，三国南北朝刘恕，唐五代范祖禹。"③1943—1944学年授课时修正为："司马温公有三助手，刘攽两汉，刘恕三国、南北朝、五代，范祖禹唐。"并辨证《四库提要》之误。④ 柴先生详细讲述了司马光的生平仕历、《通鉴》的编修过程、司马光的主编职责，还特别介绍了刘攽、刘恕、范祖禹等三位助

---

① 该文刊载于《史学史资料》1979年第1期；1982年，收入中华书局出版的柴德赓先生论文集《史学丛考》中。

② 柴德赓：《史籍举要》（修订本），第169页。

③ 陈垣：《中国史学名著评论讲稿》，载陈垣著，陈智超编：《中国史学名著评论》，第17页。

④ 《来新夏听讲笔记》，载陈垣著，陈智超编：《中国史学名著评论》，第144—145页。

手的生平与参与修史的经历,尤其是通过考查三人的学术特长,肯定"胡三省《新注资治通鉴序》云:'修书分属,汉则刘攽,三国讫于南北朝则刘恕,唐则范祖禹,各因其所长属之,皆天下选也。'以言所长,刘攽之于汉,号称专家;范祖禹自撰《唐鉴》,专精李唐一代;刘恕自撰《十国纪年》,其长于五代史可知。"同时,订正全祖望《通鉴分修诸子考》:"全氏谓温公与道原(刘恕)商榷义例,此说是;谓道原只修五代,贡父(刘攽)乃修至隋,此说非是。"① 对于整个修史团队的分工合作做出合理的解释,支持了援庵先生的后说。

《通鉴》的史料来源,援庵先生已经指出《通鉴》史料丰富,十七史之外,还有数百种其他典籍。柴先生在援庵先生的内容外,又将《通鉴》分为战国至三国、晋至隋、唐五代三个时期,通过各时期记载年代与《通鉴》卷数的比较,论证《通鉴》史料的不平衡,不但史料后多于前,而且价值也是后胜于前。

《通鉴》的编纂方法,是讨论的中心问题。援庵先生指出《通鉴》"化纪传为编年,先作长编",将史事按朝代、年号、年、月、日分置其下,也批评司马光处理年号以后元盖前元、不用甲子而用岁阳岁名纪年等缺点。② 柴先生则展开阐述,首先把《通鉴》的编纂分为两个阶段:第一个阶段主要考虑体例,包括确定限断、起草长编、决定分裂时期纪年三个问题;第二阶段则是如何研究处理史料、修成全书,涵盖取舍史料、考订史料、因事立论和编纂目录四个问题。如此展开探讨,不但全面深入、条理清晰地叙述了《通鉴》的整个编纂过程和编纂方法,同时,将《考异》与《目录》这两部《通鉴》的副产品,司马光《稽古录》这一简明的编年体通史,也全部融汇在编纂过程中,做出了合宜的说明。

对《通鉴》的评论,援庵先生主要介绍谈允厚《通鉴补·序》提出的

---

① 柴德赓:《史籍举要》(修订本),第171—172页。
② 参见《来新夏听讲笔记》,载陈垣著、陈智超编:《中国史学名著评论》,第144页。陈援庵讲述:《中国史学名著评论》,第18、21页。

《通鉴》七病,以说明编纂的得失①,较为简单且偏重于批评。柴先生则从史料和编纂方法两方面,说明《通鉴》史料丰富且价值高,先作长编、后成本书,兼有《目录》与《考异》等优长,并引钱大昕语总结《通鉴》的优点:"读十七史,不可不兼读《通鉴》。《通鉴》之取材,多有出于正史之外者,又能考诸史之异而裁正之。昔人所言,事增于前,文省于旧,惟《通鉴》可以当之。"②至于《通鉴》的缺点,柴先生亦从两方面立论:一是编纂体例问题,如分裂时期的纪年设置,年号的"头齐脚不齐",岁阳岁名纪年等,仍依援庵先生之旧;二是立场观点问题,则体现新时代的特色。

《通鉴》胡三省《音注》,是讨论《通鉴》必须涉及的内容。援庵先生手稿与来新夏笔记,关于胡注所言不多,手稿主要说明注释方法的前后变化,笔记则关注胡注的价值。然援庵先生1944—1945年撰著《通鉴胡注表微》,分二十篇探讨胡注的史法与史事。柴先生在老师著作的基础上讲解胡注,故无论胡三省前的《通鉴》注释、胡氏的生平、注书经过、注释方法、胡注的价值、研究胡注的著述等方面,都格外顺理成章,驾轻就熟。因而,《史籍举要》大力表彰援庵先生的《胡注表微》:"自有此书,胡三省的思想、学问和胡注的价值,始得大白于世。"③

与《通鉴》相关的书籍,援庵先生手稿及听课笔记原包括《考异》、《目录》、《稽古录》、胡注、《通鉴补》等书。但在《史籍举要》中,司马光的三本书已经纳入编纂方法,胡注也已专题讲解,所以柴先生于此主要介绍清人严衍的《资治通鉴补》,探讨该书的问题和价值,介绍其版本。柴先生又将谈允厚《通鉴补·序》列举的《通鉴》问题纳入此节,逐条举例说明漏、复、紊、杂、误、执、诬等七病。此外,《史籍举要》还特意增补了朱熹《资治通鉴纲目》一书,指出"此书专重书法","从褒贬上做文章","无史料价值",对

---

① 参见陈援庵讲述:《中国史学名著评论》,第22、19页。《来新夏听讲笔记》,载陈垣著,陈智超编:《中国史学名著评论》,第145页。
② 柴德赓:《史籍举要》(修订本),第181页。
③ 柴德赓:《史籍举要》(修订本),第185页。

《纲目》持批判态度。①

《通鉴》的版本，是援庵先生手稿和授课没有的内容。《史籍举要》分《通鉴》本与胡注本两部分，介绍自始刻本至中华书局点校本的《通鉴》各时期的版本，为学者提供了极大的方便。

《史籍举要》对于《史记》、《资治通鉴》的阐述，体系完善，布局合理，分析深入，内容丰富，是援庵先生课程与著述之精要与柴德赓先生深入分析研究的完美结合，堪称历史要籍介绍的典范。

（三）分类概述与要籍讲解

传记与地理两类史书，数量众多而且门类丰富。《四库全书总目》采取分门类著录的形式，分传记类史著为圣贤、名人等4类，地理类史著为宫殿疏、总志、都会郡县等10类。援庵先生在这两类史书中选择的名著也较为丰富，授课时又有增补调整。如何在有限的课时内，说明该类史著的多种门类，介绍更多的史籍，并保证要籍的讲解，是一个关键。因此，《史籍举要》对于传记、地理两类要籍的阐述，与前四类不同，采取分类概述与要籍讲解结合的灵活方式。

1. 传记类史书的分类与介绍

概述与名著讲解结合的方式，援庵先生在"名著评论"讲授中已开启端倪。传记类，援庵先生认为："以人为单位者为记，然《四库》中则颇纷乱。"② 然而，如何解决这种纷乱，援庵先生未曾明言。手稿原选录名著14种，实际授课时增入4种，仍采取逐书讲解的方法。18种名著之外，援庵先生又增加了手稿没有选录的年谱部分，采用概要叙述的方式，结合年谱的起源与发展，简要介绍《杜工部年谱》等16部著述。③

《史籍举要》充分重视传记的重要性："传记类史书是以人物为主的历史

---

① 柴德赓：《史籍举要》（修订本），第185页。
② 陈援庵讲述：《中国史学名著评论》，第123页。
③ 参见陈垣：《中国史学名著评论讲稿》、《图版·讲稿二十七至二十八》，载陈垣著，陈智超编：《中国史学名著评论》，第27—28、199—200页。陈援庵讲述：《中国史学名著评论》，第123—143页。

记载。根据中国史学的发展来看，这一类记载到司马迁撰《史记》时已经成熟。""传记大都隐恶扬善，……但生卒年、历官次序，亲友关系的记载较为可靠。再从保存历史资料的角度看，这一类史籍的重要性也是要充分估计的。"《四库全书总目》分传记类史书为圣贤、名人、总录、杂录等4类，这种分类方式，非但不符合新的时代要求，也是造成纷乱的缘由。因此，柴德赓先生重新作出分类："传记类史籍大体可分为四类：一、分类专书，按历史人物的不同类型分类编纂。如《列女传》、《高僧传》、《唐才子传》、《畴人传》、《高士传》、《文士传》等。二、以朝代为主的传记，按同一朝代编纂。如《宋名臣言行录》、《元名臣事略》，宋明等朝《琬琰集》、《耆献类征》、《碑传集》等。三、地方性传记，按同一地区编纂。如《陈留耆旧传》、《襄阳耆旧记》、《百越先贤志》、《浦阳人物记》，及各地方志中的人物传。四、个人专传，编纂形式有家传、年谱、别传等。如《郑玄别传》、《华佗别传》、《赵云别传》、《王朗家传》、《邴侯家传》、《孔子年谱》等。"① 新的分类，将传记类史著按照人物的类型、朝代、地域及个人加以区分，条理清晰，根本改变了《四库》分类纷乱的局面。

在新分类的基础上，《史籍举要》采用分类概述与要籍讲解结合的灵活方法：第一类分类专书，沿用逐书讲解的方式，分别介绍《列女传》、《高僧传》等5部要籍。第二类以朝代为主的传记，先讲授《宋名臣言行录》、《名臣碑传琬琰集》、《元朝名臣事略》等3部要籍，再结合断代传记的发展，概要介绍《明名臣言行录》、《明名臣琬琰集》、《国朝献征录》、《国朝先正事略》等书，及《碑传集》、《续碑传集》、《碑传集补》等清代新体例的断代传记集。第三类地区性传记，仅略述该类史书的大致情况与价值。第四类个人专传，则以年谱的产生和发展为主线，指出年谱始于北宋，至南宋始盛，至清代而极盛，并重点介绍了南宋与清代的著名年谱。

2. 地理类著述的分类与讲解

地理之学，著述繁盛，门类丰富。援庵先生备课手稿选录名著34种，实

---

① 柴德赓：《史籍举要》（修订本），第239—240页。

际讲解24种，并未进一步区分门类。①《史籍举要》明言："中国地理之学以往皆包括于史部，《四库全书》所收地理书有总志、都会郡县、河防、边防、山川、古迹、杂记、游记、外纪等类。《书目答问》则分古地志、今地志、水道、边防、外纪、杂地志等类。为叙述方便计，兹分五类介绍：一、地图；二、地志；三、水道；四、都会；五、边疆及外国。"②柴先生参考前人分类，根据地理类史著的类型特点和选录的要籍情况，作了新的五部分类，以适应教学的需要。第一类地图，概述从战国到清代中国地图学的发展，特别是利玛窦来华后地图学的进步，简要介绍《清内府一统舆地秘图》、《历代舆地沿革险要图》等重要的地图。这是援庵先生"名著评论"没有的内容。第二类至第五类，则仍采取要籍讲解的方式：地志讲述《元和郡县志》、《太平寰宇记》等4部著述，边疆及外国介绍《佛国记》、《大唐西域记》等6部典籍，大致循援庵先生课程之旧。至于水道类，援庵先生手稿选录《水经注》、《历代河防统纂》2种名著，实际授课仅讲《水经注》1种。③柴先生在《水经注》之外，补充了清人齐召南《水道提纲》和徐松《西域水道记》，丰富了水道类要籍的内容。关于都邑，援庵先生手稿选录名著13种，实际授课只讲《洛阳伽蓝记》、《嘉定赤城志》、《至顺镇江志》、《西湖游览志》、《长安志》等5种。④柴先生舍弃了《嘉定赤城志》、《至顺镇江志》、《西湖游览志》3书，而新增了《日下旧闻考》、《东京梦华录》、《梦粱录》、《武林旧事》、《帝京景物略》等5种要籍。经过调整，使都邑类要籍集中在关于历朝都城的记载，不仅内容更加丰富，而且主题也更为突出。

  分类概述与要籍讲解相结合，使得历史要籍不再是一部部孤立的史书，

---

  ① 参见陈垣：《中国史学名著评论讲稿》图版三十至三十二，载陈垣著，陈智超编：《中国史学名著评论》，第30—36、202—204页。陈援庵讲述：《中国史学名著评论》，第159—201页。

  ② 柴德赓：《史籍举要》（修订本），第259页。

  ③ 参见陈垣：《中国史学名著评论讲稿》，载陈垣著，陈智超编：《中国史学名著评论》，第33—34页。陈援庵讲述：《中国史学名著评论》，第172—180页。

  ④ 参见陈垣：《中国史学名著评论讲稿》，载陈垣著，陈智超编：《中国史学名著评论》，第32—35页。陈援庵讲述：《中国史学名著评论》，第181—190页。

而是贯穿于该类史著的渊源流变之中，成为史学发展的一定环节；同时，详略得宜的授课方式，也有利于在有限的课时内，介绍更多的典籍，进一步充实完善课程的内容。

综上所述，柴德赓先生"中国历史要籍介绍"课程，传承援庵先生"中国史学名著评论"的要点与精髓，在新的时代和教学规范下，进行必要的缩减调整，发展为新的教学规模、课程体系和讲授风格，成为改革开放后高校历史系的必修课程。讲义手稿整理而成的《史籍举要》一书，作为教育部优秀教材，为无数高校历史系学生奉为通向史学殿堂的门径，确实当之无愧。

2018 年 10 月

（作者单位：北京师范大学古籍与传统文化研究院）

论柴德赓对清代学术史研究的贡献*

武少民

柴德赓（1908—1970），20世纪中国著名历史学家，著有《史籍举要》、《史学丛考》、《清代学术史讲义》等书，为清代学术史研究做出重要贡献。《史籍举要》一书，北京出版社1982年出版，商务印书馆2015年出版修订本，该书纵论了清代学者对纪传体史书的研究成就及特点，在学术界影响广泛。《史学丛考》一书，中华书局1982年出版，商务印书馆2017年出版增订本，该书是一部柴德赓的论文集，书中收录了多篇有关清代学术史专题论文，这些论文，见解独到，有很高的学术价值。《清代学术史讲义》一书，商务印书馆2013年出版，该书提纲挈领，体现了柴德赓考察清代学术史的整体视野。柴念东编注《柴德赓来往书信集》，商务印书馆2018年出版，共收录155人（单位）的478通书信、诗札，为我们研究柴德赓学术成就，提供了珍贵的历史文献资料。柴德赓在清代学术史方面的成就，得到学者们的一致赞同。如许大龄就认为：柴德赓"对宋史，对明清之际的历史和清代学术史，都有很深的造诣"①。龚书铎、李秋沅在《柴德赓先生的治学道路和方法》一文中也说："柴先生的治学，大体说来，解放前偏重于考证之学，解放后则侧重于目录学及清代学术史的研究。"② 以上学者对柴德赓的评价，确非过誉之辞。

---

* 原载《历史教学问题》2009年第6期，收入本集时，根据柴德赓《清代学术史讲义》等新材料，重新写定。

① 许大龄：《史籍举要·一版序》，载柴德赓：《史籍举要》（修订本），商务印书馆2015年版，第7页。
② 龚书铎、李秋沅：《柴德赓先生的治学道路和方法》，载何荣昌、张承宗、柴邦衡主编：《百年青峰》，苏州大学出版社2007年版，第59页。

如果说梁启超对清代学术史的研究以论为主，宏观大气，长江大河；钱穆对清代学术史研究以考证为主，微观深入，精雕细刻。那么柴德赓清代学术史研究则兼有梁启超、钱穆二人之长，既有考证之文，如《明季留都防乱诸人事迹考上》、《〈鲒埼亭集〉谢三宾考》、《万斯同之生卒年》、《跋顾亭林〈致归元恭札〉墨迹》、《跋〈邵念鲁年谱〉》、《〈书目答问〉清代著述家姓名录》、《〈书目答问补正〉著作家姓名录》、《识小录》等；又有雄论之文，如《〈四库提要〉之正统观念》、《王鸣盛和他的〈十七史商榷〉》、《试论章学诚的学术思想》等；并且柴德赓还善于对清代学者进行比较研究，如写有《全谢山与胡稚威》、《王西庄与钱竹汀》、《章实斋与汪容甫》等文。可以说，柴德赓前期对清代学术史的研究受老师陈垣学术的影响，注重史料功夫，善于考证，以几篇考证之文展现了继承清代乾嘉学派的考证之风；后期柴德赓学术研究与时俱进，所写文章以论为主，但仍以史料扎实为基础，不空论、不跟风，言必有据、言必有物。正如陈祖武所说，柴德赓"在清代学术史研究的奠基阶段，接武梁、钱二家所著，允称后出转精，鼎足而立"①。

一、论清初三大家学术之博大开新

对清初三大家黄宗羲、顾炎武、王夫之的研究，是凡研究清代学术史学者均不能回避的重要课题。柴德赓亦不例外。他在研究清初学术时，善于从学术史与社会史相互结合，分析清初学术之成因；并重点论述清初三大家博大之学术与开创之新风；还综述了与三大家有联系的学者，反映了清初人才辈出，著作如林，灿若群星的局面。

有关清初学术之成因，即清代学术产生之渊源，梁启超与钱穆都关注清代学术与宋明理学之关系。梁启超认为是对宋明理学的全面反动，使清代学术走上一条与宋明学术完全不同的道路，即"理学反动说"。他说："'清代思

---

① 陈祖武：《清代学术史讲义·序一》，载柴德赓：《清代学术史讲义》，商务印书馆2013年版，第2页。

潮'果何物耶？简单言之，则对于宋明理学之一大反动，而以'复古'为其职志者也。其动机及其内容，皆与欧洲之'文艺复兴'绝相类。"① 不同于梁启超"理学反动说"，钱穆肯定清代理学存在的意义与价值。钱穆通过《中国近三百年学术史》的撰写，指出有清三百年学术大流，论其精神，仍自延续宋明理学一派，"故不识宋学，即无以识近代也"②。

柴德赓对清初学术之成因，不拘泥于仅仅从清代学术与宋明理学或反动或继承之关系来立论，而多从学术史与社会史相结合来进行分析。如从明万历以来风气的转变、西学输入的影响、政治变迁的影响、程朱陆王势力的消长等四个方面切入，全面准确分析了宋明理学向清初学术转变之成因。首先，万历以来风气的转变。明代万历以后，学风逐渐发生转向，由空疏转向求实，如邓元锡、柯维骐、胡应麟、王世贞、焦竑、陈第等，都是隆庆、万历年间博学务实之人。而且清初有成就的学者，如钱谦益、孙奇逢、黄宗羲、顾炎武、王夫之等都出生于万历年间，万历年间风气的变化，孕育这些学者，使他们在清初时代大变革中，脱颖而出，开花结果。柴德赓认为清初学者中，钱谦益影响很大，地位重要，可以说是清学开山祖师，"这批万历年间产生的学者中，有一个极重要的人，就是钱谦益。牧斋学问的广博，眼光的高明，当时无出其右。可惜他是贰臣，不然，他是名正言顺的清学开山祖师了"③。其次，西学输入的影响。柴德赓从西学输入中地图、历算、造炮、医学等对中国文化的影响进行阐述。重点谈到利玛窦在明末清初学人中的影响，"凡当时和他往来的，虽然反对天主教，也都佩服他的为人。因此，不仅教内的人念他的书，受他的影响，教外的人也受他的影响，研究他的著述。清朝一代学者受这个影响的不在少数"④。再次，政治变迁的影响。明清更替，政治上一大变动，是民族问题突显，特别是在士大夫中。柴德赓从清初剃发的刺激、八

---

① 梁启超：《清代学术概论》，东方出版社1996年版，第4页。
② 钱穆：《中国近三百年学术史》，商务印书馆1997年版，第1页。
③ 柴德赓：《清代学术史讲义》，第27页。
④ 柴德赓：《清代学术史讲义》，第30页。

旗兵屠城杀人的反响、明末忠义士大夫提倡气节等方面分析清初民族思想发达的原因。这些明末忠义士大夫，如黄宗羲、顾炎武、王夫之等坚守明遗民气节，不与清政府合作，"第一等读书人决不应考，决不应征。家人父子兄弟朋友之间，这是第一义。不考，自然不做八股文，一入学就读有用之书，为学问而学问，所以清初学者盛极一时，人人著书立说，开了许多新的路子，造成新的学风"①。最后，程朱陆王势力的消长。明代中后期，王阳明心学产生很大影响，风行天下。黄宗羲著《明儒学案》以王阳明为明代学术的中心人物，论述了心学在各地的传播及影响，客观地反映了明代学术思想潮流。但到了明末政治乱局转换的时代，王阳明心学也盛极而衰，学术界出现了对王学的批判以及由王学返朱学或朱学、王学兼采的趋势。明朝亡国后，士大夫把明亡归罪于王阳明心学，特别是清初顾炎武、张履祥等人从学理和实践两个层面对王学进行了抨击，程朱理学在民间和官方兴起，清初程朱派理学家人数众多。清初学者把明亡归于王学传播的影响，这夸大了王学在明亡中的作用，此外，也没有看到王学在明末与清初的变化及王学对清初学术的影响。对此，柴德赓认为，应客观评价王学，应看到王学与清初实学的联系，"王学末流，不读书而坐禅，自是空疏不学，不过骂得也太厉害了。其实，明末像山阴刘宗周，海内称蕺山先生，他是王学重要继承人，已经趋向实学，以矫正空谈禅理的流弊。后来黄宗羲继承蕺山，是王学的后劲。梨洲何尝不教人读书！所以王学到了清朝，其势大衰，支流延长下去的，也不是明朝末年的样子。这于一代讲实学大有关系，我们不应当把他忘记"②。

有关清初三大家的研究，章太炎褒扬王夫之、梁启超褒扬顾炎武、钱穆褒扬黄宗羲。而柴德赓认为王夫之、顾炎武、黄宗羲三大家学术成就都是博大开新的，学术地位及影响无分轩轾，可成鼎足之势，三大家"志节学问都是第一流，影响后来很大"③。

---

① 柴德赓：《清代学术史讲义》，第34页。
② 柴德赓：《清代学术史讲义》，第36页。
③ 柴德赓：《清代学术史讲义》，第37页。

章太炎以政治立场及气节高下评论清初三大家。他说:"季明之遗老,惟王而农为最清。宁人居华阴,以关中为天府,其险可守,虽著书,不忘兵革之事;其志不就,则推迹百王之制,以待后圣,其材高矣。征辟虽不行,群盗为之动容,使虏得假借其名,以诳燿天下。欲为至高,孰与船山榛莽之地,与群胡隔绝者?要有规画,则不得不处都市。王之与顾,未有以相轩轾也。黄太冲以《明夷待访录》为名,陈义虽高,将俟虏之下问。昔文天祥言以黄冠备顾问,世多疑其语为诬。端居而思,此不亦远乎?以死拒征,而令其子从事于徐、叶间,谅曰明臣不可以贰,子未仕明,则无害于为虏者。以《黄书》种族之义正之,则嗒焉自丧矣!"① 可见清初三大家中,章太炎对王夫之的道德操守评价最高;对顾炎武之求名嫌疑则有所惋惜;对黄宗羲则指责批评尤甚。章太炎认为黄宗羲的《明夷待访录》是向清统治者献治安策,黄宗羲派其子参加明史馆撰修,也是与清政府合作的行为,这更降低了黄宗羲在章太炎心目中的地位。

　　梁启超认为顾炎武对于晚明学风,表现出堂堂正正的革命态度,对此后二百年思想界影响极大,无愧为是清代学术的开山,在《清代学术概论》和《中国近三百年学术史》两部书中,梁启超均给予顾炎武的思想以极高的评价,宣传顾炎武关于"天下兴亡,匹夫有责"的爱国思想以及顾炎武对宋明理学的批评和"经学即理学"说的思想解放意义。他说:"要之清初大师,如夏峰、梨洲、二曲辈,纯为明学余波。如船山、舜水辈虽有反明学的倾向,而未有所新建设,或所建设未能影响社会。亭林一面指斥纯主观的王学不足为学问,一面指点出客观方面许多学问途径来。于是学界空气一变,二三百年间跟着所带的路走出。亭林在清代学术史所以有特殊地位者在此。"② 梁启超认为顾炎武之所以成为清代学术的开山,被尊为一代开派宗师,是因为能建设研究之方法,并具体把顾炎武的治学方法概括为三个方面,即"贵创"、"博证"、"致用",

---

① 章太炎:《说林》,傅杰编校:《章太炎学术史论集》,云南人民出版社2008年版,第382—383页。
② 梁启超:《中国近三百年学术史》,第69页。

认为顾炎武在清代学术史上的地位，在于开学风、开治学方法、开学术门类，顾炎武的治学方法对乾嘉考据学风产生了重要的影响，"论清学开山之祖，舍亭林没有第二个人"①。

钱穆并不否认顾炎武的杰出贡献，但认为梁启超把清代汉学开山归于顾炎武一人之功，这未免过于偏颇，是失真之论，因为很多学术路径，明代学者已开创出来。钱穆说："亭林治经学，所谓明流变，求证佐，以开后世之途辙者，明人已导其先路。而亭林所以尊经之论，谓经学即理学，舍经学无理学可言，求以易前人之徽帜者，亦非亭林独创。考证博雅之学之所由日盛，其事亦多端。"②此外，钱穆认为顾炎武之外，黄宗羲对清代汉学的兴起也有难以磨灭的功绩。他说："梨洲有《易学象数论》六卷，力辨河、洛方位图说之非，为后来胡书先导。有《授书随笔》一卷，则阎氏问《尚书》而以此告之，实阎氏《古文疏证》之先导。又其究历算之学，多所发明，亦在梅氏之前。梨洲矫晚明王学空疏，而主穷经以为根柢；此等处其影响后学，岂在亭林之下？而后之汉学家不复数说及之者，正以亭林'经学即理学'一语，截断众流，有合于后来汉学家之脾胃；而梨洲则以经史证性命，多言义理，不尽于考证一途，故不为汉学家所推也。然因此遂谓汉学开山，皆顾氏一人之力，则终不免为失真之论耳。"③为此，在《中国近三百年学术史》中，钱穆第一位论述的清代学者就是黄宗羲，这也从一个方面反映出钱穆对黄宗羲在清代学术开山地位的肯定。

柴德赓对清初三大家的研究，最早是从研究黄宗羲开始的。1931年北平师范大学《史学丛刊》第1卷第1期发表柴德赓《明季留都防乱诸人事迹考上》。《留都防乱公揭》是黄宗羲等复社同仁于崇祯十一年八月反对阮大铖的一篇公开宣言，署名者一百四十余人。柴德赓此文采取竭泽而渔的方法，收集大量资料，一一考明署名者的事迹。而黄宗羲就是柴德赓所考证的核心人物。柴德赓此文并不是只罗列署名者的事迹，而是按专题分类，再考证署名者的事

---

① 梁启超：《中国近三百年学术史》，第64页。
② 钱穆：《中国近三百年学术史》，第156页。
③ 钱穆：《国学概论》，商务印书馆1997年版，第270页。

迹。黄宗羲按专题被分类到以下类别：《留都防乱公揭》首领，黄宗羲为五首领之一；天启殉难诸家后裔及东林子弟、几为阮大铖所害者、辅南明诸王图兴复者。通过柴德赓对黄宗羲事迹的勾勒，我们对黄宗羲三十五岁以前的人生经历，有了清晰的了解。1943 年《辅仁学志》第 12 卷第 1、2 合期发表柴德赓《〈鲒埼亭集〉谢三宾考》，在此文中柴德赓指出黄宗羲对全祖望学术的影响，具体举例来说，是黄宗羲首先批判明末两次降清的谢三宾，所以全祖望"述明季事，多本梨洲，梨洲首黜三宾者也"①。《〈鲒埼亭集〉谢三宾考》是柴德赓早期代表性著作，关于自己写此宏文的时代背景，柴德赓写道："作者因身处北平，目睹汉奸之无耻，通读全祖望《鲒埼亭集》屡提及'夫己氏'者，因加考索，知即明末汉奸谢三宾。遂遍检群书，费时一年有余，而成此文。"②《〈鲒埼亭集〉谢三宾考》一文得到金毓黻的赞扬，认为柴德赓写的精博，"前奉大笺及《谢三宾考》等两种均已拜领。前在重庆承教育部命，审查学术论文，已将《谢考》细读一过，即深佩其精博"③。柴德赓在此文中，还引证黄宗羲有关记述南明抗清的一些著作《舟山兴废》、《海外恸哭记》等对谢三宾的种种称号，反映出柴德赓对黄宗羲著作的娴熟。柴德赓通过《明季留都防乱诸人事迹考上》、《〈鲒埼亭集〉谢三宾考》等文奠定了研究黄宗羲的基础。

柴德赓 20 世纪 40 年代在辅仁大学讲授清代学术史课程中，主要从思想与学术方面，系统全面论述黄宗羲博大开新的学术成就。有关黄宗羲思想方面研究，柴德赓首先指出黄宗羲有门户之见，"梨洲党人习气太深，有门户之见"④。其次，黄宗羲有深厚的民族思想。在黄宗羲诗文中有大量故国之思，寄托对明朝的思念。再次，黄宗羲不为佛徒。明朝灭亡以后，士大夫出家很多，黄宗羲的一些朋友，像江浩、张歧然也都出了家。黄宗羲熟悉佛门掌故，与僧

---

① 柴德赓：《史学丛考》（增订本），商务印书馆 2017 年版，第 107 页。
② 南京第二历史档案馆全宗五，案卷号 1360（2），转引自柴念东《史学丛考·增订本后记》，第 545 页。
③ 金毓黻：1947 年 6 月 9 日来函，载柴念东编注：《柴德赓来往书信集》，商务印书馆 2018 年版，第 206 页。
④ 柴德赓：《清代学术史讲义》，第 39 页。

徒也有来往,柴德赓在《明末苏州灵岩山爱国和尚弘储》一文第三部分"黄宗羲与灵岩之会",讲述了黄宗羲与当时著名僧人往还。但黄宗羲始终不肯入佛门,原因是什么,柴德赓在《陈垣先生的学识》一文中给予了明确的回答:"在清初有很多人为了不愿做清朝的顺民而剃头,宁可为做和尚而剃头;但黄宗羲坚持不出家,不做和尚,这是为了什么呢?原来当时庙中都保存有一块牌子,上面写着'当今皇上万岁万万岁'。和尚每天都必须对此朝拜,而当今皇上是谁?那是清廷统治者,这岂不是天天要向清廷统治者叩头吗?不干!这就是黄宗羲不愿做和尚的原因,过去一直不清楚,到抗战时候那就看得很清楚了。"①最后,黄宗羲的政治见解。黄宗羲的政治思想,主要体现在其《明夷待访录》一书中,柴德赓指出,此书专为对明朝政治进行反思,特别是黄宗羲对明太祖的批判,是一般明遗民所不能有、不敢有的思想。

有关黄宗羲学术方面研究,柴德赓从理学、经学、史学、历算四个领域进行总结。首先,黄宗羲的理学成就。黄宗羲著有《明儒学案》,是中国学案体的开创,对明代学术思想进行总结,从中也反映黄宗羲的理学思想。柴德赓认为,"观其书中,大要以阳明致良知、蕺山慎独之说为主,故于诸家多有评骘,要为有断制之书"②。其次,黄宗羲的经学成就。黄宗羲是汉宋兼采经学家,柴德赓总结其系列经学著作,"梨洲于《易》,有《易学象数论》一卷。于《书》,有《授书随笔》一卷"。此外,黄宗羲"于《春秋》,有《春秋日食历》一卷。于《乐》,有《律吕新义》二卷。于《孟子》,有《孟子师说》四卷"③。再次,黄宗羲的史学成就。柴德赓认为,黄宗羲的学术贡献,以史学为第一。史学成就,一为记载当时之史,即明清之际黄宗羲亲身所经历见闻的事,黄宗羲为此撰述《隆武纪年》、《鲁纪年》等系列著作;二是学术文化之史,如《明儒学案》等,黄宗羲的文章,也注重谈学术源流。最后,黄宗羲的历算成就。柴德赓认为,黄宗羲于历算有天才,著有历算方面的《授时历

---

① 柴德赓:《史学丛考》(增订本),第526—527页。
② 柴德赓:《清代学术史讲义》,第45页。
③ 柴德赓:《清代学术史讲义》,第46页。

故》、《大统历推法》、《授时历假如》、《西历》、《回历假如》等系列著作。

顾炎武对柴德赓早年从事学术研究,也产生很大启迪。1943年柴德赓发表的《〈鲒埼亭集〉谢三宾考》一文就是根据顾炎武提倡的"文须有益于天下"的思想而写作的。柴德赓在阐述此文的贡献时,写道:"《鲒埼亭集》为清代最有史学价值之文集,近代民族思想此集实有以激之。然全氏生于清朝。致余于谢三宾之降清,虽深痛绝恶而不能明张挞伐,致谢三宾之名反不著,如乾隆时修《天禄琳琅书目》至云'谢三宾无考'。治史者以明清史无传,亦不能举谢三宾姓名。本文不仅为《鲒埼亭集》作注脚,亦为晚明史上了一公案,至于辨忠奸,析义利,则本亭林'文须有益天下之旨',亦乱世著书征微意焉。"① 在《史籍举要》一书中,柴德赓肯定顾炎武对《元史》的批评,"《元史》也有很大的缺点。一是内容重复,二是疏舛,三是因仍旧文,四是人名不统一。顾炎武《日知录》卷二十六云:'《元史》列传八卷速不台,九卷雪不台,一人作两传。十八卷完者都,十九卷完者拔都亦一人作两传。盖其成书不出于一人之手。'其集注云:'三十七卷石抹也先,三十九卷石抹阿辛,亦是一人两传。'顾氏又云:'诸志皆案牍之文,并无镕范。'"② 柴德赓还肯定顾炎武对明代邸报史料价值的分析,"邸报,即朝廷内部传阅的材料,主要是奏章的底本,明后期史事多凭邸报。《顾亭林文集》卷三《与公肃甥书》说:'忆昔时邸报,至崇祯十一年方有活版,自此以前并是写本。而中秘所收,乃出涿州(指冯铨)之献,岂无意为增损者乎。访问士大夫家有当时旧抄,以俸薪别购一部,择其大关目处,略一对勘,便可知矣。'可知邸报也曾流传民间,故顺治、康熙间因修史购求遗书,其中主要一项即是汇集的邸报。"③ 顾炎武收集资料丰富,见过《明实录》,"《明实录》,万历以前藏于皇史宬,世莫能见。万历中稍稍传写流布,缙绅之家往往传抄,《顾亭林文集》曾言之。故顾炎武、万斯

---

① 南京第二历史档案馆全宗五,案卷号1360(2),转引自柴念东:《史学丛考·增订本后记》,第545—546页。
② 柴德赓:《史籍举要》(修订本),第152页。
③ 柴德赓:《史籍举要》(修订本),第160页。

同等人皆见过实录"①。

　　柴德赓 20 世纪 40 年代在辅仁大学讲授清代学术史课程中,主要从治学方法与学术方面,系统全面论述顾炎武博大开新的学术成就。有关顾炎武治学方法方面的研究,柴德赓指出顾炎武用真实工夫治学,主张博学于文。具体表现在熟读经注、抄书、引证确凿、实地考察。首先,顾炎武熟读经注。顾炎武到各地去考察,和书本记载互相引证,平时外出在马上都默诵诸经注疏,"故亭林之学如此熟习,而纤悉不遗也"②。其次,顾炎武主张抄书。顾炎武著有《抄书自序》,主张"著书不如抄书",反映了顾炎武注重收集资料,用功极勤。再次,顾炎武主张引证确凿。对此,柴德赓认为"亭林文字,无一字无来历,均亲自引用,无剿袭之弊"③。最后,顾炎武治学主张实地考察。柴德赓指出,顾炎武所著《肇域志》、《天下郡国利病书》、《京东考古录》、《山东考古录》、《岱岳记》等书,"皆亲历其地,不同泛说"④。

　　有关顾炎武学术方面研究,柴德赓从经世之学、音韵之学、地理之学、金石之学、理学、诗文等方面进行总结。首先,顾炎武的经世之学。柴德赓指出,顾炎武是通人之学,代表作《日知录》反映其治学精意,"亭林于国家典制、郡邑掌故、[天文历律]、河漕兵农、刑法钱币及文学艺术之属,无不研究,其要以经世致用,不立空言为主"⑤。其次,顾炎武的音韵之学。顾炎武著有《音学五书》,代表其音韵学成就,清初王山史佩服顾炎武音韵、梅文鼎算学、顾祖禹地理,可见顾炎武音韵之学的影响及地位。再次,顾炎武的地理之学、金石之学、理学。顾炎武著有《肇域志》、《天下郡国利病书》等系列地理著作,纠正南宋人地理著作的错误。顾炎武著《金石文字记》,开清代金石著作之先河。顾炎武提倡程朱理学,不空言心性。最后,顾炎武诗文主张。顾炎武提倡"文须有益于天下",批评文人好古之弊、模仿之弊。

---

① 柴德赓:《史籍举要》(修订本),第 195 页。
② 柴德赓:《清代学术史讲义》,第 63 页。
③ 柴德赓:《清代学术史讲义》,第 64 页。
④ 柴德赓:《清代学术史讲义》,第 64 页。
⑤ 柴德赓:《清代学术史讲义》,第 65 页。

柴德赓20世纪40年代在辅仁大学讲授清代学术史课程中，主要从王夫之七十七种著述，系统全面论述王夫之博大开新的学术成就。柴德赓指出王夫之能和顾炎武、黄宗羲并列为清初三大家，是在清咸丰、同治以后，以王夫之经、史、子、集的系列著述，当之无愧，"清初学人领袖，按地位论，自然要推钱牧斋、黄梨洲、顾亭林。因为牧斋伪了，大家不愿提他。到咸丰、同治以后，因湖南人的力量，捧起王夫之来，与顾、黄二先生分席。可是船山先生七十七种、二百五十卷著作，当然镇得住。论气节尤激昂，庶几当之无愧"①。

首先，有关王夫之的经学著述。王夫之著有《易》、《书》、《诗》、《春秋》四种《稗疏》，此外还著有《礼记章句》等系列经学著述。柴德赓指出王夫之研究经学与考据家研究经学的区别，以及王夫之能贯通群经，得其大义，"船山治经，非汉学家法。其释经多议论而少考据，大都以实事为证，加以解释，故不作一字一句之讨论。此种做法，似难实易，能文章有思想者皆能为之。惟船山博通诸经，为难能耳"②。其次，有关王夫之的史学著述。王夫之著有《永历实录》、《读通鉴论》、《宋论》等史学著述。柴德赓认为《永历实录》是王夫之耳闻目见之事，记载真实，"较之东南遗老及中朝人士所记，自属确实可信"③。但我们要指出，王夫之由于卷入南明小朝廷党争，虽然记载的是耳闻目见之事，但王夫之也有偏见，记载的内容往往不可靠。顾诚就指出："永历朝廷内部党争相当激烈，王夫之是追随楚党的。与他气味相投的人，他就尽量往好的方向写，甚至打了败仗说成是打了胜仗；与他的这一派系有矛盾的，不要说农民军，就是南明朝廷的大臣、将领，他就竭力挖苦、谩骂，甚至不惜歪曲史实。"④柴德赓肯定王夫之《读通鉴论》善于发现问题，有自己的政治主张，并与张溥所写的书进行比较。他说："《通鉴纪事本末》这部书，宋本四十二卷。明末张溥在《通鉴纪事本末》每一篇后作一论，即附原篇之后。张溥，字

---

① 柴德赓：《清代学术史讲义》，第67—68页。
② 柴德赓：《清代学术史讲义》，第73页。
③ 柴德赓：《清代学术史讲义》，第74页。
④ 张越：《顾诚教授访问记》，《史学史研究》1995年第2期。

天如，太仓人，为复社领袖，能作文章。因为每篇后加一论，后来把卷数分为二百三十九卷。此本流行后，四十二卷本反少了。这两个本子一有论，一无论，分别很容易。明末王夫之亦作《读通鉴论》三十卷，那是从《资治通鉴》中自己发现问题才做文章的，和张溥的做法不同。"① 柴德赓认为王夫之的《宋论》，写的激昂慷慨，因为"宋之亡于蒙古，船山别有痛心，故其言倍加悲切焉"②。可见，与王夫之所处明清更替时代背景及民族立场息息相关。再次，有关王夫之的子部著述。王夫之著有《张子正蒙注》、《思问录》、《噩梦》、《黄书》等子部著述。柴德赓认为王夫之著《张子正蒙注》的原因，是服膺张载《正蒙》，于朱熹有微词，于王阳明加以排斥，但"张子是和程朱接近的。故船山虽亦讥朱子，其思想近朱子系统"③。而王夫之著《思问录》，是为了阐发天人性命之旨，以别理学真伪。柴德赓还把王夫之有关著作与顾炎武、黄宗羲的著作相比，指出，王夫之《噩梦》所言多为政治经济，相当顾炎武《日知录》有关内容，而《黄书》反映了王夫之的民族思想，议论方式颇似黄宗羲《明夷待访录》。最后，有关王夫之的集部著述。柴德赓指出《四部丛刊》有王夫之《薑斋集》，中华书局1962年出版《王船山诗文集》，亦可以参考。

  柴德赓以黄宗羲、顾炎武、王夫之清初三大家为中心，论述了与他们交往的学者群体。柴德赓认为黄宗羲学术朋友少，而感情朋友多，多党人子弟，所以重点介绍黄宗羲的弟子。而顾炎武前半生生活在南方，曾至京师，晚年又在北方生活，学术朋友多，所以列举顾炎武学友录来集中展示。而王夫之抗清失败后，隐居下来，清初学者知道王夫之的人不多。

  黄宗羲的门人，对后世有影响者，主要是万斯大、万斯同、邵廷采。万斯大是传黄宗羲经学的门人，万斯同是传黄宗羲史学的门人，邵廷采是传黄宗羲理学的门人。顾炎武学术朋友遍天下，感情最深厚，愈老弥笃的是归庄。柴德赓写有《跋顾亭林〈致归元恭札〉墨迹》一文，赞扬顾炎武与归庄是和而不

---

① 柴德赓：《史籍举要》（修订本），第200页。
② 柴德赓：《清代学术史讲义》，第74页。
③ 柴德赓：《清代学术史讲义》，第79页。

同的谦谦君子,"归奇顾怪,虽少年齐名,晚敦夙好,至性格学术,各有所尚。然同志之友,互相砥砺,毫无婢阿之习"①。在《清代学术史讲义》"亭林学友录"中,柴德赓介绍了明末清初与顾炎武谈学论友共45人,第一个介绍的学者就是归庄。清初了解王夫之的学人,可以说是刘献廷,他在《广阳杂记》中记述了王夫之的学术成就。此外,王夫之与方以智相友好,两人曾在南明桂王手下共事。晚清罗正钧撰《船山师友记》,介绍了王夫之所交往的师友。

总之,柴德赓的《清代学术史讲义》,重点论述清初学术,这部分内容占讲义的三分之二,正如刘家和所说:"这部讲义中的重点在明清之际的学术之演化、清初三大师所开创之新风与夫乾嘉学术之成就,以经史之学为主体。"②

二、对乾嘉考史三大家的比较研究

清朝乾隆嘉庆年间有三部史学考证名著,一是王鸣盛的《十七史商榷》,二是钱大昕的《廿二史考异》,三是赵翼的《廿二史札记》。王鸣盛、钱大昕、赵翼也因此被称为乾嘉考史三大家。三部著述各有侧重,三人成就各有千秋。后世学者对于乾嘉考史三大家的评述从未间断,柴德赓亦有评论。柴德赓对考史三大家的研究,主要在20世纪60年代前期,正是柴德赓年富力强,学术观点成熟时期,他在给爱人陈璧子家书中写道:"我把文章交出去了,心头一松,这阵稍用点力,有时小有头痛,量量血压,果然有些高,不要紧,一能睡觉,二会休息,不久当可下降,万勿大惊小怪。像我这样一个人,也算读了几十年书,真正讲到学问比较成熟,是现在,真正能为人民多做点事,也是现在。"③

首先是关于三大家对纪传体史书的研究。柴德赓充分肯定三大家对纪传

---

① 柴德赓:《史学丛考》(增订本),第344页。
② 刘家和:《清代学术史讲义·试谈研究史学的一些基本功(序二)》,载柴德赓:《清代学术史讲义》,第4页。
③ 柴德赓:1964年7月7日致陈璧子往函,载柴念东编注:《柴德赓来往书信集》,第83页。

体史书研究的成绩，这是主流。如对王鸣盛，柴德赓盛赞他对范晔《后汉书》的评价："清代王鸣盛非常钦佩范晔，他在《十七史商榷》卷六十一云：'今读其书，贵德义，抑势利，进处士，黜奸雄，论儒学则深美康成，褒党锢则推崇李杜，宰相多无述，而特表逸民，公卿不见采，而惟尊独行，立言若是，其人可知。'王氏这段话，可以概括范晔的思想。"①王鸣盛对范晔思想的概括全面准确，在这方面，柴德赓表示肯定。对钱大昕，柴德赓赞扬其对陈寿《三国志》的评价："钱氏对陈寿推崇很高，主要因他见闻较确，叙事可信，这是比较客观的看法。"②这里，钱大昕一改传统观点认为陈寿《三国志》有所谓"曲笔"一说，从而肯定《三国志》的信史地位。再者，柴德赓赞同钱大昕对《宋史》的批评，"钱大昕言《宋史》有四弊：一曰南渡诸传不备，二曰一人重复列传，三曰编次前后失实，四曰褒贬不可信。"③钱大昕所列举的宋史四弊契合了柴德赓之意，他也认为《宋史》成书仓促，有繁芜之讥。对赵翼，柴德赓赞同其对《晋书》优点的评价，"《晋书》保存史料有重要价值，编纂体例也有可取。赵翼《廿二史札记》卷七云：'当时史官，如令狐德棻等，皆老于文学，其纪传叙事，皆爽洁老劲，迥非《魏》、《宋》二书可比，而诸僭伪载记，尤简而不漏，详而不芜，视《十六国春秋》不可同日语也，其列传编订，亦有斟酌'"④。赵翼通过《晋书》与《魏书》、《宋书》及《十六国春秋》的比较而肯定《晋书》编纂价值，很有说服力。柴德赓肯定赵翼对沈约《宋书》新本与徐爰《宋书》旧本比较研究的结论，"赵翼根据《宋书》忌讳曲笔情况，分析徐爰旧本与沈约新本各有避忌，推知沈约所自修者有限，此说甚允"⑤。柴德赓还肯定赵翼对《明史》编纂方法的肯定，"《明史》的纂修体例，因接受了过去史家的经验，十分整齐完备。赵翼《廿二史札记》卷三十一'明史'条说：'近代诸史，自欧阳公《五代史》外，《辽史》简略，《宋史》繁芜，《元史》草

---

① 柴德赓：《史籍举要》（修订本），第32页。
② 柴德赓：《史籍举要》（修订本），第42页。
③ 柴德赓：《史籍举要》（修订本），第132页。
④ 柴德赓：《史籍举要》（修订本），第53—54页。
⑤ 柴德赓：《史籍举要》（修订本），第58页。

率，惟《金史》行文雅洁，叙事简括，稍为可观，然未有如《明史》之完善者。'他在同卷'明史立传多存大体'条，亦对《明史》表彰备至"①。

关于三大家对纪传体史书的研究，柴德赓不仅只是赞扬，同时也实事求是地指出其中不足。如批评王鸣盛关于《晋书》作者说法之误："王鸣盛《十七史商榷》卷四十三单纯从德棻、玄龄两传比较，便以《玄龄传》八人为准。而以《德棻传》中'一十'二字为衍文，并以为《新唐书》盖误本《旧唐书》而未及改正。"然后柴德赓分别引《新唐书·艺文志》于《晋书》下所列参与修书者名单，计二十一人；又引《唐会要》卷六十三所载二十一人及高似孙《史略》所举亦十九人。最后柴德赓总结道："则令狐德棻之外，且有十八人。可见王鸣盛的主观臆测是错误的。"②又如批评王鸣盛指责《新唐书》本纪不应尽削诏令不载，柴德赓认为宋敏求撰《唐大诏令》，已把唐代全部诏令都收集，所以"时代不同，史体当有改进，责新纪太简，不在诏令之有无，要看事实是否简略"③。柴德赓指出钱大昕拘泥于正统观念对有关《晋书》附载四僧传的评论："《晋书》附载四僧传，钱大昕《十驾斋养新录》以为'皆在僭伪之朝，与晋无涉，而采其诞妄之迹，阑入正史，唐初史臣可谓无识之甚矣'。竹汀传统观念太深，不甚注意佛教史，对宗教与政治关系也不了了，宜有此论。"④笔者认为柴德赓对钱大昕这一批评是正确的。又如柴德赓认为李延寿的南北史与八代史可相辅而行、相互参证，因此反对王鸣盛对李延寿的偏见，"王氏意在使人重视八代史，不可偏信延寿之书，而结果又将八代史所以残缺，归罪于李延寿作南北史。如此论证，适足以证明延寿书必有过于八代史之处。总之，南北史与八代史相辅而行，可以相互参证。八代史不能亡，南北史亦不可废"⑤。柴德赓此一主张，很平实，得到学术界的赞同。瞿林东就曾说道：

---

① 柴德赓：《史籍举要》(修订本)，第163页。
② 柴德赓：《史籍举要》(修订本)，第48页。
③ 柴德赓：《史籍举要》(修订本)，第114页。
④ 柴德赓：《史籍举要》(修订本)，第54页。
⑤ 柴德赓：《史籍举要》(修订本)，第103页。

"李延寿的《南史》多取材于宋、齐、梁、陈四书,《北史》多取材于魏、齐、周、隋四书,这是一方面。另一方面,'二史'虽出于'八书',但在著述思想、材料去取、文字繁简上,又不完全同于'八书'。两相对照,长短互见,二者均未可轻废。"①瞿林东的评论与柴德赓所论,实有异曲同工之妙。又如柴德赓论赵翼对《元史》的评论:"赵翼《廿二史札记》卷二十九有'元史人名不画一'条,还有'金元二史不符处'、'宋元二史不符处'条,举例甚多,极为允当。但他在'元史'条中,又说列传卷三十二前是第一次进呈的,已有泰不花、余阙等传(二人是元末的色目人),而卷三十三后,又开始列耶律楚材、刘秉忠等人之传,这是第二次进呈者。赵氏的这种看法是没有根据的。"②这里,柴德赓既肯定了赵翼对《元史》研究的贡献,同时也指出其失误,这一切都说明柴德赓的评价是以事实为依据,反映了其辩证的思想和实事求是的治学精神,值得我们继承和发扬。

其次,柴德赓对三大家治学途径与学术功力也进行了比较分析。三大家中,赵翼的治学途径独树一帜,柴德赓说:"就学问论,王、钱是一个路子,赵又是一个路子。"③这一点柴德赓与黄爱平看法一致,黄爱平就说:"乾嘉时期,大多数史学家,如王鸣盛、钱大昕等人,都由经入史,用治经的方法治史。赵翼则与此有别,而是以文入史,在经学方面无所建树。"④而另两位,王鸣盛和钱大昕,不仅治学途径相同,而且两人还是同乡,都是嘉定人;同学,二人同肄业苏州紫阳书院;同年,乾隆十九年,二人同在北京会试中式,同中进士;同官,二人同官京师共十年;更是至亲,钱大昕的夫人是王鸣盛的胞妹,晚年又同住苏州,相同之处可谓多矣。但柴德赓同中见异,通过细致分析,从中发现两人如下不同。

一是王鸣盛和钱大昕两人的研究内容有所不同。王鸣盛治学,"前期偏重

---

① 瞿林东:《唐代史学论稿》,北京师范大学出版社1989年版,第205页。
② 柴德赓:《史籍举要》(修订本),第152—153页。
③ 柴德赓:《史学丛考》(增订本),第279页。
④ 黄爱平:《朴学与清代社会》,河北人民出版社2003年版,第291页。

经学,后期转入史学。就他的著述来看,经史参半"①。而钱大昕虽然通晓经学,但他绝大部分成果是史学著述,"以治经的方法治史,又专治史而不专治一经的,应该说竹汀是第一个人"。"竹汀的学问主要是史学,其余各种专门知识,兼收并蓄,都是为史学服务的"②。二是两人学术功力不同。钱大昕较王鸣盛功力深厚,其主要原因在于钱大昕把治经的功夫用来研究史学。柴德赓说:"竹汀于宋辽金元四史,用功较深,元史尤为专门。这方面是西庄力所未及的。竹汀精于算学,对古代历法研究极有心得,著《三统术衍》、《四史朔闰考》等,这是西庄未曾致力,引以为憾的。文字音韵之学,竹汀和西庄都用过功,但竹汀对古无轻唇音等比西庄有所发明。此外,地理、官制、金石、目录之学,两人各有专门,诗文亦工力悉敌。竹汀所以史学著作较西庄为多,专精亦过之,主要的一点,他把治经的工夫移来治史。"③ 在此基础上,柴德赓进一步肯定钱大昕重视史学的开风气的影响,"乾隆嘉庆年间,把治经看作第一等学问,史学是被看作次要的甚至不重要的,竹汀出而形势一变。嘉庆二年,他为赵翼《廿二史札记》作序,反复论证经学与史学的地位问题。他把经学和史学列于同等重要地位,这实在已经提高史学的地位了。他又反对'经精而史粗,经正而史杂'的说法,对当时看不起史学的经学家进行批评,以为像那种经学似精而实不精,似正而实不正,主张是很强烈的"④。柴德赓对钱大昕提高史学地位的肯定得到学术界的赞同,如黄爱平认为钱大昕:"重视史学,反对种种'陋史而荣经'的怪论,明确把史提高到与经并列的地位,并以毕生精力,从事史学研究。"⑤ 可见柴德赓的观点在学术界不是孤立的。柴德赓还着重分析钱大昕治元史的初衷,认为那是想通过了解元朝来认识清朝,"竹汀所处的时代,满汉之间的民族矛盾,已经不是主要矛盾。但是有些界限,依然存在,以文字得祸的人,仍不在少数。清初学者,一讲到元朝,总是讽刺和贬

---

① 柴德赓:《史学丛考》(增订本),第284—285页。
② 柴德赓:《史学丛考》(增订本),第287页。
③ 柴德赓:《史学丛考》(增订本),第288页。
④ 柴德赓:《史学丛考》(增订本),第288—289页。
⑤ 黄爱平:《18世纪的中国与世界·思想文化卷》,辽海出版社1999年版,第86页。

斥，究竟元朝怎么样，他们并不理会。竹汀不敢涉及明史，更不敢讲清史，但是，他很清楚，研究元史，和研究清史的意义是一样的，了解元朝，也就容易了解清朝"①。对柴德赓此一见解，张涛、邓声国认为所论极是："钱大昕研究元史是在以古筹今，以古喻今，是借元代史实来表达自己关于清代社会政治的某种认识，具有一定的现实意义。"②为此，柴德赓肯定钱大昕是有思想的考证学家，"钱竹汀这个人向来以为他只有考证没有什么思想，这是一种错觉。这里只说他有关政治的思想，至于他反对佛教轮回之说，和其他一些重要议论，这里不细谈了"③。瞿林东也说道："钱大昕推崇顾炎武的撰述'有关于世道风俗，非仅以该洽见长'，称道赵翼《廿二史札记》是'有体有用之学，可坐而言，可起而行'，说明他并不是只重考据而无经世思想的史家。"④其实，有关乾嘉考据学者的经世思想这一课题，是很值得深入挖掘并予以正确评析的。三是两人的著述影响及治学态度不同。王鸣盛和钱大昕两人的著述都流传后世，但钱大昕学术影响更大，"西庄和竹汀著述传世，都是卓然可以自立的。从经学的考据转到史学的考据，竹汀关系最大，考证最精，其影响也最深远，他和王西庄同而不同就在于此"⑤。对两人的治学态度，柴德赓论道："讲到两人的治学态度，都是认真的，但是西庄骄傲，看不起人，时时形之笔墨。竹汀则比较谨慎谦虚。"⑥因此，"西庄的学问所以比竹汀逊一筹，骄傲自满恐怕也是原因之一。至于竹汀自己不仅对古人著作中的错误据实订正，就是对同时学者和自己学术主张有不同时，也常常坚持自己看法，不肯随便放弃"⑦。柴德赓对王鸣盛学术成就的总结及治学态度的批评，在学术界产生很大影响，施建雄就指出："柴氏的分析和评价对正确认识王鸣盛的学术成就及其历史地位颇有助益，

---

① 柴德赓：《史学丛考》（增订本），第289页。
② 张涛、邓声国：《钱大昕评传》，南京大学出版社2006年版，第150页。
③ 柴德赓：《史学丛考》（增订本），第305页。
④ 瞿林东：《中国史学史纲》，北京出版社1999年版，第716页。
⑤ 柴德赓：《史学丛考》（增订本），第290页。
⑥ 柴德赓：《史学丛考》（增订本），第294页。
⑦ 柴德赓：《史学丛考》（增订本），第295页。

'文化大革命'后发表的相关文章大多没有超出他论述的范围。"①柴德赓虽然肯定钱大昕治学谨慎谦虚，但对钱大昕治学失误，也实事求是指出来，"钱大昕的《疑年录》始于郑玄，终于戴震，是一本没有完成的著作。后人以为他的名气大，将此书出版，其实有很多错误"②。柴德赓对钱大昕和王鸣盛治学态度的对比及因此而阐发的感想，对我辈治学也很有教育意义。

总之，柴德赓对乾嘉考史三大家治学特色的分析，实事求是，对后世学者继续深入研究，具有重要的学术参考价值。诚如邱敏在《柴德赓先生的史学成就和学术风格》一文所说："柴先生探讨乾嘉史学代表人物的成就得失、相互异同和地位影响时，视角广泛，考证缜密，议论平允，具有很强的说服力，无论观点还是结论都有重要的学术意义。"③

三、论章学诚及其他清代学者的学术成就

章学诚是清代乾隆嘉庆年间独树一帜且影响深远的史学家。对这一重要史家，柴德赓自有高论。柴德赓于1963年5月8日在《光明日报·史学》第261号发表《试论章学诚的学术思想》一文。这篇文章柴德赓下了很大功夫，是他的得意之作。据1963年4月23日柴德赓给爱人陈璧子家书中写道："此一周中，集中精力写《论章学诚》，今日全部完工，下午入城谒援师，五时半《光明》到陈宅来取稿。此文酝酿时间最长，费力很大，夜车都开了三四次，有时简直写不动，等到难关解决，势如破竹，有时虽半夜三更，还是心花怒放，得意疾书，自写《谢三宾考》以后，久矣无此笔墨矣。文仅九千字，可能要分两天登（在第二版），稿经几个同志看过，校样出来，还要仔细看，此文

---

① 施建雄：《王鸣盛学术研究》，中国社会科学出版社2009年版，第13页。
② 柴德赓：《史学丛考》（增订本），第491页。
③ 邱敏：《柴德赓先生的史学成就和学术风格》，载瞿林东主编：《史学理论与史学史学刊》（2008卷），社会科学文献出版社2008年版，第84页。

大有关系,不可不慎重也。"① 确实,《试论章学诚的学术思想》一文大有关系,是柴德赓精心构思而成,是柴德赓研究章学诚、研究清代学术史的代表作,文虽不长,然而其内涵之丰富精深,绝非一般习见的那种空言无物的鸿篇巨制可比。发表后,好评如潮,得到学术界的赞扬,柴德赓本人也很欣慰,在后来的给陈璧子家书中写道:"你对文章的评论甚恰当,杨院长亦来信谈及,他提'言之有物'四字,甚有见地。《光明日报》来人给我反映情况,他们远从上海,近从人大、河北师院、北京师院及有关方面了解,也是好评。"②柴德赓所说的杨院长指杨巩,时任江苏师范学院院长。杨巩认为柴德赓此文不仅"有理有据",更可贵的是文章"言之有物"。在给柴德赓的信中,杨巩说道:"发表在《光明日报》上的那篇关于章学诚的文章,和《书目问答》的那篇序言,均已拜读,外行看不出什么问题,只觉得很好,不是奉承,我觉得有理有据,并且有物。有理有据的东西,不一定都好,没有意思的考证,也可以有理有据。只有言之有物,才有意思,才有意义。"③

柴德赓认为章学诚治学在当时可谓独树一帜。具体表现为:一是章学诚治学重议论轻考据。乾嘉学者以考据名世,而章学诚的治学手段显然与主流风气不相适应,这是章学诚为学特立独行的重要表现。如戴震等人贬低宋代郑樵《通志》援据疏略、裁翦未定,章学诚写有《申郑》一篇、《答客问》三篇,认为郑樵《通志》承通史家风,成一家之言,可谓发凡起例,绝识旷论,远远超过马端临《文献通考》。对此,柴德赓一分为二评价道:"学诚这篇文章大力为郑樵辩护。他以为郑樵是专门绝业,马端临不过是一种类纂,针锋是对着戴震、吴颖芳等人。但对郑樵的弱点也不能袒护。我以为完全不肯定郑樵是出于意气,一定要说郑樵《通志》比马端临《文献通考》好,也不公允。"④柴德赓的观点不偏激,是持平之论。二是章学诚提出的"六经皆史"说,对于修正当

---

① 1963 年 4 月 23 日致陈璧子往函,载柴念东编注:《柴德赓来往书信集》,第 50 页。
② 1963 年 5 月 19 日致陈璧子往函,载柴念东编注:《柴德赓来往书信集》,第 58 页。
③ 1963 年 5 月 15 日杨巩来函,载柴念东编注:《柴德赓来往书信集》,第 404 页。
④ 柴德赓:《史籍举要》(修订本),第 221 页。

时重经轻史的风气颇有作用。章学诚在当时尊经盛行，史学不受重视的局面下，明确提出"六经皆史"说。柴德赓认为这是一种创见，具有开风气的影响，比同时也重视史学研究的钱大昕更加突出，"钱大昕要替史学争地位，他的话对当时有些影响，但他只提《尚书》、《左传》，不及章学诚的六经皆史说概括、全面"①。并且，柴德赓还辩证分析了章学诚思想深处关于经史之间关系的看法，指出章学诚"名为尊史，实则尊经"，他说："学诚心目中不止以为六经是古代史书，而且是最高标准的史书，为后世所不能及，其精意在此。名为尊史，实则尊经，他只是阐明经史的关系而已，并不触动当时理学家和考据家的情绪。因此，他提出六经皆史之说，并无一人反对。但六经皆史说纠正当时轻视史学的看法是收到效果的。"②柴德赓这一分析，对学术界长期认为章学诚"六经皆史"提高了史学地位，而使经史平等的观点，进行了修正。此外，柴德赓还针对学术界认为章学诚反对考据一说提出己见，他认为章学诚并不是笼统反对考据，他反对的只是烦琐考据，"有人认为章学诚是反对考据的，这话不能笼统说。学诚并不反对考据，以为'考据乃学问所有事'，当时袁枚反对考据，学诚说他'非丧心病狂，何出于此'（见《外编·与吴胥石简》）。但他反对烦琐考据"③。三是章学诚重视方志研究。柴德赓虽然指出章学诚修方志时，对史料及史实关注不够，但仍然充分肯定其在该领域研究中的成就，"清代方志大部分流传，即使如学诚所讥为'小记短书，清言丛说'或'文移案牍，随俗应酬'的也流传，而学诚以方志名家，偏偏他自己所作的方志多不传，这与学诚重视方志编写的理论和体例研究，重点在各类大小序文的写作，于史料及事实注意不够有一定关系。但他重视方志，系统研究，终当予以肯定"④。柴德赓此话，涉及史书编写体例与事实如何结合，以达到写作最佳效果的问题，对我们当今创新体例编纂史书，也有启迪作用。

---

① 柴德赓：《史学丛考》（增订本），第 329 页。
② 柴德赓：《史学丛考》（增订本），第 329—330 页。
③ 柴德赓：《史学丛考》（增订本），第 330 页。
④ 柴德赓：《史学丛考》（增订本），第 331—332 页。

通过柴德赓的分析，我们知道章学诚在乾嘉年间的学者中是有自己独特的风格和见解的，对当时和后世都产生了积极的影响。但章学诚治学的局限和不足也是很明显的，对此，柴德赓一针见血地予以揭示：一是章学诚缺少清初学者政治上的批判精神，"顾亭林讲经世之学，对历史上的政治得失和当时统治阶级的措施都有些批判，然后提出自己的主张。黄宗羲作《明夷待访录》，反对专制剥削，连他在举起反清旗帜时所念念不忘的明太祖也批判得很厉害。既以经世致用自命，就不能不有一种政治见解，或多或少带有指导现实的意义。可是从章学诚身上不易找到这种因素，相反地，他的思想是以拥护当时的封建统治为唯一职志"①。二是章学诚对全祖望的评价有失公允。全祖望在自己的文集《鲒埼亭集》中大张旗鼓地歌颂明末抗清义士的民族精神，章学诚却以全祖望怀有私心为由对其治学精神提出质疑。"把全祖望表彰民族气节的深心，看成是为自己的文集争体面，更暴露他自己思想的浅陋。何炳松作《浙东学派溯源》，在自序中把全祖望和章学诚列为黄宗羲以后的浙东两大史学系。其实，章与全无共同点，摆在一起很不相称。"②三是章学诚治学不严谨。"平情而论，学诚之学，有他自己的一套见解，但脚踏实地的工夫稍差。因此，他想得多，做得少。他劝邵晋涵治《宋史》，他自己也跃跃欲试，看来这种工作他是不相宜的。"③总之，面对学术界对章学诚越来越高的赞誉，柴德赓通过全面的、审慎的思考，既充分肯定章学诚独特的学术贡献，也着重指出其思想上的局限和治学上的不足。柴德赓的看法，很辩证，也很客观，因此令人信服，也产生了广泛的学术影响。乔治忠在《章学诚学术的百年来研究及其启示》一文中就评价道："章学诚在道德标准、伦理观念、政治思想上的封建卫道士立场，明显地表现在他的许多自鸣得意的文章中，是无法否认的。后来不少研究者也注意到这一点，但往往是轻描淡写地几笔带过而已。截止到20世纪70年代，

---

① 柴德赓：《史学丛考》（增订本），第333页。
② 柴德赓：《史学丛考》（增订本），第337页。
③ 柴德赓：《史学丛考》（增订本），第339页。

较早在论文里批评章学诚的政治思想和学术水平,以柴德赓的文章最值得注意,他的《章实斋与汪容甫》、《试论章学诚的学术思想》二文,在肯定章氏的学术成绩的同时,用较多篇幅分析其思想的落后和学业水平的缺陷。"①

柴德赓除对清初三大家、乾嘉考史三大家及章学诚作重点论述外,对其他清代学者也进行了探讨。如柴德赓赞扬万斯同、全祖望的民族气节。万斯同以布衣自居,拒不仕清,"他以'布衣'参加审定《明史》,不署衔,不受俸"②。全祖望研究晚明史,寄寓"故国之思","全祖望是清代有名的学者,是研究晚明史,特别是明末东南一带反清斗争历史的专家。他研究晚明史是有感情的,并非一般的客观的叙述"③。如柴德赓肯定阎若璩勇于下苦功夫熟读原始资料,"清朝有个阎若璩从小并不聪明,他肯熟读经书,和毛西河、汪琬辩论时,他们常常以博学欺人,一到阎若璩立刻和他们对质,说明某书有此事,某书无此事。当面翻书,阎总是胜利的。问题很清楚,他书读的熟。后来他做《古文尚书疏证》,很有名"④。又如柴德赓肯定王念孙治学严谨,方法精当,"他著《广雅疏证》第一次用的材料往往是对的,但是后来又发现了更新的材料,他并不是把第一次的划掉,而是将后来发现的新材料写在小纸条上贴在上面,再发现再贴,而用到书上去的,就是那最新、最可靠的材料。有些后人不懂王念孙做学问的这种方法,往往找到一条材料,一看现在的《广雅疏证》上没有,就批评他不全面,要给他补,实际上王念孙早已有了,而没有用上"⑤。柴德赓还赞扬施国祁刻苦钻研的精神及研究《金史》的成就,"清代研究《金史》成绩突出的,当推施国祁。施国祁,乌程人,著有《金史详校》十卷、《金源札记》二卷、《礼耕堂丛说》等。施氏治《金史》三十年,用力甚勤,

---

① 乔治忠:《章学诚学术的百年来研究及其启示》,载瞿林东主编:《史学理论与史学史学刊》(2003卷),社会科学文献出版社2004年版,第172页。
② 柴德赓:《史籍举要》(修订本),第159页。
③ 柴德赓:《资治通鉴介绍》,求实出版社1981年版,第94页。
④ 柴德赓:《史学丛考》(增订本),第483页。
⑤ 柴德赓:《资治通鉴介绍》,第87—88页。

详校分三类：一为总裁失检，是属于体例方面的问题；二为纂修纰缪，是属于事实错误；三为写刊错误，是属于校勘方面的问题"①。柴德赓充分肯定顾栋高年谱工作的成绩，认为其为后人读史提供了较大便利，"清朝有名的历史学家顾栋高作了《司马温公年谱》，从司马光出生到死，按年排下来，一共有四本。这个年谱做得很好，关于司马光的传说故事，里面都有。研究司马光，看一看这个年谱很有好处。顾栋高是一个有名的历史学家。他还作了一个《春秋大事表》，还作了王安石的年谱，名《王荆国文公年谱》"②。柴德赓肯定梁玉绳把《史记》中本纪、列传、世家、年表同记一件事情而有不同，进行比较的研究方法，"清代梁玉绳撰《史记志疑》三十六卷，专挑《史记》相互矛盾的地方，这是用本证（以本书证本书）的办法，用功很深，对研究《史记》有帮助"③。柴德赓高度肯定邵晋涵对《旧五代史》的辑录贡献，"邵氏旁搜他书中引薛史原文补入正文，其他有关史籍分注于下，卷末又作考证，用力甚勤"④。

此外，柴德赓还按专题评价清代学者学术成就。如关于清代学者对《汉书》等专书的研究，"清代学者对《汉书》下的功夫不少，其中专校释《地理志》的如全祖望《汉书地理志稽疑》六卷，钱坫《新斠注地理志》十六卷，吴卓信《汉书地理志补注》一百卷，功力尤深。专注《古今人表》的有梁玉绳《古今人表考》九卷。专注《西域传》的，有徐松《汉书西域传补注》二卷、李光廷《汉西域图考》七卷。其余如王峻《汉书正误》、钱大昭《汉书辨疑》、沈钦韩《两汉书疏证》、李慈铭《汉书札记》等多不胜举，考证皆有可取"⑤。这真是娓娓道来，如数家珍。如清代学者对《三国志》的研究，"清代学者对《三国志》作研究者颇不乏人，如杭世骏《三国志补注》六卷，赵一清《三国

---

① 柴德赓：《史籍举要》（修订本），第147页。
② 柴德赓：《资治通鉴介绍》，第2页。
③ 柴德赓：《史籍举要》（修订本），第10页。
④ 柴德赓：《史籍举要》（修订本），第119页。
⑤ 柴德赓：《史籍举要》（修订本），第23页。

志注补》六十五卷，钱大昭《三国志辨疑》三卷，潘眉《三国志考证》八卷，梁章钜《三国志旁证》三十卷，钱仪吉《三国志证闻》三卷，各就所见，对《三国志注》有所补充校订。其中赵一清注补较详。此外，洪亮吉作《三国疆域志》，谢钟英又作《三国疆域志补注》，洪饴孙作《三国职官表》，吴增仅作《三国郡县表》，这些书对研究《三国志》都有帮助"①。这可以说勾画出清代《三国志》研究史。又如有关清代学者对元史等断代史的研究，"清朝学者研究元史的人很多。康熙年间，邵远平著《元史类编》要把《元史》重新改编。乾隆间，钱大昕编撰《元史氏族表》与《元史艺文志》，对元史很有研究。鸦片战争前后，魏源编了《元史新编》。以后，搞元史的人很多，直到清末，柯劭忞编著《新元史》，集清一代元史研究之大成。清朝一代研究元史，是先后继续的，到后来更发展到对西北史地的研究"②。在这里，柴德赓上下贯通，全面联系，而且写出史学与时代的互动。再如关于清代学者在目录学等文献方面的成就，"目录学是搞学问的门径，它是掌握书目、书的内容、版本以及其他与书目有关的一门学问。凡是要搞学术工作的人，必须掌握目录学。清朝人已经认识到这点，如清代学者王鸣盛在《十七史商榷》中就很注意目录学"③。柴德赓并举出清代目录学家章宗源、姚振宗，"清代章宗源（字逢之，卒于嘉庆五年）撰《隋书经籍志考证》，仅成史部十三卷，武昌崇文书局有刻本。这是宗源未完成的著作。清代又有姚振宗（山阴人）撰《隋书经籍志考证》五十二卷，用力至深。其中子部诸书与佛教有关者，都根据《大藏经》中典籍一一阐明。姚氏对《隋志》的贡献很大，清代目录学家如姚氏者亦不多见"④。目录学对指示读史门径大有裨益。柴德赓强调此点，是很有必要的。

从以上总结分析可以看出，柴德赓研究清代学术史擅长于具体问题具体

---

① 柴德赓：《史籍举要》（修订本），第46页。
② 柴德赓：《资治通鉴介绍》，第83页。
③ 柴德赓：《资治通鉴介绍》，第77页。
④ 柴德赓：《史籍举要》（修订本），第96—97页。

分析，擅长于把握清代学者治学特点而加以比较，而且对清代学者的评价与众不同，能提出一家之言，使人开阔眼界。刘乃和就认为，柴德赓"对清代学术源流，本末支系，传法师承，了如指掌"[①]。

（作者单位：东北师范大学历史文化学院）

[①] 刘乃和：《史学丛考·序》，载柴德赓：《史学丛考》（增订本），第5页。

读柴德赓先生《"中国史部目录学"教学大纲》札记

李岭　宁侠

1951—1952年柴德赓先生在辅仁大学为历史系二年级学生讲授"中国史部目录学"课程。早年正规大学，特别是名校，所聘皆饱学之士。大学教授授课往往没有教材，没有讲义，拟好教学大纲，即上堂讲授自己的研究成果。陈垣先生讲"中国史学名著评论"如此，柴德赓先生接陈先生讲授该课程也是这样。

近年，在柴德赓先生藏书中发现《陈援庵先生讲述中国史学名著评论》钞本一册。书后附有柴先生"中国史部目录学"的讲课大纲和两位学生的选课单。这一发现使我们对柴先生所讲授的内容有了大概的了解，也为我们探讨柴先生如何继承和发展陈垣老的学术提供了难得的文字资料。

一

柴德赓先生的《史籍举要》，自出版以来广受读者，包括普通学者和专家学者欢迎的同时，也出现了关于该书如何形成的悬念，成为人们关注的一个热点。

柴德赓先生是陈垣先生的入室弟子，20世纪30年代后期40年代初，辅仁大学有"陈门四翰林"之说，柴德赓、启功、周祖谟、余逊四大弟子，柴德赓名列其首。陈先生自20年代为大学历史系开创"中国史学名著评论"课程，先后在燕京大学、北京师范大学、北京大学、辅仁大学讲授多年。以后柴德赓先生接任该课程教学。《史籍举要》便是由柴先生的学生将他多年教学积累的讲稿整理而成。于是一个明显存在而引人入胜的问题产生了，陈柴之间在这门课程中是怎样的传承关系？

曾经有一种说法，陈垣先生印发过一部讲义。有讲义，就可以与柴先生的《史籍举要》相比较，但是至今没有找到。

2014年陈智超先生披露了从陈垣先生遗稿中找到的，陈垣先生写在燕京大学点名成绩记录簿上的《中国史学名著评论》（以下简称《评论》）手稿。这份手稿罗列了17类约208部史部典籍的书名、作者、卷数和篇目等。据曹永年先生研究，这实际上只是陈先生随手所记备忘的极简单的大纲，很少有精粹的评论。

陈智超先生说：

> 陈垣先生这门课程没有印发讲义，但他的讲稿却保存下来了。……这份讲稿全是陈垣先生的手迹，用墨笔书写。但在个别地方，在某些行间段末，有不同笔迹的钢笔字。如关于《晋书》的评论，段末有钢笔书写的"晋略，周济"四字。查柴先生《史籍举要》"《晋书》的改编和校注"一节，谈到清代治《晋书》的学者，正有"周济撰《晋略》六十卷"的内容。据此可作如下推断：当柴先生在辅仁大学继老师之后讲授"中国史学名著评论"课时，老师把他的讲稿交给柴先生参考，而柴则在个别地方作了些补充。①

陈智超先生此说，颇令人不解。陈先生《评论》手稿和柴先生《史籍举

---

① 陈智超：《千古师生情》，载陈垣著、陈智超编：《中国史学名著评论》，商务印书馆2014年版，第161—162页。

要》都有"周济,晋略",这是事实,但这一事实并不能证明陈先生手稿中钢笔书写的"周济,晋略"是柴先生所加,此其一。即使是柴先生所添加,也有许多情况,并不能因此推断是柴先生接任"中国史学名著评论"课程时,陈先生将此手稿交给了柴先生参考,此其二。即使以上两点都能成立,也只说明,柴先生"只是"对陈先生的这份手稿大纲"在个别地方作了补充",这并不能证明陈与柴的传承关系,更不能证明柴先生的《史籍举要》所讲基本上是陈老的内容,仅稍有增减。总之,这份大纲仅仅反映老师陈垣先生一方如何讲授这门课程,而学生柴德赓先生,是否曾经见到过这份大纲,都没有任何证据予以证明,更遑论学生照抄老师的讲稿。

二

关于陈、柴师生在"中国史学名著评论"这一经典课程中的传承关系,过去我们只知道柴先生"曾多次听过(陈先生)这个课"这一事实。由于缺乏相关的文字资料,我们无法作具体深入的探讨。

现在柴先生1951学年度《"中国史部目录学"教学大纲》被发现。该大纲附载于武陵余氏钞本陈先生《中国史学名著评论》记录稿之后,同时另有1951年度辅仁大学历史系二年级朱莱英、何无忌两位同学选学柴德赓先生"中国史部目录学"课程选修单。这些现象透露,柴先生1951年度讲授"中国史部目录学"课程时,是带着余钞《中国史学名著评论》进课堂的,它是柴先生授课时须臾未曾离开的"备课本"。由于二人在余钞《评论》一书中如此交集,就为我们提供了研究他们传承关系的很好的文字资料。

首先看教学目的。柴先生的《"中国史部目录学"教学大纲》,首先明确提出教学目的是"为培养同学阅读古书能力,使能掌握丰富资料并审定辨别其真伪,特介绍中国历史重要史籍若干种,并以马列主义历史观点方法批判其内容"。这与陈先生反复强调"取史学上有名之著作,而加以批评……以为学者读史之先导"的教学目的一脉相承,只是在中华人民共和国成立初期的新形势下,增加了"以马列主义历史观点方法批判其内容"。

再来考察教学内容。教学内容有两个层面:一是所讲书目;二是每一本书所讲的内容。现在可以直接比较的是所讲书目。

(一)从书目的类别考察

余钞陈先生《中国史学名著评论》(以下简称陈氏《评论》)讲书,据余逊先生分类:1. 正史类;2. 编年类;3. 纪事本末类;4. 类书类(制度史);5. 别史类;6. 传记类;7. 年谱;8. 史钞类;9. 诏令奏议类;10. 奏议类;11. 地理类;12. 地方志类;13. 目录类。

而柴先生《"中国史部目录学"教学大纲》(以下简称柴氏《大纲》)则分为:1. 工具书;2. 正史;3. 编年体;4. 传记;5. 纪事本末;6. 地理;7. 金石文字;8. 制度史;9. 杂史笔记。

两相比较,陈先生13类书目中,柴先生书目只有正史、编年、传记、纪事本末、地理、类书(制度史)等6类相重,也就是说,只有这6类书,柴先生此次的讲课或依据,或参考,才有直接作用,其余7类没有用到。

而柴氏《大纲》中的工具书、金石文字、杂史笔记,则是陈先生书中所没有的。其中包括:

1. 工具书:《纪元编》、《二十史朔闰表》、《史姓韵编》、《历代地理志韵编》、《书目答问》、《四库全书总目提要》6部。

2. 金石文字:《集古录》、《金石录》、《金石萃编》、《山左金石志》、《粤东金石略》5部。

3. 杂史笔记:未列书目,所讲何书不详。

(二)从陈、柴二位先生都有的类别,考察具体书目

1. 正史二十四部:陈氏《评论》只讲了《史记》的"集解"和"索隐",因此柴氏《大纲》讲廿四史,基本上不可能从《评论》找到参考。

2. 编年类:柴氏《大纲》所列《续通鉴长编》、《建炎以来系年要录》,为陈氏《评论》所有，可以参考，其余《通鉴》（因为陈氏只讲《通鉴》相关的"考异"等）、《续通鉴》和《春秋》则在《评论》之外。

3. 传记、年谱两类：柴氏《大纲》有《名臣言行录》、《元名臣事略》、《碑传集》与陈氏《评论》相同，其余《高僧传》、《畴人传》、《孔子集语》则在《评论》之外。

4. 制度史：柴氏《大纲》所列"会要"、"会典"，因未开列书目，不好统计，其余《通典》、《通考》皆见于陈氏《评论》，而《历代职官表》则在《评论》之外。

5. 纪事本末：柴氏《大纲》列《通鉴纪事本末》等九朝纪事本末，皆见于陈氏《评论》，而《绎史》不见于《评论》。

6. 地理和地方志：柴氏《大纲》开列包括"方志"、"地图"、"风景"、"边疆"等子目的13部书，除《水经注》、《元和郡县志》、《太平寰宇记》以外，其余《景定建康志》、《内府地图》、《一统志》、《长安志》、《都城纪胜》、《帝京景物略》、《樊书》（即《蛮书》）、《职方外纪》、《苗防备览》、《峒豀纤志》等10种，全在陈氏《评论》之外。

粗略统计，（因杂史笔记类书，以及"会典"、"会要"、"年谱"类书，柴氏《大纲》未出具体书目不在统计之列），柴先生《中国史部目录学》开列九类72部书，其中陈氏《中国史学名著评论》讲授过，柴先生可以参考，甚至可以"照本宣科"者仅19部约占26%，而在《评论》之外，必须自起炉灶，自己准备内容讲授者53部，占70%以上。

三

我们就余钞陈垣先生《中国史学名著评论》与书后所附柴德赓先生《"中国史部目录学"教学大纲》进行比较，得出上述结论，只是想证明，柴先生讲课，包括日后讲"历史要籍介绍"，一定会广泛充分地吸纳他老师的研究成果，但绝非仅仅拿老师的讲课记录稿"照本宣科"。柴先生始终在按陈垣先生的治学路子，包括讲授中国史学名著时，突出史料的价值，培养学生掌握丰富资料和对资料审定辨别能力的路子前进。刘乃和先生说：

> （柴先生）在辅仁任教时，他和援庵老师住的很近，每有疑难，就去请教。师生谈文论史，往往直到深夜，不计时间早晚。谈到高兴时，索兴把椅凳移到励耕书屋的书库里，一面谈论，一面翻书。有时为一个问题，争得面红耳赤，有时为查找论据，搬出多少典籍图书。后来他常喜欢提及这时期难忘的"夜读"，他说他就是在这几年登门求教和谈笑争论中，学问才有了显著的进展和提高。

刘先生还说：

> 他精研目录之学，熟悉史料，……对五代史、宋史、清史及辛亥革命史都有较深研究。尤其对清代学术源流，本末支系，传承师法，了如指掌。①

作为陈垣先生大弟子，并在他的直接指导下研究学问的柴德赓先生，反复研读，充分吸收余钞《评论》的精义，对其余超过70%的书目另起炉灶，作称得起"陈门四翰林"的讲授，很好完成"中国史部目录学"课程，应该是不成问题的。这为我们探讨《史籍举要》与陈垣先生学术的传承关系，提供了确凿的旁证。

（作者单位：内蒙古师范大学历史文化学院；包头师范学院历史文化学院）

---

① 刘乃和：《史学丛考·序》，载柴德赓：《史学丛考》（增订本），商务印书馆2017年版。

袁枚《祭庄滋圃中丞文》略考

韩益民

一、祭文及原委

乾隆三十二年（1767）七月，庄有恭卒于福建巡抚任上，享年五十五。袁枚作《祭庄滋圃中丞文》："呜呼！惟公之贵，吾不知其所以遂；惟公之灾，吾不知其所由来。隆隆者求，而公优游；易折者刚，而公安详。公之行事，伊谁勿思！公之本末，惟我能知。"①袁枚自认为是庄有恭的知己。"三十年来，金跃飚驰。如祥云之升海，夹日以飞。其间但两颠两起，而竟已轻烟过目而不可复追！"言庄有恭受到乾隆的赏识，官运亨通。两人青年时代未中举之前，相识于京城，关系密切，"假宅道南，相优相狎。张饮鸡社，再盟再歃。明年京兆，同登贤书；明年礼闱，同翔天衢。帝策仲舒，擢为第一"。庄有恭中乾隆四年一甲一名进士，即状元，袁枚为二甲第五名进士。"凡公所有，则我不无。得我相於，公亦不孤。西清宵宴，东观晨趋。人之视之，两剑双珠。"两人初入翰林院和庶常馆时意气风发，可见一斑。此后庄有恭留在皇帝身边，一路高升，袁枚则因为考试满语不及格，外放江南为县令，数年之后，即辞官归隐南京小仓山。在此祭文中也不忘诙谐："非予小子之早遁先藏，几乎腰笏负鞴而向公屈膝。"的确，庄有恭乾隆十六年至乾隆二十一年、二十三年、

---

① 袁枚：《小仓山房文集》卷14，王英志编纂校点：《袁枚全集新编》第6册，浙江古籍出版社2015年版。

二十七年至三十年三任江苏巡抚。① 作为朋友，一个是封疆大吏，一个是山林隐逸，以俗世眼光来看，有云泥之别，彼此如何相处？"我嫌公之夷姤，公嫌我之疏俊。虽邻不觏，虽亲不近。三年一书，五年一问。恃旧多规，颔而不愠。参知政事，将离于南。交淡而成，蔗老而甘。访我空谷，穿云停骖。抱我幼女，絮语喃喃。公戏我笑，我卧公谈。已握手于白门，复开尊于吴下。道两人之齿未，莫分襟而悲咤。"依然是朋友之间的平等轻松。"何图此别，万种沧桑！家入搜牢，身归狱市。簿责八辈，銎惊三裰。罪浅恩深，雷收电止。解金木之缠身，忽纡青而拖紫。虽霜尽以春来，终形存而心死。果八闽之再临，竟九泉之已矣。"②

虽然从中可以感受到庄有恭命运的大起大落，但祭文所云"惟公之灾"、"两颠两起"、"家入搜牢，身归狱市。簿责八辈，銎惊三裰"，语焉不详，有必要探究其原委。

钱大昕《巡抚福建兵部右侍郎都察院右副都御史前太子少保协办大学士刑部尚书庄公有恭墓志铭》对此也仅仅是提及"中间两遭颠踬，赖天子仁圣，终保全之"③。《清史列传·庄有恭传》则较为详细地记载了他在仕途上所遭遇的坎坷和危险。

其一为乾隆十八年丁文彬逆词案："初，有恭为江苏学政时，浙江人丁文彬者侦有恭出献所著《文武记》、《太公望传》等逆书，有恭以为病狂不究。至是文彬挟其书至山东呈衍圣公孔昭焕，昭焕告巡抚杨应琚以闻，有恭自请治罪。上以有恭故纵逆罪，罚学政养廉银十倍。"

其二为乾隆二十一年泰兴县捐职州同朱珣主使杀人毙命，时任江苏巡抚庄有恭擅自答应罚银赎死罪，以增加地方财政收入，但乾隆则认为庄有恭不遵宪典，下令革职，解京治罪。乾隆二十二年大学士等拟议应当绞死，结果乾隆以非为营私从宽免死，发往军台效力。但这年六月即命戴罪代理湖北巡抚。此

---

① 钱实甫编：《清代职官年表》第2册《巡抚年表》，中华书局1980年版。
② 袁枚：《小仓山房文集》卷14，王英志编纂点校：《袁枚全集新编》第6册，第254—255页。
③ 钱仪吉纂，靳斯标点：《碑传集》卷27，中华书局2008年版，第913页。

事持续一年左右。

其三为三十年苏州同知段成功案。这年正月，庄有恭在江苏巡抚任上，升为协办大学士，仍留巡抚任上接驾南巡。八月，庄有恭弹劾苏州府同知段成功纵役诈扰累民一案，经乾隆指派后任巡抚及两江总督高晋严查，得出庄有恭有意说段成功因病未知其事乃家人贪赃枉法的结论，第二年二月，大学士等拟庄有恭罪应当斩。但乾隆决定是"着监候秋后处决"。八月，赦免庄有恭，补授福建巡抚。此案持续一年。三十二年七月，卒于福建巡抚任上。

如此看来，袁枚和钱大昕所说"两颠两起"正是后两件事，而"謦惊三襫"另一起案子应该指的是丁文彬逆词案，因为案件并未造成革职的后果，但也令人胆战心惊。

就目前所见，袁枚、钱大昕、《清史列传·庄有恭传》①对于庄有恭的评价是一致的，清廉能干，特别是在民生、救灾和水利方面，正是乾隆所需要仰仗的能臣。不过，本文关注重点是他曾卷入的文字狱，因为另外两次危机事实都比较清楚。

二、丁文彬逆词案始末

庄有恭去世后，乾隆下谕旨："庄有恭已经病故，所有伊江苏学政任内未完银六万余两，着加恩宽免。"②从乾隆十八年到三十二年，罚银十四年，竟然还欠六万余两，与其郁郁而死可谓不无关系。那么，这起案件到底是怎么回事？庄有恭又怎样从一个封疆大吏转而成为受牵连者？③

事发于乾隆十八年六月初三，衍圣公《孔昭焕奏丁文彬冒称亲戚并搜获所携书籍折》："本年五月二十八日据臣守门人役禀称，有一浙江人来，口称姓丁名文彬，系衍圣公亲戚，现在携有书籍，……不为通报，伊咆哮不

---

① 王钟翰点校：《清史列传》卷21，中华书局1987年版，第1592—1599页。
② 王钟翰点校：《清史列传》卷18《庄有恭传》，第1599页。
③ 上海书店出版社编：《清代文字狱档》，上海书店出版社2007年版。

去。……臣思并无浙省姓丁亲戚，因遣人向伊询问，据丁文彬亲书一纸交役送进，臣见其字中皆狂诞虚拟之词，即意其必属匪人，随搜其行李，得其所携书籍二部计十本，面书'文武记'，旁书'洪范春秋'，书面中间写'大夏'、'大明'，新书内多大逆不道之言，又另有伪时宪书六本，旁书'昭武'年号。"①

其后还附有《丁文彬赴衍圣公门投字》自称："原系浙江绍兴府上虞人，……世居务农，有叔祖丁芝田在北路教习，曾与先岳老圣公为盟。……荷蒙岳父面命，今在松修道，于己巳年曾有《文武记》二本、《太公望传》一册申付松江学政庄有恭，至今五载未有复命，今续成《洪范春秋》五本，已终帝命，皆天命之文、性命之学，所以卫圣门之道，敢伸达尊览，余面谈。"②

六月初七，当时的山东巡抚杨应琚很快就审讯了丁文彬，基本情况为：

> 丁文彬籍隶浙江上虞县，幼失其父，穷苦无聊，伊与伊母皆曾受雇于人炊煮服役，迨后雍正年间伊兄丁文耀移家松江华亭县，卖烧饼为生，伊即依兄自行读书，稍知文义，随于兄家教书，于乾隆十三年间文彬剿袭陈言，伪著《文武记》、《太公传》等书，于乾隆十四年三月内值江苏抚臣庄有恭任该省学政，文彬将所著书三册于松江府城呈献，当将书收去并无回复，嗣于乾隆十五年文彬捏称天命，又将其书名为《洪范春秋》，增益抽换，并将书中六十章后"丁子曰"挖补为"天子、王帝曰"等字，又捏已故衍圣公曾许其二女为配，传以尧舜之道，于前衍圣公臣孔广棨故后即自以为承其统绪，即位为王，国号大夏，年号天元，擅加封赠，并封其兄丁文耀为夏文公、族叔丁左白封为太宰等官，复捏写寄与孔氏书稿，称其为岳母、妻室，书词悖谬狂逆，毫无影响。又于乾隆十六年伪造宪书三本，又照写三本，开列年号，并自画铸钱式样，实复属狂妄大逆，无可置喙。③

---

① 上海书店出版社编：《清代文字狱档》，第9页。
② 上海书店出版社编：《清代文字狱档》，第10页。
③ 上海书店出版社编：《清代文字狱档》，第10—11页。

杨应琚奏折还说丁文彬还想继续把书呈给巡抚庄有恭，杨建议处死丁文彬兄弟子侄，搜查逆书，另外也要追查庄有恭手里的逆书。

《丁文彬供单》更详细，就不在此抄录。乾隆皇帝知道此事后，先后在朱批中夸奖衍圣公和杨应琚，并特别嘱咐杨应琚，为了保证能够公开凌迟处死，不可让丁文彬死于狱中。杨应琚追查其他各人等下落，至六月十六日，乾隆下令凌迟处死丁文彬。八月二十六日，《杨应琚奏审拟丁文耀等折》建议把丁文彬的哥哥和两个侄子斩立决，其他家口入官为奴。九月二十日，乾隆下旨，把斩立决改为应斩，着监候秋后处决。

此案并不复杂，至于丁文彬是何等人，见仁见智，大概是残存着一些民族意识的普通人，但又对于所处的环境并无清醒的判断，故而采取了一些不切实际甚至妄念产生的行动。

但乾隆在随后处理此案的重点反而是调查江苏巡抚庄有恭。先是在六月十一日有《令庄有恭据实复奏谕》，质问庄有恭"丁文彬所著逆书内大逆不道之言甚多，庄有恭既经接收何以并不具折奏闻，又不即将该犯拿究"[①]。

六月二十二日，《庄有恭奏查学院任内接过丁文彬献书折》描述当时情形：

> 再四寻思，记得十四年春臣按视松江下车之日，观者如堵，途次闻有口中喃喃被左右疾呵去者，臣问为谁，曰："疯子。"臣目本短视，取眼镜隔轿窗视之，见其人衣服蓝缕，龌龊不堪。比城见有跪舆献书者，问之左右复以疯子对，取以进，垢污满纸，随手繙阅，见有"丁子曰"三字，臣曰："真妄人，何高自称许乃尔！"掷弃之不复省其中作何语，亦不问其人其书何名，匆匆考校亦遂忘之。今该犯既名丁文彬，则所献"丁子曰"之册即逆书无疑，但当时臣本未留心查阅，后亦不复寓目，今事隔五年实不知败簏破箧中果存此册否，容臣回署细检，如得之当即缄封进呈。[②]

---

① 上海书店出版社编：《清代文字狱档》，第18页。
② 上海书店出版社编：《清代文字狱档》，第19页。

当然还要骂骂丁文彬大逆不道，以及自己怎样"惶恐战栗"，这是例行公事，与其他大臣的谀辞相比，庄有恭已经很轻描淡写了，但只怕这也是越来越激怒乾隆的一点。①在乾隆的朱批里，他写道："此奏又属取巧，细查书来，不可终归乌有。"乾隆怀疑庄有恭可能会故意说书找不到了，当然不是没有可能，但更可能的恐怕还是庄有恭说的，作为一个高高在上而且忙碌不堪的大臣，哪里有工夫一天到晚留意一个"疯子"和他的满纸妄言的书？

但在七月十五日《庄有恭奏请交部治罪折》非常出人意料，庄有恭说回署搜寻三日，还是没有找到丁文彬的书，竟然自请治罪：

> 臣彼时提督学政，文字是所专责，乃逆犯丁文彬既已拦舆献书，臣谩目左右斥为疯子，仅见其书有"丁子曰"三字即实信为疯，置不复顾，其中大逆不道之言竟未查出，立行拿究以彰宪典，致该犯漏网逭诛者五年，且弃掷之后遂即遗忘，又致逆书竟无着落，是臣昏愦纵逆，罪无可逃。……伏乞皇上天恩，将臣交部严加治罪，臣不胜惶悚待命之至。②

七月十五日，乾隆有《加罚庄有恭学政任内俸禄养廉银谕》，说早就料到庄有恭会说书找不到了：

> 丁文彬逆书敢于指斥本朝，妄肆诋讪，庄有恭之意盖恐进呈此书则罪戾显然，故借词寻觅不见，以此避重就轻。夫大逆不道之词，岂有曾经寓目致令迷失之理？必系闻信查出私为销毁耳。庄有恭深受朕恩，不应狡诈为鬼蜮伎俩至是也，即拿问治罪亦所应得，但天下似此者未必仅有庄有恭一人，伊为巡抚尚属能办事，且伊巡抚任内若见此等必早为奏办，当在学政时其意不过以学政衡文之员，何必多此一事，是其罪不在巡抚而在学

---

① 上海书店出版社编：《清代文字狱档》，第19页。
② 上海书店出版社编：《清代文字狱档》，第24页。

政,且欲保全学政俸禄养廉耳。着照伊学政内所得俸禄、养廉数目加罚十倍,交江南总督请旨,以为徇名利而忘大义者戒。①

乾隆所谓大义,就是天下都是他的,所有的人都不能负他,甚至活着都是他的恩典,至于那些受过他大恩典的大臣,更不能在他面前有一丝一毫的隐瞒和欺骗。而这些所谓欺骗和隐瞒,虽然比比皆是,但有时不过是他臆想出来的。至于大臣们真正在无声中消解他的权威之时,他其实也只有用杀人或其他重惩来泄愤。在这个时候,他的尊严反而大大超过了国家的整体利益的重要性。

面对如此"恩典",庄有恭也唯有谢恩而已。

三、伪孙嘉淦奏稿案之影响

在丁文彬案之前不久,庄有恭还卷入过伪孙嘉淦奏稿案。

在孙嘉淦的一生中,遇到两次以他的名义传播的伪奏稿案。一次是乾隆三年,四月,"时有伪造嘉淦奏稿者,传播流言。谕曰:'一月以来,京师喧传尚书孙嘉淦密参在朝多人,如大学士鄂尔泰、张廷玉、徐本,尚书公讷亲,尚书海望,领侍卫内大臣常明,皆在所参之列。……至诸臣有可参之事,孙嘉淦何不登之露章,而乃见之密奏?既云密奏,则惟孙嘉淦自知之,伊又岂肯漏泄于人,以招众怨?是或忌嫉孙嘉淦之人,造为此说,以排挤之耶?或趋附孙嘉淦之人,造此以扬其特立独行之直名耶?但传言已久,姑不深究"②。此次正值乾隆刚上台,恰好是想改变雍正过于严厉的政策,以宽大示人的时期,借此让诸臣宽心,又有暗中警示的意味。③更重要的是,这里并没有涉及乾隆本人。

第二次则是这里要讨论的伪奏稿案。《清史列传》对此一带而过:"十八年正月,获伪造嘉淦奏稿之犯江西卫千总卢鲁生、守备刘时达解京鞫实,治罪

---

① 上海书店出版社编:《清代文字狱档》,第 24 页。
② 王钟翰点校:《清史列传》卷 15《孙嘉淦传》,第 1086—1087 页。
③ 戴逸:《乾隆帝及其时代》(插图本)第三章第一节"宽严相济",中国人民大学出版社 2008 年版。

如律。"① 乾隆此次也依然没有追究孙嘉淦的责任，坚信这也不过是有人要借孙嘉淦的直名来扩大伪奏稿的影响，与孙嘉淦无关。但是，就在这年十二月，孙嘉淦去世，很可能是高龄体弱又受到惊吓而死。

此案引起轩然大波，波及全国各省，按照朱维铮先生的说法，"从乾隆十六年八月闹到十八年三月才暂告结束，在二十个月内被皇帝宣布革职、下狱、解任或谴责的'外省'督抚藩臬提镇司道等文武官员便多达数十名。"② 其他牵连的中下级官员和普通民众更是不计其数。目前所见《清代文字狱档》增补本关于此案的材料共292条，影响由此可以想见。

最近出版的詹佳如《悖逆的"幽灵"：清朝孙嘉淦伪稿案的媒介学研究》把两次伪奏稿案看作是一份奏稿，"13年后，也就是1751年，等到朝廷再度注意到时，流言中的奏折已经变成人们手中争相传抄的实实在在的奏折，而且依然传遍十七行省。"③ 首先，《清代文字狱档》的编者完全没有提及任何乾隆三年伪奏稿案，没有收入过相关档案，朱维铮先生《重读近代史》中《伪孙嘉淦奏稿案》一文也并没有提及乾隆三年之事；其次，从前面引用《清史列传》之《孙嘉淦传》关于乾隆三年伪奏稿的内容是明确而清晰的，而且未涉及乾隆本人，所以他的态度也是非常平和的，但第二次伪奏稿案则不同，《清代文字狱档》所收此案292份文件，都看不到任何关于此伪奏稿的具体内容，朱维铮先生推测，各地督抚在上奏过程中都奉行乾隆旨意，绝口不提伪奏稿内容，仅仅偶尔出现"五不解，十大过"的名目，涉及的事情包括皇上南巡、大金川不该用兵、张广泗被杀等，但朱先生觉得更为重要的原因可能是与去世不久的孝贤皇后有关。传说乾隆十三年东巡，孝贤皇后发现乾隆与她的胞弟傅恒之妻通奸，规劝乾隆，结果被他推下水溺死。④ 朱先生在此未提及他的材料来源，刘文鹏则指出，此说法来源于印鸾章《清鉴纲目》和小横香室主人《清朝野史大

---

① 王钟翰点校：《清史列传》卷15《孙嘉淦传》，第1092页。
② 朱维铮：《重读近代史》，中西书局2010年版，第69页。
③ 詹佳如：《悖逆的"幽灵"：清朝孙嘉淦伪稿案的媒介学研究》，上海交通大学出版社2017年版，第9页。
④ 朱维铮：《重读近代史》，第77页。

观》①。是否可靠,已经无从考证。

在硕色上奏之初,乾隆似乎反应不是很激烈,但到了八月初五日,《严拿传播伪稿逆徒谕》云:"据云南总督硕色折奏,……密禀所抄传播之词竟系假托廷臣名目,胆肆讪谤,甚至捏造朱批,种种妄诞不一而足,显系大恶逆徒逞其狂悖,不法已极等语。着传谕步军统领舒赫德、直隶总督方观承、河南巡抚鄂容安、山东巡抚准泰、山西巡抚阿思哈、湖北巡抚恒文、湖南巡抚杨锡绂、贵州巡抚开泰,令其选派贤员密加缉访,一有踪迹即行严拿奏闻请旨,勿令党羽得有漏网,务须密之又密,不可稍有张扬泄漏。"②这个谕旨推动了整个事件的进程,或者说乾隆的疑心和不安推动了整个事件。

通读《清代文字狱档》,乾隆对于各地封疆大吏大都有一种深深的怀疑,或者怀疑大臣挟私,或者懒政不尽心,或者结党,或者欺瞒等。虽然他的这种感觉未必是错的,但专制君主往往就把问题从具体事务转向了对吏治的疑虑和整肃,最终演变成君主与大臣甚至整个社会的角力。山东巡抚准泰这时候适时出现了,成了乾隆威慑其他地方督抚的一个典型。

八月十七日,山东按察使和其衷上奏,巡抚准泰委派他去查山东的伪奏稿传抄案,经过一系列的调查,他追查到了原在江南水利效力的州同官贵震。当他把这个结果禀告准泰时,准泰面谕:"此稿既非东省人捏造,止须将传播之人按拟发落,其逆稿来历无庸深求,亦不必具奏。随将奴才(和其衷)原禀当面发还,并将禀内刘恒发与周尚智借自官贵震之语用笔勾抹,饬令转谕沂州府改作刘恒发拾自途中,将刘恒发等拟杖,禀复批结在案。"③准泰的心理不难理解,文字狱的事情能不沾就不沾,沾上了就是麻烦,或者说错话,做错事,或者办理麻烦,不胜其扰,所以干脆就来个简单了事。事情出来,乾隆震怒,立即下令将准泰革职查办。④

---

① 刘文鹏:《盛世背后:乾隆时代的伪稿案研究》,人民出版社 2014 年版,第 12 页注 2。
② 上海书店出版社编:《清代文字狱档》,第 702 页。
③ 上海书店出版社编:《清代文字狱档》之《和其衷奏请密谕两江总督严究逆稿来历折》,第 703—704 页。
④ 上海书店出版社编:《清代文字狱档》之《将准泰革职拿问谕》,第 713 页。

但难以理解的是，同僚为官，作为下级，和其衷为何要出卖准泰？而且他当时也假装同意？因为官贵震住在江宁，案件转往两江总督尹继善，尹继善是清代名臣，也是袁枚和庄有恭乾隆四年参加会试的房师，彼此关系极为密切。① 在指令尹继善查办官贵震时，乾隆警告尹继善："如存隐匿草率了结之见，必于该督是问。尹继善果能遵朕训谕，改向来好名之习与否，将于是案观之。"② 好名之习，大概就是尹继善平日随和容众，做事不偏激，被乾隆视作市恩沽名。

尹继善的调查大出意料之外，他在官贵震家查到了和其衷幕友刘弘谟的书信一封，是寄给官贵震妻舅的，说明官贵震已经涉案，已经密求东家与抚院即和其衷与准泰改为拾自途间，并劝官贵震焚稿灭迹。③ 乾隆在九月十九日又下令将和其衷革职拿问，"和其衷已先受幕友密属，适准泰以无从根究相商，正合其意，遂从轻完结，转向幕友市恩，而准泰之涂抹发还实堕其术而不知，迨事不可掩则专卸过于准泰，设准泰当即欲根究人告，和其衷必且代为求宽矣，其居心阴险谲诈一至于此，罪更浮于准泰。"④ 乾隆的判断是否准确，另当别论。后来两人虽然都开恩没有问罪，但省级大员是不能做了。

有乾隆的严厉训谕，加之准泰、和其衷的前车之鉴，遍及全国的搜查追究伪奏稿案犯的行动大规模铺开。其中的细节无法在此记述，实在太复杂琐碎，大致的情形可以通过乾隆十七年十月十九日一条谕旨了解其概况，"各省办理传抄伪稿本期根究实在来历，逐线追寻，务得首先捏造正犯，以伸国法而惩讹言耳，乃及今一载有余，茫如入海算沙，了无头绪，此皆因各督抚等一切委之属员，惟据详禀供词虚文塞责，并未实心研究实力查办，承办之员往往推卸临境隔省隔属，辗转关查，挨延时日，而其中情伪百出，有挟仇诬扳者，有受嘱开脱者，有畏刑妄承者，甚至教供、串供，附会迁就，株连扰累，不胜其

---

① 钱实甫编：《清代职官年表·会试考官年表》。
② 上海书店出版社编：《清代文字狱档》之《尹继善即速密拿官贵震根究伪稿来历谕》，第714页。
③ 上海书店出版社编：《清代文字狱档》之《尹继善奏拿获官贵震并参加和其衷折》，第732页。
④ 上海书店出版社编：《清代文字狱档》之《将和其衷革职拿问交部审拟谕》，第743—744页。

烦，而正线转迷，首犯尚悠然事外"①。乾隆这个总结还是很准确的，这样的材料可谓比比皆是。但他大概是想不通何以会出现这样的局面，因为他从来不会怀疑自己的正确性，至少在公开表态的时候不会怀疑自己，而是把责任都推给官吏。

接着就转而批评各级官吏："盖政刑所关，不容丝毫假借，伪稿流言乱民风者尚小，而上下相蒙关吏治者甚大，若颟顸了事，以模棱为大度，以蒙混为包荒，政治尚可问耶？若因案情难于根究，遂尔悬搁，嗣后有似此者其得竟付之不问乎，我大清国有此政体乎？督抚身任封疆，膺心膂股肱之寄，办理一二大案尚惟委之属员，不能上紧根追，分忧宣力之谓何？"②

从案发到此时，差不多一年半的时间，在乾隆如此用心追究之下，依然茫无头绪，十六年十二月二十八日一向自信的乾隆除了吓唬、威胁官员，也开始流露出诸如此处"思之良为愧懑"，他处"将谓从王献有可以追寻，兹又无望，殊觉愤懑也"③。十七年八月初二又说："此案淹缠不已，深可愤闷，其悉心研鞫无怠，莫复致辗转终归子虚也。"④最后这个施奕学案，也恰恰是在乾隆压力之下，官员屈打成招的冤案。各省追查伪稿案的奏章纷至沓来，独福建没有消息，乾隆还特意给福建巡抚发了谕旨，大意是，别的省都有，就你们福建没有吗？于是，接下来福建也有伪奏稿流传的奏折。记得在孔飞力《叫魂》一书里，涉及了很多冤案，一些地方官还是让所谓嫌犯先认罪，等皇帝想清楚没那么多罪犯，再平反不迟。伪奏稿案的整个逻辑与叫魂案可谓异曲同工。

朱维铮先生曾经计算过乾隆在此案所费精力："不是说国家元首'日理万机'吗？据我粗数，从乾隆十六年七月至十八年三月，不到六百天，这位皇帝在有关奏折上所作朱批，便有一百五十九则，发布的煌煌上谕，又多达一百三十二道，二者合计，平均每两天皇帝就要劳驾理此一'机'。"⑤刘文鹏

---

① 上海书店出版社编：《清代文字狱档》之《将和其衷革职拿问交部审拟谕》，第900页。
② 上海书店出版社编：《清代文字狱档》之《伪稿首犯杳无下落思之良为愧懑谕》，第900页。
③ 上海书店出版社编：《清代文字狱档》之《尹继善奏从前审案错误现在详审伪稿正线折》，第819页。
④ 上海书店出版社编：《清代文字狱档》之《施奕学不可草草放过谕》，第877页。
⑤ 朱维铮：《重读近代史》，第76页。

通过清史纂修工程的数据库，发现涉及此案的档案有 500 多件，比《清代文字狱档》多出 200 多件。① 这也未必是全数，丢失和有意销毁的档案根本无从得知其准确数目。

这三年里，帝国灾荒不断，据戴逸先生统计，十六年，黄河漫口，河南、山东、陕西、湖南涝，浙江五十四州县旱，等等；十七年，湖北、山东、浙江、广东部分地区涝，陕西、甘肃、陕西共八十七个州县旱，浙江潮灾，黄河下游飞蝗；十八年，黄河漫溢决口，苏皖数十县一派汪洋，陕西、安徽、山东涝，北京、浙江、江西旱，胶东风灾。② 而乾隆痛骂不用心追查伪奏稿案的督抚们，常常是在救灾勘察的过程中被严厉谴责甚至革职下狱交部议。比如，十六年九月初三兆惠奉命调查准泰，"适准泰在张秋查勘河工"③；十七年三月二十一日，乾隆批尹继善"全非实心任事"，尹继善四月初七连发两折，三月十一日"前赴宿州一带会勘河道"，十六日途次又接到伪奏稿案的报告，可见一直在勘察河道的路上奔波。④ 这恐怕也只有尹继善这样的老臣重臣敢偶尔提及，否则在乾隆眼里岂非找借口？

直到最后，越来越多中下级官员、士人乃至中高级官员卷入传阅传抄伪奏稿案，而乾隆一意要找出来的"正犯"却了无踪迹，再株连下去，整个行政系统都将陷入混乱，乾隆才终于停下来，找到两个替死鬼判定就是他们心怀不满写的伪奏稿，扰攘全国近两年的伪奏稿案才算停了下来。金性尧先生《清代笔祸录》中《京报传抄伪稿案》一文认同清廷的结论，只怕还是过于轻信。⑤

乾隆十八年正月二十五日，发布《正犯已得昭告中外谕》："经军机大臣……情竭词穷，始将其（千总卢鲁生、守备刘时达）会商捏造种种奸伪情节并将伪稿条款逐一默写，及其造谋起意、于破案后商同借线掩饰情由一一吐露，矢口不移。……此案若查办之始即行竭力根究，自可早得正犯。……

---

① 刘文鹏：《盛世背后——乾隆时代的伪奏稿案研究·后记》。
② 戴逸：《乾隆帝及其时代》（插图本），第 291 页。
③ 上海书店出版社编：《清代文字狱档》之《兆惠奏派员密拿官贵震情形折》，第 719 页。
④ 上海书店出版社编：《清代文字狱档》之《尹继善奏江西章锦案内究出安庆抄报房武恺折》，第 840 页。
⑤ 金性尧：《清代笔祸录》，香港中华书局 1989 年版。

解任（江西）巡抚鄂昌、巡按使丁廷让、知府戚振鹭俱着革职拿问，交刑部治罪。总督尹继善及派往江西同审之周承勃、高麟勋俱着交部严加议处。……"①至十八年三月初四最终结案，卢鲁生先已凌迟处死，刘时达亦凌迟处死，卢鲁生的两个儿子则是斩立决。

从现有的材料看，庄有恭卷入伪奏稿案是在他受到乾隆的赏识于乾隆十六年八月被提拔为江苏巡抚开始的，九月初八接到廷寄要求办理伪奏稿案，未到任就开始留心查访，并去信咨询两江总督尹继善，于二十二日到任。②但此前江苏的相关案件都是由总督尹继善负责的，所以庄有恭并未真正参与其中，也许这是尹继善和他有意识的分工，尹继善应付皇帝穷追不舍的文字狱，而庄有恭负责日常事务。一直到第二年五月二十七日，乾隆再也无法忍受尹继善非常详细却无法抓到"首犯"线索的奏折，直指尹继善"看来近来大臣办事，有所谓上下和睦、两面见好秘钥，貌为勇往干办、实心任事，以求取信，而阴市私恩，〔沽〕取名誉，以为力能旋乾转坤，此尹继善惯用之长技。……督抚用此术而得利益者何人乎？庄有恭既将提塘陈公寿拿获，亦不据实陈奏，伊非他人可比，若亦趋取巧一路，何以承受朕恩典耶？尹继善、庄有恭俱着传旨申饬"③。看来他有参与，但比较少，还是以尹继善为主。但乾隆洞悉了尹继善虽然调查详细迅速，但实则是想让皇帝陷于细节的大海里知难而退，并认为刚刚蒙恩提拔的庄有恭也接受了尹继善内心的想法，并严加警示，同时还特别强调了自己对于庄有恭特别的恩典，希望他能够有所作为。

乾隆十七年十月初八，皇帝谕旨："此案拖延已久，若再观望诿卸，正线愈迷。外官习气往往一委属员，其取供多不确实，以致辗转延缓，已有旨令尹继善来京会审施奕度案，庄有恭现署督篆，特交承办，非他人可比，自当知所轻重也。"④如此，则尹继善当十月离开江宁，同时庄有恭代理两江总督，说明

---

① 上海书店出版社编：《清代文字狱档》，第942页。
② 上海书店出版社编：《清代文字狱档》之乾隆十六年九月二十六日《庄有恭奏通饬所属密查伪稿等事折》，第755页。
③ 上海书店出版社编：《清代文字狱档》，第853页。
④ 上海书店出版社编：《清代文字狱档》，第900页。

对他有所期待，但此时已经是此案办理的末尾阶段了。乾隆虽然不满尹继善，调回北京有不满的一面，但同时还要他参加会审，则说明他又是这是地方督抚对此案最了解的，不用还不行。

但难以理解的是，随后两三个月，乾隆对庄有恭的指责越来越多，而且非常严厉，明明就是不可能完成的任务，而且已经迁延近两年，乾隆已经无可奈何，何以又这样施压庄有恭？十七年十月二十日《庄有恭速究伪稿确实来由毋徒空言谕》："庄有恭奏陈公寿伪稿来历不容附会，苟且完结。其言是矣，而似不无回护之见，然其是否回护举可不问，惟期明晰确情耳。……如仍存成见，不得确情，则有尹继善、鄂昌之例，在庄有恭所署即尹继善之任，岂尹继善可来京面问质审，庄有恭独不可来京耶？"① 十一月十九日《庄有恭不可生诿卸观望之意谕》："不可因京中有提解人犯，尹继善在京会审，遂生诿卸观望之意，稽延时日，其原承审各官现已来京，即应另派干员该署督董率办理，不可仍蹈从前故辙，鞫讯一委属员，使正线不明，首逆不能即得。倘有此等情弊，必不能逃朕洞鉴，惟庄有恭是问。"② 此时恐怕各省督抚都是如此，乾隆自己也想早早了结此案，哪怕是冤案也要打成铁案，但出于什么原因还要做出如此严厉的姿态呢？

乾隆十八年正月初三，《庄有恭奏审李柱国等及施秉乾自尽缘由折》，正在关押审讯的运粮千总施秉乾因为害怕，夜里自持小刀戳破肚子自寻短见，但未遂。③ 乾隆反应很快，正月初七，《提解各犯应加意看管毋再致疏漏谕》："庄有恭何以竟未严饬防范，折内亦只请将该县议处而已，若置身事外者然，则督抚所司何事耶？庄有恭系新受恩典之人，……乃尚如此玩愒，可谓深负朕恩，姑念其初任封疆，从宽传旨严行申饬，嗣后若不湔除陋习，痛加悛改，则有鄂昌之前车在。……倘或再由疏虞必于庄有恭是问，恐庄有恭亦不能当此重罪

---

① 上海书店出版社编：《清代文字狱档》，第 901 页。
② 上海书店出版社编：《清代文字狱档》，第 903 页。
③ 上海书店出版社编：《清代文字狱档》，第 916—917 页。

也。"① 鄂昌此前已经在江西巡抚任上被革职。② 如此看来，嫌犯自杀已经让乾隆对庄有恭有一些差评，到了丁文彬案，则发觉他在三年前就对文字狱不重视甚至很消极，埋下了此后罚俸的伏笔。不过，相对于那些因为文字狱被罢官甚至像鄂昌那样勒令自杀的，他的境遇还不算差。

庄有恭还经历了其他的文字狱，如乾隆二十年的《秋水诗钞》案等，但都非大案，在此就不罗列了。之所以这样讨论以上两个案子，就是要说明庄有恭无论作为执行者参与文字狱还是因此而受到打击，他的经历和认识都是非常复杂的，作为袁枚亲密的朋友，他们之间不可能不涉及这些问题。

四、"谈深半夜甄长伯"

前面已经提到过，袁枚与庄有恭虽然是贫贱之交，又有同年之谊，但庄有恭在江苏做学政、巡抚时，他嫌庄有恭性格过于平和厚重，庄有恭又觉得袁枚放达，即便住得不远，但很少见面，内心亲近却少有走动，三五年才有书信问候，而且袁枚多因为是旧交直言相劝，庄有恭也毫不生气。另外有些奇怪的是，嗜诗如命又喜为政要做传或神道碑墓志铭的袁枚何以不为庄有恭作悼诗或神道碑墓志铭。但读《袁枚全集新编》，印象却与袁枚此处所说有所不同，两人实则是非常亲密的朋友，除了前面祭文所说，还有可以补充的，以便进一步证明他们彼此间是可以无话不说的朋友，即便是乾隆朝令人恐惧的文字狱，也不例外。

袁枚与庄有恭是年轻时的贫贱之交，根据近年陈正宏先生发现的袁枚早期刊刻的《双柳轩诗文集》③，乾隆七年，袁枚外放县令，作《前怀人十三首》，其中第二首对象即庄有恭："庄公与我贫时交，弟兄次第登仙曹。澄怀园中

---

① 上海书店出版社编：《清代文字狱档》，第919页。
② 上海书店出版社编：《清代文字狱档》之十七年十一月二十二日《鄂昌等着解任候旨谕》，第904页。
③ 袁枚：《双柳轩诗文集》，王英志编纂校点：《袁枚全集新编》第16册。

三百杏，别来不觉秋风高。"① 彼此称兄道弟，而且按照郑幸的说法，怀人诗是按照交情深浅渐次排列的，而庄有恭排在第二位，仅次于裘曰修。② 在《小仓山房诗集》卷十九《送滋圃新参入都二首》之一，袁枚回忆两人年轻时的交往："我送庄新参，谁能为此词？其词多缠绵，卅载心相知。交公诸生日，送公作相时。诸生至宰相，迅若风轮驰。忆昔沈家园，隔花将公窥。也知公必贵，不料贵至斯。其时两少年，结交惟恐迟。明年京兆榜，后年琼林卮。联镳相追逐，直登蓬莱池。"③ 举人同年，进士同年，可见相识之早相知之深。

此后两人命运不同，袁枚外放知县，庄有恭则受到乾隆皇帝的赏识，一路青云直上，在乾隆十三年，即袁枚辞官隐居随园那年，庄有恭被任命为江苏学政，十六年即升任为江苏巡抚，此次任期直到乾隆二十一年。十三年，庄有恭刚任江苏学政第二个月，即约袁枚等几位同年相聚，袁枚有《庄容可少司马督学金陵招饮公廨即席有赠》："满席风寒秋有影，一天霜重雁无声。剧谈只觉怀难尽，已是归来月二更。"④ 现在有幸可以看到庄有恭赠诗四首，《余督学江南，适子才同年乞病卸江宁篆，即席赋赠四首》，其一曰："十载韶华瞥眼过，回头尘梦总南柯。……"其二云："念旧情深老仆同，惊人剧笑舌锋雄。狂奴故态吾犹在，外吏趋庭尔竟工。钟鼓最嫌频促漏，弟兄何事类飞蓬？千金一刻输今夕，星聚从占太史公。"其三云："……弱水急流仙骨异，小仓丛桂宦情非。随园别贮人间世，抱瓮输君早息机。"⑤ 也是兄弟相称，其中还有调侃，也可见得袁枚谈锋之健。十六年除夕，袁枚前往苏州，住在庄有恭巡抚署中，作诗《除夕宿苏州庄抚军署中作》一首："一声鸡唱两年分，旧雨当筵酒正醺。岁尽未消残腊雪，堂高留宿远山云。琼林春老花能忆，官鼓霜清客怕闻。劝我行踪姑小住，明朝元日莫离群。"⑥ 乾隆十八年，袁枚父亲去世，庄有

---

① 袁枚：《双柳轩诗集》，王英志编纂校点：《袁枚全集新编》第16册，第6页。
② 郑幸：《袁枚年谱新编》，上海世纪出版集团2011年版，第123页。
③ 袁枚：《小仓山房诗集》卷19，王英志编纂校点：《袁枚全集新编》第2册，第415页。
④ 袁枚：《小仓山房诗集》卷5，王英志编纂校点：《袁枚全集新编》第1册，第97页。
⑤ 袁枚：《续同人集·投赠类》，王英志编纂校点：《袁枚全集新编》第18册，第26页。
⑥ 袁枚：《小仓山房诗集》卷7，王英志编纂校点：《袁枚全集新编》第1册，第139页。

恭吊唁，袁枚特作《寄庄容可抚军五排一百韵》。①

彼此之间也有不同的意见，但正如袁枚说的，庄有恭"恃旧多规，领而不愠"。其中最典型的是庄有恭在巡抚任上，为了解决财政困难，要求有恶行的人捐款赎罪，当时江苏遇灾，庄有恭要求富人赈灾，这两种措施都遭到袁枚的反对，袁枚《与江苏巡抚庄公书》中对捐款赎罪的反应是，"小罪而大府访之，若曰苦一人以活众人云尔，是杀人以养人也，非政体也。或其人竟有大罪，而以荒政故末减而罚之。若曰宽一人以活众人云尔，是纵奸以养人也，非政体也"。他给出的办法是请朝廷赈灾。后来庄有恭果然因此差点丧命。对于让富人捐助穷人，袁枚坚持认为公权没有权利损害他人的私有财产。这篇文章显示了袁枚作为一个思想家的深度和敏锐。② 而《答滋圃中丞论推命书》则拒绝了庄有恭托他找人帮忙算命，直言"公以抚军之尊，而手书勤勤，求马叟推命。仆心大不喜"。并云："福善祸淫者，天也，求之于命，是无天也。"③ 真正做到了"友直友谅友多闻"的古训。

这些直言规劝丝毫没有影响他们彼此的友谊。当庄有恭乾隆二十七年再次莅任江苏巡抚的时候，恰好他们的恩师尹继善在两江总督任上。乾隆三十年，尹继善即将北上任大学士，师生三人在金陵相聚。袁枚诗《八月二日庄滋圃新参闻相公玉体有吝载酒延候拉枚同往》记述此事："三江元老驰征轮，三吴新参访故人。为载酒尊趋绛帐，仰承师意召同门。十年不到旧山庄，处处亭台换夕阳。笑指芙蓉夸野色，抱将娇女拜平章。八驺先唱花间道，升堂随后柴车到。赤也端章点也狂，夫子难禁莞尔笑。后堂人尽去长安，燕寝香消锦瑟寒。未免离愁成小病，白头闲坐把书看。新参风义高前古，门生也作莱衣舞。只教谐语斗澜翻，不许骊歌唱酸楚。酒杯易尽意难穷，官鼓冬冬漏又终。千秋莫忘今宵宴，一个山人两相公。"④

---

① 袁枚：《小仓山房诗集》卷9，王英志编纂校点：《袁枚全集新编》第2册，第184—186页。
② 袁枚：《小仓山房文集》卷17，王英志编纂校点：《袁枚全集新编》第6册，第318—319页。
③ 袁枚：《小仓山房文集》卷18，王英志编纂校点：《袁枚全集新编》第6册，第348、349页。
④ 袁枚：《小仓山房诗集》卷19，王英志编纂校点：《袁枚全集新编》第2册，第417页。

正好袁、庄两位关于这次相聚的书信留下了，更可见师门兄弟情深。庄有恭《覆同年随园太史书》云："得与尹师治馔之掺掺洁治，一脔领之，当更有余味。如必欲过门大嚼，尚未敢定期，恐快意事不可多得也。明午拟携薄具，就尹师清谈，当先过随园，相拉同往，幸勿他适。己未门生，尚余几个？况夫子门墙，皋、夔多而巢、许少邪？"同时又一封信："珍品之馈，真不愧调羹师高弟。想掺掺女手，操刀时用意经营，更使老饕增羡也。谢谢！七绝赠尹师者，曲高和寡，且征求过急，不受迫促者，只可食言。读至第五首云：'才高涌出笔花春，韵自天然句自新。吟到深夜公自爱，后堂恐有未眠人。'如此顽劣门生，独不畏小子鸣鼓而攻耶？师母闻之，亦当打手心十下。明日拟探师体，复初当相约再叙。"①由此看来，庄有恭也并非如袁枚所说一本正经，而是相当诙谐有趣之人。袁枚《覆庄滋圃新参》答曰："承命明日在家相候，将拉往尹师处，置酒送行。枚初觉两宰相，一山人，鸠凤相参，殊不伦类，意欲辞谢；既而思之，公西华之肥马轻裘，与颜渊之箪食瓢饮，何以同侍孔门之侧，而彼此相忘？其中道妙，必有在富贵贫贱之外者。阁下知之，尹师相知之，枚敢不知哉！谨当扫门驾车，鹄立以候。"②这样持续了二十八年的友谊是可以无话不谈的。在乾隆二十一年袁枚《过苏州赠庄容可大中丞》共有四首，其中之一是特别值得注意的，或可探究在三年前结束的那两场影响庄有恭甚深的文字狱对于这两位好友的冲击。其诗云："朝天闻说返巾车，芳草萋萋梅熟初。旧雨正停青雀舫，新恩刚赐紫泥书。谈深半夜甄长伯，学重明时陆敬舆。宸翰相期何以报？为公一读一唏嘘（赐诗有'速归其善活斯民'之句）。"③《诗二首赠滋圃中丞一介其寿一慰其疾》其一有句："任兼吴越肩原重（公兼管浙中海塘），身历风霜节愈坚。"④值得深思，但唯有第一首的甄长伯和陆敬舆有材料可考。

---

① 袁枚：《续同人集·文类》卷2，王英志编纂校点：《袁枚全集新编》第19册，第317页。
② 袁枚：《小仓山房尺牍》卷2，王英志编纂校点：《袁枚全集新编》第15册，第35页。
③ 袁枚：《小仓山房诗集》卷12，王英志编纂校点：《袁枚全集新编》第2册，第244页。
④ 袁枚：《小仓山房诗集》卷17，王英志编纂校点：《袁枚全集新编》第2册，第380页。

《后汉书·彭宠传》，刘秀称帝后，北上征伐铜马，彭宠自觉功劳很大，但光武帝给的礼遇似乎让他无法满足，光武看出来了，就问幽州牧朱浮怎么看，朱浮回答："前吴汉北发兵时，大王遗宠以所服剑，又倚为北道主人。宠谓至当迎阍握手，交欢并坐。今既不然，所以失望。"又说："王莽为宰衡时，甄丰旦夕入谋议，时人语曰：'夜半客，甄长伯。'及莽篡位后，丰意不平，卒以诛死。"光武大笑，以为不至于此。[①]则甄长伯为甄丰，一起曾经平辈论交打过天下的人往往可以同患难，却难以共富贵。

《汉书·王莽传》记载：

> 初，甄丰、刘歆、王舜为莽腹心，倡导在位，褒扬功德；"安汉"、"宰衡"之号及封莽母、两子、兄子，皆丰等所共谋，而丰、舜、歆亦受其赐，并富贵矣，非复欲令莽居摄也。居摄之萌，出于泉陵侯刘庆、前煇光谢嚣、长安令田终术。莽羽翼已成，意欲称摄。丰等承顺其意，莽辄复封舜、歆两子及丰孙。丰等爵位已盛，心意既满，又实畏汉宗室、天下豪杰。而疏远欲进者，并作符命，莽遂据以即真，舜、歆内惧而已。丰素刚强，莽觉其不说，故徙大阿、右拂、大司空丰，讬符命文，为更始将军，与卖饼儿王盛同列。丰父子默默。时子寻为侍中京兆大尹茂德侯，即作符命，言新室当分陕，立二伯，以丰为右伯，太傅平晏为左伯，如周召故事。莽即从之，拜丰为右伯。当述职西出，未行，寻复作符命，言故汉氏平帝后黄皇室主为寻之妻。莽以诈立，心疑大臣怨谤，欲震威以惧下，因是发怒曰："黄皇室主天下母，此何谓也！"收捕寻。寻亡，丰自杀。寻随方士入华山，岁余捕得，辞连国师公歆子侍中东通灵将、五司马大夫隆威侯棻，棻弟右曹长水校尉伐虏侯泳，大司空邑弟左（阙）〔关〕将军（堂）〔掌〕威侯奇，及歆门人侍中骑都尉丁隆等，牵引公卿党亲列侯以下，死者数百人。寻手理有"天子"字，莽解其臂入视之，曰："此一大

[①]《后汉书·彭宠传》，中华书局1996年版，第503页。

子也，或曰一六子也。六者，戮也。明寻父子当戮死也。"乃流茶于幽州，放寻于三危，殛鲧于羽山，皆驿车载其尸传致云。①

以此看来，袁枚、庄有恭深夜讨论的重点，应该不是甄丰居功自傲，庄有恭乃乾隆提拔不久之人，且毫无背景，不存在这个问题，也不是甄寻的野心勃勃，而是为此株连数百人，这正与乾隆朝屡兴文字大狱动辄无限株连的现实是相符的。以现有材料看，袁枚、庄有恭都是温和、勤政、理性甚至具有某种古代自由观念的儒家士大夫，对于乾隆这样的野蛮手段，能不震颤、畏惧、厌恶以致忧虑？但在皇权强盛之时，也无可奈何，唯有隐晦表达不满，劝勉庄有恭学习唐代陆贽，也即陆敬舆②，竭忠尽智，毕竟"知有忧民病未消"、"得君容易得民难"。③

2019 年 3 月 26 日

（作者单位：华南师范大学历史文化学院）

---

① 《汉书·王莽传》，中华书局 2007 年版，第 4123 页。
② 《旧唐书·陆贽传》，中华书局 2002 年版；《新唐书·陆贽传》，中华书局 2003 年版。
③ 袁枚：《将归白下别庄大中丞》之二、之三，《小仓山房诗集》卷 12，王英志编纂校点：《袁枚全集新编》第 2 册，第 245 页。

柴德赓日记及来往书信中所见之《辛亥革命》署名及稿酬风波

丁 波

20世纪50年代初,中国史学会成立了由徐特立、范文澜、翦伯赞、陈垣、郑振铎、向达、胡绳、吕振羽、华岗、邵循正、白寿彝组成的编委会,着手《中国近代史资料丛刊》的编辑工作,陆续出版了《义和团》、《太平天国》、《回民起义》、《戊戌变法》、《鸦片战争》、《中法战争》、《中日战争》、《辛亥革命》、《捻军》、《洋务运动》、《第二次鸦片战争》、《北洋军阀》12种资料汇编,总计2500万字以上,其中大部分是在1951至1958年期间完成的。

在《中国近代史资料丛刊》中,《辛亥革命》是由柴德赓领衔编纂,编纂组成员有:荣孟源、单士魁、张鸿翔、刘乃和、陈桂英、张次溪,1951年开始启动,1957年全书八册全部出版。在该书的编纂与出版过程中,围绕张次溪的署名及稿酬分配,曾有不小风波,范文澜、陈垣、柴德赓等都牵涉其中。近来因为《柴德赓日记》及《柴德赓来往书信集》整理完成,一些细节逐渐被披露,让我们可以初步还原当时的事态。

一、编纂团队的分工

《辛亥革命》正式出版后,编纂组成员的署名顺序是:柴德赓、荣孟源、单士魁、张鸿翔、刘乃和、陈桂英、张次溪。我们具体分析下这个署名顺序。

署名第一的是柴德赓。柴德赓（1908—1970），1929年考入北平师范大学史学系，受教于陈垣、邓之诚等名师，深得陈垣赏识，为陈垣先生最得意之门生。1936年开始任教于辅仁大学，后担任辅仁大学史学系主任，是《辛亥革命》项目的第一负责人。因为柴德赓担任主编，所以《辛亥革命》编纂任务也就落到辅仁大学史学系，辅仁大学史学系的张鸿翔、刘乃和、陈桂英和张次溪也才得以加入到这个编辑队伍中。

荣孟源是中国科学院近代史研究所工作人员，是范文澜的助手。他要协助范文澜负责《中国近代史资料丛刊》整个项目协调统筹工作，同时还具体承担《太平天国》、《义和团》两个项目的编纂。在《辛亥革命》编纂组中，荣孟源是仅次于柴德赓的核心人物，协助柴德赓对全书进行审定和校对，这在他1956年与柴德赓多封通信中及《柴德赓日记》中有清晰的反映。柴德赓在《辛亥革命》编纂过程中，经常要向范文澜汇报编纂经过，荣孟源一般都要陪同。柴德赓1956年2月6日日记记载："6日上午诣荣孟源、范文澜同志，谈《辛亥革命》编纂经过。范老言《中法战争》编辑出了问题，中有'今上皇帝保大云云'，弄得很被动，已暂停发行，正谋改正中。《辛亥》稿宁可大家看，不要事后为难。遂将稿6册留所。与孟源商定照片等。"荣孟源1956年4月17日致信柴德赓，汇报《辛亥革命》编纂进度："《辛亥》稿，下周即可寄上。兄言汪案删去，弟同意。前因忙于十二年规划，近几天才读《辛亥》稿。恐误了日期，请原谅。"不到一个月，5月13日又致信柴德赓："《辛亥革命》一书，尚未细校。校过几页，特送上请教。"到了8月，荣孟源专门就《辛亥革命》的出版时间及编纂过程中的材料选择、标注形式等具体问题提出了自己的意见。信的最后，荣孟源婉拒了柴德赓希望他能多校对几部书稿的请求，"来示叫弟多校几种，按理不能违命。但因弟目前白日赶编国庆节待印的资料，晚间与星期日校订《太平天国》，时间不太多。当想法挤时间，到月底以前能做多少不敢保证，一切请原谅"。在《辛亥革命》叙言写好之后，柴德赓请刘乃和转陈垣审阅，也发给荣孟源征求意见，为此荣孟源于11月22日专门回复柴德赓："《辛亥革命》稿已校完，谨祝您成功。序文不必寄北京，因弟不在家，等弟到苏面谈如何？"荣孟源自己认为对《辛亥革命》的贡献很少，在柴德赓要给他寄送《辛亥革命》稿酬时，主动表示放弃稿酬，在1958年1月6日致柴德赓的信中，荣孟源提到了此事："示悉。《辛亥革命》精装本早已收到。但至今尚未如命细读。今后当细读。夏间来示言，《辛亥革命》稿费拟分弟一部分，当即回信辞谢。实弟出力不多，且弟有其他原因，不拟接受此款。"荣孟源可能并非谦虚，他当时身兼范文澜的秘书，百事缠身，应该不会有太多精力用在《辛亥革命》编纂上，但也正因为他是作为范文澜的助手参加到这个项目中来，故得以在署名次序上得以排在柴德赓之后、其他人之前。

单士魁是故宫博物院文献部的老人，从20世纪20年代就参与清宫文献的整理，《中国近代史资料丛刊》整理启动后，单士魁承担的项目比较多，除《辛亥革命》外，还承担着《中法战争》、《洋务运动》、《第二次鸦片战争》的编辑任务。就《柴德赓日记》、《柴德赓来往书信集》的相关记载看，单士魁在《辛亥革命》编纂中承担的工作并不突出，有理由猜测，可能是因为他是故宫博物院的工作人员，故列名在荣孟源之后、辅仁大学张鸿翔等人之前。

单士魁之后，张鸿翔、刘乃和、陈桂英和张次溪，都来自辅仁大学史学系，这四个人的署名顺序就值得琢磨了。先看排在最前面的张鸿翔。

张鸿翔（1896—1975），辅仁大学史学系教授。张鸿翔，本科就读于辅仁大学史学系，受到陈垣的赏识。1931年初毕业于辅仁大学史学系，考入北京大学文科研究所国学门史学专业，师从清史大家孟森，1935年获硕士学位。张鸿翔从北京大学毕业后，重新投奔到陈垣门下，在辅仁大学史学系任教。在陈垣先生门下，张鸿翔虽无"辅仁四翰林"之名，但也深得陈垣器重，1946年，张鸿翔与柴德赓同年被聘为教授。张鸿翔长于明史研究，著有《明代各民族人士入仕中原考》、《明代设卫考》等。就资历看，张鸿翔不逊于柴德赓，所以在辅仁大学史学系四人中，张鸿翔自然名列最前，但就具体编辑工作看，张鸿翔并未有太大投入。1957年，当张鸿翔写信给柴德赓质疑稿酬分配比例时，柴德赓在9月21日回信中就毫不犹豫地反驳张鸿翔："弟亦问过次溪兄，彼对兄工作亦仅举至故宫历史博物馆联系，及弟赴湖南时一个月由兄选抄材料而已。此书编辑、校勘、审查、加按语、点句等工作,兄并未多花劳力,此亦事实。"张鸿翔在《辛亥革命》中贡献并不多,因年资高,仍然得以排名考前。

张鸿翔之后就是刘乃和。刘乃和(1918—1998),1939年考入辅仁大学史学系,1943年毕业留校。1947年辅仁大学史学研究所研究生毕业,任辅仁大学史学系助教、讲师。当时,刘乃和的主要工作是担任陈垣的秘书,对辅仁大学史学系工作参与不多。具体到《辛亥革命》的编纂上,刘乃和承担的工作并不多。在她和柴德赓的几封通信中,刘乃和都强调自己的编辑工作并不多。"《辛亥》稿,你费力太多,惜未能一助"(1956年9月8日刘乃和致柴德赓函)。刘乃和在《辛亥革命》编纂工作中承担的最主要工作是在柴德赓和陈垣之间通信员的角色。1956年1月8日,刘乃和在致柴德赓信中就曾转达陈垣的关注:"校长听您信里说《辛亥革命》已印出,很高兴,急欲一看,您何时能寄来,最好早些。"1957年2月10日,刘乃和致柴德赓信:"昨得来函,并《辛亥革命》叙言。老师已看过,无甚意见。"

陈桂英,1941年入辅仁大学史学系,1945年入辅仁大学史学研究所,是辅仁大学史学系教师。陈桂英相对资历较浅,她承担着编辑团队中大量行政事务。在编辑经费发放上,柴德赓和陈桂英的分工也很明确,因为中国史学会和出版社是将经费直接打到柴德赓个人账户上,所有资金发放由柴德赓负责,柴德赓身兼出纳一职,而记账等会计事务由陈桂英负责。柴德赓在"三反运动"检查材料中对此有明确的交代:"《辛亥革命》资料的抄书费,我单纯看作应用来抄书,我就没有把钱存银行时用本书编辑委员会名义存银行,陆续用来,随时由我手中存着,只是付账请助教先生经手记数。"材料中提到的助教就是陈桂英,陈桂英承担着《辛亥革命》编纂工作中很多具体的事务性工作。

在《辛亥革命》一书中署名最后的是张次溪。张次溪(1909—1968),著名的北京史专家、戏曲史专家、方志学家,一生有240种著述,最有影响的就是《清代燕都梨园史料》、《清代燕都梨园史料续编》、《北平史迹丛书》、《燕都风土丛书》、《中国史迹风土丛书》等。与张鸿翔、刘乃和、陈桂英等相比,张次溪入辅仁大学比较晚。就笔者现在掌握的资料看,张次溪是1950年年初进入到辅仁大学。

张次溪入辅仁大学时间不长，但在《辛亥革命》编纂团队中，只有他是主要从事《辛亥革命》编纂工作，张鸿翔、刘乃和、陈桂英都是兼职从事《辛亥革命》编纂。1952年2月5日，北京师范大学尹敬坊在给柴德赓提意见时曾指出："比如，《辛亥革命》编辑而论，张次溪先生一开始编，我建议开一编辑委员会。柴先生一直没有组织。"1952年2月10日，北师大艾敬超给柴德赓提的意见中也提到了《辛亥革命》和张次溪："研究所的成立，以编《辛亥革命》史为目的，编书是不是负责。张次溪先生他为个人服务，不为学校服务，小米多少，核定经费大部分买辛亥史料，既是保存史料，为什么不普遍买近代史参考资料。我们系好的教授不多，靠自学。上学期考试，考西洋史，想买王易今《古代（世界）史》，就买不到。荣孟源先生要我们做太平天国报告，而我校太平天国书少。编书仗张次溪先生，他的著作有问题，《光明日报》上已登过，柴先生是否看到。史料中有反动言论，歌颂蒋介石。将来发行，全国受害。现在我们盲目地抄，抄书费不应时付。工作作风要批判。"尹敬坊和艾敬超都是北师大历史系教师，对《辛亥革命》编辑情况都有了解，从他们对柴德赓的批评材料看，当时历史系都知道《辛亥革命》编辑团队中张次溪负责最多，而且与柴德赓、张鸿翔、刘乃和、陈桂英不同，张次溪是资料室工作人员，《辛亥革命》编纂工作启动后，因为《辛亥革命》本身就是一个资料整理和编辑工作，他承担的自然比其他人要多一些。

因为只有张次溪一人是主要从事《辛亥革命》编纂，一些时候，《辛亥革命》编纂校对工作分配都会出现相互推诿的状况。在刘乃和1956年1月20日致柴德赓的信中，刘乃和就曾抱怨张鸿翔、陈桂英不接受任务："《辛亥》稿，张（次溪）在十七日晚七时送呈校长宅，他说刚刚接到，并已交陈桂英一本，陈正忙考试，恐没时间校。想给我留下一部分，我说最近三天内无时间，三天后尚可，他说二十日就应寄还给您，我想来不及，就没有留下。他说他去张大哥（张鸿翔）处，恐张也不能校，我说那就请他多看看，他说他自己看过了。大约也并未细校对，我告他晚一二日无关，但既校就要认真校对。"因为张次溪专职负责编纂《辛亥革命》，所以很少参加北师大历史系的活动。除了针对张次溪个人的批斗，张次溪从未出席历史系其他人的批评会，张似乎与历史系其他人处于隔绝状态。这在柴德赓被批斗材料中也有反映，1958年6月18日，柴德赓被批斗时，一个罪状就是照顾张次溪。"《辛亥革命》，张次溪从未做过系里的事，抄写费中国史学会付，稿费大家分。"张次溪拿着历史系的工资，不为历史系服务，同时还能拿中国史学会抄书费和出版社稿费，这成为柴德赓照顾张次溪的一项罪状。

张次溪在《辛亥革命》编辑过程中，出力甚多。《辛亥革命》第八册所附之"征引书目与参考书目"，署名是柴德赓、张次溪。该书目并非简单列举书名，而是有扼要精彩的内容概括，是解题式的书目，这很见功力（此条材料系朱洪斌教授审稿时提出，特此致谢）。而且为了做好《辛亥革命》的编辑工作，张次溪广泛发动学术界朋友提供信息，1951年12月11日，顾颉刚复信张次溪，因为单位图书馆资料在整理中，无法给他提供相关资料。查阅这一时期张次溪的编书工作，并无大的项目开展，由此可推，虽然顾颉刚回信中并未明确指出张次溪请他搜寻的那些史料，但是从张次溪曾就《辛亥革命》编辑工作向老友顾颉刚求助，可见其对这项工作之投入。张次溪在《辛亥革命》编辑中出力甚多，因为"历史比较糟糕"，署名都成为大问题。

二、张次溪署名问题

张次溪糟糕的历史，要从其父张篁溪说起。张篁溪是广东东莞人，曾在万木草堂随康有为、梁启超学习，后作为第一批留日学生赴日学习法政。中华民国成立之后，张篁溪一度在司法部供职，并担任清史馆名誉协修。作为学界名流，张篁溪最被人称道的是为东莞同乡袁崇焕建庙和重修袁崇焕祠。张篁溪表彰袁崇焕的义举赢得东莞同乡广泛支持，他建在袁崇焕庙边上的"张园"成为北平广东籍，特别是东莞籍名流如伦明、容庚、陈垣等经常聚会之地。作为同乡，张篁溪推崇袁崇焕无可厚非，但他在袁世凯复辟帝制时，帮助袁世凯纂改史实，编造袁世凯为袁崇焕之后，遂成为其一生之污点。

张次溪亲身经历了袁世凯追祖袁崇焕的闹剧，日寇沦陷北京之后，张次溪不顾气节，攀附日伪政权，编纂为汪精卫歌功颂德的《汪精卫先生行实录》。在汪精卫的帮助下，张次溪出任了伪淮海省教育厅长，成了地道的"汉奸"。新中国成立后，张次溪"机智地摆脱历史侦查"（陈晓维：《流水斜阳张次溪》，《上海书评》2017年1月2日），入华北革命大学学习，并编纂了《李大钊传》，以此表明自己是革命人士。

1950年由陈垣介绍，张次溪得以入辅仁大学。陈垣能接纳张次溪，应该与陈垣与张次溪之父张篁溪的交谊有关，张篁溪的"张园"曾是广东籍名流经常聚会之地，陈垣与伦明、容庚等经常出入于此，与张篁溪关系自然不浅。张次溪落难，来投奔陈垣，陈垣接纳张次溪入自己担任校长的辅仁大学，也是情理之中的事情。张次溪入辅仁大学，应该是1950年3月初的事情。《柴德赓日记》1950年3月7日："援师来，谈及牟润孙、鹿健实，为之慨然。张次溪撰《李大钊传》，登载《四十年来之北京》上。予记张次溪为汪精卫作传，阿谀不堪入目，印象甚深。孔子不云乎，今吾于人也，听其言而观其行。"从柴德赓对张次溪政治投机的评价看，虽然张次溪是恩师陈垣介绍入校，柴德赓本人对张次溪并无好感。

张次溪到辅仁大学后，并未立刻被分到史学系。据《柴德赓日记》，张次溪到史学系工作，应该是1951年2月2日，柴德赓当日这样写道："写计划，编书工作，张次溪来系。"从时间上看，张次溪这个时间被分配到史学系历史研究室，应该就是要承担《辛亥革命》的编辑工作。张次溪到史学系历史研究室不久，3月15日，柴德赓就找张谈了工作，当日日记这样记载："到历史研究室与张次溪谈工作。"两人谈的应该是《辛亥革命》编辑问题。没过多久，1951年8月5日，柴德赓与范文澜在讨论《辛亥革命》编纂时，就提到了张次溪。"与范文澜先生同车至其寓，谈《辛亥革命》编纂问题。范嘱予张次溪历史太糟，将来署名不可列入。"范文澜同意张次溪进入《辛亥革命》编辑团队，但不同意张次溪署名。

范文澜的意见，柴德赓并未立刻告知张次溪，继续给张次溪安排《辛亥革命》的编纂业务，据《柴德赓日记》，三个月后，柴德赓专门找了张次溪，谈《辛亥革命》编辑事情，"1951年11月9日，找张次溪谈编书"。其间，柴德赓似乎也向北师大历史系和陈垣处征求意见，询问是否给张次溪署名。1956年1月20日，刘乃和在给柴德赓的信中就说："今日得十七日来书，关于'辛亥革命'事，正好得信的下午就见到王主任（王文枢），和他谈起张次溪事，他说张尚未作结论，不过工作上联系还可以照常，如此说来，您寄给他还是可以的，因恐您最近就要寄下面的稿，故急写信给您，仍可照寄。关于此书署名问题，尚未谈到，今信暂时不复，有消息再告您。"直到1956年《辛亥革命》编纂工作即将完成之际，柴德赓才正式找张次溪，通知他不能在《辛亥革命》署名，《柴德赓日记》（1956年2月8日）："午张次溪来与谈不能列名辛亥革命的决定，预款50元，为其度岁之资。"柴德赓做得很有策略，告知张次溪不能署名，但考虑张次溪家庭困难，还给他预付款50元作为生活费。柴德赓在日记中并未透露张次溪知道不能署名的反应。但张次溪显然不能接受不能署名的事实，他很快就开始积极争取署名权。

张次溪为了争取能在《辛亥革命》署名，首先就向陈垣求援。刘乃和对此事有比较完整的介绍："关于张（次溪）在《辛亥革命》列名问题，张也去找校长，请'主持公道'，也曾给'总长'写信，'总长'见着时，曾为之'请命'。张的问题，听说已给结论，张自己说曾为此事，问过领导肃反的同志，据云此事是业余的工作，他们不便表示意见（是否您应直接请示）。张又曾托过张大哥（张鸿翔）为之围说。大哥这次大为积极，三次来见老师，前二次皆未见到，第三次说应当列名。校长的意见（没有和别人说，只让我告您）说如果范老同意也可以列上，您看如何，请速告我。"这是刘乃和1956年5月20日写给柴德赓的信，距离柴德赓正式告知张次溪不能在《辛亥革命》上署名已经三个月。刘乃和的这封信，信息量很大。张次溪自己找陈垣主持公道，还给"总长"写信，"总长"见到陈垣，还真替张次溪"请命"。刘乃和信中的"总长"，很有可能就是北师大教务长金永龄。之后，张次溪又找到同是《辛亥革命》编纂组的张鸿翔，请他在陈垣面前替自己争取。张鸿翔为此三次去拜访陈垣。张次溪的密集工作似乎很有效果，陈垣通过刘乃和指示柴德赓，让柴德赓再次征询范文澜的意见，范文澜同意的话，就要给张次溪署名。

陈垣的意见，起了决定性作用。此后，在《柴德赓日记》和柴德赓来往书信中，关于张次溪是否署名的争论就没有再出现，在《辛亥革命》1957年7月正式出版后，张次溪也出现在署名中，只是名列最后。我们推测，柴德赓接到陈垣的指示后，去找过范文澜，把陈垣的意见告诉了范文澜，范文澜不好驳陈垣的面子，最终同意让张次溪署名。

三、稿酬分配风波

张次溪的署名问题解决了，稿酬分配问题接踵而来。而最先对稿酬分配发难的是张鸿翔。

在辅仁大学史学系参加《辛亥革命》编纂的五个人中，张鸿翔的资历最老，柴德赓都要对他礼让三分。柴德赓在制定稿酬分配方案时，采取的是按劳分配的原则，刘乃和与柴德赓的通信中提到了"按劳分配"："在辛亥资料工作的过程中，究竟谁工作得多，我一些也不知道。您信中所说分配办法，谈到'本按劳取酬原则'，想来是尽情尽理的分配。"在这个原则之下，参加者的稿酬比例大概的情况是：柴德赓40%，张次溪20%，荣孟源、单士魁、张鸿翔、刘乃和、陈桂英各是8%。对于这个分配比例，荣孟源、单士魁、刘乃和、陈桂英、张次溪都无意见，荣孟源还曾表示"受之有愧"，刘乃和也曾在与柴德赓书信中表示，"我的意见是：在实事求是、合情合理的情况下，我宁可少些，以免今后长期为人口舌（因为不只印一次）。切不可，我也极不愿为此区区阿堵，又惹来冷语闲言也。吾师当能谅察，幸再深思"。

张鸿翔因为资历较老，虽然在《辛亥革命》编纂过程中出力不多，但仍得以署名中名列第四，他对于自己只能取得8%的稿酬不满，认为应该得10%，与陈桂英等人有区分。张鸿翔的不满公开后，柴德赓远在苏州，他试图让陈桂英去说服张鸿翔。陈桂英似乎很忌惮张鸿翔，在给柴德赓的回信中，将皮球又踢给了柴德赓：

> 关于稿酬问题，我完全同意按劳取酬的原则，也完全尊重和服从大家的意见，至于每个人究竟付出劳动、花费多少精力，老师当然心中有数、全部掌握，所以怎样按劳付酬的问题是不难解决的。张先生提出的方案您可考虑，他的意见似乎是说，他付出的劳动很多。当然所谓多少是只有在互相比较下才能看出。但是究竟谁比谁多多少，各人恐难了解全部，张先生到底付出多少劳动，我不了解，老师则完全掌握，所以您说让我去找他谈谈，我觉得很难谈，也不会有什么结果，因此我没找他去。而且，我又是他的学生，既便找他谈谈，恐怕他对我的意见也不会"认真"考虑，因为根据张先生的理论"对学生不必太认真"。总之，对这个小问题的如何处理，我没有意见，老师掌握全部情况，究竟怎样按劳取酬还是请您考虑吧！

陈桂英首先表明赞同柴德赓按劳取酬的分配原则，同时强调编纂组成员的工作量情况只有柴德赓完全掌握，因此怎么分配，柴德赓最有发言权。

陈桂英给柴德赓回信的日期是1957年8月28日，没过多久，9月9日刘乃和致信柴德赓也提到了张鸿翔争稿酬的事情："关于稿费事，有人争，有人催，看来真是重要，经手钱财，最易惹是非也。这种工作，劳动多少，很难称斤称两，也无法在天平衡量，不像计件活计，作了多少一看便知。这事情看来搬来会客单先生亦难煞评断人也。我自己的，我无丝毫意见。我看张大哥的既然如此提出，倒真可以'不要太认真'了，免得又多一蒂芥，不知他已回信否？"刘乃和劝柴德赓不能太认真，避免和张鸿翔产生新的矛盾，这也暗示，张鸿翔对柴德赓的不满是由来已久。

刘乃和的意见似乎并未影响柴德赓。过了十几天，9月21日，柴德赓就直接给张鸿翔去信，就稿酬分配事，做了全面说明："《辛亥》书酬分配，只有按劳取酬，方称公允。兄来书肯定自己当得百分之十，谓对陈、刘、荣等工作不了解，无从提意见。既不了解别人工作，则比例何自而得？弟第二次方案，已尊重兄意见，提至百分之八，相当于故宫两位同志工作，亦等于桂英同志收入，自信并无轩轾于其间。弟亦问过次溪兄，彼对兄工作亦仅举至故宫历史博物馆联系，及弟赴湖南时一个月由兄选抄材料而已。此书编辑、校勘、审查、加按语、点句等工作，兄并未多花劳力，此亦事实。弟前此与单兄书中所提数字，另征求意见，并非决定。当时大致估计，尚未按劳细算，亦未通知吾兄，何得据为定论？又兄所提议利用《中法》、《中日》诸书，情况我亦深知，但各书编辑具体情况不一样，书的编法亦不一样，未可移彼例此。弟意稿酬多少可以商量，然劳力多少必须分明。弟工作如何，请兄细阅全书。此书尚须修订，如修订时，兄能多出力量，重印时分配尚可调整。弟意见得百分之八与桂英一样也是妥当的。稿费争取国庆前分配了，次溪负债多，不宜再拖。弟为此事甚焦急。究竟尊意如何，盼即函复，以便最后决定。"信的最后，柴德赓以张次溪负债多为由，希望张鸿翔尽快确定意见，由此也可推测因为张鸿翔对分配比例不满，稿酬一直未能分配。

柴德赓的最后通牒似乎很有效，没过多久，《辛亥革命》的稿酬就开始发放，刘乃和在大概10月初就拿到稿酬，她在1957年12月20日给柴德赓的信中说："很早（十月初）寄来《辛亥》稿费五一三、二四元已收到。《辛亥》精装一部，亦已收到。"荣孟源拿到稿酬可能稍晚一些，他在1958年1月6日给柴德赓信中说："今忽接到伍佰壹拾贰元伍毛贰分稿费（连寄费为伍佰壹拾叁元贰毛肆分）。即表示言'编辑诸君往返函商，已经分配'。弟即照收，但受之有愧。"信中提到"编辑诸君往返函商，已经分配"，也说明稿酬分配方案最终是函商取得一致。

虽然有风波，稿酬最终也分配下去，但柴德赓未料到，上海人民出版社1961年决定重印《辛亥革命》，署名和稿酬风波又起，这次发难的是张次溪。

1961年上半年，上海人民出版社通知柴德赓，《辛亥革命》要重印，征求修订意见。本书第一版张次溪做的工作最多，重印修订，柴德赓首先想到修订人选就是张次溪。从《柴德赓日记》、《柴德赓来往书信集》中有限的材料可以看到，接到出版社修订再版的任务后，柴德赓与张次溪往来通信立刻密集起来：

1.1961年7月得张次溪挂号信。

2.1961年9月2日发函张次溪。

3.1961年9月7日，张次溪寄一挂号信，毫无校对意见，我知其校过否耶。

4.1961年9月23日，发张次溪函。

5.1961年10月31日，惟张次溪来信索稿费，谓一九六一年九月版《辛亥革命》丛刊已出，余并无所闻，何也？

6.1961年12月20日，复张次溪一函。

在1961年7月到12月之间，张次溪与柴德赓往来通信不下6次。柴德赓与张次溪之间除了《辛亥革命》编校问题，无共同语言，加之柴德赓鄙视张次溪的政治投机，这6封通信应该都与《辛亥革命》的修订有关。而且，张次溪似乎对如何修订也提出了一些意见。在1961年8月8日荣孟源给柴德赓的信中，荣孟源建议柴德赓在《辛亥革命》修订再版时不要接受张次溪增补的建议，柴德赓在日记中记到："与余意同。"这间接说明，张次溪在重印时是修订工作主要承担者。柴德赓不接受张次溪增补的意见，但对于张次溪没有提出具体的校对修订意见，却十分不满，他在日记中写道："张次溪寄一挂号信，毫无校对意见，我知其校过否耶？"这从另一侧面也说明，此次修订再版，柴德赓很倚重张次溪。

张次溪在《辛亥革命》修订再版过程中出力甚多，加之生活困难，自然对修订再版的稿费抱有厚望。在《辛亥革命》重印后不久，张次溪就给柴德赓写信，催要稿费。《柴德赓日记》1961年10月31日记载了此事："惟张次溪来信索稿费，谓一九六一年九月版《辛亥革命》丛刊已出，余并无所闻，何也？"张次溪因为关注稿费，在看到1961年9月版《辛亥革命》已经出版的消息后，立即向柴德赓去信函询，柴德赓自己反而是从张次溪这里知道书已出版的信息。接张次溪索要稿费的信之后，柴德赓很快就致信上海人民出版社，询问稿费事，"（1961年11月9日）致上海人民出版社一书，转去张次溪函，问第三版已否印行"。上海人民出版社一个月后回复了柴德赓："1961年12月2日，上海人民出版社来信，言本年5月1日起，已付稿酬之书，非经修改，概不付酬，可以复张次溪矣。"得到上海人民出版社的回信，柴德赓立即给张次溪回信，告知其原委，"（1961年12月20日）复张次溪一函"。柴德赓本以为这样答复之后，事情就算平息了，结果事与愿违，过了一年半，张次溪之女就开始写信为其父讨说法。

关于张次溪之女代父维权，刘乃和与柴德赓的通信中原原本本记载了经过：

> 兹有一事，学校最近收到张次溪之女一信，来了解《辛亥革命》编辑事，谓该书原为其父主要编写，为您篡夺，您并找了些熟人以校稿为名，添上了名字，分了稿费，大部分稿费为您一人所得，他父亲只分得百分[之]二十，还是由当时系主任王某（王文枢）说情才给的，并说书上未有其父名。书上有其父名，我已反映，但稿费支付比例，我不清楚，我只说署名七人，他如得百分之二十，恐不能算少。现在要知道这书编辑时工作分配情况，署名有谁无谁的商量经过，稿费共几次，几次的分配情况，稿费具体分数的总数及每人得的分数。这些不知您有账没有？还有现在该书版权的情况。均请一并详细告知，最好另附一清单，以便交组织上。听说学校俟知道详细情况后，由学校回她一信。
>
> 据说她信上说，因她父作过汉奸事，所以对他不公平，又说现她父贫病交加，所以想把这款弄清楚。她的信，我没看到，具体措辞不知。
>
> 这事真气人，但只要我们有具体材料，就可判断清楚是否亏待了他。记得稿费来时，我曾声明不要，我就知道这些人不好办。果然多年后，又有了问题，看来共事非人，也真是值得教训的。这事暂时保密，不然又会生新的枝节。小妹处万不可告（柴令文与张次溪之女同校任教）。

刘乃和这封信是 1963 年 9 月 23 日写给柴德赓的，从信中内容看，张次溪之女争两件事：第一，书未给张次溪署名；第二，张次溪贡献最大，分到的稿酬少。刘乃和信中说得很清楚，署名是张次溪之女没弄清楚。关于稿费，刘乃和把自己的稿酬比例和张次溪稿酬比例对比后，觉得张次溪拿得并不少。刘乃和的分析很准确，所以可以猜测，柴德赓看到这封信应该不会有太大的震动。这里有意思的事情是，柴德赓的女儿柴令文与张次溪之女在同一单位工作，故刘乃和特意嘱咐柴德赓不要将具体情况告诉柴令文，担心消息泄漏。

柴德赓按刘乃和的意见准备了相关材料，并寄给了刘乃和，刘乃和将相关材料转给了北师大人事处，并将了解到的最新情况向柴德赓做了反馈：

<blockquote>
为张某寄来的材料，已交给人事处，是由小娟同志管，前几天我曾去见到她，她告诉我，材料很有用处。原来她（张女）是写给周总理的信告的，原信我已看过，除这事外，还有告学校的，全信措辞恶劣，事实也不尽妥。小娟告我她因年终事多，尚未复信，复信后，材料仍拟留在她手里一个时期，她说以她的经验，将来总理办公室还会来调查的，那时也还要用您的材料核对，她说她负责决丢不了，我已答应她了。
</blockquote>

刘乃和在回信中特意提到，张次溪之女此次告状，不只稿费和署名的问题，还有告学校的。张次溪之所以要告北师大，这与张次溪生病之后离开学校有关。张次溪因半身不遂，1957 年离开北师大，赋闲在家，后多靠容庚等好友帮他介绍，先后为广东省博物馆、北京市文管处撰写广东和北京地方史多种，以此维持生活。1963 年 5 月，张次溪脑溢血复发，病情加剧，生活更加拮据。在这种背景下，张次溪之女开始为父维权，而她所主张的《辛亥革命》的稿费，柴德赓并无克扣，而且事实上也给予了照顾，所以她的申诉自然无果。张次溪生活之困苦，引起了老友顾颉刚的关注，据《顾颉刚日记》1959 年 7 月 12 日载："又闻（容）希白言，张次溪为白寿彝所裁，生活大成问题。寿彝独不记从前困厄时耶？"容庚把张次溪被北师大裁员，归罪到白寿彝，不

知何据。然而，在那样一个时代背景下，有着糟糕历史的张次溪，即使没有被北师大除名，也不会有更好的境遇，此事最终亦不了了之。

根据我们所能掌握的史料，局部还原新中国成立初期史学界发生的种种过往，一方面能让我们更加真实地抵达历史现场，另一方面也能让我们观察政治运动对于史学的影响，这对于我们整体把握20世纪以来中国史学的发展有重要的参考价值。

（作者单位：商务印书馆）

柴德赓与陈乃乾往来函札二通考释

孔令通

柴德赓（1908—1970），字青峰，浙江诸暨人，著名史学家。早年受教于蔡东藩先生，十分喜好史学。1929年7月，柴德赓北上，考入北平师范大学史学系。而这一年夏天，恰好陈垣先生被聘为北平师范大学史学系主任，师生缘分，冥若天定。大学毕业后，柴德赓先是在中学任教，后来进入高校，曾先后任教于辅仁大学、白沙国立女子师范学院、北京师范大学、江苏师范学院（今苏州大学）。由于长期在恩师陈垣身边学习和工作，柴德赓深得陈垣学术真传，文献功底深厚，考据精深，成绩卓著。与启功、周祖谟、余逊并称"陈门四翰林"。著有《史学丛考》、《史籍举要》、《资治通鉴介绍》、《清代学术史讲义》等作。

陈乃乾（1896—1971），名乾，字乃乾，后以字行，浙江海宁人。早年就读于东吴大学国文科，毕业后来到上海滩，先后在进步书局编译所、中华书局编辑所、南洋中学、中国书店、大通书局等处任职。抗战胜利后，经友人相助，进入上海通志馆任闲职。上海解放后，通志馆改为上海文献研究会，陈乃乾仍旧在此任职。1956年调赴北京，任古籍出版社编辑，此年，转入中华书局任编辑。在中华书局工作期间，陈乃乾先后参与影印、编辑了《永乐大典》、《册府元龟》、《四库全书总目》、《全上古三代秦汉三国六朝文》等大型古籍，并负责点校《三国志》。编著有《清代碑传文通检》、《室名别号索引》、

《清名家词》等。①

2018年夏，商务印书馆出版了柴念东编注的《柴德赓来往书信集》，收有柴德赓与陈乃乾往来函札二通。同年9月，《陈乃乾日记》由虞坤林整理，中华书局印行。这些新公布的材料，为我们了解柴德赓与陈乃乾的交游提供了难得的史料。缘此，我们对收入《柴德赓来往书信集》中的柴陈两先生往来函札二通，略作考释如下。

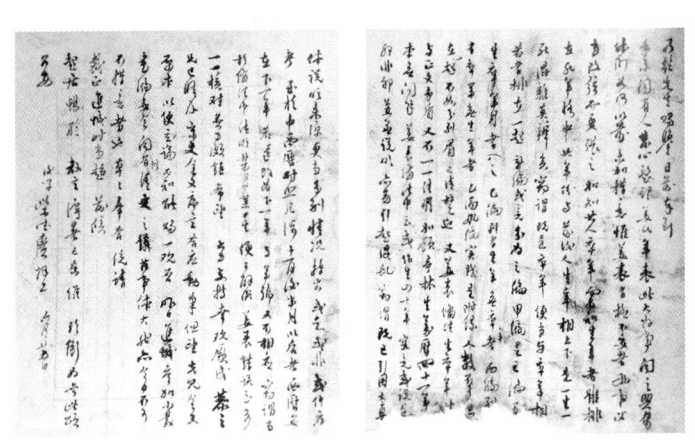

一

柴德赓致陈乃乾函

乃乾先生赐鉴：

日前奉到手示，闻有人发心整理《姜氏年表》，此大好事，闻之兴奋。体例如何，以前未加措意，惟《姜表》有极不妥者两事必当改弦而更张之。如知其人卒年而不知生年者，虽排在死年格中，其年份与前后人生年相上下，是一生一死混杂莫辨矣。窃谓既是卒年，便当与卒年相若者排在一起，新编或竟分为之编。甲编是正编，有生卒年月者入之，乙编列有生年无卒者，丙编列有卒年无生年者。乙、丙两编实际是附录，人数不

---

① 详参俞筱尧：《陈乃乾与古籍整理》，《出版史料》2004年第1期。

多，混在一起，不如分列眉目清楚也。又《姜表》备注生卒年时，与正文矛盾，又不一一注明。如顾亭林生万历四十一年，本无问题，《姜表》备注中云，或作生四十年。究竟或说是邪非邪，并无说明，亦易引起混乱。窃谓既已引用，当具体说明来源，更当分别情况，指出或是或非，或作参考。至于中西历对照，凡涉十一月后半月以后者，西历多在下一年，若迳改为下一年，与年号又不相应，窃谓当于备注中注明某月某日生，便可解决。《姜表》错误至多，一一核对，费力颇巨，希望大力支持，幸观厥成。恭三兄已晤及，《宋史全文》序言答应动笔，但望先见《全文》原本，以便立论，不知能赐一观否？昨日进城，参加小丛书编委会，闻有修清史之议，兹事体大，然亦今日不可不措意者也。草草奉答，统请裁正。进城时当趋前候起居，畅聆教言。溽暑已届，惟珍卫为荷。此颂
台安

后学柴德赓拜上　六月廿五日①

按：2015年6月28日，中国嘉德国际拍卖有限公司举办了"共读楼存札——陈乃乾友朋书信"拍卖专场，中有吴梅、柳亚子、马君武、夏承焘、叶恭绰、郭绍虞等信札。这封柴德赓写给陈乃乾的信札，即首见于这一拍场。《柴德赓来往书信集》所收此函，即编注者柴念东先生据嘉德拍卖所公布的信札照片整理而成，并将此函写作日期定为1963年6月25日。

从此信一开头的"日前奉到手示，闻有人发心整理《姜氏年表》"，可知这封信是柴德赓收到陈乃乾来信后，于是写了这封回信。陈乃乾的来信，今已不可见，或许尚存于天壤间，亦未可知。陈乃乾来信中提到了有人要整理《姜氏年表》，指的是姜亮夫的《历代人物年里碑传综表》。姜亮夫（1902—1995），名寅清，字亮夫，后以字行，云南昭通人。著名楚辞学家、敦煌学家。早年就读于成都高等师范学校（今四川大学），师从蜀中宿儒林山腴、龚

---

① 柴念东编注：《柴德赓来往书信集》，商务印书馆2018年版，第146—147页。

向农、廖季平等，后考入赫赫有名的清华国学研究院，师从王国维、陈寅恪、赵元任、梁启超诸大师。毕业后，先是在中学任教，后历任大夏大学、暨南大学、复旦大学、河南大学、云南大学等校教授。1953年来到杭州，任教于浙江师范学院（后改名杭州大学，杭州大学后又并入浙江大学），遂终老于江南。著作有《楚辞通故》、《楚辞书目五种》、《重订屈原赋校注》、《瀛涯敦煌韵辑》等。《历代人物年里碑传综表》原名《历代名人年里碑传总表》，《历代名人年里碑传总表》1937年由上海商务印书馆出版，分《名人表》、《帝王表》、《高僧表》三种，并附有《名人姓氏四角号码索引》、《名人姓氏笔画索引》，甚便检索，是一部极为有用的文史工具书。由于种种原因，姜亮夫此书也存在着诸多不足。姜亮夫先生自己也坦然承认"其错误极多！我觉得十多年来对读者深感歉咎"①。正是因为存在诸多失误，书出版后十多年间，姜亮夫在妻子陶秋英的帮助下，搜集资料、排比、校雠、检书、审核，"在原书的基础上：一、订正错误，补充脱略，删汰芜杂。二、新增材料"。经过这一番整理修订工作后，改名为《历代人物年里碑传综表》，由中华书局于1959年印行，署名为姜亮夫纂定，陶秋英校。或许有人会问，何以知道柴德赓函中《姜氏年表》指的是《历代人物年里碑传综表》，而非《历代名人年里碑传总表》？根据是柴先生函中所云："又《姜表》备注生卒年时，与正文矛盾，又不一一注明。如顾亭林生万历四十一年，本无问题，《姜表》备注中云，或作生四十年。究竟或说是邪非邪，并无说明，亦易引起混乱。"经检阅姜氏这两部书"顾炎武"条，《历代名人年里碑传总表》备注仅云："碑传集一百三十。"②而《历代人物年里碑传综表》备注云："碑传集卷一百三十。或作生四十年。全祖望亭林先生神道表。张穆顾亭林年谱。金吴泳顾亭林先生年谱。"③

柴德赓先生对于学问一事，向来严谨。和其恩师陈垣，"师生之间讨论学

---

① 姜亮夫：《订补历代人物年里碑传综表序例》，载姜亮夫纂定，陶秋英校：《历代人物年里碑传综表》，中华书局1959年版。
② 姜亮夫撰：《历代名人年里碑传总表》，商务印书馆1937年版，第345页。
③ 姜亮夫纂定，陶秋英校：《历代人物年里碑传综表》，第504页。

问,有时到深夜。一个问题,双方有不同意见时,经常争得面红耳赤,最后只好以书为证。于是两人提着马灯,拿起小凳,到书库去查书讨论。解决问题,乐在其中"①。正因为柴先生对待学问一丝不苟,唯以真理为上。故闻知《历代人物年里碑传综表》有人要整理时,除了表达兴奋之情,也谈到了自己在使用此书时所发现的问题,希望能对这次整理工作有所参考。即信中所云:"体例如何,以前未加措意,惟《姜表》有极不妥者两事必当改弦而更张之。如知其人卒年而不知生年者,虽排在死年格中,其年份与前后人生年相上下,是一生一死混杂莫辨矣。窃谓既是卒年,便当与卒年相若者排在一起,新编或竟分为之编。甲编是正编,有生卒年月者入之,乙编列有生年无卒者,丙编列有卒年无生年者。乙、丙两编实际是附录,人数不多,混在一起,不如分列眉目清楚也。又《姜表》备注生卒年时,与正文矛盾,又不一一注明。如顾亭林生万历四十一年,本无问题,姜表备注中云,或作生四十年。究竟或说是邪非邪,并无说明,亦易引起混乱。窃谓既已引用,当具体说明来源,更当分别情况,指出或是或非,或作参考。至于中西历对照,凡涉十一月后半月以后者,西历多在下一年,若迳改为下一年,与年号又不相应,窃谓当于备注中注明某月某日生,便可解决。姜表错误至多,一一核对,费力颇巨,希望大力支持,幸观厥成。"从柴先生这段话可知,姜氏《年表》虽然在初版推出后数十年中,编者广泛搜集材料、辨析材料,推出修订本。但仍存在着诸多严重的问题。故而,才会有了此信开头提到的陈乃乾告诉他有人想要整理《姜氏年表》。然而整理工作殊非易事,正如柴先生所点指出的——"《姜表》错误至多,一一核对,费力颇巨",这一整理工作最终未能完成。2002年,《姜亮夫全集》由云南人民出版社出版。卷十九即《历代人物年里碑传综表》,"出版说明"中也指出"因原始材料来源差异、推算失误、抄写笔误等原因,虽经多次校订,但错误亦在所难免",并特地敦请专人进行了校对。可惜当时柴先生此函尚未披露,

---

① 陈智超:《千古师生情》,《民主》2008年第1期。后收入陈垣著,陈智超编:《中国史学名著评论》,商务印书馆2014年版。

因而柴先生所指出的诸多问题，仍未获改正。今后使用《历代人物年里碑传综表》之际，于柴先生所指出的问题，须多加留意和警惕。随着近些年文史学科的发展，人物年里的考订，较以往来说，成绩显著，希望今后能够有学人来编一部充分吸收和反映当前文史考订成绩的新的《历代人物年里碑传综表》。

"恭三兄已晤及，《宋史全文》序言答应动笔，但望先见《全文》原本，以便立论，不知能赐一观否？"据此可知，陈乃乾前函曾委托柴先生邀请邓广铭先生为《宋史全文》撰写序言，我们以为陈乃乾是打算要影印《宋史全文》。因陈乃乾参与编辑影印的诸书中，《册府元龟》曾请陈垣先生撰写了《影印册府元龟序》，《太平御览》请聂崇岐先生撰写了《重印太平御览前言》。之所以委托柴德赓，因柴德赓1962年8月到1963年7月被教育部借调至京，参加教育部高等学校教材编审工作，并应北京大学翦伯赞副校长之邀在北大历史系开课，住在北大不远处的中共中央党校招待所。其间，与邓广铭往来较密。如在柴德赓1963年5月10日写给妻子陈璧子的信中就提到，"明天晚五时半，翦老、邓恭三请我们几人（郑、吴荣曾、陈直老先生）到颐和园听鹂馆吃饭。下午准备早些去，游一游颐和园"①。《宋史全文》影印本，最终还是未能出版。原因见次年陈乃乾来函中有说明，云："今年工作要配合整治，对于古籍出版量必然减少。《宋史全文》已不列入今年规划中矣。"直到2016年，中华书局方出版了汪圣铎点校本。邓广铭先生答应的这篇影印本序言不知道写没有写过，2003年河北教育出版社出版了十卷本《邓广铭全集》，包括邓先生未刊稿，从《邓广铭全集》所收著作来看，应该是没有写。或者有可能是邓先生曾写了未留底稿，寄给中华后，因书未曾出版，遂湮没在档案中了。

"昨日进城，参加小丛书编委会，闻有修清史之议，兹事体大，然亦今日不可不措意者也。""小丛书"，编注者已指出是"指《中国历史小丛书》"。《中国历史小丛书》创始于1959年，由时任北京市副市长的著名史学家吴晗担任主编，郑天挺、周一良、陈乐素、翁独健、季镇淮、戴逸等二十余位文史学

---

① 柴念东编注：《柴德赓来往书信集》，第57页。

者担任编委,到 1962 年时候,已经由中华书局出版了一百种,后不断增加。先后发行数百万册,是当时最有影响力的历史普及读物。① 对于这项工作,作为主编的吴晗十分重视。1964 年 3 月 18 日就曾专门致信柴德赓,邀请柴德赓参加当月 25 日下午在人民大会堂福建厅举行的《中国历史小丛书》第二十二次全体会议。从这封柴函,可知在 6 月 24 日《中国历史小丛书》又召开了一次编委会会议。而"闻有清史之议"很可能是吴晗或者戴逸先生在会上提前向大家透露这一史学界要闻。"上世纪 50 年代初,当时国家副主席董必武同志向中央建议纂修清史,其后周恩来总理曾经找明史专家吴晗谈话,要成立清史研究机构编纂清史。但建国伊始,百废待兴,这一动议未能付诸实施。1965 年,清史纂修再次提上日程。当年 10 月,周总理委托周扬召开中宣部部长常务会议,决定成立清史编委会,并在中国人民大学设立清史研究所。为此,专门组成了以人大常务副校长郭影秋为主任的国家清史编纂委员会,着手筹备建所事宜。"② "当时议定的清史编纂委员会由 7 人组成,他们是郭影秋、关山复、尹达、刘大年、刘导生、佟冬、戴逸,并由郭影秋任编委会主任。"③

二

青峰吾兄侍右:

接奉手教,敬悉。《校雠通义》稿系图书馆学编委会之稿,闻该会自己人对此稿即不甚满意。我局收到后,照例须请专家审查,恐未必能出版。

兄阅后不妨畅所欲言,因局方对

陈乃乾致柴德赓函

---

① 详参冯惠民:《"中国历史小丛书"编辑始末》,《编辑之友》1982 年第 3 期。
② 黄爱平:《他的生命已与清史融为一体——写在戴逸先生〈清史寻踪〉编选出版之际》,《中华读书报》2017 年 6 月 7 日。
③ 王俊义:《郭影秋与清史研究和清史编纂》,《社会科学战线》2009 年第 2 期。

审稿者姓名一律保密，可以不必顾虑。

前闻有约请先生来京助校《五代史》之说，不知能成事实否？今年工作要配合政治，对于古籍出版量必须减少。《宋史全文》已不列入今年规划中矣。弟颇想编一本比《书目答问》更适用之目录书，在列举书名及版名中含有指导性，并附有极简单之提要，但不易着手。兄将何以教我乎？匆复，敬颂

春祺！

弟陈乃乾上　二月十四日①

按：这封信的年代，编注者柴念东先生认为是 1964 年。《陈乃乾日记》1964 年部分已经遗失。但柴念东先生对此信年代的判断，我们经分析考虑后认为可信。陈乃乾来信中所说的"《校雠通义》稿"指的是王重民《校雠通义通解》。"图书馆学编委会"指的是"图书馆专业书籍编辑委员会"。

《柴德赓来往书信集》中收有柴先生与中华书局往来函札 6 封，其中 3 封和王重民《校雠通义通解》有关，对于了解陈乃乾来函十分有帮助。现抄录于下：

（一）

德赓同志：

图书馆专业书籍编辑委员会交来王重民著《校雠通义注解》一稿，拟交由我局出版。此稿内容拟恳拨冗审阅。现将原稿寄上，至祈惠予协助，将审阅意见示复为感。此致

敬礼

中华书局编辑部（公章）一九六三年十一月十五日

附件：原稿四册（另邮）

（63）出字 497 号

---

① 柴念东编注：《柴德赓来往书信集》，第 147—148 页。

（二）

德赓同志：

　　前上一函并另邮陈《校雠通义注解》一稿，请予审阅，谅承察洽。近接此稿作者王重民先生函，其中与此稿有关者，特另纸摘录，敬再函附供参考。

　　此致

敬礼

中华书局编辑部（公章）1963 年 11 月 23 日

（63）出字 512 号

附件：如文《附王重民先生来信摘录》

　　听说编辑部有人有意见，认为"附录"内包括了五篇文章，太臃肿一些，我觉得也是那样。请贵局编辑同志看看，设法改一形式也好。

　　"附录"是代替原有的"外篇"的。"外篇"选录了一些论文，有的关系不大或者没有关系，所以我删去不用。请看可否改为两个附录："附录一"专录那五篇论文（内有许瀚的一篇，所为附载），并稍加注解；"附录二"为简化了的年表。请审稿时斟酌一下，如果有其他较好的办法，均愿改正。

（三）

德赓先生：

　　承审阅王著《校雠通义注解》一稿，并提出了许多宝贵意见，敬表感谢！现由银行汇上审阅费四十元，请哂纳。

　　灿然同志自年初进院治疗，现仍在医院调养中，经过情况甚好，承注念，敬附闻。此致

敬礼

中华书局编辑部（公章）1964 年 3 月 26 日①

　　据此中华书局致柴德赓三通公函，并结合陈乃乾函，可知王重民当时提

---

① 柴念东编注：《柴德赓来往书信集》，第 476—477 页。

交的著作，名为《校雠通义注解》。这部书稿最终在中华书局并未能够出版，而是在王先生身后，改名为《校雠通义通解》，于1987年由上海古籍出版社出版，上海图书馆馆长顾廷龙题签。书前有王重民先生《序言》，落款时间为1963年8月15日。结合上述诸函，王重民先生1963年8月15日写定《校雠通义注解》，随即提交给图书馆专业书籍编辑委员会。而中华书局1954年迁到北京后，业务几经调整，于1958年改为以古籍整理出版为主的专业出版社，并且和高等教育部联系，请在北京大学设置古典文献专业，专门为中华书局培养古籍编辑。正是这个缘故，编委会将这部古籍整理类书稿转给了中华书局，拟由中华书局出版。中华书局随即于1963年11月15日函寄书稿，请柴德赓先审阅。紧接着于当月23日又来一函，转呈《王重民先生来信摘录》，王先生信中谈到的中华书局编辑部有人认为五篇"附录"显得臃肿，他也赞同这一观点，并提出解决方案，即五篇"附录"合并为"附录一"，年表作为"附录二"①。在收到中华书局第二函后，柴德赓先生在同陈乃乾通信中提到了自己目前在审阅王重民的《校雠通义注解》。因此，陈乃乾于这封1964年2月14日的回信中解释了中华书局请柴先生审稿，乃是工作流程。还特地叮嘱审稿者姓名会保密，请柴先生畅所欲言。于是，柴先生遂"提出了许多宝贵意见"。同年3月26日，中华书局又就《校雠通义注解》第三次致函柴德赓，感谢其审稿和提意见，并支付了审稿费。至此，此事遂告结束。

"前闻有约请先生来京助校《五代史》之说，不知能成事实否？"指的是柴德赓先生来京协助他的老师陈垣先生点校新旧《五代史》。据《中华书局百年大事记（1912—2011）》载："1963年10月，我局报请中宣部调集南开大学、武汉大学、山东大学、中山大学等院校承担点校'二十四史'的专家郑天挺、唐长孺、王仲荦、刘节、王永兴、罗继祖、陈仲安、卢振华、张维华、傅乐焕、冯家昇、翁独健、刘乃和、柴德赓、汪绍楹、王毓铨等来我局工作，以

---

① 1987年上海古籍出版社版《校雠通义通解》遵从了王先生的意见，"附录一"为《章学诚目录论文选》，共收录《和州志艺文书序例》、《和州志艺文书辑略》、《论修史籍考要略》、《史考释例》、《史籍考总目》五篇；"附录二"为《章学诚大事年表》。

确保点校质量,加快出版进度。当时各史的点校承担者:《晋书》:吴则虞;南朝五史《宋书》、《南齐书》、《梁书》、《陈书》、《南史》:山东大学历史系,王仲荦负责;北朝四史《魏书》、《北齐书》、《周书》、《北史》:武汉大学历史系,唐长孺负责;《隋书》:汪绍楹;两《唐书》:中山大学历史系,《旧唐书》:刘节负责,《新唐书》:董家遵负责;两《五代史》:北京师范大学,陈垣负责,刘乃和、柴德赓协助;《宋史》:先是聂崇岐,后为罗继祖,其中十一种《志》由邓广铭承担;《辽史》:冯家昇;《金史》:傅乐焕;《元史》:翁独健;《明史》:南开大学明清史研究室,郑天挺负责。"①中华书局1963年10月即报请中宣部,故而陈乃乾知悉柴德赓将要来京,特地问一声"不知能成事实否"?主要是担心学校不放人,盖因当时柴德赓任江苏师范学院历史系主任和教授,学校和院系事务繁忙。柴德赓来京后,在1964年6月8日写给妻子陈璧子信中,谈到了他的点校工作,云:"前些天一直看《旧五代史》稿,因为乃和他们后面基本功未做好,从前天起,商量一下,我先搞《新五代史》,等她搞好了后边我再重搞。"②可知是柴德赓和刘乃和分别点校新旧《五代史》。次年7月7日,柴德赓写信给妻子,云:"我的工作已告一段落,我把有关的书及校记都存到陈宅去了。"点校工作遂告一段落,而柴先生也返回了苏州。之后,由于"文化大革命"的缘故,"二十四史"点校工作被迫停顿。等到1971年重启之时,可惜柴先生已经故去。

"今年工作要配合政治,对于古籍出版量必须减少。《宋史全文》已不列入今年规划中矣。"《宋史全文》出版之事,见上述关于柴德赓致陈乃乾函札的考释,兹不赘述。

"弟颇想编一本比《书目答问》更适用之目录书,在列举书名及版名中含有指导性,并附有极简单之提要,但不易着手。兄将何以教我乎?"《书目答问》是清末张之洞所著,成书后,风靡海内,涵养了晚清以来文史学者的成长。如柴德赓的恩师陈垣先生,其自述生平治学时特地点名从《书目答问》获

---

① 中华书局编辑部:《中华书局百年大事记(1912—2011)》,中华书局2012年版,第188页。
② 柴念东编注:《柴德赓来往书信集》,第77页。

益尤多。而中华书局在前一年，也就是1963年刚刚以影印的方式重印了范希曾的《书目答问补正》，并请柴德赓先生撰写了《重印〈书目答问补正〉序》，并且吸收了柴先生的校勘成果，在影印的同时对书中的误字进行了挖改。因此，陈乃乾打算"编一本比《书目答问》更适用之目录书"，首先想到的就是请教对《书目答问》素有研究的友人柴德赓。可惜的是，陈乃乾先生的这部指导门径的著作，最终未能写成。倒是柴先生这一时期"中国历史要籍介绍"课的讲稿，在其身后经学生整理，定名为《史籍举要》，成为莘莘学子了解国史要籍的一部极佳入门书。2002年，黄永年先生也撰文《重撰〈书目答问〉新本刍议》，认为"张之洞《书目答问》撰成于清光绪元年即公元1875年，去今已逾一个世纪。不特我国古籍之新版本新校注本层出不穷，且自'五四'新文化运动以来，对古籍之评价利用更出现有别于乾嘉学人之新面目。而前此止有1931年版行之范希曾《书目答问补正》，其细已甚。1923年胡适所撰《一个最低限度的国学书目》，梁启超所撰《国学入门书要目及其读法》，亦不足以取代《书目答问》。故今亟待编撰一《书目答问》新本，以为治我国古代文史之指南"，并指出"名称似不必沿用《书目答问》，或可径称《中国古籍要目》"①。黄先生关于《书目答问》新本的构想，和三十多年前陈乃乾先生的想法十分近同，可谓是英雄所见略同。可惜的是，黄先生构想的《中国古籍要目》最终未能写定。但先生在2003年由鹭江出版社出版的《古文献学四讲》涵盖四部要籍，也可以视作先生构想中的《中国古籍要目》之雏形。因而书出之后，甚是风行，成为"研治古代文史的必备入门书籍"②。

（作者单位：吉林大学古籍研究所）

---

① 黄永年：《编撰〈书目答问〉新本刍议》，载周彦文主编：《文献学研究的回顾与展望——第二届中国古文献学学术研讨会论文集》，台湾学生书局2002年版。后收入氏著：《黄永年古籍序跋述论集》，中华书局2007年版，第296、297页。

② 辛德勇：《研治古代文史的必备入门书籍——读黄永年先生著〈古文献学四讲〉》，《书品》2004年第4期。

柴德赓先生出北平记

俞 宁

我小时候住在旧辅仁大学的教师宿舍里面。我们院子的南门对着恭王府那高不可攀的北墙。我们的北面没有墙，却有一道绿色的竹篱笆，影影绰绰地，在都市的中心，点染出一抹乡村园圃的温情色调。那道绿色的竹篱，不但给儿时的我提供了都市乡村的遐想，而且给我和我的玩伴们提供了几乎取之不尽的道具。从篱上抽出一根长竿——那种长、直、匀称的——就是大空场露天剧院里的"丈八蛇矛"，可以战吕布、挑滑车，或者颇为洋气地刺向巨人般的风车。1966年初夏，某个日长如岁的下午，柴念东（1954年生）、我（1955）、柴立（1956）三人在空场上战作一团，踏起了半个院子的尘土。他们兄弟二人，一个自称"常山赵子龙"，一个自称"西凉马超"，冲着我大吼："来将通名！"我哪里肯示弱？尽量把提高音量和压粗嗓门这两个高难动作合二为一，喝道："吾乃天下第七条好汉罗成是也！"我正准备拍马迎敌，没想到两个对手纷纷缴械，把令我颇为忌惮的两柄"长矛"丢在地上，身体站得笔直，向着我的脑后行"注目礼"。我还没来得及转身看个究竟，就听得一个熟悉的沙哑嗓音训斥道："什么乱七八糟的？你们比关公战秦琼还荒唐！"原来是他们的祖父柴德赓先生。听到这个声音，我也只好放下竹竿，懦懦地叫一声："柴伯伯。"

---

* 原载《南方周末》2019年7月25日。

这称呼，令我十分尴尬。所谓柴伯伯，就是辅仁大学老校长陈垣先生的大弟子，历史学家柴德赓。按说他和我父亲的交情时间也不短了。七七事变以后，父亲从北大转学到辅仁读书，成为该校的高年级学生，而柴先生已经是青年教师。那时年轻教师和高年级学生之间，关系因随意而紧密。1948年，父亲在燕京大学任教。柴先生出城，到燕京大学访友，时间长了点儿，进城回家吃饭，略嫌晚了，就到我家歇脚吃饭。说明二人是很熟的朋友。1951年北京高校教师们到各地参加"土改"。李长之去了四川，柴德赓和先父去了湖南，被分在一个组，同吃同住月余，自然又加深了友情，说是同辈的朋友，不为过分。换一个角度看，启功先生是柴先生的师弟，同出于老校长陈垣先生门下。而我称启功先生为"大爷"，北京话里就是伯父的意思。所以，从表面上看，我称他为"柴伯伯"顺理成章。但是，我和柴先生的两个孙子念东、柴立非常对脾气，假以时日，说不定三人会放下"长矛"，撮土插香，桃园结义。从这个角度讲，我宁愿把柴先生高尊一辈，称他为柴爷爷，以取得和玩伴们平等的身份。况且柴先生在重庆的国立女子师范学院教书的时候，我母亲是他好友魏建功先生的学生。因此我和柴氏兄弟平辈，并非没有根据。可惜我一直没能践行这个想法，而是采取了折中，称先生为柴老。模糊处理，能使自己玩得更加顺遂、开心。

我们淘气归淘气，在长辈面前还是懂得如何装作好孩子的。三人默默地把竹竿插回篱笆里面（这比抽出来难十倍），走回各自的家里。一点儿也没想到，从此一别，再见面时我们都是六十多岁的人了。

那时电话是一种稀缺资源。我们那个院子里住了几十个教授，但只有一部电话，放在南大门的传达室。罗成战赵云半途而废之后不久，我在传达室附近等人，听到柴老打电话，说到他的书多，到了苏州之后，希望能有车到火车站来接他。嗯嗯啊啊了几声后，我听见他说："好啊，卡车也好啊。"我明白他这是要到苏州出差，却根本没有想到，弄不好我那两个玩伴也会跟他一起去苏州。反倒是暗自高兴，一旦柴老去了苏州，我们就能伺机重新开战。也许不是明后天，却也绝不会拖过下个礼拜。

1947年9月28日于颐和园，左起刘乃和、陈垣、柴德赓、余逊

柴氏兄弟没有去苏州，而是很快被接到姑姑家，离开了我们的那个院子。从此我们再也没有错时空论剑的机会。

学校也没有派车到苏州火车站去接柴老。柴老携夫人陈璧子从火车站坐人力车前往他的工作单位江苏师范学院。据《苏州大学校史》的官方记载："（1966年）6月初，历史系主任柴德赓教授从北京回学院时，被诬为'反动学术权威'，拦阻在凤凰街到学校大门的路上，戴高帽子。"（第86页）按照那时司空见惯的不成文程序，戴上高帽子以后，自然是游街批斗。回到苏州三年半，柴老去世了。《苏州大学校史》的官方叙述如下："1970年1月23日历史系主任、教授、民革［宁按：应为民进］中央委员柴德赓因遭摧残，在尹山湖农场含冤病逝。享年63岁。"（第64页）

如果故事终结于此，我对柴老的印象是什么呢？尊敬是肯定的，因为他是我父亲的朋友、我启大爷的师兄。至于我对他本人的印象，就只剩下了"关公战秦琼"和"好啊，卡车也好"这两句话。太单薄了。我尚如此，那些不曾与他比邻而居的普通人，大概就根本不知道世上还有这样一个人，如流星划过夜空，倏尔而逝。不谙内情的人甚至会以为还不如流星，因为流星毕竟划出过一道光芒。柴老勤苦治学的一生，有过什么闪光的瞬间吗？

当然有！他不但是一位功力深厚的史学家，而且是一位天才的诗人，更是一位知行合一的磊落儒者、爱国者。且听我讲一讲从史料里钩沉出来的柴德赓先生"出北平记"。

1937年7月7日，卢沟桥事变，日军在华北动武，不久就占领了北平。城里的知识分子和青年学生不甘心做亡国奴，纷纷离开北平，把学校迁到后方，于是有了西南联大等著名的战时名校。暂时无力迁离的各校学生，纷纷转入留在北平的教会学校，如燕大、辅仁。因为天主教、基督教新教的关系，日本占领军一时没有难为这些学校。柴老留在辅仁任教，有老校长陈垣的庇护，生活暂且安稳。忍辱的生活维持了六七年，柴老内心的痛苦愈来愈难堪，因为他明白侵略者不会总是放任不管这些教会学校。1941 年 12 月 7 日偷袭珍珠港之后，日军马上就逮捕了燕京大学校长陆志韦先生和其他教职员、学生共 25 人。辅仁大学也渐渐感到压力。到了 1943 年各种大小事件刺激着柴老，使他坐立不安。先是侵略者为了粉饰太平，鼓励当时北平一些骨气不足的"知名人士"附庸风雅，农历三月三日，在北海公园安排了一场祓除不祥、上巳节流杯诵诗的文化活动。中国文化中的修禊传统因王羲之《兰亭集序》而愈发雅俗共赏，但是拿它来为侵略者帮闲则是柴德赓先生所不能接受的。他写了一首七言律诗和一篇较长的序言，记录了这个闹剧，且对奴性极重的所谓诗伯们给予不留情面的批判：

1948 年，柴德赓（图左）和陈垣

  上巳，闻画舫斋有修禊之集，钱牧斋为祭酒，元白被邀，座中诗伯数日前均向雳使重光献诗颂圣，情实可怜。昔日吴中高会，澹归赋诗以讽，余今所云，亦犹此耳。元白声明不做修禊诗，自处固当如此也。

    禹穴兰亭古迹荒，忍闻修禊值蜩螗。
    啼残蜀鸟家何在，老去诗人梦正长。
    细草漫矜新雨露，青山无改旧风光。

相逢凝碧池头客，可有攒心泪一眶？

诗序里的钱牧斋，表面上似乎是指明清之际的钱谦益（字牧斋），但他怎么可能在1943年上巳节跑到北海公园的画舫斋来参与"修禊之集"呢？定是另有所指。细思之下，应该是影射当时身为伪"北京大学"校长兼文学院院长的钱稻孙。七七事变后清华南迁，钱稻孙受委托留京保管清华校产。没想到几年以后，他忘记了自己的本职，参与了日伪政权对国人的奴化教育。而钱牧斋在明末作过礼部侍郎。后来投靠福王，成为南明的礼部尚书。再后来降清，又任清廷的礼部侍郎。柴老用钱牧斋的投清来讽刺钱稻孙的投日，不亦宜乎？重光是指日本驻中国大使重光葵。此人在日本侵华的历史中扮演了不光彩的角色：1929年出任日本驻上海总领事，1932年在上海虹口公园被朝鲜抗日志士投掷的炸弹炸断腿。1942年1月，出任驻汪伪政权"大使"。柴老反感此人，称其为"虏使"。这个"虏"字，就是岳飞"壮志饥餐胡虏肉"的那个虏。"元白"是启功先生的表字。启先生拒绝与钱稻孙等人同流合污，拒不参与修禊题诗的所谓"雅事"。柴老在序中称赞自己师弟的气节："自处固当如是也。"这首诗开端用王羲之"禹穴兰亭"的修禊事，结尾用王维《凝碧诗》来表达自己对"国破山河在"的现状充满感伤。天宝十五载（756），安禄山攻占长安。唐玄宗仓皇出逃，王维动作稍慢，被叛军扣在长安。安禄山为庆祝"胜利"，在凝碧宫的水池旁边大宴其徒，乐声喧天。王维托病没有参加这次宴会。远远地听到乐声，曾任"太乐丞"的王维不禁悲恨交集，写下了著名的《凝碧诗》：

万户伤心生野烟，百官何日再朝天？
秋槐叶落深宫里，凝碧池头奏管弦。

柴老借凝碧池暗喻北海、借投靠安禄山的人暗喻配合日本侵略者的软骨文人，批判那些写应酬诗以标榜"盛世"的所谓诗伯们。他们还不如千年前的王维。他们不因"国破山河在"而流泪,反倒沾沾自喜地做什么修禊诗。这使柴老的屈辱感加深,在北平苟且偷安的日子,越来越难以忍受。他不由得心生去意。

日月如梭。到了年底,更多坏消息传来:日本人不再容忍辅仁的相对独立,想借着校董会换届把曹汝霖插为校董。曹汝霖因五四运动被学生们说成汉奸。抗战时期,他被动地挂上了伪华北临时政府最高顾问、华北政务委员会咨询委员等虚职。虽然他没给日本人出力,勉强保住了晚节,陈垣校长还是很不愿意让他来做辅仁校董。而原来就是校董,而日人欲使其连任的傅增湘,更使陈校长难堪。傅增湘原是陈校长的老朋友,曾推荐牟润孙、启功这样的俊彦之材给陈校长做学生。然而,1938年他参加了日本人控制下的东亚文化协议会,任副会长。此举为时人诟病,将其视为汉奸。日本人的做法,使得陈校长公私不能兼顾,困境中他找自己的大弟子柴德赓商量,谋划在1944年年初逃离北平,日期定在农历正月初五。然而,临行时却出现了事先没有预想到的事情。校务长雷冕先生流泪恳求老校长想一想辅仁大学的两千多名师生。校长走后,老师同学们该怎么办呢?所以陈校长犹豫再三,在最后的时刻,决心忍辱负重,以千百名同学的切身利益为重。这样柴德赓先生在等待中度过了一个不眠之夜,一边思念老校长,一边倚装待发。他写了诗及序记录了这个时刻:

余立志南行,期在明日。援庵夫子早有同行之约,部署已定,而校务长雷冕等涕泣相留,遂不果行。今夕余往辞别,师勉励之余,继以感喟,余泪不能禁,归寓倚装赋此,不知东方既白。

甲申正月初五夜

永夜星暗云漠漠,九城歌舞勤劝酬。
一夫怀抱未忍开,掩面深巷风萧索。
八载胡尘污乾坤,忍饥读书乐晨昏。
迟迟未肯言去国,总缘河朔重师尊。

> 四面厄束今更甚，六马朽索秋霜凛。
> 吾生胡为在泥涂，念此彷徨夜不寝。
> 黄昏斗室话时艰，相约联吟到巴山。
> 一旦人间传胜事，欲以清风警懦顽。
> 谁知十事九拂意，得自由身良非易。
> 吾道忠恕不相违，去留终须合大义。
> 征车欲发惊客心，白发停看恩谊深。
> 年年无限家国恨，并向寒灯泪满襟。
> 冷落关河朔风烈，此行岂同寻常别。
> 明朝挥手从兹去，回首师门肠内热。

序言中的"援庵夫子"是指老校长陈垣先生。他觉得很对不起柴德赓，因为他不得不放弃师生二人筹划已久的出逃计划。只得一方面鼓励柴德赓勇敢地实行计划，一方面感叹自己只能留守在令人窒息的敌占区。读者通过此诗不难想象师生二人执手相看泪眼、难舍难分的情景。人们常说，黎明前的黑暗是最浓重的。他们二人虽是学富五车的历史学家，但身在1944年初万马齐喑的北平，他们怎么能想象次年的夏末，那些给他们带来痛苦与屈辱的侵略者竟然会无条件投降呢？此诗极富老杜之"诗史"风格，开头四句，生动地勾划出当时压抑的气氛：漫漫长夜之中，太多人纸醉金迷，只有少数清醒的人，在痛苦中忍受暗夜的寒风。接着记叙了逃离的前因后果：诗人早就想离开，但眷恋着老师，一直未忍成行。他们曾在密室谋划，一起逃到四川去，用自己的反抗行为，给那些在铁蹄下醉生梦死的人立起一面镜子。多情自古伤离别，而此刻的分别，更有多层难言之痛：老师已是白发满头，战乱衰年，挥手作别，此生还有相聚之日吗？

1944年3月12日柴德赓逃到了洛阳，在"教育部战区学生指导处洛阳培训班"任国文教员。4月1日，柴德赓夜有所梦，记录在日记中："晚梦到北平，陈［援庵］余［季豫］二老均见之，余须发更苍白矣。此虽心理作用，然余老此时亦当有此心境也。保身来不值。"这不仅是对于老师们的思念，也是为他们的安全和健康担忧。他在4月3日的日记里写道："至招训分会，访何葵一，座上晤梁君，言平津大捕中央工作人员，辅仁被逮者凡三十人，为之惊讶。"看来柴老逃得及时，否则就不只是惊讶，而是惊恐甚至被抓。4月9日，柴德赓接到"王保身兄函，言辅仁文教学院长、秘书长均被捕……惟觉学校能维持至今日，由于超然于政治之外。一入政涡，不特今日难以维持，将来亦多是非。时至今日，益觉援庵师有先见之明。"可见柴老人虽逃出北平，但心还在牵挂辅仁的同事们，还在惦念、感恩自己的老师。况且，洛阳也不是久留之地，他还要接着逃亡四川。长夜漫漫，前路茫茫。战乱中的学者，宁不如鸡犬乎？

1947年，启功（图左）和柴德赓

幸而，长夜终有曙光破晓的时刻。难以承受之重的炸弹从天而降，侵略者投降了。柴德赓先生开心地回到了魂牵梦绕的北京，和老师团聚，并在老师的呵护下努力工作，刻苦钻研学问了。20世纪50年代初期，是他最为欢乐的日子。虽然这师生欢聚的日子不是很长——后来他被委以重任，调到江苏师范学院，为该院创立了以前不曾有过的历史系——但重逢后再分离，师生之间的情谊更加深厚。借用启功先生的话来说，就是"信有师徒如父子"。他熟知陈垣校长的生活习惯和身体情况，了解他常常因半夜失眠而提灯入书库翻书以消磨长夜。写信提醒老师注意安全。1956年3月，老校长来函表示要重视弟子的温馨提醒，又淘气地为不遵守提醒而辩解：

> 半夜提灯入书库是不得已的事情，又是快乐的事情，诚如来示所云，又是危险的事情。但是两相比较，遵守来示则会睡不着，不遵守来示又危险，与其睡不着，宁无危险。睡不着是很难受的，危险是不一定的，谨慎

些当心些就不至出危险。因此每次提灯到院子里,就想来示所诫,格外小心。如此,虽不遵守来示,实未尝不遵守来示。请放心,请见谅为幸。谨此覆谢青峰仁弟。

陈垣

每读此信,我都为其真挚深厚的师生情谊所感动。他去苏州不久就被北大的翦伯赞先生借调回北京,直到 1966 年的夏天。柴老生前没有教过我什么,我没有资格称他为老师。然而柴老逝世近五十年以后,我有幸拜读他的日记和诗集,从中了解到一种磊落而高尚的人格。所以,我常常后悔,当年他打完电话,我为什么没有写几行字,记录那次别离,就如同他离开陈垣校长时所做的那样。我当时幼稚,满脑子装了些罗成战赵云,而没有水平体会"明朝挥手从兹去,回首师门肠内热"这种更高的情怀。人间没有后悔药。我只好在暮年写出这篇小文,用以怀念柴伯伯或柴爷爷。所幸的是,我和柴念东依然是好朋友。我们在一起,还能做一些有趣又有意义的事情。可惜,虽然我们还想腿作马、竹为枪大战一场,但怕玩惯了"任天堂"的孩子们笑话我们,实在是不好意思发这种"少年狂"了。只好把那场未结束的"战斗"留作终身遗憾。

(作者单位:西华盛顿大学英文系)

抗战胜利前后的辅仁师友
——《柴德赓来往书信集》中的珍贵记载[*]

张建安

一、无意中留下的第一手资料

1945年10月23日，身在四川的史学家柴德赓收到一封来自北平的长信，这封信是他的好友——辅仁大学老师周祖谟所写，情感充沛，随意泼洒，叙事、描写、抒情、议论皆用，一点不像周祖谟做学术文章时的风格。周祖谟对自己的这些文字也是非常满意的，甚至于写过一些文字后，竟然还得意地问柴德赓"我形容的怎么样"。而笔者也认为，这样的文字称得上文字学家周祖谟最富才情的笔墨，也最能展现陈垣老先生及其门生在得知抗战胜利消息时那种无法抑制、无比兴奋的心情。而这样的文字，也只能在写给至交柴德赓的书信中才能展现。

柴德赓，字青峰，是史学大家陈垣的学术传人，与周祖谟、余逊、启功交往密切，都曾是辅仁大学的中青年教师，常常到校长陈垣处请教，而且皆以学问著称，故有"四翰林"之称。启功回忆："不知是谁，偶然在陈校长的书里发现一张夹着的纸条，上面写着我们四个人的名字，于是就出现了校长身边有'四翰林'的说法，又戏称我们为'南书房四行走'。这说明我们四个人名

---

[*] 原载《中华读书报》2019年3月3日，收入本文集时，略有修订。

声还不坏,才给予这样的美称,要不然为什么不叫我们'四人帮'呢?""四翰林"情谊深厚,更与陈垣情同父子。《柴德赓来往书信集》中,这样的情谊被不同程度地展现出来,而抗战胜利及其前后的北平辅仁同人的情况,也在书信中原汁原味、绘声绘色地保留下来。

还是先看看周祖谟如何向柴德赓描述他们在北平得知日本政府宣布接受《波茨坦公告》、无条件投降时的情形:"青峰,你能知道吗?正在八月十日晚上九点半钟的时候,好消息来到了,由梦中惊醒过来才知道自己还没有死,自此可以复苏了,这一夜是不曾睡觉的,你们自然是狂歌、载舞载欣,吃酒放爆竹的了。我们身体并不能自由,话不敢说出口外的,当时止有望月以思,临风而立,徘徊搔首而已。当晚我们从寝室里请出援庵先生听我们的报告,他由黑暗里把灯开开,穿着短短的汗衫,脚下拖着一双睡鞋,赤裸裸的就出来了(可是并不曾裸体,一笑),他老人家从来没有这样见过客人的,当晚他这回可不睡觉了,虽然照例灯一夜而十灭,他索性摸黑儿了。他高兴的直缕他的须子,问道:'是吗?''没听错?''重庆的报告?''噫,那可活了!'旁边的人高兴的说'日本小鬼子找死'等等一类话。他又接下去'所以啦,所以啦,……那真高兴啦!'青峰,我形容的怎么样?于是我们欢跃而出,他又就那样送我们到门口,'唱喏'而别。"

上述文字可见,一向以师德仪表著称于世的陈垣在无比的喜悦来临时,已将那些形式的东西忘得一干二净了,不仅从来未有地"赤裸裸的就出来了",而且这样见过客人后,高兴地直缕自己的胡须,说了很多无比兴奋的话之后,依然"就那样"送门生们到门口。而这样的兴奋以及"噫,那可活了!"等话语,透露出陈垣等人在日军占领下的北平是何等地压抑、苦闷、窒息,乃至接近死亡!

本来,1943年底得知汉奸曹汝霖将出任辅仁大学董事长的消息后,已在辅仁大学任教八年的柴德赓便与老师陈垣相约,一起离开日寇占领下的北平。但在1944年初离开前,辅仁大学校务长雷冕等人涕泣挽留陈垣,陈垣也考虑到自己如果南下,则沦陷区内唯一不向敌伪注册的辅仁"孤岛"势必难以维持，遂未能南下。柴德赓即将出发时，陈垣勉励之余，继以感喟，而柴德赓则"泪下不能禁"，且与辅仁大学众师友洒泪而别，相约以书信互通消息。

此后，柴德赓经商丘、洛阳、西安等地，辗转入川，应台静农、魏建功等友人邀请，担任白沙国立女子师范学院历史系副教授兼图书馆馆长。待自己安定下来，柴德赓的书信便不断寄往北平，而北平辅仁师友们的书信也辗转来到白沙。这段时间（1944年夏到1946年夏）正经历了抗战胜利的特殊时期，沦陷区与后方的师友们无不需要互相的慰藉，无不希望通过书信这种唯一的联系方式得知对方以及对方所处环境的真实情况，而柴德赓深得众师友信任、亲爱，故师友们的来信中，由国事到校事到家事，由生活到治学到轶闻，可谓无话不谈，既有史学家们长期涵育下自然具备的严谨叙述，更有师友间情真意切且不无调侃的生动写照，无意中留下了那个时代非常独特的一手资料。

二、胜利前夕，拼死拼活谋出路

沦陷区的北平，大多数中国知识分子的生活很是艰难。辅仁大学因德国教会的背景，成为当时沦陷区唯一不向敌伪注册的大学，也有一定的经济支持，然而即便如此，辅仁大学的老师们也常常举步维艰，尤其是在抗战即将胜利前夕，很多人几乎到了无法生存的地步。

在1945年10月23日给柴德赓的信中，周祖谟称："在过去一年里真是最痛苦的了，不但自己心情不好，而且穷困几无以自存，自从今年五月以后物价一日三涨，白米高到九百元一斤，肉八百元一斤，油一千二百元一斤，煤六万一吨，我一月才赚得二千五百元，教廿四小时课，改四班国文，在这种困苦艰难之中，居然活过来了，真是可以惊异的一件事。……在俄国参战的那一天起，北平的食粮已经发生恐慌，防空的虐政暴行更不必说了。其间投机倒把，日进万金，贫夫贱士，欲死无由，可叹、可怜、可悲、可气。"

柴德赓的另一位至交、同样是辅仁大学教授的余逊在信中有类似的描述。

柴德赓曾向余逊问及鄢鸣难的情况，余逊在书信中告知："老鄢的景况，还是不宽裕。他在学校薪水才一千二百十六元，加上食粮津贴，才拿到二千三百余。本月份加送一千元（与大学部教授同），也只三千三百多。北平生活，每人每月至少须一千五百元，以老鄢家中开支论，除去有点廉价的特殊配给和户口配给外，每月要用四千多，平均总要亏累一千多块钱。好在旧货很能卖钱，只好常常光顾挂货铺和委托商行。"末了，余逊不忘加一句概括的话："学校中人生活大抵如此，不仅老鄢一家为然。"

为了维持最基本的生活，辅仁的老师们除了自己拼死拼活地谋出路，或像周祖谟那样多上课："星期五一天上七堂课，五门；星期一一天八堂课，这两天就同上断头台一样，舌敝唇干，声嘶气竭，其疲惫之状可知。"或像余逊那样另谋出路，"到李文和开的化学工业社管账"；总之，得想尽办法谋出路。而他们的妻子也与他们一起奋斗，诚如周祖谟信中所写："回来以后，看见同我在'生命线'上共同奋斗的太太，从早到晚洗衣裳、作饭、看小孩、作针线，没有一个时候休息，有肠必断，有心必折矣。"

如此处境下，哪一个中国人不希望日本鬼子快点完蛋？！所以，当他们一旦得知日本投降的消息，虽在深夜，又怎能不无比兴奋？又怎能不充满希望？而其举止，又怎能不异乎寻常？！陈垣先生当时的举止正可以代表北平知识分子得知胜利消息后的喜悦与兴奋。

三、"有国斯有家，无人不知矣"

有件事令人惊异。身在北平这样的沦陷区，陈垣等人竟然能在 8 月 10 日当晚很快就得知日本接受《波茨坦公告》，称得上消息非常灵通了。

《波茨坦公告》的全称是《中美英三国促令日本投降之波茨坦公告》，是中国、美国、英国 1945 年 7 月 26 日在波茨坦会议期间发表的，通告日本政府立即宣布无条件投降。对此公告，日本开始的表现非常强硬，日本首相于 7 月 28 日公开声明，对《波茨坦公告》"置之不理"。日本这种回应的后果是：8 月

6日和9日，美国空军在广岛和长崎各投下一颗原子弹；8月8日，苏联对日本宣战，并参加《波茨坦公告》；9日，百万苏联红军分三路向日本关东军展开猛烈攻击；8月9日，毛泽东发表《对日寇的最后一战》，指出："八路军、新四军及其他人民军队，应在一切可能条件下，对于一切不愿投降的侵略者及其走狗实行广泛的进攻。"这样的强大攻势下，日本政府终于撑不住了。

8月10日晚，新华社记者在延安接受路透社的电讯稿时，突然抄到了好几个"特急"信号，这是以前所没有的。大家焦急地等待着这个特急消息的出现，很快，"日本侵略军投降了"的标题出现在电文纸上，下面的内容则是：日本政府通过瑞士、瑞典转中、美、英、苏四国，表示愿意接受《波茨坦公告》。这突如其来的消息一下子就把新华通讯社的窑洞"震翻了"，大家情不自禁地欢呼起来，忍不住地跳起来、叫起来。紧接着，消息被迅速传到毛泽东等中共领导人处，毛泽东也是兴奋地连声说："好哇！好哇！"延安沸腾了，一位名叫王文明的战士在日记中写道："（1945年8月10日，星期六），一刹那，震天的锣鼓声与狂呼声震醒了延安：'日本鬼子投降了！'迅速传播出去。火炬点燃起来了，在黑暗的夜里放着灿烂的光芒。……"诗人萧三描述当时的情形："已经吹过熄灯号了，人们都已就寝，我还守着一盏残灯，山沟里死一般的寂静，忽然山上山下，人声异常嘈杂，又听到锣鼓喧天，有人甚至乱敲铜盆。有的用力吹喇叭，整个延安起了骚动。男女老幼，涌出窑洞。延河两岸岗山，野火漫天通红。人像潮水般地涌向街头，旗帜招展在星空，人们舞火炬，扭秧歌，喊口号，人们只是叫，只是跳，只是笑。卖瓜果的争着送给人们吃，你给他们钱——无论如何不要。'日本要无条件投降！'人们觉得自己的血在燃烧，人们忘记了整天工作疲困……"

陪都重庆最早收到消息的时间应该稍早一些，是在8月10日17时35分。当时，设在重庆的盟军总部收听到日本外相东乡茂德未通过军事当局的检查、便代表日本政府在东京发出的英语国际广播，称日本接受《波茨坦公告》。随后，设在两路口的美国新闻处向中国方面通报了这一消息。国民政府主席蒋介石马上要求中宣部国际宣传处核实消息，而在这个过程中，重庆各新闻媒体已经按捺不住了，纷纷予以披露。18时，重庆中央广播电台首先广播了日本投降的消息，并于19时、20时、22时数次重播。中央通讯社的几位记者则驾着三轮车绕主干道一周，一边敲锣一边向市民宣告特大喜讯，这样的消息于是便像长了无数的翅膀一样到处扩散开来，数十万市民连夜涌上街头，敲锣打鼓，载歌载舞，互相祝贺，互相拥抱，使重庆变成欢乐的海洋。

在北平，周祖谟等人应该是通过重庆中央广播电台的广播知道日本投降的消息的。他们虽在沦陷区，还不能像大后方的中国人那样到大街上尽情宣泄，但内心的兴奋却在超乎寻常的言行中，在随后的书信中酣畅淋漓地表达了出来。

8月10日，陈垣老先生可能整夜无眠，第二天早晨天还没亮，他便找周祖谟，问："没听错？雷神父怎么还不知道呢？不对吧？"周祖谟回答："哪还有错，重庆报告三遍呢！"

陈垣的担心也许不无道理，由于主战派的反对，日本延迟到14日才做出最后决定。8月15日，日本天皇向全国广播了《停战诏书》，宣布日本无条件投降。于是，中国国内迎来了更加欢乐的时光，北平城内也是大放光明，车水马龙，鼓噪喧天了。当八年抗战中从未在北平上空出现一次的中国飞机也宛如飞龙地整天在天空上飞，人们鼓掌欢呼，耳朵都要被震聋时，周祖谟则在信中这样感慨："有国斯有家，无人不知矣。"

原本狂涨的物价也在这几天不停地下跌。8月15日的《中央日报》社讯称："物价仍续下跌，投机家正图抛出黄金美钞，本比期各行庄可安然度过。"又讯："下午收盘时，条子价格十一万四千元，宰块十万零二元，成交者甚为寥落。"而周祖谟给柴德赓的信中则写道："当这个时候，物价一落千丈，可是我们还是没钱买，即以白糖而论，起初已久不知糖味了，价高至一千七百元一斤，居然现在街上已经顷筐倒筥低至五百、四百、三百六、二百四、一百三，毛巾由八百低至一百五，一切久已绝迹的东西都出来了。自行车带，四万几一对，还没处去买，现在三千元即可俯拾而得（都出摊来卖了），一半是日商甩出来了，一半是奸商所囤积的，街上太热闹了。"

四、柴德赓重返辅仁

陈垣一直期盼着柴德赓能早日返回北平。从 1945 年 5 月到 1946 年 7 月九封给长子陈乐素的家信中,陈垣都提到了柴德赓。其中,1945 年 10 月 7 日的信中称:"青峰兄常有信否,余极念之。""余极愿他回辅仁也。""青峰走后,余竟无人可商榷也。"1945 年 12 月 3 日的信中称:"《表微》'本朝篇'一份寄汝,有意见可告我……'出处篇'亦油印一份,已寄青峰,他能知我心事也。"1946 年 3 月 25 日,陈垣得知柴德赓所在的白沙国立女子师范学院解散的消息,又在给陈乐素的信中称:"青峰情形殊可念。吾甚欲其北来,未知途中易走否也?"

周祖谟自然也是同样的想法,而且在 1945 年 11 月 19 日给柴德赓的信中这样抒情:"我常常憧憬过去我们一起吃茶、谈笑的情形,彼此所说都是至情的流露,我的朋友之中,与我最投合的你是第一人了。"并告诉柴德赓:"陈先生听说你的一切都好,他格外高兴。他还希望你能够回来,说了不是一遍了。"

只不过,抗战胜利后,在短暂的狂欢之后,北平的状况很不乐观。

"说起来北平固然没有炮火所殃及,真是幸运。无怪嫂夫人以为不如不走开此地了。但是如果停留在这里,受尽生活物质精神的压榨,恐怕也要同我们一样的当卖俱尽的。现在我只剩了几件旧衣裳同一篮子破袜子和几本没人要的破书了,其所遭之困窘已可想见。……近几日来,物价又高多了,白糖八百一斤了,一切一切又加一倍以上的价钱,自内地来的人法币都带的很多。复员的委员及其属员都挣的是法币,法币合联券五至七元,以此来购买物品,物品又如何不高涨,只苦了我们了!说到复员的大员,他们的用人是不论人才,只论党;不论黑白,只论人情。其糟令人不忍一言。此事可以断言绝无例外,昔日不足一顾之士,皆气焰万丈,汽车往来,一似不凡之流,月入法币四五万,合联券二三十万。我们连人家的零头都没有,真是不值钱了。"这便是周祖谟信中所写的北平的真实情况。而柴德赓虽知道这些情况,但在抗战胜利后,他想要重回辅仁的念头更加强烈了。

他通过多种方式了解抗战后辅仁的情况,书信是不可少的重要渠道。时任辅仁大学文学院院长的余嘉锡于 1945 年 12 月 19 日给柴德赓写信,为他分析形势:一方面,"援庵之于足下,期望甚殷,悬念甚切。度足下亦必惓惓于师门,则北上之行似不宜犹豫"。而另一方面,"千里归来,生活问题自不能不在考虑之中。辅仁教授底薪不过二百四十元,最近待遇以上月为最优厚,亦只加三百倍,合成法币不过一万余元耳。今姑举仆为例,仆以教授兼主任并兼院长,且曾四次加薪,所得亦仅二万七千元而已。薪金之外以前尚有煤、面、花生油等,但或送或作价,或增,或减,每月不同,至上月则一律取消,仅存米二十斤而已。闻本月发薪时又有变动,或者待遇稍好(闻有加送双薪作为节礼之说),亦未可知。至于支出方面,则已超过和平之前。此间报纸有每日行情,今剪取昨日者付上,阅之可知也。总之以后从事教育决不至饿死,然只可敷衍度日,若欲过中人生活如事变以前,殆非目前所能办也"。

一个月后,余嘉锡又给柴德赓写信,称其回辅仁乃是众望所归之事,但也告诉他北平物价腾涌,居大不易。信中提到陈垣的态度,称:"今午《建国评论》社(此系陈雪屏所组织,拟出周刊,大约以赵奉生为经理)招饮,与援庵同席,渠甚盼台驾之来,仆以兄来函之言告之。援庵谓此无足虑。当时匆匆,未及细谈,未详所谓不足虑者安在?或者意在因陋就简、因时制宜,故以为不足深虑也耶。"

也许,正是陈垣及辅仁众师友的态度,促使柴德赓下定决心,于 1946 年夏重新返回辅仁。返回之前,他又连续接到周祖谟、余逊等人的书信。周祖谟在 5 月 28 日的信中称:"援庵先生自得兄五月五日一札后,未得来书,顷持大札呈阅,惊喜过望。惟盼早日来此,日内恐不再修书矣。兄之北来,无人不嘱望已久,且辅仁史学系自张亮尘卧病以来,尤感教授不足,兄能不以危城为可畏,得与弟等共甘苦,乐何如之!"余逊 5 月的来信中更是好玩,一方面称"把晤在即,不禁狂喜";另一方面,则盼望柴德赓回到北平后,能教他学习骑车之术,"期于一二星期内娴习此术,则操纵自如,无远弗届,庶乎无行路难之叹矣"。

余逊在信中还提到启功，称其"购得一倭车，类童稚所骑，同乘以赴校，弟嘲之为小驴，然已方便不少"。按常情推测，从柴德赓1944年南下到1946年重返辅仁，他与同为"陈门四翰林"之一的启功之间，必也有书信往来，可惜现已无法找到。收入《柴德赓来往书信集》中的第一封启功来信，时间已是1947年12月25日，这自然是一个遗憾了。

《柴德赓来往书信集》札记三则

王江鹏

一、1964年陈直长春讲学之行：对陈直致柴德赓一通信札的考释 *

《柴德赓来往书信集》经柴先生嫡孙柴念东老师悉心整理，于近日由商务印书馆印行。里面收录了柴先生与师友、亲人、学生等往来书信、诗札近五百件。除家书而外，通信最多的则为陈垣（34通）、刘乃和（35通）、孙功炎（12通）、陈乐素（7通）、陈晶（7通）、邓之诚（6通）、台静农（6通）、周祖谟（6通），等等。于此可窥得柴德赓先生的朋友圈之冰山一角。

这里，我们要谈的是《柴德赓来往书信集》中所收的一通陈直致柴德赓信札，全文如下：

青峰先生著席：

春初曾奉惠笺，嗣以有长春短期讲课之

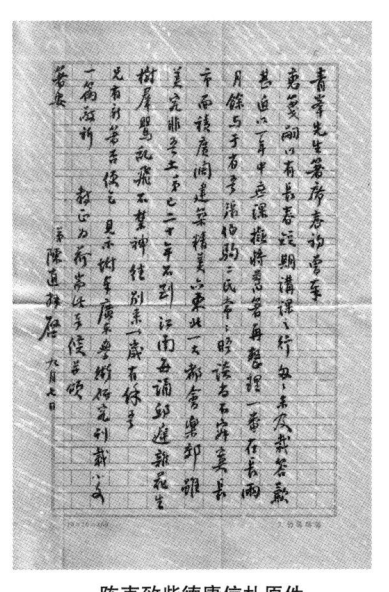

陈直致柴德赓信札原件

---

* 原载"澎湃新闻"2018年7月16日"私家历史"。

行，匆匆未及裁答，歉甚。近以一年中无课，拟将旧著再整理一番，在长两月余，与于省吾、张伯驹二氏常常晤谈，尚不寂寞。长市面积广阔，建筑精美，亦东北一大都会。乐郊虽美，究非吾土，弟已二十年不到江南，每颂邱迟"杂花生树，群莺乱飞"，不禁神往。别来一岁有余，吾兄有新著否，便乞见示。附奉广东《学术研究》刊载小文一篇，敬祈教正为荷。耑此奉候，并颂著安！

弟陈直拜启　九月七日①

这封信，《柴德赓来往书信集》编注者定为1964年9月7日，甚是。以下对信中的内容逐一略加考释。

柴德赓（1908—1970），字青峰，浙江诸暨人。陈先生信中所提及的"春初曾奉惠笺"，关于柴先生春初来信，具体内容我们不得而知。经查柴念东老师所整理的未刊本《柴德赓日记》，1964年1月至4月的日记内容已经佚失。据柴念东《柴德赓年谱长编》（近期将由商务印书馆出版），可知柴先生1964年春初，一直在苏州的江苏师范学院（即后来的苏州大学）。直到当年4月26日，教育部借调柴先生来京，协助他的老师陈垣先生点校新旧《五代史》，《柴德赓来往书信集》所收书信中，也多有谈到此事。因此，"春初曾奉惠笺"，当是1964年初，柴先生从苏州寄信陈先生。

陈先生和柴先生的相识，应该是缘于1963年。当年柴先生应北京大学翦伯赞副校长之邀，从苏州来北大讲学一年，为历史系诸生开"史料与史学"一课。而同年，陈直先生也为翦伯赞所邀，从西安来北大讲学。《柴德赓来往书信集》中收有柴先生致妻子陈璧子的家书82函，其中1963年5月10日一函中就谈到，"明天晚五时半，翦老、邓恭三请我们几人（郑、吴荣曾、陈直老先生）到颐和园听鹂馆吃饭。下午准备早些去，游一游颐和园"②。可见，讲学

---

① 柴念东编注：《柴德赓来往书信集》，商务印书馆2018年版，第170页。
② 柴念东编注：《柴德赓来往书信集》，第57页。

北大期间，两位先生往来十分密切。

信中所提及的"长春短期讲课之行"，指的是 1964 年陈直先生应东北文史研究所之邀，来长春为学员授课。陈直先生长春之行，黄中业、孙玉良《共和国教育史上的国学书院式学府——东北文史研究所述要》一文云："1963 年文史所请陈先生来所讲学，讲授《汉书》，有助教陪同负责板书。陈先生讲课和蔼亲切，娓娓动听。"① 据此信，可知陈先生是在春初收到柴德赓先生信笺后，方有长春之行的。则陈直先生的长春之行，当应为 1964 年，而非 1963 年，此处当为黄中业先生误记。陈直先生在长春期间参加"春游社"，写有《记西安传世两汉名人之遗物》一文，末尾云："一九六四年六月来客长春，拉杂书此，以志多闻。"② 此文陈先生长春之行结束后，进行了增改，改题为《记西安传世两汉名人之遗物及海城于氏藏印》，内容视旧文新增了"海城于省吾先生为余老友，所著《周易》、《尚书》、诸子新证等，颇多创见，近年执教于吉林大学，推为祭酒。今年五月，余应东北文史研究所讲学之招，旅客长春，与省翁过从尤密。间出示所藏汉晋印七枚，皆铭心绝品，友朋中尚少见知者，爰记其目如次。……以上各印，据云皆为陶北溟旧藏之物，屡次寓目，辄爱不释手"等文字。③ 据此可知，陈直先生是 1964 年 5 月应邀来长春讲学。同时，据陈先生《盐铁论解要·前言》的落款时间为"一九五七年九月初稿于西安西大新村，一九六三年四月修改于北大朗润园，一九六四年六月再修改于长春东北文史研究所"④，也可说明陈先生的长春之行在 1964 年，并且此行携带了《盐铁论解要》书稿。另外，笔者就此事拜访咨询了宋德金先生，宋先生是 1962 年进入东北文史研究所任助理研究员。据宋先生回忆，陈直先生长春讲学之行只有一次。那么，根据这封陈直致柴德赓信札，以及《记西安传世两汉名人之

---

① 黄中业、孙玉良：《共和国教育史上的国学书院式学府——东北文史研究所述要》，《社会科学战线》2015 年第 1 期。

② 陈直：《记西安传世两汉名人之遗物》，载张伯驹编著：《春游琐谈》，中州古籍出版社 1984 年版，第 183 页。

③ 陈直：《文史考古论丛》，天津古籍出版社 1988 年版，第 384—385 页。

④ 陈直：《摹庐丛著七种》，齐鲁书社 1981 年版，第 123 页。

遗物及海城于氏藏印》和《盐铁论解要·前言》落款时间，我们可以确定陈先生的长春讲学之行，当在 1964 年 5 月抵达长春，为期两个多月。黄中业、孙玉良《共和国教育史上的国学书院式学府——东北文史研究所述要》中所谓的"1963 年"显系误记。

东北文史研究所是中华人民共和国成立后在东北成立的一所国学书院式学府，1961 年 5 月 17 日，东北局宣传部经讨论后产生了《关于建立东北文史研究院讨论纪要（草稿）》。同年 6 月 28 日，东北局书记处会议决定，由东北局宣传部在长春筹办。研究所的目的是"培养中国文史方面的教学和科学研究人才，以期改变东北地区在文史研究和人才培养上的薄弱状况"。东北局宣传部关山复部长认为要为东北文史研究所提供"一个较为舒适的学习环境"。后选址长春市建设街 16 号伪满洲国外交部旧址庭院内的一幢二层小洋楼。同时，同志街 25 号院内的一栋小洋楼，则拨付给东北文史研究所，作为来所讲学的导师住所。① 1962 年 7 月 1 日，东北文史研究所召开建所典礼，陈毅元帅亲自为东北文史研究所题写了所名。

其实，早在 1928 年，东北地区就有一所研究国学的书院式学府——奉天萃升书院。萃升书院始建于清康熙五十八年（1719 年），清末荒废。张学良主政东北后，出资重建萃升书院。张自领院长一职，而聘请于省吾先生为院监，全权负责书院日常教学工作。关于设书院之缘起，于先生撰有《奉天萃升书院记》②，叙述最详。金毓黻先生《静晤室日记》中引于先生《奉天萃升书院记》云："在书院主讲之三先生，皆当代硕学大师，足以当讲学之任而无愧。吴向之先生尤精于历史舆地之学，讲述清代掌故，如数家珍。前后三次度辽，尤熟于东北掌故。所著有《奉天郡邑志》、《东三省沿革表》，皆为精心结撰之作。尤以选抄《明实录》数百册，保存东北史料最多，顷已尽举以赠辽宁省立图书

---

① 此段系节引自黄中业、孙玉良：《共和国教育史上的国学书院式学府——东北文史研究所述要》，《社会科学战线》2015 年第 1 期。

② 全文载《萃升丛刊》，辽宁作新印刷局印。

馆，此又受先生讲学间接之赐者也。"① 晚年的于先生又在自传里详细地追述了当年书院的情况，道："张学良和杨宇霆筹建专讲国学的奉天萃升书院，任我为院监。因我从前在西北筹边使署工作时已和国学诸老相识，于是去北京邀请著名的国学大师前来书院讲学，王树楠先生主讲经学，吴廷燮先生主讲史学，吴闿生先生主讲古文，高步瀛先生主讲文选。'九一八'事变时，萃升书院停办，我在事变前夕感到形势危急，遂移居北京。"② 可见，萃升书院所延聘的都是当时国内一流的学者，如果不是因为"九一八"日寇侵华，导致书院停办。假以时日，这个书院对东北地区的文史研究，必然带来重要的影响。东北文史研究所的成立，除了远绍"四大书院"，也有近法萃升书院之意。

陈直（1901—1980），原名邦直，字进宦（宜），号摹庐，又号弄瓦翁，江苏镇江人。先生自少年起，便有志于学。"二十岁的青年陈直，便写出了《史汉问答》二卷；三十九岁前刊行的著作已有《楚辞大义述》、《楚辞拾遗》、《汉晋木简考略》(或作《木简考略》)、《汉封泥考略》、《列国印制》、《周秦诸子述略》、《摹庐金石录》等多种。其中不少收到国内外学术界的好评，如《木简考略》1934年一出版即流布国外，为学人所注目；再如他二十六岁时写成的《楚辞拾遗》，被大东书局收入所编之《楚辞四种》，与洪兴祖、戴震等鸿儒巨匠的著作并列，是研究楚辞的必读之书。他还对古代货币进行研究，参与了丁福保主编的《古钱大辞典》的撰写工作。"③ 抗战军兴后，陈先生于1940年逃离已成沦陷区的家乡，"绕道香港，经昆明、贵阳、成都，最后抵达陕、甘。为了谋生，先后在兰州、西安等地金融机构中供职，从事与学术毫无关系的文牍方面的工作"④。

---

① 金毓黻：《静晤室日记》，辽沈书社1993年版，第2474页。金毓黻先生所引于先生这段文字，不见于《萃升丛刊》所收《奉天萃升书院记》，未知何据。我们猜测此段文字，当为金毓黻先生所作。《金毓黻文集》编辑整理者误将其与《静晤室日记》所引于先生《萃升书院记》文字混在一起，又未核《萃升丛刊》的缘故。

② 于省吾：《于省吾自传》，《晋阳学刊》1982年第5期。

③ 黄留珠：《陈直先生的治学精神和学术思想》，《人文杂志》1991年第3期。

④ 黄留珠：《陈直先生的治学精神和学术思想》，《人文杂志》1991年第3期。

直到 1949 年中华人民共和国成立后，陈直先生的现状方得到改观。1950 年，经著名学者、时任教育部长马叙伦的推荐，由西北大学校长侯外庐约请，陈直先生开始执教于西北大学历史系。来西大任教后，陈直先生于 1958 年由陕西人民出版社出版了《两汉经济史料论丛》，1959 年天津人民出版社又印行了陈先生的《汉书新证》。据斯维至先生回忆，在陈直先生这两部书出版后，"他的精密考证立刻引起了秦汉史学者的好评，甚至日本学者也从海外来信访购。1963—1964 年北京大学翦伯赞副校长、东北文史研究所佟冬所长都来礼聘陈老前去讲学。这个没有任何学衔的学者，就一跃而成为著名的专家了"①。笔者有金景芳先生旧藏 1959 年版《汉书新证》，封底有吉大书亭的售书印章，也可从一个侧面看到此书的流传之广。

1953 年，教育部决定在东北人民大学（1958 年改名吉林大学）设立历史系，时任东北工学院党委书记的佟冬被任命为历史系主任，负责筹备历史系。历史系创建后，佟冬又先后担任校党委代理书记、副校长、第三书记等职，于省吾、金景芳两先生，均为佟冬在东北人民大学任职时候所参与延聘。据黄中业、孙玉良《共和国教育史上的国学书院式学府——东北文史研究所述要》载："1962 年 2 月，佟老先后两次邀请吉林大学和东北师范大学的于省吾、金景芳、孙晓野等教授在吉林省宾馆座谈文史研究所的建所方针大计。"又据黄中业先生在《难忘的教诲》一文回忆，正是由于金景芳先生的推荐，他得以在 1962 年 9 月进入东北文史研究所学习古文古史。②宋德金先生在《布衣傲王侯——我的老师金景芳先生》一文中，也提到自己 1962 年在吉大历史系毕业后，经金景芳先生推荐，得以分配到东北文史研究所。③可知，金景芳先生对新成立的东北文史研究所曾积极建言献策，推荐人才。陈直先生应邀东北讲学，很有可能就是金景芳先生在读过陈先生著作后，向佟冬所长进行了推荐。

---

① 斯维至：《我所认识的陈直先生》，载西北大学秦汉史研究室主编：《陈直先生纪念文集》，西北大学出版社 1992 年版，第 28 页。
② 吉林省社会科学院编：《佟冬同志百年诞辰纪念文集》，吉林文史出版社 2005 年版。
③ 宋德金：《布衣傲王侯——我的老师金景芳先生》，《文史知识》2009 年第 10 期。

当然，也有一种可能是陈先生的老友于省吾先生所荐。

信中提到"与于省吾、张伯驹二氏常常晤谈"，于省吾与张伯驹为柴陈二人共同的朋友，这也是陈先生信中提及这两个人的原因之一。陈直先生《记西安传世两汉名人之遗物及海城于氏藏印》也提到了他"余应东北文史研究所讲学之招，旅客长春，与省翁过从尤密"。张伯驹《春游琐谈序》云："昔，余得隋展子虔《游春图》，因名所居园为展春园，自号春游主人。乃晚岁于役长春，始知'春游'之号，固不止《游春图》也。先后余而来者有于君省吾、罗君继祖、阮君威伯、裘君伯弓、单君庆麟、恽君公孚，皆春游中人也。旧雨新知，相见并欢。爰集议每周一会，谈笑之外，无论金石、书画、考证、词章、掌故、轶闻、风俗、游览，各随书一则，录之于册，则积日成书。他年或有聚散，回觅鸿迹，如更面睹。此非惟为一时趣事，不亦多后人之闻知乎！壬寅春中州张伯驹序。"① 从《春游琐谈》中所收有陈直《记〈明诗赏奇〉》、《记西安传世两汉名人之遗物》、《记丹阳吉曾甫先生之博学》、《曹魏仓慈手写〈佛说五王经〉跋》四篇文字来看，在长春两个月期间，陈直先生是参加了"每周一会"的，而这四篇文字，正是陈先生与诸位友人谈笑之外，所留下的文字记载。

张伯驹是鼎鼎大名的收藏家、书画家、鉴定家，"但在 1959 年却因传统戏剧的问题与文化部较真，结果被错划右派赋闲在家。爱惜人才的陈毅元帅通过吉林省委书记处书记于毅夫将其调到长春，省委宣传部部长宋振庭将他们夫妇分别安排在省博物馆和省艺术专科学校"②。也被安排住在同志街 25 号的东北文史研究所导师住所。正是由于这段因缘，张伯驹将个人所藏的六十余件文物，捐赠给了吉林省博。其中包括南宋杨婕妤《百花图卷》、宋拓《九成宫醴泉铭册》、唐人《楷书妙法莲华经普贤菩萨劝发品残册》等绝世瑰宝。③

于省吾（1896—1984），字思泊，晚号夙兴叟，斋名未兆庐、双剑誃、泽

---

① 张伯驹编著：《春游琐谈》。
② 佟多人：《记忆中的父亲》，载吉林省社会科学院编：《佟冬同志百年诞辰纪念文集》。
③ 见吉林省博物院官网 2018 年 4 月 4 日《吉林省博物院藏张伯驹捐赠书画作品亮相故宫》。

螺居，辽宁海城人。"九一八"事变爆发后，萃升书院停办。先生于是入关，来到北京。先后任辅仁大学讲师、教授，北京大学教授，燕京大学名誉教授，故宫博物院专门委员。1955 年，应时任东北人民大学校长匡亚明之邀来长春任教。当时于先生住在柳条路一号的郑孝胥旧宅内①，离陈直、张伯驹两先生居住的同志街 25 号很近，也方便了他们往来相访，论学谈艺。这也是信中提到的三人得以"常常晤谈"的一个地理条件。加上于先生与陈先生均为"新证派"的代表人物，两人之间，自然是惺惺相惜，同声相应。②从陈直先生 1973 年农历十月所写《读子日札·小引》中提到的"近则老友于省吾教授，多以两周铜器铭文，钩稽互证，创解至富"一语，也可以看出 1964 年长春之行结束后，陈直先生对老友学术成绩的长期关注，同时，也能从行文中看得出陈直先生对老友学问的欣赏。

信中谈到"长市面积广阔，建筑精美，亦东北一大都会"，1932 年，伪满洲国傀儡政权成立，定都长春，改名"新京"，当时试图将长春规划建设成"亚洲第一大新兴都市"。"日本帝国主义出于长期统治的目的，对城市进行了规划和基础设施建设。但布局极不合理，使城市呈畸形发展，城市的环境问题已经显现出来。沦陷时期的日伪军政机关及各类会社大多数集中在朝阳区，日本人和日伪官吏多数也都居住在这里。日本人在此大兴土木，建造洋房，铺设给排水管道，同时对园林绿化、公共建筑以及日本人所需生活设施都做了较详尽的安排。而把中国人集中到南关区、二道河子区八里堡及宽城区宋家洼子一带。在中国人居住区，房屋破旧低矮，道路狭窄泥泞，垃圾遍地，污水横流，加上穿插其间的小工厂、小作坊，环境状况极差，据记载曾发生两次霍乱传染病的流行。"③东北文史研究所校址和导师住所，均为伪满洲国时期所建的小洋

---

① 此据姚孝遂：《书剑催人不暂闲》，吉林大学社会科学研究处编：《我的学术思想》，吉林大学出版社 1996 年版，第 362 页。

② 冯胜君先生在《二十世纪古文献新证研究》（齐鲁书社 2006 年版）一书中指出，于省吾为"新证派"代表人物，陈直也属"新证派"一员。同时也指出陈直是用文献学研究的方法考证历史，于省吾是用文献学研究的方法考证文献。

③ 马洪祥主编：《长春市志：环境保护志》，吉林人民出版社 1997 年版，第 1、2 页。

楼,设施良好,又地处长春市核心地带朝阳区,离风景优美开阔的南湖公园也很近。加上东北地区作为新中国成立后建成的第一个重工业基地,是"新中国工业的摇篮",各项配套基础设施建设良好,物资相对丰富。因而,陈直先生对"北国春城"长春的市容市貌留下了深刻的印象。

"弟已二十年不到江南",陈先生自1940年离开家乡后,到写此信的1964年,恰好二十四年之久,这里说"二十年",是举其成数。"杂花生树,群莺乱飞"出自南朝梁邱迟所撰的《与陈伯之书》。因柴先生任教于江南,陈直先生行文至此,不禁起乡关之思。

陈先生信末提到"广东《学术研究》刊载小文一篇",指的是1964年3月发表于《学术研究》上的《广州汉墓群西汉前期陶器文字汇考》。这也是《柴德赓来往书信集》编注者将此信系年为1964年的一个主要依据。这篇文章写于1963年7月①,时陈先生讲学北大,当是和柴先生谈起过此文的一些看法,因而正式发表后,特意随函相赠,请友人指正。此文后来收入1988年天津古籍出版社出版的陈先生论文集《文史考古论丛》。

通过《柴德赓来往书信集》中公布的这封陈直致柴德赓信札,不仅纠正了研究者对陈直先生长春讲学之行的时间错误,理清了陈直先生长春讲学之行的确切年月——1964年5月抵达长春,为期两个多月。同时,也通过这封信札,得以看到当时学人之间的往来交谊。相信还有不少柴德赓先生以及陈直先生的信札收藏在有心人处,我们也期盼着越来越多的学人书信的刊布,为相关研究提供第一手资料。

附记:本文写作过程中,得到柴念东老师慷慨惠赐陈直先生信札原件照片和《柴德赓日记》未刊稿。另外,还得到了宋德金先生的热情帮助和惠赠相关资料,谨致谢忱。

---

① 参见周天游:《陈直与秦汉砖陶研究》,《中国史研究动态》1994年第12期。

二、余嘉锡致柴德赓函中的"高密"、"康乐公"与"青主"*

余嘉锡致柴德赓信札原件

新近所出《柴德赓来往书信集》，除部分信函以前公布过外，大量的书信为首次披露，为研究近现代学术史提供了弥足珍贵的新史料。

其中，收录了抗战胜利后余嘉锡致柴德赓的两通信函，对于研究当时的北平学术圈有重要意义。我们这里讨论的是第二封即 1946 年 1 月 22 日致柴德赓函。余嘉锡来函中提到北平临时大学第二分班（文学院）师资情况时，有云："援公亦被第二分班（文学院）聘为名誉教授，昨已上课，据该班学生表示，于新聘诸师均甚欢迎，而于所留旧教授则殊不满人意，然则经学大师如洨长（编者注：疑指许世瑛）、高密者（编者注：疑指李飞生）均不孚众望，夫亦可以自反矣。康乐公（编者注：疑指容庚）常无故怠工，亦为学生口实，渠尝自言与青主（编者注：疑指傅斯年）至熟，拟作书与之，其不达

---

* 原载"澎湃新闻" 2018 年 10 月 6 日"私家历史"。

时务如此。"①

北平临时大学，系"1945年8月日本无条件投降后，国民政府教育部在北平设立的特殊学校，用以甄审沦陷区的大学生，其中，业已在日伪势力控制的各伪大学毕业者，需甄审合格方才能换发新的官方认可的毕业文凭。同年9月，当局更下令解散伪北京大学、伪中央大学和伪交通大学，颁布《沦陷区专科以上学校学生、毕业生甄审办法》，并于10月中旬，在北平、天津、上海、南京均设立临时大学补习班，令原沦陷区在校生先补习再进行考试。此举被认为有歧视沦陷区学生之意，引起沦陷区民众极大反感与抵制。迫于社会压力，当局最终取消对沦陷区在校生的甄审考试，改临时大学补习班为临时大学，以收容尚未毕业的在校学生"②。

信中的"高密"《柴德赓来往书信集》编注者疑指李飞生，"康乐公"疑指容庚，"青主"疑指傅斯年。按：这段文字我们初读时，并未发现不妥。近来重读时再三斟酌，以为编注者关于这三个人的看法，可能不准确。

从"经学大师如洨长"中的"洨长"指的是许世瑛来看，余嘉锡信中均用的是古人名字来借指当世同姓学人。东汉许慎曾任洨长一职，博通经籍，人称"五经无双"，因此编注者将"经学大师如洨长"中的"洨长"认为是许世瑛，这一点无疑是准确可信的。循此通例，东汉经学大师郑玄为北海高密人，则余嘉锡此处用"高密"来指代的肯定为一郑姓学人。故编注者以为是"李飞生"，或有误。我们以为，"高密"指的应当是郑骞。何泽恒《郑骞先生传》载："郑先生讳骞，字因百，辽宁铁岭人。中年尝以蜀生、灌筼、愧二陶室主人、颖白、闻韶、孔在齐等为笔名；晚岁则尝改称龙渊中隐及大学中隐。……抗日军兴，华北沦陷凡八年，先生留居北平，谨言行，慎交游，未尝稍出治学教书之范围，故能免祸。三十四年秋，抗日胜利，华北重光。岁杪，教育部设立大学先修班于北平，体制同大学，延聘先生为中文系副教授。明年，先修班

---

① 柴念东编注：《柴德赓来往书信集》，第422页。
② 肖伊绯：《傅斯年代理北大校长之初——以〈世界日报〉相关报道为中心》，《南方都市报》2017年6月27日。

结束，遂于岁暮归沈阳，任教国立东北大学。在校仅半年余，以烽火四起，乃于三十六年赴上海，任教国立暨南大学。翌年秋，应老友台静农之邀，遂渡海来台任教台湾大学中国文学系，并升为教授，时年四十三。先生在台大，前后三十余年。"① 郑骞不仅从姓氏来说与"高密"吻合，而且据此传，1946年郑骞在北平临时大学任中文系副教授这一情况也符合余嘉锡函中所言。

"康乐公"为南北朝时大诗人谢灵运，则余嘉锡借"康乐公"所指者当为一谢氏学人。容庚虽然在北平沦陷时出任伪职，但姓氏不符合。而且抗战结束，容庚就因出任伪北大教员，被傅斯年开除。我们以为"康乐公"所指为谢国桢。

明清之际大思想家、大书法家傅山初名鼎臣，字青竹，后改字青主。则余嘉锡信中的"青主"所指当为一傅姓学人，虽然与傅斯年姓氏相吻合，但绝不可能是傅斯年。因为余嘉锡函中的"洨长"、"高密"、"康乐公"均为所谓"旧教授"，即抗战时期在北平出任伪职者，而傅斯年对于沦陷区出任伪职者最为憎恶。因此，"青主"我们以为当指傅增湘。

据谢国桢晚年回忆："北平沦陷。是年秋，我曾到长沙西南联合大学图书馆供职。1938年春，中华文化基金会孙洪芬先生叫我返回北平典守北平图书馆的金石图书，因之又回北平任职。在这以前我本来为中日庚款基金会所办的东方图书馆编写《续修四库全书提要》一书，因为某种关系，周作人就延聘我到伪北京大学史学系任教，我还错误地认为站在红楼上，'楼犹此楼也，土犹此土也'，大讲其祖国的历史和'华夷之辨'的事迹，实在是失去了民族气节。因之，北平图书馆袁同礼馆长勒令我辞职，我只有承傅增湘先生的好意，经他介绍我到川帮私营大中银行聊司笔札，并协助傅沅老编纂《绥远通志》一书，这也不过是混些事儿和遮耳盗铃而已。这些事情我不说，人们也会知道，我不如坦白的交代出来，作为一篇反面教材，供同志们毫不留情的批判而已。1945年秋抗战胜利，日本无条件投降，我仍在北平临时大学任教。1946年春，我的父亲在河南

---

① 何泽恒：《郑骞先生传》，载《"国立"台湾大学中国文学系系史稿（1929—2001）》，台湾大学中文系编，2002年。

安阳病危。时军调处业已成立，承周扬同志盛意介绍，得以通过解放区到安阳省亲。"①谢氏任职于北平临时大学，和傅增湘交好如此，也和余嘉锡函中"康乐公"与"青主"的关系若合符节。

又，《柴德赓来往书信集》中还收录了一封余嘉锡1945年12月29日致柴德赓函。在这封信函中，余嘉锡谈道："临时大学补习班筹备许久，至今始将课表粗行排定，下星期或可上课。……现在第二分班（即文学院）主任室（郑毅生），周在研究所。其中以让之为最忙，名为秘书（事甚繁而无权，奉令承教而已），以实是以助教兼办各系主任之事（北大系主任并裁，师大仍存）。辅大上课之外，蹈隙辄往，眠食不时。上月仅支维持费六千元（教授亦如此数），不够往返车费，故以徒步之时为多。闻本月或稍有增加，伪教员留者不过半数（许瞎由正降副，谢国桢降讲师，朱肇洛免教授职教普通国文，江绍原、冯承钧留教授），余皆新聘，大抵取材于辅仁国文系兼课者，有蜀臣、献吉、燕荪、斐云、子书等，多者四小时，少仅二小时耳。鄙人亦被勉强为名誉教授，讲读书指导，所谓薪水除车钱外只办饮水，不足添薪而牵率，老夫甚无谓也。"②此函中的新聘者如余嘉锡、"蜀臣、献吉、燕荪、斐云、子书"等，即1月22日函中所谓受学生欢迎的"新聘诸师"。此函中的"伪教员"等，即1月22日函中所谓"殊不满人意"的"旧教授"。12月29日函中提到"谢国桢降讲师"，也可作为我们把1月26日函中的"康乐公"认作是谢国桢的一个佐证。

从《柴德赓来往书信集》所公布的这两封余嘉锡函，即可窥知《柴德赓来往书信集》在近现代学术史研究上所具有的重要文献价值。

---

① 谢国桢：《自述》，《文献》1981年第4期。
② 柴念东编注：《柴德赓来往书信集》，第419页。

三、《柴德赓来往书信集》佚名信作者考*

2018 年商务印书馆出版的《柴德赓来往书信集》，末尾收录佚名信两封。这里我们讨论的是第二封，编注者柴念东老师注明此信写于 20 世纪 50 年代后期。我们先将此信原文抄录于下：

青峰我兄：

阔别多年，思与时积。暑间曾向北师大函候起居并申下怀，久未奉复。正深企念，顷得舍弟凤祥（现任南京工学院电信系教师）来函转述蒋百幻同志（现任南大历史系教师）所告种切，藉悉故人①主持苏师学院历史教学并荣任苏省人民代表，贡献甚大，曷胜佩慰！弟现任（已四年）上海光明中学历史教师（高中中国史及世界史）兼班主任，尚得领导信任，历史问题早获结论。本来安心工作，不求其他，惟自念卒业于中大历史系，二十多年来从事教学或文书编辑工作，职务有变，而对史学则研习未懈。解放后改变观点方法，所获新知较多，研究兴趣益浓。国史方面，力攻更勤，略能明其梗概，偶有心

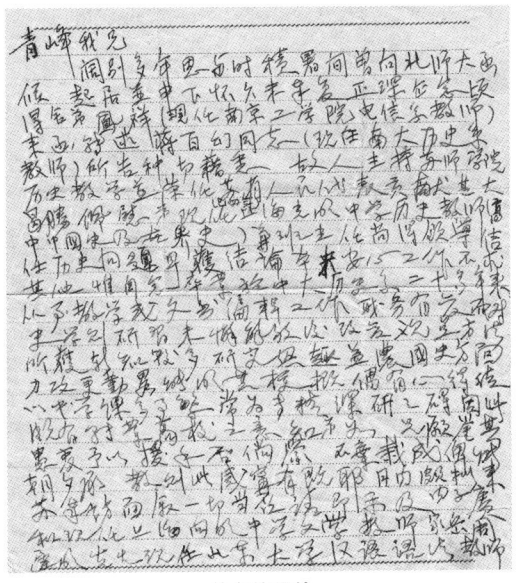

佚名信原件

---

* 原载"澎湃新闻"2019 年 5 月 30 日"私家历史"。

① 《柴德赓来往书信集》原作"所告种，却藉悉故人"，小文发表后，蒙网友"小剑"指出断句有误，并云应断为"所告种切，籍悉故人……"。谨致谢忱。

得。徒以中学课多事繁，常为专精深研之碍，因此颇有转业高校之意。知弟如兄，愿鉴其愚衷，予以援手否？倘蒙不弃栽成，俾能朝夕承教，则此感宁有既耶。月内颇拟来苏奉访，面叙一切，当否？请即示及。内子赓和现任上海向明中学文学教师，家岳周遵明先生现任山东大学汉语语法教师〔后阙〕。①

这封信仅存一纸，后面的部分已经遗失。因而，写信者为谁，《柴德赓来往书信集》阙疑待考。就此，我们做了一点小的考证。

信中作者提到"舍弟凤祥（现任南京工学院电信系教师）"。按：1952年全国院系调整，南京大学调整出工学、师范、农学等院系，分别成立南京工学院、南京师范学院、南京农学院。后来又将浙江大学、厦门大学和山东工学院的无线电系并入南京工学院而成新的南京工学院电信系。孙文治、谢嘉奎、何立权、黄健合撰《无线电工程系发展史》云："解放后，国立中央大学改名为国立南京大学，计有文、理、工、农、医、师、法七个学院，共四十多个系科，确是一所除了商学院（早已去上海）外门门俱全的高等学府。其时在南大电机系任教的陈章（系主任）、吴大榕、程式、钱凤（凤）章、钱钟韩、陆钟祚、闵泳川、孙家炘、李士雄、管致中、黄玉衍、毕贻芬、江明德、孟树杞、金孟达、钟祥礼、马凤（凤）祥等共25人。每年招生50～100名，实行学分制，至二年级分电力、电信自行选读，并可以转系。"②又云："1956年经高教部批准，南工无线电工程系还逐年招收五年半制夜大学本科生。1961年有第一届夜大毕业生。钱凤章教授等还亲自上夜大的主课；管致中任副主任时亲自兼任夜大工作组长，与组员马凤祥、孙文治、黄维坤、章文勋负责制定历届教学计划，安排课程和毕业设计等环节。"③据此，可知写信者之弟名叫马凤

---

① 柴念东编注：《柴德赓来往书信集》，第510—511页。
② 孙文治、谢嘉奎、何立权、黄健：《无线电工程系发展史》，载朱一雄主编：《东南大学校史研究》，东南大学出版社1989年版，第137页。
③ 孙文治、谢嘉奎、何立权、黄健：《无线电工程系发展史》，载朱一雄主编：《东南大学校史研究》，第143页。

祥，则写信者姓马。又根据旧时兄弟辈取名原则，可知其名字中必带"凤"或"祥"字。

作者又提及"惟自念卒业于中大历史系，二十多年来从事教学或文书编辑工作，职务有变，而对史学则研习未懈"，则可知作者二十多年前毕业于中央大学史学系。检国立中央大学教务处 1945 年编印之《国立南高东大中大毕业同学录（民国六年至三十四年）》，文学院史学系 1932 年 1 月毕业生中有名叫"马呈祥"者，当即写信者。从马呈祥信中提及自己"卒业于中大历史系，二十年来"等语，可推知这封信的写作时间下限当为 1962 年。

欲知马呈祥的籍贯等其他信息，则仍须从其弟马凤祥入手。《江苏省高等学校教授录》工科类电子学与通信方向下载有马呈祥之弟马凤祥，云："马凤祥（1919—   ）东南大学电子物理与器件教授。浙江诸暨人。1946 年毕业于重庆大学。长期从事光电子技术的教学与科研工作。主编《X 射线机》、《电气光源》。在国内外学术刊物上发表《连续波染激光器中的象数散及其补偿》、《A Pulsed Laser Raman Expeninenful System》等多篇论文。"[①] 据此可知马呈祥为浙江诸暨人，与柴德赓同乡。

马呈祥曾在《安定》1926 年第 25 期上发有《近来学习国文之感想》、《暑期中琐事一则：牧童之快乐》两文，《安定》为杭州私立安定初级中学校友会刊物。则可知马呈祥初中就读于安定，与柴德赓为同学。杭州私立安定初级中学迟至 1939 年方招收高中生，改名为"杭州私立安定中学"。则马呈祥很可能初中毕业后，与柴德赓等同班同学一起考入浙江省立第一中学。高中毕业后，考入中央大学史学系。在校期间，曾撰写《秋园》(《大夏月刊》1929 年第 2 卷第 2 期)、《近代教育趋向的一般》(《大夏月刊》1929 年第 2 卷第 1 期)、《中国过去史学界对于作史观念之谬误》(《大夏月刊》1930 年第 3 卷第 1 期)。马呈祥曾撰有《初级中学历史教学法纲要》，刊于《史学杂志》1933

---

① 《江苏省高等学校教授录》编委会编：《江苏省高等学校教授录》，南京大学出版社 1989 年版，第 191 页。

年第 2 期，从这篇论文可推知马呈祥毕业后进入初级中学任教。

又，马呈祥曾在浙江省立处州初级中学 1936 年 6 月出版的《浙江省立处州初级中学教师进修年刊》第 5 期上发表《初中学生国文课外阅读问题之商榷》、《怎样才能增进学生学习史地的兴趣》两文，而据该刊《简章》云"本中学全体教师均为本会会员"，可知此时马呈祥正任教于处州初级中学。《怎样才能增进学生学习史地的兴趣》一文，又载于 1936 年 12 月出版的《浙江省中等教育研究会季刊》第 5 期，该刊伦所撰《编后记》云："教学专注意强迫的教习，这是最低劣的方法，很难获得实际的效果的。马呈祥先生底《怎样才能增进学生学习史地的兴趣》，就要补救这个缺憾，规画周详，是坐言而能起行之作。马先生现任省立温州中学底教师。"可知 1936 年底，马呈祥已经转任温州中学教师。此后，马呈祥辗转任教各地，等到写此信时，任教于上海光明中学。这与信中"惟自念卒业于中大历史系，二十多年来从事教学或文书编辑工作，职务有变，而对史学则研习未懈"也吻合。

承柴念东老师惠示《柴德赓日记》，1944 年 4 月 20 日载："闻郑州电话阻碍。敌于铁谢对岸增兵，洛阳早晚必有战事。接尚传道兄自中央训练团来书，因知裘胜嘉、徐家楣、王同泽、马呈祥、杨大士、倪祯棠诸兄消息，甚慰。于警报声中作书寄祯棠、呈祥、家楣。"提到了马呈祥，而日记中的尚传道、裘胜嘉、徐家楣、杨大士等均为柴德赓在杭州安定初级中学同学，后一起进入浙江省立第一中学。① 这也可以佐证我们认定马呈祥当是柴先生早年在杭州私立安定初级中学和浙江省立第一中学的同学之结论。

信中的"蒋百幻"即蒋孟引，蒋百幻（1907—1988）又名蒋孟引，字百幻，常以字行。湖南省新宁人，著名史学家。1928 年考入中央大学史学系，1933 年毕业，获学士学位。1936 年至 1939 年在英国伦敦大学留学，获博士学位。归国后先后任教于西北大学、西北师范学院、中央大学，教授世界史和英

---

① 参见俞履德：《现代著名历史学家柴德赓》，载何荣昌、张承宗主编：《青峰学记——柴德赓教授纪念文集》，江苏文史资料编辑部 1992 年版。

国史。1949年起在南京大学任教,曾任历史系副主任、中国英国史研究会会长。主要著作有《中英关系(1856—1860)》、《英国史论》、《第二次鸦片战争》、《英国史论丛》等。马呈祥1932年毕业于中央大学史学系,是蒋孟引学长,两人在校期间自是熟识。马凤祥在院系调整前的南京大学任职,与蒋孟引同为一校教师,加上兄长和蒋是旧识,故马凤祥与蒋孟引时有往来。

信中还曾提到"藉悉故人主持苏师学院历史教学并荣任苏省人民代表,贡献甚大,曷胜佩慰"。中华人民共和国成立后,柴德赓任北京师范大学教授兼系主任,1955年,为支援地方高校建设调赴苏州的江苏师范学院,担任历史系教授兼主任。1956年,被选为民进中央委员,江苏省民进筹委会副主任,苏州市民进主任委员。1959年12月29日,江苏省政协二届一次全体会议选举常务委员75名,柴先生当选政协常委。[①]查江苏省人大常委会办公厅编《江苏省人民代表大会大事记1949—1993》,并无柴先生。而据《江苏省志·政协志》(修订增补稿),江苏省第二届人民代表大会第一次会议,于1958年10月6日至16日在南京召开,会议代表540人,实到代表471人。除省人民委员会各部门负责人列席外,从这一届开始,以后的历届每次会议,出席省政协委员会的全体委员也列席会议。我们推测,可能是因为柴先生1959年当选省政协常委后,以此身份列席省人大会议,故在蒋孟引和马凤祥、马凤祥和马呈祥的转述中,被误以为柴先生是省人大代表。故而,这封信的写作时间上限为1959年年底。

综上,《柴德赓来往书信集》中的这封佚名信作者为马呈祥,这封信的写作时间上限为1959年底,下限为1962年。从后来的情况来看,马呈祥想要进入当时的江苏师范学院任教这一愿望,最终未能实现。马呈祥和柴德赓既是诸暨老乡,也是中学同学。其生平略可勾勒如下:

马呈祥,浙江诸暨人。生于1908年前后。1923年起先后就读于杭州私立安定初级中学、浙江省立第一中学,后考入中央大学史学系,1932年毕业,

---

① 参见《江苏省志·政协志》(修订增补稿),第72页。

获学士学位。先后任教于浙江省立处州初级中学、省立温州中学等校，讲授国文、历史、地理等课。20世纪50年代任教于上海光明中学，担任历史教师。其妻周赓和，为上海向明中学，任文学教师。岳父名周遵明，为山东大学汉语专业教师。有弟名马凤祥，为东南大学电信系教授。

  附记：本文写作过程中，得柴念东老师慷慨惠赐佚名信原件照片和《柴德赓日记》未刊稿等相关资料，又蒙田程雨兄代为查询资料，谨致谢忱。

（作者单位：商务印书馆）

柴德赓与"章黄学派"关系考

赵宇翔

柴德赓先生以史学名家,是援庵学术的重要传人,这已是学术界之共识。陈援庵治史范围包括目录校勘学、工具书、元史研究、宗教史研究等①,既深且广,后学很难"窥见宫室之美"②。然而纵观柴氏学术生涯,治史门径虽不出援庵先生藩篱,但在研究范围上却另有深造,最主要者:一是清代学术史的研究,一是《中国近代史资料丛刊:辛亥革命》的编撰。陈援庵虽然对清代学者不乏论述,尤其是对顾亭林、全祖望、钱大昕、赵翼诸人,柴氏治清代学术史也多所取法,比如陈氏有《鲒埼亭集批注》,柴氏则有《〈鲒埼亭集〉谢三宾考》,但是纵观陈氏全集③,关于清代学术之通史性的著述却没有,而柴德赓则开有"清代学术史"一门课,并有讲义传世④。笔者通过对柴氏著述、日记、诗集的阅读,发现柴氏学术除了援庵这一主要传承外,还深受"章黄学派"的

---

① 柴德赓:《陈垣先生的学识》,陈智超编:《励耘书屋问学记》,生活·读书·新知三联书店1982年版,第26—55页。后又收录于柴德赓:《史学丛考》(增订本),商务印书馆2017年版。
② 牟润孙:《从〈通鉴胡注表微〉论陈援庵先师的史学》,陈智超编:《励耘书屋问学记》,第67页。此文后又收录于牟润孙:《海遗丛稿》(二编),中华书局2009年版。
③ 陈智超主编:《陈垣全集》,安徽大学出版社2009年版。
④ 柴德赓:《清代学术史讲义》,商务印书馆2013年版。该书整理时,将李瑚的记录、批注一并补入,庶几可得柴氏课堂所授内容之全貌。

影响，准确地讲是章太炎、钱玄同二位当时学界耆宿的影响[①]。分别论说如次：

一、柴德赓与钱玄同：直接熏陶

（一）《哭钱玄同师》诗

1929 年，柴德赓考取北平师范大学史学系，北平师范大学文学院包括史学系、国文系，而此时陈援庵正膺史学系系主任，钱玄同正膺国文系主任[②]。虽不同系，但有些课程是公共的。因此，柴与钱的师生关系是确凿无疑的，只是以后并没有发展成陈、柴那样的长期授受的师弟关系罢了。在柴氏四年的大学生涯里，与钱玄同或多或少会有交集，然而遍检《钱玄同日记》，在 1929—1933 年之间并无关于柴德赓的记录[③]，而柴氏所存日记则始于 1944 年，在目前所见钱玄同的文字记录中，仅在章太炎 1932 年 3 月 31 日的讲演记录稿《清代学术之系统》发表在 1934 年《师大月刊》的后记中提到了柴德赓[④]，当时是柴德赓做的笔录，整理之后请钱玄同修改的。除此之外，研究二人关系的可征之文献就不多了。后来柴氏哲孙柴念东先生在整理乃祖遗稿时，发现了一张诗稿，题曰《哭钱玄同师——风雪怀人》，是在钱氏逝世后写的悼诗。其中把他与钱玄同的师生之谊写得很清楚，适足以补此段历史之阙。诗文如下：

[①] 关于"章黄学派"所涉及的主要人物及其学术宗旨，学界有不同看法，项文惠、陶列英认为以章太炎、黄侃为主，包括章的第一代弟子钱玄同、朱希祖、周作人等，还包括章的第二代弟子。（《章黄学派初探》，《绍兴师专学报》1992 年第 2 期）但竺家宁则认为黄季刚先生是章黄学派的核心（《章黄学派的特色及在台湾的发展》，《励耘语言学刊》2018 年第 1 辑，中华书局 2018 年版），如果按竺家宁的观点，则钱玄同不能归入"章黄学派"，笔者的题目也不能成立。由于钱玄同、黄侃的主要分歧在于对待白话文的态度，钱主张白话，黄主张文言，但二人在文字、音韵、考据方面同受教于章太炎，所以笔者大胆采用把钱玄同纳入广义的"章黄学派"的说法，而柴德赓受钱氏的影响也主要在这方面。

[②] 曹述敬：《钱玄同先生年谱》（下），《北京师范大学学报》1983 年第 1 期。

[③] 《钱玄同日记》中所记人物多资历相若者，如马氏兄弟、周氏兄弟、刘半农、胡适、顾颉刚等，或者资历稍弱而成名较早者，如魏建功、赵万里、方国瑜等，对于学生则较少记载，间或有之，即国文系学生办理事务者，因此，没有关于柴德赓的记载并不足怪。（杨天石主编：《钱玄同日记》（整理本），北京大学出版社 2014 年版）

[④] 汪学群编：《清代学问的门径》，中华书局 2009 年版，第 60 页。

雪霁天大寒，隐居了无事。噩耗黄昏来，夫子溘然逝。
忆昔弱冠时，从游历三岁。小学本难明，飞辨说奥义。
厚书商国音，无虑数十纸。间尝观我文，鉴后有新思。
厥后戒生徒，为文先立意。惠然顾我庐，聘我课诸子。
公以博学闻，儒玄而文史。治经宗今文，疑古以为字。
公又雅善书，风格竞模拟。前曾乞挥毫，纸永存公笥。
公又耽清谈，高斋我常至。夏日晚风凉，冬夜炉火炽。
持己夙谨严，言行矜其细。垂老不辱身，大节尤有耻。
天下方嚣嚣，仁爱殊未已。公今撒手归，翩然独遗世。
我亦入中年，多病日憔悴。俯仰感百忧，艰难伤后死。

观其文字，可将二人之关系复述为：柴德赓从游于钱氏之门三年，三年之中，他向钱氏学习文字学、音韵学，并时有请益商讨。他的文章曾得到钱氏的赏识，被赞为颇有新意，钱氏还每每以此教导学生。有一次，钱玄同来看望他，聘请他来督导学生。钱玄同的书法极佳，柴德赓曾乞请过墨宝一幅。钱玄同喜好清谈，柴德赓经常来到老师家聆听或参与讨论。如果没有这首诗，柴氏学术生涯的这一段历史就几近湮没了。而这一段历史恰恰是柴氏学术渊源并非仅仅出于援庵一脉的铁证。钱玄同 1929 年在北平师大所授的课有"说文研究、经学史略、周至唐及清代思想概要"[①] 等，初入大学的柴德赓对清代学术史的兴趣想必也肇端于此，因此可以说，钱玄同也称得上柴氏治学的引路人之一。

笔者这里着重诠解一下"间尝观我文，鉴后有新思。厥后戒生徒，为文先立意"两句，这是钱玄同对柴德赓文章的褒奖，推陈出新的文章才有价值，所以钱氏读到柴的文章之后认为立意很新，并把这事提到很重要的地位，用来劝诫其他的学生。这种长辈对晚辈的提携奖掖是中国士林的传统，这种奖掖既可以使晚辈身价倍增，也在无形中鼓舞了晚辈，促使其成就一番事业。初涉学

---

① 曹述敬：《钱玄同先生年谱》（下），《北京师范大学学报》1983 年第 1 期。

林的柴德赓自然明白这一关节，所以对前辈学者的奖掖尤为致意并印象深刻。多年之后他在讲"清代学术史"时还特别提出此点，在讲到戴东原时他说：

> 东原平生称先生的，有个程恂，字慄也，乾隆七年才相见，东原已二十岁了。洪《状》说："年甫二十，程中允恂一见，大爱重之，曰：'载道器也。吾见人多矣，如子者，巍科硕辅诚不足言。'"［夸奖实有关系。陈校长初来平时，十八岁，居于某翰林家，见者极夸之，至今犹忆之。被夸而成功者不计其数。东原骂姚姬传，后以文显。］①

程恂把戴东原许为"载道之器"，戴氏不负厚望，果然成为一代儒宗。在根据李瑚的笔记补入的那部分里，柴德赓特别道出："夸奖实有关系。"接着他又举了正反两个例子，以夸奖而成功的是陈援庵，陈氏早岁被京中的士林夸赞，后来成就极大，陈援庵年近古稀还对此念念不忘。而桐城派的姚鼐本来要立志成为理学家，因为被戴东原骂了，所以才发奋成了一代文宗，虽然文名大显，但是绝不能与道学宗主的地位相比拟，应该算是失败的。通过以上引文可以看出，柴氏对早年受奖掖一事是极为重视的。1939 年初钱玄同去世时，距柴氏受奖掖已近十年，他写的悼诗中特别提到此事。在讲授"清代学术史"的时候，又过了七八年，柴氏再次提到奖掖的重要性，可见他也像陈援庵一样对前辈奖掖之德是念念不忘的。

（二）《说文笔记》

在柴德赓的早年手稿里有一份长达 54 页的《说文笔记》（暂拟名），字迹娟秀，抄写工整，少有修改涂抹的痕迹，应该是对已有文稿的誊写。据《钱玄同年谱》，钱氏 1929 年之后所授的课程有"说文研究"，因此，柴念东认为此笔记应该是钱氏课堂讲义的节录本。但笔者把笔记中的内容与《章太炎说

---

① 柴德赓：《清代学术史讲义》，商务印书馆 2013 年版，第 101 页。

文解字授课笔记》①、钱玄同《说文段注小笺》参读，发现《说文笔记》中的一些解说并不雷同于二书。笔者甚至检阅了《说文解字诂林》，经过比较，发现柴氏的一些说法依然是新颖的。

比如，《说文笔记》的第一个字是"驯"，对"驯"字的解释，《说文解字诂林》所引诸书多从许氏原注"马顺"的角度解释，在解释"驯"、"训"、"顺"通假时多引《史记·五帝本纪》"能明驯德"（《说文解字义证》、《说文解字句读》、《说文通训定声》），段玉裁引《五帝本纪》"五品不驯"②，章氏、钱氏之书多引《史记》"不雅驯"解③，而柴氏笔记则櫽栝

柴德赓《说文笔记》

了《周易·坤卦》："《象传》之'驯致'，与《文言》之'顺'，其义一也。"原文即《象传》的"驯致其道"、《文言》的"坤道其顺乎"，比较起来，前人的解释多是根据注解来发挥论证，比如"能明驯德"，是根据集解中徐广的注："驯，古训字。""训，顺也。"而柴德赓则发现，《周易·坤卦》中《象传》与《文言》在表示"坤"的卦德时分别用了"驯"与"顺"，同文互证，这一点比前人是更有说服力的。

又如，《说文笔记》的第二个字"愬"，下面注云："愬与虩通，《说文》引《易》履虎尾，虩虩训为恐惧，'震来虩虩'，荀慈明本亦作'愬愬'④，虩愬义同；《公羊传》灵公望见赵盾愬而再拜，注曰：愬者，惊貌。"据《说文解

————————

① 据《章太炎说文解字授课笔记》（中华书局2008年版），章氏讲义是由章氏弟子朱希祖、钱玄同、周树人诸人的笔记汇集而成。
② 丁福保编纂：《说文解字诂林》，中华书局1988年版，第9634页。
③ 章太炎：《章太炎说文解字授课笔记》，上海人民出版社2015年版，第403页。钱玄同：《说文段注小笺》，《钱玄同文集》第五卷，中国人民大学出版社1999年版，第279页。
④ 荀爽（字慈明）：《周易荀氏注》，收录于马国翰辑：《玉函山房辑佚书》，上海古籍出版社1990年版。

字诂林》，柴氏所引荀氏《易》、《公羊》注皆从桂馥《说文解字义证》櫽栝而来①，而章、钱二氏的书中于"虢"字下皆简单注曰即"吓"字②，可见此笔记是钱玄同授课笔记的可能性不大。而且"驯"、"愬"二字在《说文》中相去悬远，也不符合授课循序渐进之规律，因此，《说文笔记》极可能是柴德赓翻阅《说文》时的研究札记。这是柴氏在文字学方面遗留的唯一著述，就其内容与分量上看，尚未完备，大概是彼时兴起之产物。章太炎、钱玄同治学偏于经学，而柴氏后来的治学兴趣转向了援庵史学，1933年12月，刚毕业未久在安庆中学教书的柴德赓给陈援庵写了一封信，上面有一句话可以为证："自受夫子之教，顿易昔日之趣。"③柴氏学术生涯有此一变，故终其一生也未能将此《说文笔记》修订发表。虽然如此，这一成果与柴氏亲炙于钱玄同是分不开的。

至于柴德赓为何选择了陈援庵而不选钱玄同呢？还可以从一段材料中窥见端倪。他在《清代学术史讲义》的《叙论》里说：

> 后世人不与前代通声气，完全靠著作论地位，没有著作，身世也就模糊。这是很可惜的一件事。比如近代论学，多推章门弟子。章门弟子中，旧派的有黄季刚先生，新派的有钱玄同先生。他们二位，黄先生说要过五十才著书，钱先生议论很新，著述成书并不多，都是刚过五十便作古人。现在大家都知道黄、钱二先生的学问，再过二百年，就未必这样热闹。到底还是著作要紧。④

钱、黄都没有专著，他们的文集都是后人整理札记、讲义而成，黄季刚（1886—1935）曾言五十以前不著书，可惜四十九岁就去世了⑤。柴德赓认为研

---

① 丁福保编纂：《说文解字诂林》，第5201页。
② 章太炎：《章太炎说文解字授课笔记》，上海人民出版社2015年版，第210页。钱玄同：《说文段注小笺》，《钱玄同文集》第五卷，第238页。
③ 柴念东编注：《柴德赓来往书信集》，商务印书馆2018年版，第152页。
④ 柴德赓：《清代学术史讲义》，第22页。
⑤ 按中国旧式的年龄计算法，黄去世时刚好50岁。

究学术必须有著作传世，这与陈援庵的一贯主张是一致的，陈氏到了晚年还要求柴一年至少要有一篇一万字的文章，这也许是柴氏选择师从援庵的原因之一。至于"重视著述"这一主张是"自受夫子之教，顿易昔日之趣"才有的，抑或是柴氏自己的看法，则不敢断言了。

综上，柴氏所受"章黄学派"中钱玄同的影响是直接的，虽然在文字学方面的影响中途而斩，但在"清代学术史"方面埋下了种子，此种子经太炎之滋育、援庵之呵护，最终长成大树，遂有柴氏在"清代学术史"方面的精深造诣。

二、与章太炎的关系：间接的影响

（一）章太炎的演讲与著述

据《钱玄同日记》，1932年2月29日章太炎赴北平讲学，3月29日，章的弟子马裕藻、朱希祖邀请乃师于31日下午3时在北平师范大学演讲。后又以北平师范大学文学院史学系、国文系、研究院三方名义合请，以重其事①。此次演讲的题目是《清代学术之系统》，史学系大三学生柴德赓是记录者。在柴氏心目中，章氏师徒在学界中算得上"硕彦接踵"（王闿运语），他在《清代学术史讲义·叙论》中即说："近代论学，多推章门弟子。"② 这次太炎来北平避难讲学，钱玄同、马衡、马裕藻、朱希祖、吴承仕、黄侃、周作人等主要弟子先后去陪侍，其余如顾颉刚、钱穆、黎锦熙等非章门的学界时彦也经常来拜山门，他们或论学，或游玩，风头之盛，可谓宾主尽中华之美。仅此次演讲出面的就有章太炎、钱玄同、朱希祖、马裕藻等人，对柴德赓来说，不无"童子何知，躬逢胜饯"之慨。

笔者通过比较章氏《清代学术之系统》一文与柴氏《清代学术史讲义》一书，发现此次演讲给柴德赓留下了极深的印象，以至于多年之后（1947）他

---

① 杨天石主编：《钱玄同日记》（整理本），第849、853页。
② 柴德赓：《清代学术史讲义》，第22页。

在《清代学术史讲义》中还记得章太炎演讲的学术观点:

> 章:戴(震)少时与惠栋曾相见,后来不甚佩服惠氏,因为惠氏所作《明堂大道录》之类,颇多迷信之谈,戴氏颇不以为然。日本人有一戏语,谓惠栋为洪秀全之先驱,我谓惠氏颇似义和团之先驱也。①
>
> 柴:此书(惠栋《明堂大道录》)章太炎力斥其迷信。汉人谶纬之学,本极迷信。惠氏于汉人之说,无不尊信,此所以为迷信也。……若惠氏撰《太上感应篇注》二卷,真可谓迷信了。②

可以看出,在评价惠栋"迷信"时柴德赓继承的是章太炎1932年演讲的说法,而此时距章氏演讲已经过去15年了。细绎《清代学术史讲义》一书可以发现,除了那次演讲,柴氏在疏通清代学术史时,章太炎的很多研究成果也始终是其参照的物件。比如:

在评价王夫之时,柴氏说:

> 赞之最甚者为章太炎,对于《黄书》推崇更至,亦因其民族思想。明末三遗老,王氏埋没二百年。③

在比较黄宗羲、王夫之之优劣时,柴氏说:

> 太炎《文录》一有《非黄》一篇,专讥评黄梨洲,其于船山,则倾倒甚至。此无他,船山民族思想较黄氏为明显,遗民气节亦独高故也。④

---

① 章太炎:《清代学术之系统》,《章太炎全集·演讲集(上)》,上海人民出版社2015年版,第427—428页。
② 柴德赓:《清代学术史讲义》,第94—95页。
③ 柴德赓:《清代学术史讲义》,第69页。
④ 柴德赓:《清代学术史讲义》,第76页。

在评论全祖望时，柴氏说：

> 谢山史学第一，明史第一，宋史第二。影响后世最甚者，为清末之革命，章太炎《章氏丛书》中时用其语。文集而得史学之价值者，惟谢山一人，为清代最特殊之一人。所言无"夷夏"二字，而所言皆是。①

通过以上三段引文可以看出，柴德赓治史时处处流露的民族主义情怀不仅是受陈援庵的熏陶，研读过太炎著述的柴德赓也得到了太炎革命、民族等"好雨"的"无声"润泽，这是他在褒扬船山、谢山时每每提到章太炎看法的原因所在。经笔者粗略统计，《清代学术史讲义》一书中提及章太炎的约有22处，钱玄同、黄季刚各1处。提及钱、黄是在《叙论》中感慨学者著述之重要，二人学问虽大，可惜著述不多。提及章太炎的则大多是在论及重要学者时引用或评判章氏的学术观点。相比之下，书中提及乃师陈援庵的次数相对较少，共有12处，而引用其学术观点的只有4处，其余讲的是陈氏与学术有关的掌故韵事。书中对当时治清代学术史的名家梁启超、钱穆的提及情况又如何呢？虽然在柴氏心目中，梁启超是清代学术史研究的"首创"者②，据统计，提及梁启超者约14处，但只有在评价章实斋时才引了他的观点，其余多是提到名字而已。对于另一位名家钱穆，仅在《叙论》中提及1次。足见柴氏对太炎学术服膺程度之深了，据此可以得出大致的看法：柴德赓治"清代学术史"受"章黄学派"的影响较大，其程度或不在受援庵的影响之下。只不过前者是私淑之、后者是亲炙之罢了。

（二）《中国近代史资料丛刊：辛亥革命》与汤国梨

1949年新旧政权的鼎革对大陆的知识分子来说可谓天翻地覆，这种变革既是宏观历史的裂变，也是个体心灵的裂变。柴德赓与乃师陈援庵一道选择留

---

① 柴德赓：《清代学术史讲义》，第126页。此段文字是在整理《清代学术史讲义》时根据李瑚的笔记补入的。

② 柴德赓：《清代学术史讲义》，第23页。

在了大陆，这是他们长期以来的政治取向决定的，他们认为国家在政党之上，执政党的更迭不影响他们对国家的认同。所以相比于一些自由主义知识分子，他们对共产党的接受是主动的，内心的纠结也少一些。多数学者积极投入新中国的教育事业，再加上大量的思想改造运动，使得个人的学术空间相对压缩了，在国家力量的整合下，学者们被集中起来从事于大型的学术工程。柴氏在新政权成立之后开展的第一件重大的学术事业就是主持"辛亥革命资料"的编撰[1]，开展的具体日期是1951年1月[2]。这部"辛亥革命资料"的编辑，历时六年，后来陆续出版了《辛亥革命》全八册。在该书《叙言》中，柴氏自承：

> 我们接受中国史学会的委托，编辑辛亥革命的资料，开始在1951年。直到今天，才得和读者见面，时间已经六年了。为什么会经过这么长的时间，主要由于资料搜集不易。当我们开始编集的时候，究竟应有多少材料，心中无数。辛亥革命资料困难，有三种原因：
> 一、有的问题，资料本不完备，不易说明。
> 二、有的资料，分散各地，不易搜集。
> 三、有些资料，是曾经被歪曲了的，考订困难。[3]

通读柴氏这几年的日记可以发现，柴氏为了搜集资料可谓"上穷碧落下黄泉"，除了查阅图书馆、档案馆等官方机构的资料，他们还时常邀请参加过辛亥革命的老人演讲，比如章行严（士钊）、叶玉虎（恭绰）等。1955年9月，柴德赓调任江苏师范学院历史系教授兼系主任，该校位于苏州，这是辛亥

---

[1] 关于学者个人学术空间的压缩这一点，可以在陈璧子1955年给柴德赓的书信里窥见端倪："校长（陈援庵）他问您有信没有？有什么学术研究计划？我告诉他您在整理'辛亥革命'资料。他说每年要做一篇一万字的文章。"（柴念东编注：《柴德赓来往书信集》，第15页）陈氏字里行间并没有表示对从事大型文献整理的意见，他本人也极重视资料的整理，但他似乎认为柴德赓已经偏离了本业，并叮嘱陈璧子让他不要荒疏了自己的研究，一年至少要写一篇一万字的文章。

[2] 《柴德赓日记》未刊稿。

[3] 柴德赓：《〈辛亥革命〉叙言》，《史学丛考》（增订本），商务印书馆2017年版，第356页。

革命的重要人物章太炎晚年生活讲学的地方。由于"有的资料,分散各地,不易搜集",柴氏到了苏州之后便走访当地的辛亥老人。章太炎虽然早已去世,但他的遗孀汤国梨先生还健在,汤氏是近代女性革命的先驱,也是辛亥革命的老人。两个月之后的11月30日,他便在一次政协会上见到了汤国梨先生,当天日记载:"章太炎夫人汤国黎(梨)先生亦与会,会后与约往访,汤云正整理先生遗书,辛亥一段已不接头,希余协助也。"汤国梨希望柴德赓协助她整理章太炎遗著里的辛亥一部分,虽然未见有柴氏承担此事的记录,但这也算是他与章太炎的一段缘分。两天后,柴如约往访,"十时诣章太炎夫人,已七十三,甚清健,谈及太炎文集三编外间甚少流行,谓秦力山、焦达峰二传甚有关系,太炎亦甚珍视也。"后来,《秦力山传》、《焦达峰传》被分别收录于《辛亥革命》第1册和第6册①,可见柴氏拜访汤国梨除了对前辈问候,念兹在兹的还是辛亥革命史料的编撰。目前所见柴氏所遗手稿中有一些辛亥革命的史料,据柴念东先生说,有些史料是柴氏从汤国梨先生处借来誊抄的,这些材料多是章太炎在辛亥革命时期的著述。此后,柴氏多次拜访汤国梨,反右运动发起后,柴氏首当其冲,联系遂少。直至1959年11月22日,"太炎夫人汤国黎先生来,数年前曾来□次,今因杭州园林局来函欲迁转张苍水、章太炎坟,来商如何覆书"。始恢复交往。

严格来说,汤国梨不属于"章黄学派"中人,但她是章太炎的遗孀,某种程度上可以代表章太炎,正像何香凝之于廖仲恺、宋庆龄之于孙中山一样,她们除了自己的事业成就之外,更代表着一种国民党元老的身份认同。章太炎去世时柴德赓还是个初出茅庐的后生,他与章太炎的缘分在汤国梨那里延续了下来。

1949年之前,柴德赓治史偏向于明清之际,对清代学术史致力尤勤,而于近代史则鲜有著述,他之所以能主编《辛亥革命》,应该是中国史学会的器重与指派,而中国史学会会长范文澜是柴氏读北平师范大学时的老师,二人师生

---

① 中国史学会主编:《中国近代史资料丛刊:辛亥革命》,上海人民出版社1957年版。

关系亦佳。这套丛书是在马克思主义革命理论指导下编撰的，本来与章太炎的革命学说无甚关系，但在编撰过程中，柴氏因为调任苏州，遂又与章氏家人来往，并抄录了大量太炎早期文稿，此缘分亦足备柴氏学术生涯的一桩公案了。

三、小结

柴德赓在北平师范大学就读时受过钱玄同、章太炎的影响，这些影响主要在"清代学术"与文字学方面，稍微偏向经学，后来兴趣转移，遂改从援庵治史学。柴氏从游于钱玄同之门三年，曾受过奖掖之德，柴氏也为章太炎的演讲做过笔录，并深受其学术观点的影响。钱氏的影响是直接的，章太炎则仅在一次演讲时会过面，其余则通过章氏著述受其影响，所以是间接的。通过柴氏现存的往来书信还可以发现，同他相与过从的章门弟子有沈尹默、沈兼士、汪东等，再传则有台静农等，尤其是台静农，与柴德赓是莫逆之交。纵观柴氏一生的学术事业与交游，柴氏与"章黄学派"关系之深可见一斑。据此，笔者得出一个结论：柴德赓治学，在内容、方法、内在精神等方面传承的主要是援庵学术，但并不完全局限于乃师藩篱，其视野也有不少开拓处。除了个人的禀赋与勤奋，柴氏早年与章太炎、钱玄同的渊源也是他能有这些开拓的远因之一。

（作者单位：兰州大学历史文化学院）

第一销魂是此时
——史树青致柴德赓尺牍杂谈*

朱万章

书画鉴定家史树青（1922—2007）是我单位的前辈，余生也晚，未有机缘与其共事，但却很幸运在多个场合与其有过交集。其中印象最为深刻的一次是在1996年。当时由文物出版社和辽宁省博物馆联合主办的"第二届中国书法史论国际学术研讨会"在沈阳举行，我撰文赴会，恰好史树青先生也在。除见面寒暄请安外，我和他还在一桌共进早餐。记得参加会议的很多学者和工作人员慕其名纷纷向他索取墨宝，他应接不暇，身心俱疲，后来干脆一个也不理，只是呵呵地笑着。在餐桌上，他对此事愤愤不平，嘴里一直念叨："凭什么呀！我欠您的呀！"但有意思的是，第二天他却写了很多字，挨个派给餐厅的服务员，而对向其索字的人员则一个也不送，其耿介的性情，由此可见一斑。后来在北京、上海和广州等地我们还见过面，但均没有太多的印象，唯独在沈阳见面的情景，至今仍记忆犹新。

史树青先生与先师苏庚春（1924—2001）熟稔，两人均为国家文物鉴定委员会委员。在1991年9月6日，由国家文物局邀请专家在中国历史博物馆（即中国国家博物馆前身）外宾接待室鉴定福建厦门送鉴的涉案文物，史树青与苏庚春及刘九庵、杨臣彬、章津才等人参与其事。因这层关系，再加上后来

---

* 原载《文汇报》2019年8月13日。

我调入其曾工作过的中国国家博物馆，因而一直对其学识与行迹极为关注。先是拜读其《书画鉴真》，后获其弟子海国林所赠《史树青金石拓本题跋选》，又购置了《斗室的回忆——史树青先生纪念文集》等书，算是对其有了更深入的了解。近年结识史学家柴德赓（1908—1970）先生之孙柴念东先生，获赠《百年青峰》《青峰草堂往来书札》及《史籍举要》等书（"青峰"为柴德赓别号）。得知史树青于上世纪四十年代毕业于北平辅仁大学，在学期间，他从时任辅仁大学教授的柴德赓游，执弟子礼。在柴念东提供的资料中，惊喜获见史树青致柴德赓信札两通，吉光片羽，遂勾起一段尘封的往事，可概见两位学者早年交游的情景。

史树青1946年致柴德赓函

两信均为毛笔所书，经柴念东考订，分别书于1946年和1947年。第一通书于红色笺纸上，朱丝栏：

青峰夫子大人函丈：

　　日昨陆锡纯君由平抵沈，得悉吾师驾已返平，甚慰。树于中秋前二日赴中正大学之约，来此任教，既到则兴趣毫无。现以讲师名义在中正大学先修班担任国文，周十二时，约二万上下。系主任高亨（字晋生），现仍在蓉，来沈无期也。先修班中，文史方面同人如李泰棻、王森然、齐佩瑢、莫东寅诸君，终日见面，彼等生活仍不寂寞也。树拟寒假后回平，仍渡学生生活，相见不远。沈阳入晚即行戒严，孤城清角，心绪茫然。援翁、狷翁两太夫子祈代问安！

　　　　　　　　　　　　受业树青顿首，九月卅日。

信中陆锡纯为梅贻莹长子,梅贻莹的弟弟为教育家梅贻琦(1889—1962)。系主任高亨(1900—1986)为古文字学家和考据学家。信中涉及的四位先修班"文史方面同人"均为现代有名的学者,且均有过在北京大学就读或担任教席的经历。

李泰棻(1896—1972)为历史学家。王森然(1895—1984)为美术教育家,兼擅绘画。在1932年所著的《近代二十家评传》中,王森然将李泰棻与康有为、章炳麟、王国维、陈独秀、胡适、郭沫若等相提并论,可见在那时,李泰棻已经影响甚巨。齐佩瑢(1911—1961)为训诂学家,著有《训诂学概论》和《中国文字学概要》;莫东寅为民族宗教史学者,著有《汉学研究》和《满族史论丛》。"援翁"为历史学家和教育家陈垣(1880—1971),"狷翁"为语言学家和文献目录学家余嘉锡(1884—1955),两人在此时均与柴德赓任教于辅仁大学。

信中言及此年(1946)中秋前二日,史树青赴沈阳私立中正大学任国文讲师。古文字学家和考古学家李学勤(1933—2019)撰有《忆史树青先生的国文课》一文,谈及自己1946年春季在北京汇文中学初一丙班就读,彼时教国文的正是史树青先生。半年之后,史树青即远赴关东执教。史树青此信与李文相互参证,正好可构成一个完整的链条,显示出史树青早年行迹。而信中所言及

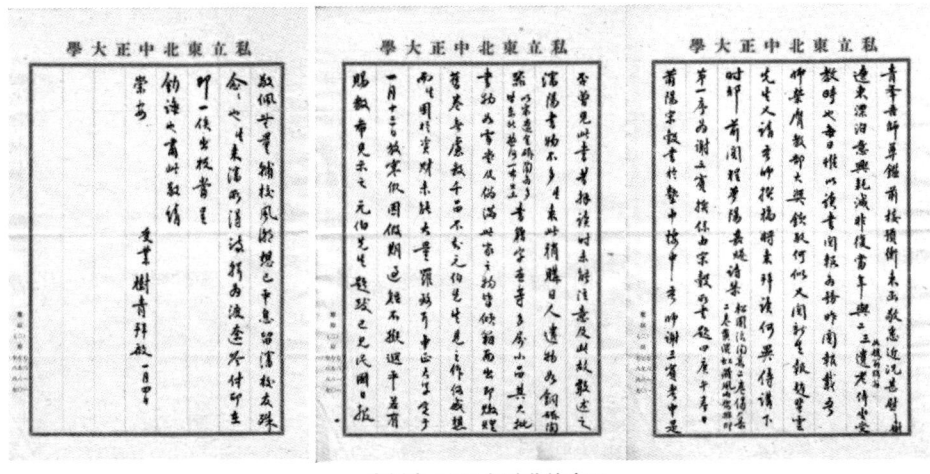

史树青1947年致柴德赓函

的硕儒俊彦，亦可见出史树青早年"朋友圈"一斑。

第二通信写在印有"私立东北中正大学"的信笺上，朱丝栏，三页，左下侧尚印有四个联系电话。全文曰：

青峰吾师尊鉴：

前接预衡来函，敬悉近况，甚慰甚慰。树辽东漂泊，意兴耗减，非复当年与二三遗老（如援翁、狷翁）侍坐受教时也。每日惟以读书阅报为务。昨阅报载吾师荣膺教部大奖，钦敬何似。又阅《新生报》，赵蜚云先生又请吾师撰稿，将来拜读，何异侍讲下时邪。前阅程梦阳（嘉燧）诗集（《松园浪淘集》二卷、《偈厂集》二卷，黄宾虹藏，风雨楼排印），第一序为谢三宾撰，系由宋㲄所书，题曰："庚午春日莆阳宋㲄书于垫巾楼中。"吾师《谢三宾考》中是否曾见此书，昔拜读时未能注意及此，故敢述之。沈阳书物不多，生来此稍购日人遗物，如铜、磁、陶器（以宋辽金磁陶为多，皆东北热河一带出土）、书籍、字画等多属小品，其大批书物如雪堂及伪满世家之物皆倾箱为出，即敦煌旧卷，无虑数千品。不知元伯先生见之，作何感想。而生困于资材，未能大量罗致耳。中正大学定于一月十三日放寒假，因假期过短，不拟返平，若有赐教，希见示之。元伯先生题跋，已见《民国日报》，钦佩无量。辅校风潮，想已平息，留沈校友，殊念念也。生来沈所得诗，辑为《渡辽吟》，付印在即，一俟出版，当呈钧诲也。肃此敬请

崇安！

受业树青拜启，一月四日

信中"预衡"为郭预衡（1920—2010）。史树青于1941年考入辅仁大学国文系，时与郭预衡同班，后二人于1945年考入辅仁大学历史研究所。郭预衡从事古代文学史研究，著有《古代文学探讨集》、《中国散文史》等。"赵蜚云"即文献学与敦煌学家赵万里（1905—1980），著有《中国古代版本史

讲义》《汉魏南北朝墓志集释》等。"雪堂"为考古学家与古文字学家罗振玉（1866—1940）。"元伯先生"为书画鉴定家启功（1912—2005）。信中所言"报载吾师荣膺教部大奖"指柴德赓《谢三宾考》一文荣获1945年度中华民国教育部学术奖励。史树青在《文天祥书谢昌元〈座右自警辞〉跋》中也谈道：柴德赓撰文详述明末遗臣谢三宾两次降清，卖友求荣，恰与宋末名臣谢昌元如出一辙。柴文在抗战期间写就，并获大奖，或有鼓舞民众爱国守节之意，别具怀抱。史树青"因据师说"，对中国国家博物馆所藏名迹《文天祥书谢昌元〈座右自警辞〉》详加考订，正本清源，对前人歪曲史实，于谢昌元文过饰非，严加驳斥。信中提到的"辅校风潮"，是指1946年秋季，辅仁大学学生因校方增收费用而引发的学生运动。

以上两信均写于史树青从辅仁大学毕业后临时执教于沈阳的中正大学期间，信中有问候，也有陈述近况，但更重要的是在字里行间表现出师生间的学谊与风雅，从侧面反映出传统学者、文人交游与治学之道。

史树青跟随柴德赓问学的时间并不长，大抵集中在辅仁大学求学时期，但这段经历却对史树青影响不小。史树青在《读书日记前言》中讲到，在其入读辅仁大学之后的第二月，柴德赓即要求其写读书日记，并言"不记读书日记与学期成绩攸关"。史树青写了读书日记后，柴德赓必手自点评眉批，殷殷之情，溢于言表，如在史树青读姜亮夫《历代名人年里碑传总表》中批阅："此书错误太多，用之宜慎"；在《书道全集》的读书日记中批阅："经史基本书，必当有三数种熟读，方能运用不穷"，"兄阅甚广，读书甚富，故下笔斐然可观。此后要当专精一业，以求深造。不然，虽读遍杂书，终无大成，为可惜耳"，可谓金针度人，示人以门径。两信中所示，即与此相互映衬，可略窥旧式文人之谨严与学行。

此外，在《青峰草堂师友墨缘》中尚有一件史树青于1948年书赠柴德赓的楷书诗札，抄录自作旧诗两首。其文曰：

冷落尘寰髻有丝，春寒恻恻欲何之（用先生句）。而今重过东华路，第一销魂是此时(《甲申春日怀人诗》三十首之一：青峰师)。归来巴蜀又经春，著述千秋准过秦。载籍几多夫已氏，罪名不让谢三宾(《丁亥春日怀人诗》二十首之一：青峰师)。旧作小诗皆怀青峰师之作也，录请诲正，树青。

诗中表达了史树青亲承教泽之感恩之情。值得一提的是，在《青峰草堂师友墨缘》(现已捐赠给苏州大学博物馆收藏)中留下墨宝的有三十余人，学生仅刘乃和、史树青两人，据此亦可略窥史树青在其师心中的地位。

史树青致柴德赓的这两通信札，书法潇洒自如、结体匀整，可见时年二十五六岁的史树青小行书已经颇见功力。李学勤在回忆文章中谈到，史树青在那时还教国文学生怎样练习书法："写字不用夸，先写飛風家。"因"飛"、"風"和"家"三字的笔画结构很难写得停匀。他还强调："若要'家'字好，须得宝盖小。"这些都是史树青先生早年的经验之谈，在信札的书写中亦有显示。其潇洒流利书风与晚年端正、秀雅的楷体有异曲同工之妙。

2019 年 3 月 23 日
于京华之梧轩
(作者单位：中国国家博物馆)

心路历程与家国情怀
——读《柴德赓来往书信集》有感*

沈慧瑛

随着传统书信日渐退出历史舞台,绵延数千年的兼具情感与信息多重功能的书信,越发珍贵起来,既有物以稀为贵的缘故,更因书信承载了远远超越个人叙事的内涵。史学家柴德赓教授之孙柴念东先生,多年来致力于整理祖父的日记与书信等文献资料,编辑出版《柴德赓全集》,今年6月率先推出《柴德赓来往书信集》。这本书信集收录了自20世纪30年代到70年代155个来信者(其中多为个人,少量为单位)的478通书信、诗札,集中反映了柴德赓的社会交往、思想动态、学术事业和家庭生活。

家书是《柴德赓来往书信集》中最温情最写真的一部分,尤其与妻子陈璧子的书信往来,自然流露夫妻之爱,彼此提醒生活琐事,交流对儿孙的教育,可谓夫妻同心。1955年,时任北京师范大学历史系教授兼系主任的柴德赓先生,服从组织安排调到位于苏州的江苏师范学院,创建江苏省属高校第一个历史系,任教授兼系主任,同时筹建苏州市民进。1962年,柴德赓应翦伯赞之邀到北京编写历史教材,接着又协助恩师陈垣点校新、旧《五代史》。其时陈璧子远在苏州工作,夫妻两地分居,他们频频鸿雁传书,倾诉相思,互通信息。有关添置衣服、票证使用、身体状况、人情往来、师友情形、预支工资

---

* 原载《苏州日报》2018年9月29日,收入本文集时,略有修订。

或向人借款还款等,是书信中交流最多的内容,尽管经济拮据时常困扰他们的生活,但他们乐观开朗,统筹安排。偶尔历史学家看着窗外的绿意,想起江南的春色,喃喃说着"我也念着你"的情话。柴米油盐生活之外,柴德赓视妻子为学术上的良友,经常与她探讨讲课、编书、写作等事,倾听意见。陈璧子对他发表在《光明日报》的《试论章学诚的学术思想》一文提出看法,柴德赓由衷表示:"你对文章的评论甚恰当。"1979年柴德赓平反后,陈璧子不顾年迈,全力主持出版了他的重要学术著作《史学丛考》《史籍举要》《资治通鉴介绍》,以告慰含冤九泉的夫君。

师友间的关爱也是《柴德赓来往书信集》呈现的另一个温馨场面。暖流始终流淌在人们的心间,尽管有时会被摧残。作为著名历史学家陈垣的高足,柴德赓和兼有学生与同门师妹身份的刘乃和,对陈垣敬重、关心,令人深感尊师之道的可贵。他们推崇老师的治学风范及其学养,说:"老师的学术地位那是没有话说的了,希望他多养几年,我们能够多学几年。"得知陈垣爱吃油焖笋,而北京难以买到,柴德赓立即委托妻子设法从苏州购买,甚至让她请假到京探望并照顾病中的老师。刘乃和也因陈师的病而着急上火,甚至平添白发,她始终悉心照顾老师,及时与柴德赓通报病情。对师如此,对友也如是,当柴德赓得知"相处八年、论学谈心、颇称知好"的文学家汪东过世的消息时,极为哀痛,接连在两通家书中提及此事,"汪老逝世,闻之痛悼。……论理他是老师一辈,可是他把我当作朋友,也能谈知心话。因此,他的一旦溘逝,对我来说,是衷心悲痛的事"。柴德赓人性的光辉之处,还在于对学生的关心与提携,在于对数十年前房东及其孩子的友善与照顾,书信中零星的文字体现了为人师者的道德风范。1970年,他猝死后被学生的家长安葬在自留地里,善,终得善报。

在特殊年代,即使最温暖人心的家书也会打上时代烙印,情感、婚恋、思想、工作以及社会活动、人生追求等都会与时代紧密结合。中华人民共和国成立后,知识分子通过思想改造等运动融入新社会,如柴德赓的好友汪东、周瘦鹃、程小青等,不断反思自我,投入时代潮流。1957年,除长子柴祖衡已工作外，其余子女或读大学或读高中，在家书中除向父母汇报生活学习外，谈得最多的是政治思想表现。如 8 月 18 日次子柴邦衡致函父母亲，告诉他们已找弟弟君衡谈过，"要他讲话不要随随便便，多加注意，高三这一年社会工作还是要做好，在政治上不能放松"。次年 9 月 16 日，已是北大物理系新生的柴君衡在家书中说，已"向党交心，我交代是比较好的，受到支部的表扬，但我觉得还很不够，更重要的是今后如何能纠正自己的错误思想，沿着又红又专的道路前进"。女儿柴令文更是要求父亲"在这次学习中仍然应当好好的检查自己的右倾思想，社会主义这一关过得怎样，这关系到一个人今后的生活方向"，她还让双亲特别在政治与思想上相互多关心、多帮助。反观早年积极参加学联活动的柴德赓、陈璧子的两地书，除偶尔谈及时势外，则更多表现了温情脉脉的日常生活。

《柴德赓来往书信集》反映了宏大历史背景下普通知识分子的心路历程与家国情怀，展示了柴德赓治学严谨、正直善良、热爱生活、积极向上的个人形象，同时从中可以了解抗战胜利以来人们的生存状态与人生向往。一部书信集，是一部微型而真实的历史，任何个体都无法脱离时代，而私语的书信，丰富了大历史。

（作者单位：苏州市档案馆）

手稿的价值与捐赠的意义

杜 羽

今年5月，柳诒徵先生的藏书被其后人损毁、贱卖的消息在网上流传，引起各界关注。此事的来龙去脉并不十分清楚，有人说，柳先生藏书不多，被毁的并非他的藏书，其手稿、信札保存完好，正在整理出版，不过有几十册日记下落不明。不管真相如何，近些年，学者身后藏书、手稿遗失四散的新闻，总是牵动着人们的心弦。

古往今来，有多少大学者、大藏书家，他们的手稿、藏书，能够传承三五代就已不易。即使是皇家藏书，也难免随着改朝换代而飘零散落。世世代代相传不辍、子子孙孙永宝用，只是一种美好的梦想。把那些具有重要历史文化价值的典籍、手迹归入公有机构，使文献能够得到妥善、专业的保存和充分、合理的利用，成为国人共同的财富，可以称得上是最好的归宿。

2010年1月，柴邦衡先生代表柴德赓子女将柴先生的藏书、著作、照片、书法、信札等200多件捐赠给苏州大学。2017年1月，柴德赓先生嫡孙柴念东先生代表柴家后人向国家图书馆捐赠了《清代学术史讲稿》、《中国历史要籍介绍及选读》两部重要学术著作的手稿，此后又陆续捐赠了部分论文手稿和珍贵照片。其中，《清代学术史讲稿》是20世纪40年代柴先生在辅仁大学历史系讲授清代学术史的讲义，商务印书馆出版了由柴先生手稿和当年辅仁大学学生李瑚的听课笔记整理而成的《清代学术史讲义》；《中国历史要籍介绍及选读》则是柴先生在北京师范大学讲授同名课程时的手稿。柴先生在北京师范大学、江苏师范学院都讲授过"中国历史要籍介绍及选读"课,1982 年,他在江苏师范学院历史系教过的学生许春在、邱敏、胡天法将先生的手稿和部分油印讲义整理成《史籍举要》,经许大龄先生审订、修补后正式出版,广受赞誉。柴家后人的捐赠,既是不计私利、舍己为公的义举,也是他们对柴德赓先生最好的纪念。四十多年前,陈垣先生 1971 年作古后,他的藏书与部分手稿就捐赠给当时的北京图书馆(即今天的中国国家图书馆),柴家后人的义举,使得陈垣先生与柴德赓先生的师生情谊以一种特殊的形式得以延续。

据陈智超先生在《陈垣同志遗稿的保存和整理》一文中介绍,陈垣先生逝世后,家属遵照他的遗愿,将他几十年来珍藏的四万余册图书,大批有很高价值的文物以及多年积存的四万元稿费,全部捐献国家。其中,图书由北京图书馆收藏,文物由北京市文物管理局收藏。遵照郭沫若同志的意见,1972 年 1 月,《二十史朔闰表》、《通鉴胡注表微》等著作的手稿也交由北京图书馆收藏(《中国史研究动态》1980 年第 6 期)。多年来,广大读者不仅能从陈垣先生捐赠的藏书中感受先生的学术人生,而且可以从国家图书馆举办的各种特藏精品展、名家手稿展等展览上,亲睹先生手泽,领略大家风采。特别是 2010 年,国家图书馆、北京师范大学、中国社会科学院历史研究所共同主办"陈垣先生诞辰一百三十周年纪念展";2015 年,国家图书馆、北京师范大学、江门市人民政府主办"傲骨立天地 史学铸丰碑——纪念陈垣先生诞辰一百三十五周年展"。这些专题展览,既展示了陈垣先生捐赠的藏书、手稿,更通过这些藏书、手稿,向公众普及传播了陈垣先生的人生历程、学术成就、爱国情怀。可以想象,柴德赓先生的手稿捐赠中国国家图书馆后,记录着师生两代爱国学者学术历程与人生选择的手稿未来有机会同时亮相,成为一段学术佳话,成为整个民族共同的文化记忆。

拿《通鉴胡注表微》来说。这是陈垣先生在 20 世纪 40 年代在北平沦陷区完成的一部著作。该书发微索隐,阐释隐含在《资治通鉴》胡三省注中的故国之思、亡国之痛,借以抒发学者本人深切的爱国之情。1947 年,柴德赓先生发表《〈通鉴胡注表微〉浅论》,揭示《通鉴胡注表微》中体现的陈垣先生的史学思想、民族感情。柴德赓先生在这篇文章中写道:"陈先生在北平沦陷期间，常常提倡有意义的史学，他在辅仁大学讲《日知录》，讲《鲒埼亭集》，都是从这观点来的。……陈先生是思想、学问、生活打成一片的人，不是徒发空论的。""凡是沦陷期间在北平受过生活煎熬、思想压迫的人，读起来格外有同感，这些话无疑是替大家说的。"在文章的末尾，柴先生说："或许将来有人会做一部'表微之表微'也说不定呢！"其实，后世虽不乏"表微之表微"的文章，但这篇《浅论》也实在是一篇能够与陈垣先生同情的"表微之表微"。

在陈先生的影响下，柴德赓同样以书斋为战场、以纸笔作刀枪，通过学术研究表达自己的爱国情怀。柴家后人捐赠了手写本的《〈鲒埼亭集〉谢三宾考》就是代表。刘乃和先生在《史学丛考·序》中说："1943年他写这篇文章，陈老在辅仁讲'史源学实习'课正用《鲒埼亭集》作为课本（陈老讲此课，每年课本有变换），陈老用讲此课的内容，以寄寓'故国之思'，宣传爱国思想，痛斥卖国汉奸。柴先生受陈老影响撰写这篇文章，对晚节不保、两次降清的谢三宾予以批判，以表达他热爱祖国的民族意识。"柴先生自己说："本文不仅为《鲒埼亭集》作注脚，亦为晚明史上了一公案，至于辨忠奸，析义利，则本亭林'文须有益天下之旨'，亦乱世著书征微意焉。"可见陈垣先生在此时讲授《日知录》、《鲒埼亭集》对柴先生的影响。

可以想见，如若陈垣先生的《通鉴胡注表微》与柴德赓先生《〈鲒埼亭集〉谢三宾考》两种原始文本未来能够在国家图书馆同时展出，虽然斯人已去，但睹物思人，两代学人以著述的形式相互激励、抒发赤诚之情的历史场景，必将激发人们的爱国热情，鼓舞更多后学投身学术。

无论是陈垣先生的著作，还是柴德赓先生的名篇，早已排印发表，并且一版再版，化身千百，泽被后世。然而，这些原始的文本仍然不失为珍贵的文物，需要世世代代细心呵护。金家瑞先生回忆，1942年暑假，还是辅仁大学二年级学生的他到柴府拜访，"当时柴师正撰写长篇论文《〈鲒埼亭集〉谢三宾考》，全篇共六章，我代为誊抄了四章。柴师笔走龙蛇，写作速度极快，平均三天脱稿一章，随写随抄，许大龄也帮助抄写了两章……"许大龄先生也记得，"在他南行前一年，他写了《谢三宾考》一文，其中一部分就是分给我誊写的"。这些手稿，纸张泛黄，墨迹犹新，无论是柴先生亲手书写，还是指导学生誊抄，都能带领我们回到那个已经略显久远的历史时空之中，同先贤同呼吸、共思想，是标准化的印刷文献所不能取代的历史记忆。

2017年7月，因受命撰写一篇关于培育"国家观"的短评，我想到了陈垣先生、柴德赓先生为代表的老一辈爱国学者，也想到了两位先生后人的捐赠义举，随即以《国家观培育离不开公共文化空间》完成了一篇小文在我供职的媒体发表。现将该文的两段内容抄录于下，作为本文的结尾，并表达对先生们的怀念以及对他们后人的敬意：

一部书稿，一幅画作，一件器物，一部戏剧，原本只是一个人或少数人的创造，但一旦进入公共文化领域，其所承载的知识、情感、道德观念就为大众所共同享有。在公共文化空间，人们同读一本书、同赏一幅画、同看一场戏，不仅收获个人知识的积累、情感的丰富，而且使自己与前代人、同代人乃至后代人发生了关联，每个人的国家观、历史观、民族观、文化观就在这些过程中被不断改写。

欣赏着五色水墨，抚摸着秦砖汉瓦，吟诵着唐诗宋词，无论来自长江之滨，还是黄河之畔，无论生活在白雪皑皑的北国，还是椰风海韵的南疆，中华儿女都能体会到先民筚路蓝缕的艰辛，能感受到数千年辉煌文明带来的荣耀，当然也会想起百余年来所遭受的屈辱和不懈的抗争。正如前人所说："中华之名词，不仅非一地域之国民，亦且非一血统之种名，乃为一文化之族名。"

…………

接续着前人对国家的深情，陈垣、柴德赓的后人把珍贵的手稿捐归国有。这些手稿与实体或网络空间中每个具体而微的文化载体一道，共同构成了对民族历史文化的叙述，需要每个人去了解、去传播。共识需要以共同的知识、共同的情感为基础。

2018年10月

（作者单位：光明日报社）

《中国历史要籍介绍》学习笔记读后

崔 珏

1957年崔曙庭听课笔记

1957年秋，父亲崔曙庭考取江苏师范学院柴德赓教授的研究生班，学习"中国历史要籍介绍"和"文选"课程至1958年夏。之后因工作需要，提前结束学习，回到华中师范学院。尽管如此，一年中聆听柴先生讲授"中国历史要籍介绍"并得到悉心指导，收获很大，终身受益。他至今保存着60年前的听课笔记，足以表明对这段学习经历的珍视。1982年，这门课程的讲义经整理由北京出版社出版，这就是在史学界产生了重要影响的《史籍举要》。

笔记详细记录着一年的学习内容，主要内容与《史籍举要》基本相同。认真对照比较，还是可以发现柴先生讲课过程运用的材料更加丰富，对一些问题所持的观点更加鲜明，也有部分未收入《史籍举要》公开出版的内容。这里，粗略归纳如下几点：

一、介绍版本，指点门径

版本介绍是阅读史籍必不可少的基础知识。父亲在回忆录中曾谈到柴先生讲课深入浅出并结合实际，在讲授"要籍介绍"的课程中，还讲目录学和清代职官制度等内容，结合目录学的内容，会带着学生去学院图书馆古籍部，一部一部图书取出来，说明其部帙分量、出版书局、不同版本等，让人印象深刻。还专门请苏州一些旧书店的人员来介绍古籍鉴别知识，使大家受益匪浅。李秋沅老师在《柴德赓先生〈史籍举要〉读后》一文中也谈到"介绍版本，切实可用"，柴先生在介绍各部史籍时都有版本一项，一是介绍该书现存的善本及常见的版本，二是指出不同版本的异同及使用时应注意的问题。这就为有志于史学的青年指点了治学的门径。

笔记中，有不少史籍版本的介绍十分详细，例如《资治通鉴》，从对宋版通鉴的考据到元版胡刻本的介绍，再到现今最常用版本的情况，都做了详细梳理，各种版本存在与否、完整与否以及特点、用途，对如何选择版本，使用过程需要注意哪些问题，都做了详细分析：

最早应该是元祐本，今不可见。今日留下最早者为绍兴二年余姚刻本。百衲本通鉴只一百七十六卷。《四部丛刊》有一部，号称余姚本，实避讳至光宗止，可见是光宗时或更后一点。只有北京图书馆所藏绍兴二年余姚本二百九十四卷是足本。考异、目录有单刻本。宋刻本不好念，因无注。只便于作校勘用。

胡注有元刻本，但今日不见。清嘉庆二十一年江西鄱阳胡克家复刻元本，他曾得到过元刻本。这是现存胡注的好本子，称胡刻本。胡注、胡刻不同，是两个人。以后注本多沿胡刻本。江苏书局复刻胡刻本，二〇七卷为胡刻旧版，是从鄱阳胡家取来老版，后八十七卷为复刻胡本。这件事莫友芝曾在序中说明，莫友芝是贵州独山人，著有《郘亭知见传本目录》，是藏书家。武昌书局也刻了一部，版本一样。

商务印书馆的排印本分六十册，有句读，比较方便。近年中华书局新印标点本，十大册，选用清胡克家复刻的元刊胡注本，参考章钰《胡刻通鉴正文校宋记》。章钰作的《胡刻通鉴正文校宋记》，据宋刊本九种、明刻本一种及前人校记，校出胡刻本误字，是《通鉴》的最佳校本。通鉴的点校由北京吴晗组织十二位历史教授，一人点，一人或二人校，把校注放在原文下，每年加注了西历。中华书局的点校本是现今最好的版本。

二、把握史籍特点与史料价值

每部重要史书，柴先生都会详细介绍作者、修史背景、史料来源、编撰方法和价值，为学生了解源流，加深对史书的认识提供了很好的帮助。对史书的特别之处，会进行专门分析和考据，提出自己的判断和观点。

笔记中显示，柴先生讲课中几次提到《五代史志》与《隋书》的关系。唐修五部史书，即梁、陈、齐、周、隋，均无志，乃一起修一部志，称《五代史志》，记载梁、陈、齐、周、隋五代的典章制度，放在《隋书》中。修《五代史志》和修《隋书》不是一回事，因为隋为最后一代，附入《隋书》比较方便而已，分别题名会比较妥当。《隋书》八十五卷，其中本纪、列传五十五卷，志三十卷。此三十卷志，即《五代史志》，是极为重要的。例如《食货志》，虽然只有一卷，但内容包括五朝，总结了南北朝后期的经济情况，如均田、租庸调、钱币制度等。北朝以均田为主，采用租庸调，南朝以赋税为主。隋开皇三年及十二年的均田，称"均天下田"，是否普及南方？《旧唐书》中也记载不清楚，一般以为南方未均田，南朝的经济制度仅载赋税、钱币制度，这些值得研究。此外，《隋书》中《陈稜传》有"击流求国"的内容，有《流求传》记载了琉球国的居民、社会、经济以及与大陆的联系等，最早记载台湾情况的史书，也是关于琉球最早的文字记载，有很高的史料价值。

介绍史籍的编撰方法时，柴先生大都从体例、内容、立场观点等角度讲述，而在讲述《梁书》、《陈书》时，还专门论及文字方面的特点，指出："姚氏采用古文，到唐韩、柳时大兴，实肇于姚氏。"

　　六朝以来，文坛上盛行讲究排偶、辞藻、音律、典故的"骈文"。骈文中虽有优秀作品，但有大量形式僵化、内容空虚的文章，华而不实。中唐时期，韩愈、柳宗元等人提倡学古文，习古道，以质朴自由、散行单句的文字风格反映现实，表达思想，兴起了古文运动。不少人将古文运动追溯到陈子昂，也有人提出到姚氏。如清代史学家赵翼在《廿二史札记》中说："世但知六朝之后古文自唐韩昌黎始，而岂知姚察父子已振于陈末唐初也哉。"柴先生赞同赵翼的观点，认为姚氏父子以散体行文，文风质朴，形式自由，与当时盛行的骈文完全不同，由此开启了唐代古文革新之风。正是基于对各部史籍特点的全面了解以及深入研究，才能提出自己的观点并立论有据，为后学提供启发和帮助。

三、重视开创性，强调思想性

　　《史记》是具有开创性的史书，是中国古代第一部通史，是后世纪传体史书的开山鼻祖。《史记》一百三十卷，记事时间从传说中的黄帝到汉武帝，是古代第一部大书，在中国史书中地位最高。对这样一部重要的史书，柴先生详细介绍了作者、体例、史料来源、价值和版本。他分析《史记》的价值，不仅是对书的评价，很大篇幅是对司马迁的评价。认为司马迁是一位大史学家，史学修养高，作《史记》有继"春秋之义"在内，故能站在较高的认识水平上，俯察两千多年来的政治、经济、军事、文化及形形色色的历史事件与人物，阐明自己的看法，成"一家之言"。《汉书·司马迁传》中："自刘向、杨雄博极群书，皆称迁有良史之材，服其善序事理，辨而不华，质而不俚，其文直，其事核，不虚美，不隐恶，故谓之实录。"柴先生认为《史记》不仅史料来源丰富，取舍谨慎，而且思想性可贵。刘知幾提出史家三长的才、学、识，司马迁可当之。以"才"论，组织史料是大才，"学"是对以往之了解，"识"是能看出问题，不是人云亦云，而是有自己的看法。这些看法，以我们今天的立场看都是可取的，虽然不能要求和今天一样。在他的书中，人民性很强，贯彻始终。如对农民起义的态度，将陈涉入世家。对社会贫富不均，他提出反对，并反对天命。在《游侠列传序》中讲："窃钩者诛，窃国者侯；侯之门，仁义存。非虚言也。"这里包含的人民性和现实主义，不同于当时的一般人，实在了不起。过去很多人只欣赏其文章，而不能见其思想也。

一般以《史》、《汉》并称，当时和后世对两部史书有各种比较和评价。柴先生在评价《汉书》时列举三方面优点：一是史料价值高。从史料看，《汉书》是重要的。特别是志的部分，在经济方面提供了不少资料，《史记》只是在《平准书》中提到一点，而《汉书·食货志》为后世史学家开一道路，很重要。从其中可以了解很多经济问题，如土地、赋税、盐铁、钱币等等。又如《地理志》，一部分根据《禹贡》，但叙述疆域沿革、土地好坏以及风俗、物产、人口等，后世的史家，未能继其例也。《艺文志》，文化的总结，书籍、学术源流，是目录学之祖。总之，十志比八书还好。《汉书》之八表，如《百官公卿表》，简单有用。《古今人表》，只有古人而无今人，划成九等，其后之九品中正，行于魏晋，实始于东汉初。纪传也有史料价值。二是专史体裁可取。从专史来看，头尾完整，包括二百三十年，多方面都有，政治、经济、文化均有，是研究汉史唯一之书，断代史、专门史也是一种做法。三是文章好。叙事清楚，文笔好。文笔不工，史事也不易明。因此班、马并称，是有原因的。

对于《汉书》的缺点，柴先生认为最突出的是缺乏思想性，中庸和平的思想多，对于社会的现实情况提出自己观点和看法少。钱大昕曾说："《史记》一家之书，《汉书》一代之史。"思想性方面《汉书》不如《史记》，甚至不如《后汉书》。

四、既系统讲述又突出重点

（一）系统介绍基本史籍

从笔记的记录看，研究生班开设的"中国历史要籍介绍"课二十四史从

《晋书》开始讲起至《清史稿》(前四史及先秦部分笔记是参加其他班听课记录的),共用二十五周,编年与纪事本末及典章制度用十一周。从总体上看,柴先生把这门课的重点放在介绍纪传体史书,也就是二十四史,这是中国古代史书的主体。编年体史书着重介绍《资治通鉴》,对纪事本末、政书、传记、地理这几类书也有介绍。

在《史籍举要》"纪事本末类"部分,主要介绍了《通鉴纪事本末》、《宋史纪事本末》、《元史纪事本末》(附)、《续通鉴纪事本末》(附)、《明史纪事本末》、《左传纪事本末》六种,柴先生在书中讲道:"以上所讲五种纪事本末,加上张鉴的《西夏纪事本末》三十六卷、李有棠的《辽史纪事本末》四十卷、《金史纪事本末》五十二卷、杨陆荣的《三藩纪事本末》四卷,即为坊间所通行的'九朝纪事本末'。"

从笔记中看,柴先生1958年5月23日至6月4日讲授"中国历史要籍介绍"纪事本末部分,系统介绍了"九朝纪事本末",未收入《史籍举要》的四部书,笔记内容如下:

> 《辽史纪事本末》四十卷、《金史纪事本末》五十二卷,李有棠作。
>
> 李有棠,江西萍乡人,时为峡江县训导,书成时代是光绪十九年,其弟李有棻为之作序,辽金二史纪事本末完成共花十多年。《宋史纪事本末》已有辽金之事,不过简单一点。而李有棠同时作辽、金二史的纪事本末。书前均有凡例,如《辽史》十二条,《金史》十一条。一卷一题,二史共九十二题。比较难的地方,官名、人名、地名很麻烦。而他收集的材料,有一百四十种。其中有考证和注释,而注明最多的是人名、地名。
>
> 此书讲政治、军事多,经济、文化少。无论,但是编书中也可见其政治态度。如金之物力推排之制、签军之制、猛安谋克之制,没有记载。而金南渡之后,有十二事,有群盗辄服,即镇压农民起义之事,如红袄军、花帽军,材料不少。而金亡国时,卷五十一、卷五十二有"南渡忠谏诸臣"、"末造殉节诸臣"。可见李有棠是支持金

《西夏纪事本末》三十六卷，张鉴作。

张鉴，浙江乌程（湖州）人，乾道时人，是文学家和史学家，著有《冬青馆甲乙集》，谭献为之校，汪日桢也为之审查。西夏时间长，未有专史，而附于《宋史》中。清人想作西夏书，如洪亮吉的《西夏国志》，未见传本。吴广成作《西夏书事》，但很简单。民国戴锡章作《西夏记》，详于吴书。直到发现西夏文，有些问题，就易于弄清楚了。而张鉴收集36题的材料，也不容易。资料从《宋史》、《辽史》、《长编》、《金史》等书中搜集而来。他的书中有地图、年表，其中《陕西五路之图》、《西夏地形图》是来自《范文正公集》。年表外，尚有《职方表》。这在以往纪事本末体史书中是没有的。我们认为讲西夏的书不多，这本书还是有参考价值的。

从思想看，还是以宋为主，而不是前几个纪事本末那样作哪朝，相哪朝。张鉴用宋之年号，没有西夏之年号，以宋的纪年为正统，元昊入寇，卷十《元昊僭逆》，便可见。

《三藩纪事本末》四卷二十二篇，杨陆荣作。

杨陆荣，江苏青浦人，从序中可见作于康熙五十六年。三藩，即福王（朱由崧）、唐王（朱聿键）、桂王（朱由榔）也。鲁王（朱以海）不在内，因唐王与鲁王争正统，妥协以唐王为主。作者站在清的立场作书。记遗民起义失败者，均称之为杀乱。自序中有一段话，可见作者的立场："闯成肆逆，祸及君后，明之子孙臣庶不能讨，圣朝念万古君臣之义不可以不正，赫怒兴师，逆成西窜，胜朝不共之仇藉以复焉。真人出而大难平，乾坤之位定矣。"对农民污蔑，对清朝夸张歌颂。

《四库全书》列于《存目》中。至于讲明末之事，以明人记载为好。讲此书，因为在"九朝纪事本末"故也。也有"七朝纪事本末"，乃去辽金而言。

（二）着重介绍有重要史料价值的书籍

对前四史、《资治通鉴》等书的介绍非常详细，当年柴先生为研究生班讲《资治通鉴》用了三周时间。又如典章制度部分，"十通"都有介绍，但重点是《通典》、《通志》、《文献通考》，认为"续三通"、"清三通"的编写不够好，因此讲得比较简单。

从笔记看，对后面几部书只做了简明扼要的介绍：

《清通考》，新目录中有八旗田制、外藩（蒙古王公）等新内容，同时删去了一些，如车战、均输、和买等，与《通考》不全一样。

总之，"续三通"和"清三通"均以《文献通考》为主，二十年后再修《通典》、《通志》。

以上汇总起来，称为"九通"。一般的典章制度，便可以备查，是检索的工具书。后来商务印书馆本"十通"，是"九通"之外，加上清末民初刘锦藻所著《续皇朝文献通考》。

《清续文献通考》，三百二十卷，刘锦藻作。

刘锦藻，湖州乌程人，光绪时人，以《清通考》迄于乾隆二十六年，取而续之至光绪。此书从前不易得到，后商务印书馆印"十通"，故研究清的典章制度，材料就比较齐备了。

柴先生认为，明清之际，史料档案俱存，数量多，可参考的史料非常丰富，还有不少书可用，不一定只依靠"九通"、"十通"。《大明会典》比《续文献通考》还详细，而《大清会典》也存在，可以查。清又有《八旗通志》二百五十卷，比《清文献通考》详细，是官书。讲礼的部分还有《满洲祭神祭天典礼》，介绍了关外风俗，不同于明之风俗。法律方面有《大清律例》。其他专著还有不少。除了上述这些官书，人民方面的书也另有一些，如《天朝田亩制度》，从近代史讲是重要的书。从这里可以看出，柴先生学识渊博，对清代学术源流和史学成就了如指掌，介绍起来自然如数家珍，也令听者思路大开，深受裨益。

笔记末页，还记载了当时为研究生班专门开设的学习书目，包括六十余种七百多册图书，目录学要籍基本包括其中。从这里我们也可以感受到柴先生当年对青年史学工作者的悉心培养和关怀。

2018 年 9 月 10 日

（作者单位：广州市社会主义学院）

潇洒流畅　学者风范

——记著名历史学家柴德赓先生的书法成就*

邹典飞

柴德赓先生是中国近现代著名的史学家，作为陈垣先生的得意弟子之一，柴先生精通文史，成就卓著，他还工于诗，擅长书法，是20世纪重要的学者书家之一。在20世纪书坛中，柴德赓先生堪称集书家和学者于一身的人物，他的书法传统功力深厚，且具有史学家的深邃和浓郁的时代特色，故此其书风独具风神，颇值得深入研究。然而随着时代的变迁，柴先生的书法较少被人关注。承蒙柴先生之孙柴念东老师提供资料，笔者得瞻柴氏书法之真容，故此萌生了撰写此文的想法。

一、关于柴德赓书法的研究现状

1976年，作家吴令湄曾在香港《书谱》杂志上刊发《陈援庵门下三书家》[①]一文，"三书家"即指陈垣先生在北京大学任国学门导师时的三位弟子董作宾、台静农、庄尚严，此文高度评价了他们的书法成就，此三人在1949年后主要活跃于中国台湾。近现代学术界亦有"陈门四翰林"之说，"陈门四翰林"分

---

*　原载《艺术品》2018年第12期，收入本文集时，略有增订。
①　吴令湄：《陈援庵门下三书家》，书谱出版社编：《书谱》1976年第10期，第12页。

柴德赓书《毛泽东诗词三十七首册页》(局部)，1964年

别为柴德赓、启功、周祖谟、余逊，他们则于1949年后留在中国大陆。笔者认为论书法"陈门四翰林"无论是功力还是水平，均与"三书家"等埒，且他们的书法似乎更能展现出对陈垣先生书法的传承。柴德赓先生作为陈先生的弟子，他的书法在承继陈门书学的基础上，转益多师，博采众长，逐渐形成自己的书法面貌，堪称陈门弟子中书艺卓绝者。

柴德赓先生的一生主要致力于史学研究，书法虽被视为翰墨余事，但他生于清末民初，深受时代的陶染，早年受过系统的书法训练，入京后师从陈垣先生，深得陈先生嘉许，并受京城文化圈的影响。居京期间，柴先生与诸多学者文人交流往还，诗文唱和，风雅一时，由于他拥有较高的交游圈，书艺得以进一步升华。20世纪五六十年代，柴先生的书法创作进入了最佳时期。1964年8月，他为人书写毛泽东诗词三十七首册页，刘乃和先生评之曰："笔法跌宕，刚健有力。"①柴先生也自认为是其书法"大进"后的精品。时人认为他的书法代表了陈门书法的较高水平。然天不假年，1970年柴先生去世，未能将其书法进一步发展。

目前收录柴德赓先生书法作品的出版物有《柴德赓书法选》②、《百年青峰》③等，论文有刘乃和撰《柴德赓的书法》④。《柴德赓书法选》、《百年青峰》保存了丰富的柴德赓先生书法作品，主要来自先生家藏，为了解柴先生的书法风格演变提供了资料。而刘乃和先生作为柴先生的弟子，亦是陈垣先生的弟子和助手，与柴先生交往时间很久，感情深厚，加之刘先生亦精于书法，

---

① 刘乃和：《柴德赓的书法》，载何荣昌、张承宗主编：《青峰学记——柴德赓教授纪念文集》，江苏文史资料编辑部1992年版，第207页。
② 《柴德赓书法选》，1998年版。
③ 何荣昌、张承宗、张邦衡主编：《百年青峰》，苏州大学出版社2007年版。
④ 刘乃和：《柴德赓的书法》，载何荣昌、张承宗主编：《青峰学记——柴德赓教授纪念文集》。

故此其文章堪称深入了解柴德赓先生书法的重要参考。

二、柴德赓书法风格的形成

（一）早年的书学经历

通过柴先生的传记资料和刘乃和先生文章可知，柴德赓先生5岁入私塾，自幼即练习书法，他生于晚清末年（1908），此时科举制度废除，馆阁体书法退出历史舞台，碑派书法逐渐成为书坛的重要风格。柴先生早年在家乡浙

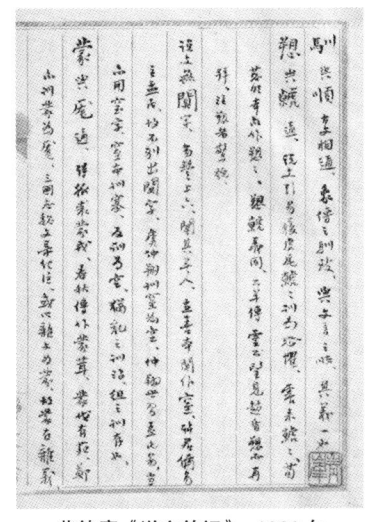

柴德赓《说文笔记》，1930年

江诸暨读私塾，习书受到馆阁体的一些影响。据笔者研究，清末民初在中国许多地区从事私塾教育的教师多具有前清科举功名，他们早年受过严苛的馆阁体训练，主要师法帖学，即使在辛亥革命后，全国大部分城镇乡村的教师群体较少接受新思想，出国留学者更是微乎其微，故此笔者推断柴先生早年习书是从馆阁体入手。谈到馆阁体，清代"馆阁书逐时而变，皆窥上意所在。国初，圣祖（康熙帝）喜董（其昌）书，一时文臣皆从之，其最著者为查声山（查昇）、姜西溟（姜宸英）。雍正、乾隆皆以颜字为根底而赵（孟頫）、米（芾）间之，俗语所谓墨圆光方是也。然福泽气息，无不雄厚。嘉庆一变而为欧（阳询），则成亲王始之。道光再变而为柳（公权），如祁寿阳（祁寯藻）其称首者也。咸丰以后则不欧不柳不颜"[1]。由于目前笔者未曾见到柴先生的早年作品，因此较难推断他习书最初的取法，但估计不出欧阳询、颜真卿、柳公权、赵孟頫四体。从目前可见柴先生最早的行书作品（1930年《说文笔记》手稿）看，柴先生书法用笔宽博，楷书早年取法颜真卿的可能性较大，基本上奉行帖学传统。

---

[1] 欧阳兆熊、金安清撰，谢兴尧点校：《水窗春呓》，中华书局1984年版，第61页。

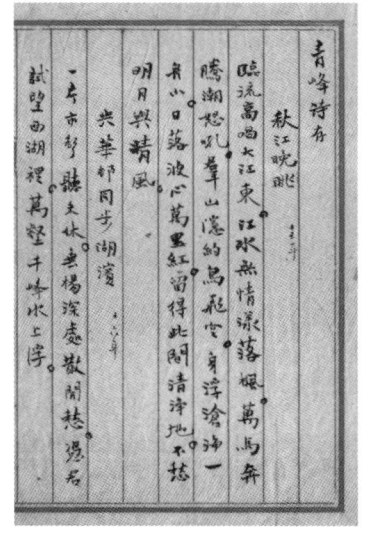

（二）入京后转益多师

1929 年，柴德赓先生负笈北上，考取北平师范大学史学系，并成为陈先生的重要弟子。这一时期，柴先生用毛笔治学著述，留存了一定数量的书札和文稿，为了解柴德赓先生早年书法面貌提供了重要的资料。目前可见的柴先生最早的书法作品为1930 年的《说文笔记》手稿，此作以行楷书写，用笔朴拙，清新可喜，一派清贤帖学风范，有宋米芾书法的遗意。次年柴先生自作《青峰诗存》手稿秉承了前者的风格，书法字体中宫较松，字形较扁，用笔凝重，展现出他早年的书法风貌。

20 世纪三四十年代，柴德赓先生的书法出现了明显的变化。据柴念东老师讲述，自20 世纪 30 年代，其祖父习书甚勤，书法除早年受私塾教育外，习书主要受张宗祥、沈尹默、陈垣三位前辈的影响。笔者结合张、沈、陈三位先生的书风特点，谈谈其书法对柴德赓先生书法的影响。

1. 受张宗祥先生的影响

柴德赓先生与张宗祥先生交往大约在20世纪 30 年代，张宗祥为中国近现代著名的书坛泰斗、文史大家，曾历任浙江图书馆馆长、浙江省文史馆副馆长、西泠印社第三任社长等职，张先生长柴先生二十余岁，为柴先生的前辈，是一位集学者和书家于一身的人物。

张宗祥早年楷书习颜真卿《多宝塔碑》、《麻姑仙坛记》，行书宗王羲之《二谢帖》、颜真卿《争座位帖》，民国以后改习唐李邕，对李氏书法钟爱有加，习李邕《麓山寺碑》、《法华寺碑》，后亦涉猎北碑，如《张猛龙碑》、《龙门造像》等，同时兼习汉隶《史晨碑》、《西岳华山碑》。张宗祥是一位主张碑帖结合的书家，早年书法有"颜底李面"之称，他最擅长者为行书、草书，并服膺清代碑学理论家包世臣倡导的"气满"之法，他认为："观书者，都是先观其气象，而以笔法为枝节的。"① 他还谈道："写字要气满。气满，乃能积健为雄"②，作书气满才能酣畅淋漓，气势如虹。张先生作书首重气息，但对布白亦十分注意，其法每字看似"各自为战"，实则如老将将兵，法度井然，灵动而秀逸，给人以浑然一体之感。同时张先生还提倡作书要有书卷气，需胸罗万卷书，方能下笔传神。晚年他的书法将二王、唐楷帖学书法融汇北碑的雄健，在此基础上借鉴了清至民国时期的碑派书法，形成了自身独有的书法面貌。张宗祥先生与柴德赓先生交往之时正值壮年，书风雄健飘逸，笔者曾见柴先生20世纪30年代身后悬有张先生书法之旧照，而通过柴德赓先生的书法亦可以寻觅其受张氏书法影响之处，尤其是在于气息的把握，此种气息始终充盈于柴氏书法之中。1965年，柴先生创作《毛泽东采桑子·重阳》行草书，用笔气息即与张先生颇为相近，柴先生深谙张宗祥倡导的包世臣作书"气满"之法，但略有不同的是柴先生笔法得沈尹默先生点拨，多取王羲之"内擫"之法，与张先生作书标榜王献之"外拓"之法略有小异。"内擫"所尚者为骨气，"外拓"重以筋力，张宗祥早年习李邕，李氏宗王献之较多，故多用"外拓"之法，亦以筋力胜，之后张氏书法融汇北碑、汉隶，书法尤为爽朗雄强。柴先生作书，全力标榜"二王"书风中之"大王"，多以"内擫"之法，重骨气，故而他的草书从张宗祥处有所借鉴，但格调在唐而非晋，与沈尹默帖学书法颇为近似。

　　柴氏书法在深厚的帖学基础下追摹晋唐，用笔潇洒流畅，无一丝停滞和

---

① 宣大庆：《潇洒风流 "北海"再世——析张宗祥的书法艺术》，载《张宗祥书苏诗行草卷》，浙江人民美术出版社1993年版，第32页。

② 宣大庆：《潇洒风流 "北海"再世——析张宗祥的书法艺术》，载《张宗祥书苏诗行草卷》，第32页。

懈怠之态，深得唐孙过庭提出的"草以点画为性情，使转为形质"①的理念。因此，柴先生作书较张宗祥更为谨饬，于法度有所钟情，可以说柴先生是将史学家的深邃融入其书法之中，始终保持着严谨认真的创作态度。

1962 年，张宗祥先生题赠柴先生《纪念杜工部一章》诗："诗律唐朝盛，先生致力深。群儿岂能谤，百鸟尽皆瘖。正直乾坤气，忧伤家国心。草堂隔天末，长恨未登临。"②此为张宗祥晚年草书精品，从此作品来看，张柴二先生书法已呈现出不同的面貌。但柴氏书法确实曾受张氏书法之影响，刘乃和先生在《柴德赓的书法》一文中谈到柴先生书法"曾得张宗祥先生之传"③，亦是柴德赓先生取法张先生之确证。

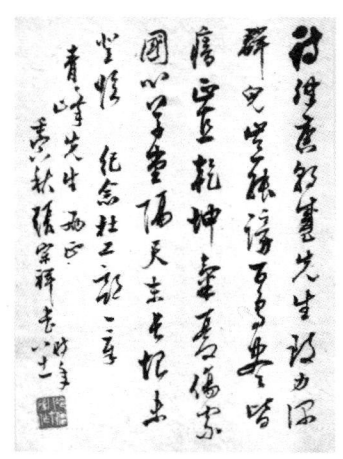

张宗祥题赠柴德赓《纪念杜工部一章》，1962 年

2. 受沈尹默先生的影响

柴德赓先生与沈尹默先生的交往可追溯到 20 世纪 30 年代，沈尹默是中国近现代杰出的帖学大师之一，撰有《书法论》《二王书法管窥》《学书丛话》等作。他曾与陈独秀、李大钊等人轮流主编《新青年》，是新文化运动的领袖人物之一。历任北京大学教授、河北省教育厅厅长、北平大学校长、北平研究院史学研究会研究员、中央文史馆副馆长等职。沈先生年齿小张宗祥先生一岁，长柴德赓先生二十余岁，为柴先生的前辈，他是近现代帖学书坛中的领军人物之一，具有很高的威望和影响力。

在书法上，沈尹默早年师法清人黄自元临《九成宫醴泉铭》，后改学欧阳询、赵孟𫖯，兼学篆书，取法清人邓石如。青年时摒弃前学，师法碑学，遍临北碑名品，其中以《张猛龙碑》用功最勤，他将北魏雄强朴质广泛吸纳。1930

---

① 孙过庭撰：《书谱》，上海书画出版社编：《历代书法论文选》，上海书画出版社 2000 年版，第 126 页。
② 《师友墨缘册》，载何荣昌、张承宗、柴邦衡主编：《百年青峰》。
③ 刘乃和：《柴德赓的书法》，载何荣昌、张承宗主编：《青峰学记——柴德赓教授纪念文集》，第 207 页。

年，沈尹默以碑融帖，广泛临习晋唐名家书法，细心追摹，以汲取帖学中之精华，梳理了二王书风之后书法发展的脉络，开启了现代行草书法的复兴之门。沈尹默作书主张"笔笔中锋"，他认为中锋乃是书法中的根本大法，并信奉终身。纵观沈尹默书法，其楷书及行草书成就最大。他的楷书笔法精严，中宫收紧，再现了盛唐书风之法度，于圆润处现劲挺，但格调却在隋人之后。他的行草书，则似唐人习晋人书，韵致不如海派书家白蕉，较笔法则过之。其书法高妙之处在于将唐人笔法中苍润自然和碑学中雄强刚劲相结合，融碑骨于帖，达到了一种精熟圆润，醇厚儒雅的境界，这种书风区别于碑派书家吴昌硕、康有为、于右任等出帖入碑的风格，而是出碑入帖。然美中不足者，缘于沈尹默性格拘谨内守，作书笔法繁复，略显刻板。在一些时辈人眼中，郭绍虞对沈尹默的评价最为中肯，云："在书法艺术方面，先生也是平易近人，如其为人。他处处为普通人着想，不作怪怪奇奇之体，这是因为他的书法艺术从工力上得来，精于用笔，所以清健秀润，能在平易中自成一家之体。这是比有意做作者为更难。这是必须在书法艺术上有相当高的工力，同时又必须在书法外再有相当高的学问修养与道德品质才能做到。否则，象先生这样从帖学入手者很容易流到滑与俗方面去。然而先生不然。这正是他的书法艺术之不易及处。所以他教人学书也特别注重书法艺术的实际运用。"[①]

从柴氏书法中亦可寻觅到其受沈氏书法影响之处，尤其是柴先生的用笔，起笔收笔均颇为讲究，可能于此时期进行过专门的笔法训练，他以中锋作书，深得沈先生用笔谨严之法。1943年柴先生书《癸未三月廿一日游崇效寺观红杏青松图》即可看出明显受沈氏书风的影响。此时期作品较20世纪30年代作品呈现出一些变化，尤其是体现在笔法上。《说文笔记》、《青峰诗存》手稿展现出一种朴拙和闲雅的状态，书写相对随意，没有强求每字结体的到位和笔法的谨严。而《癸未三月廿一日游崇效寺观红杏青松图》则呈现出了一派严谨的风貌。1949年《柴德赓日记》手稿中字体可见证柴先生对沈氏书法的借鉴，

---

① 郭绍虞：《悼念沈尹默先生》，《书法》1979年第3期。

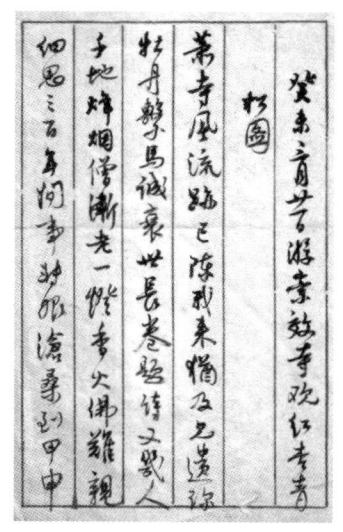

柴德赓书《癸未三月廿一日游崇效寺观红杏青松图》，1943年

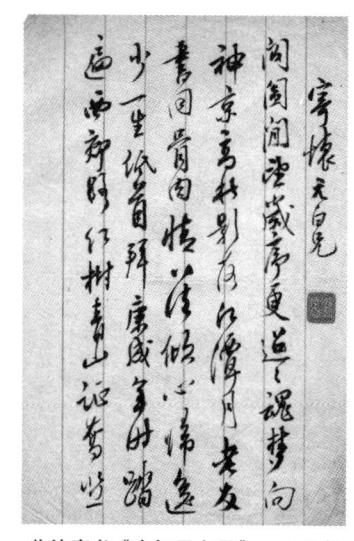

柴德赓书《寄怀元白兄》，1963年

其中洋溢着森严的法度，虽为信手而书，但中宫收紧，笔法精严，善用"内擫"之法，体现出柴氏严谨认真的态度。1963年柴先生作《寄怀元白兄》书札代表了其成熟期的书法风格，更是显现出他对沈氏书法的领悟和吸纳。1964年，柴先生书《毛泽东诗词三十七首》册页将沈氏书风特点融于笔端，用笔流畅雅驯，堪称是其书法成熟期的代表性作品。

从取法上看，沈、柴二先生均标榜"二王"书风，同时二人善用王羲之"内擫"之法，取法思路相近，但若细致比对可发现柴氏书法比沈氏书法多了一丝圆融和飘逸，不似后者之正襟危坐，这可能源于柴先生作书除受沈氏影响外，还取法张宗祥、陈垣二先生，从此可知柴先生对于书法亦有自己的理解，并非刻意追摹沈氏，而是从形神入手，对沈氏书法理念以己意加以取舍。柴先生深知沈氏书法之长于法度，但失之过于恪守成法，失去了毛笔书写的自然趣味，但不得不承认柴氏书法深受沈尹默书法的影响。无怪乎刘乃和先生所说："只觉得他的字很有书法家沈尹默先生神韵。"①

---

① 刘乃和：《柴德赓的书法》，载何荣昌、张承宗主编：《青峰学记——柴德赓教授纪念文集》，第207页。

3. 受陈垣的影响

柴德赓先生书法受影响最大者应为陈垣先生，陈先生不仅是中国近代史学界的泰山北斗之一，亦是民国时期著名的书法家，他的弟子们成就虽主要体现在史学上，但书法均受到陈先生的影响。柴德赓先生自1929年考入北平师范大学史学系后，即追随陈垣先生，得其点拨，故而柴先生是陈门书法的重要传人。

陈垣先生早年曾参加科举，书法受过严苛的馆阁体训练，具有坚实的帖学根基，虽后来由于政治和思想的转变，参与了反清活动，不再致力于科举，但陈垣先生早年科举经历为他的书法积淀了深厚的传统功力。从事学术研究后，经过常年的笔耕，先生书法逐渐形成了具有鲜明个人特色。据启功先生回忆："清末学术界有一种风气，即经学讲《公羊》，书法学北碑。陈老师平生不讲经学，但偶然谈到经学问题时，还不免流露公羊学的观点；对于书法，则非常反对学北碑。理由是刀刃所刻的效果与毛笔所写的效果不同，勉强用毛锥去模拟刀刃的效果，必致矫揉造作，毫不自然。我有些首《论书绝句》，其中二首云：'题记龙门字势雄，就中尤属《始平公》。学书别有观碑法，透过刀锋看笔锋。''少谈汉魏怕徒劳，简牍摩挲未几遭。岂独甘卑爱唐宋，半生师笔不师刀。'曾谬蒙朋友称赏，其实这只是陈老师艺术思想的韵语化罢了。"[①] 可见启功先生在书法上得益于陈垣先生教诲良多，其尊帖的思想也是在先生教导下形成的。对于书法的品评，陈垣先生有自身独到的见解，启功先生回忆："还有两件事可以看到老师对于书法的态度：有一位退任的大总统，好临《淳化阁帖》，笔法学包世臣。有人拿着他的字来问写得如何，老师答说写得好。问好在何处，回答是'连枣木纹都写出来了'。宋代刻《淳化阁帖》是用枣木板子，后世屡经翻刻，越发失真。可见老师不是对北碑有什么偏恶，对学翻板的《阁帖》，也同样不赞成的。另外一事是解放前故宫博物院影印古代书画，

---

① 启功：《夫子循循然善诱人——陈垣先生诞生百年纪念》，载北京师范大学：《陈垣校长诞生百年纪念文集》，第71页。

常由一位院长题签，写得字体歪斜，看着不太美观。陈老师是博物院的理事，一次院中的工作人员拿来印本征求意见，老师说：'你们的书签贴的好。'问好在何处，回答是'一揭便掉'。原来老师所存的故宫影印本上所贴的书签，都被完全揭掉了。"① 从中可知，陈垣先生对大总统徐世昌刻意追摹屡经翻刻的《淳化阁帖》进行了微妙的讽刺，表达出他对帖学书法的理性认识。此外，对于很有个性的故宫博物院院长易培基的书法，陈垣先生也不是很赞同，从中可窥知陈先生的书学理念和风格好尚。启功先生还曾回忆到，"老师写信常用花笺纸，一笔似米芾又似董其昌的小行书，永远那么匀称，绝不潦草。看来每下笔时，都提防着人家收藏装裱"②。"老师在名人字画上写题跋，看去潇洒自然，毫不矜持费力，原来也——精打细算，行款位置，都要恰当合适。给人写扇面，好写自己作的小条笔记，我就求写过两次，都写的小考证。写到最后，不多不少，加上年月款识、印章，真是天衣无缝。"③ 总体而言，陈垣先生遵从清代学者的传统书学理念，受清儒影响很深，他喜爱米芾、董其昌一路的帖学书风，秉承着严谨求实的态度，体现着民国学人清新隽永的学风和独有的风范。

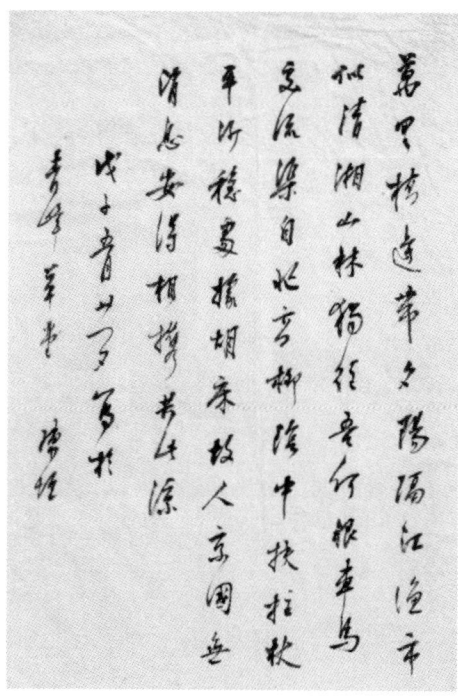

陈垣赠柴德赓书作

---

① 启功：《夫子循循然善诱人——陈垣先生诞生百年纪念》，载北京师范大学：《陈垣校长诞生百年纪念文集》，第71页。
② 启功：《夫子循循然善诱人——陈垣先生诞生百年纪念》，载北京师范大学：《陈垣校长诞生百年纪念文集》，第72页。
③ 启功：《夫子循循然善诱人——陈垣先生诞生百年纪念》，载北京师范大学：《陈垣校长诞生百年纪念文集》，第72—73页。

陈氏书学思想深深地影响着柴德赓先生，柴先生一生追随陈先生，深得先生学术精髓，书法亦遵从老师的教诲。柴先生对陈氏书法的取法主要体现在精神层面，陈先生作书标榜清儒帖学书法，气息格调出乎常人之上。在近现代学者书家中，陈氏书法虽不以出奇的面貌示人，但继承了清代帖学书法的精华。

帖学书法博大精深，自"二王"书风之后具有脉络清晰的传承过程，至明末董其昌，帖学书法发展到了一定的新高度。进入清代，随着碑派书风的壮大，帖学书法虽一度呈现衰靡之势，但一些帖学书家并未转而师法碑派，而是潜心研究帖学，他们除功力深厚外，在书法创作中积累了丰富的实践经验。清末民初，随着书学视野的开阔，更多的书法真迹展现于世，解决了帖学发展中的重要难题，促进了帖学书风元气之恢复，陈氏书法即属于民国时期帖学书法风格之一。柴先生对陈氏书法有独到之理解，其书法风貌表象上虽与陈先生并不近似，但精神贯通，以意传神。故此笔者认为柴氏书法是深层次领悟陈氏书学理念，并以史学家涵养滋润其中，同时善于借鉴诸位先生书法之长，化为己用，故而能别开生面。

（三）受清末民初京城文化圈的影响

张宗祥、沈尹默、陈垣、柴德赓四位先生均生于晚清末年，他们是民国时期著名的文人学者，并与北京有着千丝万缕的联系。此时期或曾寓居京城身膺要职，或曾执教于京城著名高校。陈、柴二先生则于民国时期基本上生活在北京，因此他们深受京城文化圈的影响，书法亦陶染其中。

清末民初，书法的发展进入了一个令人向往的黄金期，其间名家辈出，众星闪耀，他们打破了科举时代的书体限制，利用最新的考古发现和学术研究成果，结合独特的历史人文环境及自身的学养，以手中的如椽巨笔，开启了20世纪中国书法发展的新纪元，带动了书法这一古老艺术创作形式的复苏，他们取得的书法成就丝毫不逊于魏晋、盛唐时期。作为金、元、明、清四代帝都的北京，这里除政治意味浓厚外，还与上海、广州等地并立成为中国最重要书画销售区域。与此同时，新的考古发现、古物陈列所的成立及五四运动、新文化运动的促进，使京城的学术氛围变得异常浓厚，新旧思想并存相生。

1. 京城文化圈对书法的影响

北京由于其特殊的历史文化地位，对于书法风格的形成和演变有着直接的影响。据笔者研究，京城文化圈对书法的影响可体现在以下五方面：

（1）金石学发展的促进

清中期以后，金石学发展迅猛并进入了鼎盛期，专门从事收藏和研究的金石学家人数剧增。其成员除文人学者外，还有满蒙贵胄、达官显宦、金石收藏家等，而北京作为首善之区，也是金石家重要的聚集地。这些金石家的不少金石学著作，即在北京撰写完成，其研究的内容也从最初的钟鼎彝器、碑版摩崖，扩大至泉币、玺印、镜铭、兵器、墓志、造像、陶文、瓦当、砖文等。进入民国，金石学兴盛不衰，北京的一些文人学者亦对此有一定程度的涉猎，或从事研究，或进行收集，金石学的发展开阔了学书者的视野，使他们能更广泛地借鉴金石学的研究成果。

（2）新的考古发现不断涌现

清末民初，甲骨文、西北简牍、敦煌写经及魏晋南北朝墓志相继被发现和整理，一部分很快即流入北京文物销售市场，为诸多人士收购研究，沉睡了数千年书学资料第一次展现在世人面前，为兴盛的中国书坛带来了走向辉煌的一个契机。此时期北京的学术研究力量雄厚，新旧文化在交融中发展，一些学者对此投入了一定精力和财力，尽力收购这些藏品，并以新理论、新视野带动书法创作，为民国时期的书法发展注入了新的活力。民国时期书法的发展和繁荣离不开这些新书法资料的出现。

（3）印刷技术的进步

19世纪初，基督教徒为了便于印刷宗教出版物和传单，将先进的西洋印刷术带入中国。清朝末年，在北洋大臣袁世凯倡导下，北京设立官办书局，从上海等地招来铅石印技术人员，并通过陆军部、海军部从德、美等国购买铅石印机器，成立印刷局。民国初年，财政部印刷局逐步独立经营，私人印刷局也如雨后春笋，层出不穷，有的刻字铺也购置机器，进行印刷。最新的技术被运用到书籍、报刊及书法字帖印刷当中。北京作为著名文化圣地，这里书店林立，又是全国人口最为集中的城市，除了北京地区自行印刷的出版物外，还有上海各印书局及国外的出版物流通。而书法范本也逐渐实现了以印刷品代替原有的刻帖拓本，书法印刷技术从原有的手工石印逐渐过渡到照相平版印刷术，此项技术领先于传统的石印技术，新技术的引入，使石印字帖逐渐为铜版锌版珂罗版印字帖所取代，此项技术具有准确度高、不走形的优势，极其适宜书法碑帖的印制。因此，大量的书法范本被复制印刷。其中既包括传统的墨迹、刻帖、碑版拓本，还有最新发现的甲骨文、西北简牍、敦煌写经、魏晋南北朝墓志等。印刷技术的进步使书法范本得以广泛传播，学书者可以以极便宜的价格获得上乘的书法作品印刷品。沈尹默先生即曾购存有大量的此类书法范本。

（4）文物销售市场的繁荣

清末民初，随着政权更迭，除大量新出土的金石资料外，一些旧藏于权贵之手的藏品亦辗转在北京琉璃厂、隆福寺、东四牌楼、鼓楼地区的古玩铺出售，增进了文物市场的繁荣。民国时期，繁盛的京城书画销售业促进了书法风格的演变和繁荣，由于书家群体的多样性和购买者的国际化趋势，使艺术家和社会之间的联系变得更加密切，书法也逐渐从纯粹的艺术转变为艺术商品。随着商业化进程的不断加大，一些书家为了适应市场的需求，对自身的书法风格进行了一定调整，迎合了大众的口味，扩大了销路，但书画销售所得的一部分被用于购买文物、书籍、碑帖、绘画及文房用具等，同样，资金继续回流于琉璃厂、隆福寺及东四牌楼地区，形成一条脉络分明的销售链。

（5）雅集之风的盛行

民国初年，北京作为昔日的帝都，依然具有强大的向心力。无论是前清的官僚和贵胄，还是留学归国的文人学子，都对京城有着强烈的憧憬，他们在这里既可以找到心灵上的宁静，还可以感受到新时代带来的便利，故此纷纷定居于此。自清代起，雅集即在一些小圈子中进行，主持者一般为有身份的朝廷大员，"清代京官，常有饮馔聚会，这种聚会因参加者多是文化较高，甚或学有专长的人，或辞章，或金石，或考据……种种不一，都是文化气氛极浓，因而号为'文宴'。

外放的官，到了地方上，尤其府县官，便很少有讨论学问的朋友。这样就给京中朋友写信，便常常回忆京中友朋的'文宴之乐'"①。而且地点大多选在会馆、酒楼、游乐胜地。雅集活动一般以娱乐为主题，范围涉及诗词、书画、金石等。

民国以后，雅集的风气变得更为盛行，齐白石在口述自传中云："北京旧有一种风气，附庸风雅的人，常常招集画家若干人，在家小饮，预先备好了纸笔画碟，请求合作画一手卷或一条幅，先动笔的，算是这幅画的领袖，在报纸上发表姓名，照例是写在第一名。"②此类雅集活动在北京十分频繁，参与群体甚为广泛，除职业书画篆刻家外，还包括遗老遗少、文人学者、革命先驱、各界精英，他们利用雅集诗词唱和、品鉴古物。通过雅集活动，他们创作了大量的书画作品，同时还相互切磋、交流技艺。

2. 京城文化圈对柴德赓先生书法的影响

柴德赓先生自1929年定居于京城后，耳濡目染受到京城文化圈的影响。从目前柴德赓先生的日记及来往书札可知，柴先生在北京曾购置了一些金石学书籍，史学研究之余对金石学亦有一定的涉猎。琉璃厂、隆福寺等地也是柴先生经常光顾的地方，他与诸多文人学者一样在此购置了很多的书籍和资料，其中即包括一些碑帖拓本、石印碑帖。柴先生收藏的书画作品中虽大部分得自友人间的赠予，但亦有少部分藏品为个人自行购置，可见先生对书画亦有一定的兴趣。此外，定居京城后，柴德赓先生交游圈也得以进一步扩大，通过柴念东老师编《青峰草堂往来书札》和《青峰草堂师友墨缘》③，可对柴德赓先生的交游可窥见一斑，两书即收录有陈垣、陈乐素、程小青、戴君仁、邓之诚、方国瑜、顾随、黄现璠、金毓黻、李季谷、李平心、励乃骥、启功、荣孟源、孙楷第、台静农、汪东、魏建功、吴泽、萧璋、尹炎武、余嘉锡、余逊、张子高、周祖谟、朱师辙、柳诒徵、马叙伦、沙千里、溥雪斋、黎锦熙、张宗祥、夏承

---

① 邓云乡：《云乡话书》，河北教育出版社2004年版，第210页。
② 齐璜口述，张次溪笔录：《白石老人自传》，人民美术出版社1962年版，第75页。
③ 柴念东编：《青峰草堂往来书札》，商务印书馆2015年版；《青峰草堂师友墨缘》，商务印书馆2013年版。

焘、贺孔才、唐兰、赵朴初、谢国桢、吴研因、吴白匋、沈兼士、邓以蛰等。他们均为民国时期著名的文人和学者，研究领域各不相同，但均擅长书法。

柴德赓先生的书法创作通过常年与师长和朋辈的交流，得以进一步的升华，其中多为知名的文人学者，这一群体学养很高，作书有自己的师承和特点。像柴先生的友人溥忻，他为清代皇室后裔，曾任辅仁大学教授、美术专修科导师兼主任，其书法遵从清代皇家书法之取向，行草清新隽永，脉络分明，是民国时期皇家书法之传承者。柴先生的同门台静农，其书法风

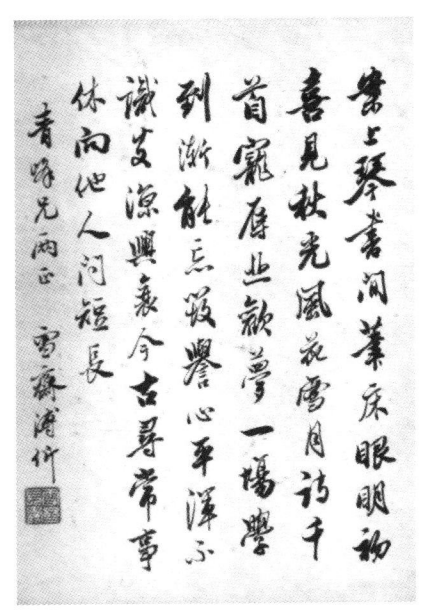

溥忻赠柴德赓书作

貌独特，亦曾师从沈尹默先生，早年作书受家学影响，后致力于晚明书风，继承了倪元璐书法结体紧密、用笔圆熟的特点，并加入黄道周书法中方劲、刚健的笔意，得倪、黄书法之神髓，成为二人之衣钵传人。柴先生的同门启功，他选择了传统意义上帖学，同时受陈垣先生影响，在极力继承清代皇家书法传统的基础之上，博观约取，以科学和审美带动创作，书法见解独到，剖析帖学书法的内涵，晚年提出了著名的"黄金律"理论，成为1949年后书坛中一颗耀眼的恒星。柴先生的友人魏建功，师从钱玄同，精于文字训诂和考证，作书标榜唐人写经，以魏碑融合清人邓石如，书风古貌而富生趣，所作章草书尤称善一时，取前代章草之长，兼具文人意趣，是民国时期北京著名的学者书家。柴先生交游广泛，友人众多，笔者仅兹举大要，不作详细分析。但从中可知柴德赓先生自定居北京后受京城文化圈的影响之深。

三、柴德赓先生晚年的书法成就及贡献

经过常年的笔耕和训练,柴德赓先生的书法逐渐形成自己的风格和特点,他在 20 世纪 40 年代末期书法风貌已基本确立,五六十年代书风已趋成熟。1949 年《柴德赓日记》手稿展现了其书法从朴拙走向细腻,此作为小字行书,整体气息畅达,用笔法度谨严,结字中宫收紧,帖学法度井然,一派精湛之色。柴先生 1961 年所作日记,于法度上更为精熟,但用笔不似 40 年代之矜持,无须刻意着力,并具有一定的书写韵律感,书风自然超脱,安闲而自得。1963 年,柴先生作《寄怀元白兄》书札,此作带有明显的沈氏书法特色,但骨清神健,脱胎于唐法却能潇洒流畅,堪称帖学佳作。前文屡次提及的柴先生 1964 年 8 月创作的《毛泽东诗词三十七首册页》,为其书法作品中的巅峰之作,虽为抄录毛泽东诗词,但从中足见柴氏传统书法功力及治学的一丝不苟,对待书法严肃认真,从整体看,此件作品代表了此一时期帖学书法的高度,同时彰显了传统旧式文人独有胸襟和魄力,此作风格融张宗祥、沈尹默、陈垣先生书风之长,亦有自身独有的面貌,标志着柴氏书法走向成熟。

首都博物馆藏有一件《励耘书屋珍藏汪容甫先生临圣教序》,其中收录有陈门弟子柴德赓、启功、周祖谟、刘乃和于 1965 年至 1966 年所作题跋。其中柴先生题跋为其晚年书法的精品,同时展现了陈门书法的独有魅力。此四人同为陈门高足,但书风面貌并不雷同,可见陈门弟子之善学。柴先生所作题跋书风浑厚而精审,用笔灵动多姿,从中足见柴先生的治学严谨及独

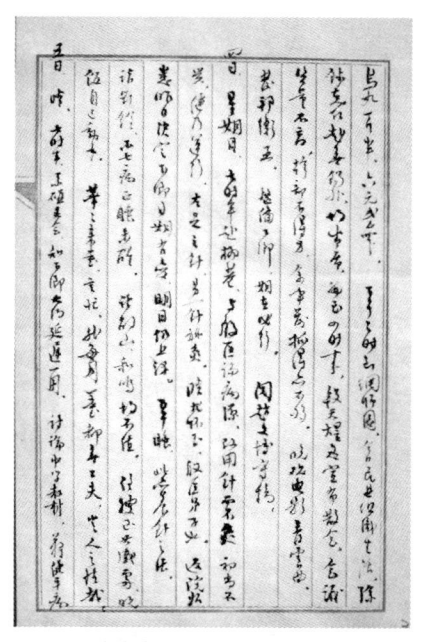

《柴德赓日记》,1960 年

有的书法创作态度，柴先生晚年书风在标榜"二王"书法的基础之上，借鉴清贤帖学及民国帖学的研究成果，用自身的学养滋润其中，从而形成了"潇洒流畅"的帖学书风面貌。整体来看，柴先生很少书写大字书法，对帖学书风情有独钟，似乎并未涉猎碑派，同时善学时贤，有自己的取法和主张，加之深厚的史学学养，为其书法融入了浓郁的书卷气，也奠定了柴德赓先生学者书家的独有地位。

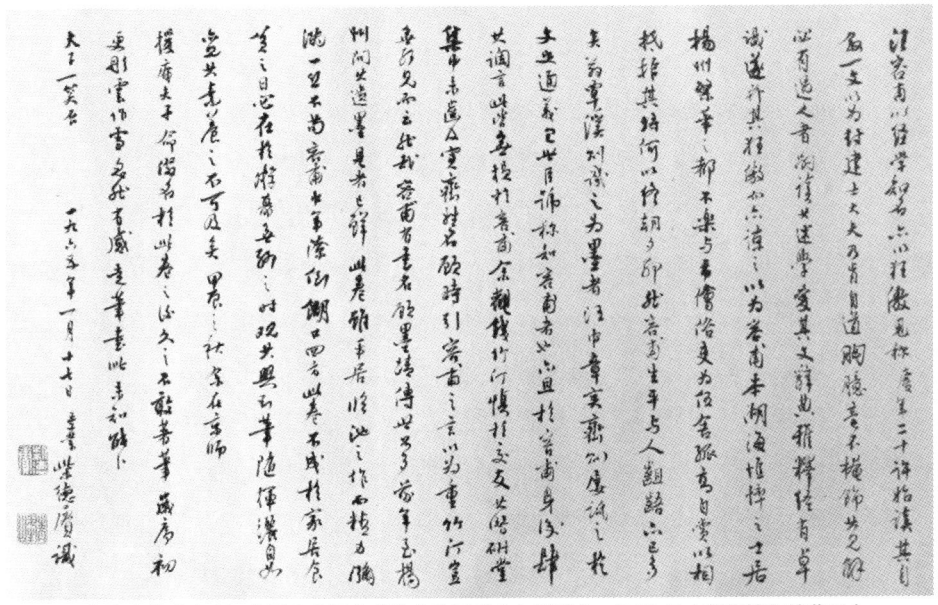

柴德赓书《〈励耘书屋珍藏汪容甫先生临圣教序〉题跋》，1966 年（首都博物馆藏品）

除进行书法创作外，柴先生被视为 1949 年后呼吁重视书法的第一人。1950 年朝鲜战争爆发，1953 年，时任北京师范大学历史系教授兼主任的柴德赓先生赴朝鲜慰问中国人民志愿军战士，一日，柴先生一行访问朝鲜人民军的一位联络官，在物资十分匮乏的日子里，这位联络官早已备好笔墨纸砚，恳请三位中国人各写书法一幅以兹纪念，柴先生深受感动，认为与中国唇齿相依的朝鲜竟如此重视中国的传统书法艺术。访朝归来，柴先生认为书法艺术在当前被大家有所忽视，应该加以提倡、重视和发扬。1956 年民进一次大会上，柴德赓先生做了一篇《"百花齐放"中论"一花独不放"》的发言，他呼吁："事实上在我们这灿烂的花丛中，却有一种花，它有过几千年的光辉历史，它和我们民族文化有着血肉的关联,它一直被我们广大人民所喜好,而现在正'一人向隅'地在那里十分寂寞,不得一放。那就是我们民族文化中具有悠久传统的'书法'。"① "没有理由可以把书法'打入冷宫',或置之'自生自灭'之地。"② 此次发言被同年10月5日《人民日报》刊载。

四、结语

任何历史人物的研究均不能脱离其所处的时代,柴德赓生于清末民初,活跃于民国时期,作为近现代著名的史学家,书法虽被他视为余事,但其书法可称为"史家之笔",既具有前贤的渊深,又能展现出其性情的一面,兼得史家的睿智和严谨。柴先生的书法颇能体现出民国时期传统文人书写的本真,无丝毫的做作和经营,加之师出名门,故能卓尔不群。因此笔者认为柴德赓先生书法是民国时期文人书法中一种重要风格,值得深入探寻和研究。

柴德赓先生还是陈垣先生思想、学术、书法的重要传承者,因此研究柴氏书法要结合陈门书法的风格演进和同门间风格的比对来进行。目前,关于陈门弟子的书法研究,以启功为重心,广受学界关注。柴德赓、周祖谟、余逊、刘乃和等先生虽不以擅书名世,但他们的书法亦堪称学者中的典范。这几位先生,尤其继承了其师的治学好尚和书学理念,将史学研究的深邃和艰深融入书法创作之中。据笔者看,其成就不逊于标榜帖学的诸多职业书家,与职业书家相比,陈门弟子的书法作品中孕育着更为深厚的书卷之气。

笔者通过目前存世的柴德赓先生手札文稿资料,简要梳理出其书法的形成和发展轨迹,限于所学,不足之处,还请海内外专家学者指正。

2018年10月

---

① 柴德赓:《"百花齐放"中论"一花独不放"》,载何荣昌、张承宗、柴邦衡主编:《百年青峰》,第52页。

② 柴德赓:《"百花齐放"中论"一花独不放"》,载何荣昌、张承宗、柴邦衡主编:《百年青峰》。

一个极其宝贵的遗产[*]

陈祖武

我就简单讲几句，我要感谢商务印书馆的于总[①]、陈总[②]，还有丁波同志，感谢你们送了我这么好的书，让我来聆听诸位专家的教诲。这个书我提前两天收到了，这两天我都在拜读，大家都知道我是迂夫子，知识面很窄，只读清代两百多年的书，《五代史》虽然我读了，新旧《五代史》我都读过，但是我没有发言权。这一次我拿到柴先生的这个书以后，我是把这个大作和中华书局的《五代史》摆在一起来对读的。读了以后，我就有这么一个深刻的感想。柴先生这个书啊，作为柴先生个人来讲，这是我们今天对他辛勤劳作的纪念。对我们整个中国学术界来讲，这是柴先生留给中国史学界、文学界的以及整个学术界的一个极其宝贵的遗产。我想我们要提到这个高度来认识这个书的价值。为什么这么说？虽然我没有读完，只读了前面的三卷和最后的一卷。我再三感到，就柴先生个人来讲，他的深厚的学术素养，可以从中看得出来。不仅是学术上的，我们可以在文献当中找到依据。柴先生留给我们最可贵的，可以传之万代的，是他的精神和方法。我们可以从这个书看到老一辈的史学家如何读历史文献、如何校勘历史文献，严谨、精勤、一丝不苟，用这八个字。今天我们

---

[*] 根据陈祖武先生 2014 年 6 月 29 日在"《柴德赓点校新五代史》新书发布暨《柴德赓全集》启动仪式"上的发言录音整理而成。

[①] 于殿利，商务印书馆总经理。

[②] 陈小文，商务印书馆副总编辑。

2014年6月29日《柴德赓点校新五代史》新书发布会上，陈祖武与柴念东在交流

不少人急功近利，给整个社会、整个学术界带来的风气太坏。现在我们最缺的就是严谨、精勤、一丝不苟的精神，我谢谢商务印书馆一早就派一个青年去接我，在路上我就跟他讲，这个社会最缺的就是责任意识。像刘先生①、邦衡先生②，还有智超③、林东④各位兄长，还有曹先生⑤，我们过去读书、做学问，是把它当作事业，不是把它作为谋生手段。可能（由于）今天的差别，年轻的同志，我们要替他们考虑，他们迫于生计，他们为了谋生来做这个事。如果古籍整理工作，把它作为谋生手段来做，绝对做不好的！要作为一个事业来做。柴先生就是作为事业来做。

借这个机会，我向各位汇报这两天读到的柴先生深厚功力的几个体会。尚君同志⑥你是专家，你看我读书的心得合不合适。不合适请你提醒我。我认为，在我读的前三卷，有两个地方，柴先生作的校勘，我们在今天中华点校本里看不到。所以刚才邦衡先生很怀疑，说中华拿了柴先生的手稿，结果他们没用，这是个疑案。我是学历史的，我相信总有水落石出之日。即使五十年出不了，一百年也会弄清楚。这个可以不管它。我讲柴先生有几处的校勘很见功力的。尚君同志，我讲第一条（《柴德赓点校新五代史》，第50页），朱温有门客谢瞳，《旧五代史》用的是目字旁的瞳，柴先生校的是："贵池本作曈。"日字旁的曈，柴先生从这两个字之差，又把《旧五代史》家人传里的谢瞳找出

---

① 刘家和，北京师范大学历史学院教授。
② 柴邦衡，原吉林工业大学教授。
③ 陈智超，中国社会科学院历史研究所研究员。
④ 瞿林东，北京师范大学历史学院教授。
⑤ 曹永年，内蒙古师范大学历史学院教授。
⑥ 陈尚君，复旦大学中文系教授。

来，说瞳字子明，以文义核之，贵池本是对的。《旧五代史》与柴先生平常使用的本子（即石印殿本）是错误的。柴先生没有讲，但是我们看一看《说文解字》，瞳字是说太阳初出的面貌，和子明的字就吻合了。所以这是柴先生的功力体现。其他人校不出来。我们上海华东师大的那些专家也没有校出来。这是柴先生的过人之处。第二个例子（《柴德赓点校新五代史》，第66页），在昭宗天祐元年闰四月甲辰，柴先生根据《五代史纂误补》，认为四月无甲辰。柴先生为什么这么说，正像智超兄说的，柴先生是沿着陈垣老的路子走的，陈垣老编的那个工具书《二十史朔闰表》中可以查到，闰四月才有甲辰，所以要补个闰字。中华那个本子也没有。

尚君同志，还有个例子（《柴德赓点校新五代史》，第64页），就是"约出天子以为解甲"，意思是约出天子，仗就不打了。《新五代史》点校本（中华本）在"解"字断句，但还剩一个"甲"字，读不通了。但是后面校勘记说"甲"字下加一个"子"字。柴先生就比较严谨了，他说其他本都没有"子"字，所以存疑，以后作为参考。可以看出，老一辈很严谨。

我举这三个例子啊，尚君同志你看，不对，你批评我。另外，我（以前）没有见过念东同志，我读这个书的时候，很佩服念东同志，他做得很认真。邦衡先生跟我讲，念东同志不是学历史的，是学工科出身的，能做到这个程度啊，我真佩服。我拜托念东同志啊，因为希望在他身上了，邦衡先生年事也高了。（柴邦衡插话：我补充一下，家父一直为我们兄弟没有学历史感到遗憾，后来一封家信说：今后就看小东的了。）刚才我还跟念东同志讲，你走的路很正，怎么走？一步一步往前走。我希望把柴先生的日记、札记、书信整理好，不要有任何疏失，这个书我刚才讲，功德无量，在哪里呢？现在我们知道，我们国家有两个部门在做二十四史的点校本的工作，一个是国家出面的中华书局，尚君同志在这里，他的感受应该更深，有了柴先生的这个书，你的成果应该可以超过他们（华东师大的前辈）。还有许嘉璐同志带了一些人，组成中华文化促进会，他们也做这个事。我看了那个本子，尚君同志不知你看了没有，它那个《三国志》做得很好。这个书他们若是看见，恐怕也是如获至宝。学术是天下之公器。

我也要向邦衡和念东同志表个态，如果你们在整理柴先生的文稿当中，有需要我效力的地方，我一定效劳。我说得不对的地方，请大家批评。

（作者单位：中国社会科学院历史研究所）

文化传承是大学的首要责任*

田晓明

尊敬的各位专家、各位领导，大家好！

今天我很高兴也很荣幸以主办方之一的身份参加"《柴德赓点校新五代史》新书发布会暨《柴德赓全集》编辑启动仪式"。首先衷心感谢各位专家放弃自己的休息时间，不辞辛劳来参加今天的仪式！同时，我还要感谢商务印书馆，因为苏州大学作为地方高校能和一流的出版社合作，我是倍感荣幸的！

出版《柴德赓全集》，意义不言而喻。对苏州大学而言，我认为至少有三点重大收获，在这里，我想与大家分享一下！

首先，我们也曾想利用自己的力量完成出版《柴德赓全集》这一任务艰巨而使命光荣的工程，因为苏州大学有自己的出版社，而且我本人也分管这方面的工作。但是，我们也有自知之明。主要有两个方面的原因：一是人力资源后援不足，无论是我们的学术资源，还是编辑资源，远远不能承受这样的巨大工程；二是财力不足，作为地方高校，苏州大学尽管是"211工程"学校，但由于新校区建设和师资队伍建设，我们欠下了几十个亿的债务，资金方面显得力不从心。总之，我感到承担这样的巨大工程，心有余而力不足。恰逢此时，丁波提出由商务印书馆来做这项工作，当时我就感到十分高兴！真是应了一句

---

* 根据田晓明先生（时任苏州大学副校长）2014年6月29日在"《柴德赓点校新五代史》新书发布会暨《柴德赓全集》编辑启动仪式"上的发言录音整理而成，并经本人修订。

俗语"想打瞌睡，来枕头"。尽管本人内心有那么一点点狭隘的遗憾和纠结，但是内心还是倍感鼓舞和振奋的，毕竟这件很有意义和价值的事情不仅得到了落实，而且我们还能够参与到由国家一流出版社商务印书馆牵头所做的这项工程。在此，我代表学校对为这项工作付出智慧和辛劳的各位专家、领导再次表示感谢！同时，我代表学校也表示，苏州大学将不遗余力地推进这项工程，包括我本人在内也会不辞辛劳，有多少力气出多少力气。应该说，出版《柴德赓全集》这件功德无量的好事终于得到了落实，对苏州大学和本人而言，也可以说是梦想成真，这是我们第一点重大收获。

其次，早在2007年，我刚担任副校长，主要协助校长分管学校的文科科研，此外，还有出版社、图书馆、档案馆等。在档案馆调研的时候，我意外地发现，我校档案馆珍藏了不少珍贵的资料和文物，于是，我内心随即就萌生出一个想法：筹建一个大学博物馆。我认为，这一想法并不是不切实际的空想，而是一种时代的需要和历史的责任，并且切实可行。与西方大学相比，中国现代大学可能都很年轻，但就中国大学而言，我校主要前身东吴大学则是一所百年老校，是按照现代大学制度举办的最早的中国大学之一。这样一所百年老校应该拥有自己的博物馆。这一想法，不仅得到了朱秀林校长以及很多教授的认可，而且很快成为现实。在筹建博物馆的过程中，一开始我还是比较激动和兴奋的，但后来就比较纠结，感受相当丰富、十分复杂！尽管我原先认为学校拥有不少好的藏品，但从大学博物馆建设而言，这些藏品还是有些捉襟见肘。在大学博物馆所展示的一份份或一块块残缺不全的"历史碎片"面前，真正拥有高度文化自觉或自信的大学管理者，其内心深处所拥有的其实并不是浅薄的欣慰和自豪，而是一种深深的遗憾、苦苦的焦虑和淡淡的无奈！我无意责怪或埋怨我们的前人，我们似乎也没有太多的时间和精力去责怪、埋怨，因为还有很多很多事情需要我们去落实、来实现，从而给后人多留下一点点念想，少留下同样的遗憾。我也经常思考一个问题，大学的本质到底是什么？我理解，大学的本质其实就在于文化传承、文化启蒙、文化自觉、文化自信和文化创新，那么，对大学管理者而言，其主要职责之一便是对文化的"抢救"、"保护"和

"挖掘"。我想，这是现代大学校长应具有的文化忧患意识和文化责任感。谈到大学文化，现实中的人们总是习惯地联想起"校园文化"，显然这是对大学本质的误解甚至曲解。"校园文化"与"文化校园"，不是简单的文字变换游戏，个中其实蕴含着本质的差异。面对"文化"这一容易接受却又难以理解的概念，人们总是无法清晰明快地表达"文化是什么"。那么，我们不妨转换一下视角，或可以相对轻松地回答"什么是文化"、"什么是没有文化"或"什么是文化缺失"等问题了。大学文化，就在于她的课上和课下，在于她的历史与现实，她的一楼一宇、一草一木、一砖一瓦、一人一事……她可能是大学制度文化的表达，可能是大学精神文化的彰显，也可能是大学物质文化的呈现。基于这样的一些思考，我想把博物馆建设与我校一些历史人物有机结合起来。恰恰在这个时候，我们迎来了柴德赓先生诞辰100周年的系列纪念活动（报告会、展览会、纪念会等）。我记得，今天在座的很多专家也都参加了那次活动。应该说，那次活动相当成功。也就是在那次纪念活动中，我初次见到了邦衡先生，并从邦衡先生那里了解到，柴德赓先生有很多珍贵的书法作品存世，而且还有很多手稿、校勘札记等，内容相当丰富，具有重要的史料和文物价值。我当时就动员邦衡先生捐出这批珍贵的文献及文物以充实博物馆的藏品，同时有效支撑我校历史学科的建设。我内心十分敬重和感谢柴德赓先生后人尤其是邦衡先生的慷慨之举！当然，我也郑重承诺出版《柴德赓全集》、组建"柴德赓研究所"、为柴德赓先生塑像等。这些事情我们现在都在一一落实，特别需要感谢的是，我们得到了北大邓小南先生的支持，他让高足丁义珏博士加盟了苏大，帮助整理柴先生的文稿和资料，正式从事宋史方面的研究，这不仅承继了柴先生的事业，同时也弥补了我校历史学科的短板，尤其是宋史研究。在整理柴德赓先生遗稿过程中，我们也得到了柴家后人尤其是邦衡先生、念东先生的鼎力相助，柴念东先生受邀常驻在学校，学校专门为他提供了住宿和办公条件，诚邀他专职整理柴德赓先生的遗稿。应该说，"发现柴德赓"，有效支撑了苏州大学博物馆建设和学科建设，这是我们的第二点重大收获。

再次，对现代大学发展而言，学科建设是处于龙头地位的重要工作，也是一项艰难而繁重的任务。前几年，我校历史学科的发展正处于关键时期，我曾专程拜访过陈祖武先生和瞿林东先生，请他们把脉，给我们指点。也就在这个时候，我从柴德赓先生的经历得到了某种启示：我们诚聘北京师范大学晁福林先生作为我校特聘教授，支持我校历史学科的建设。因为柴先生当年也是从北师大到江苏师院组建我校的历史学系，而成为我校历史学科的创始人。我想，我们能不能再到北师大请一位先生来帮助我校的历史学科建设呢？！事实证明，晁福林先生来到苏州大学之后，我们的学科建设、科研水平得到了很大提升，这不能不说，"通过柴德赓先生、发现晁福林先生"，是苏州大学历史学科乃至整个人文学科发展的一件幸事！这是我们的第三点重大收获。

可以肯定地说，出版《柴德赓全集》这件事情的意义和价值，远远不止这些，甚至超出了这件事情的本身。我可以举一个十分感人和生动的例子：东吴大学第三任校长是位美国人，文乃史（W. B. Nance）先生，他28岁来到中国主要参与创办东吴大学，1900年至1922年担任副校长，1922年至1927年担任校长（也是最后一任外国人校长），1950年回到美国，为东吴大学服务了50年。他对东吴大学怀有深厚的感情，不仅靠记忆撰写《东吴大学》校史，而且在他临终的时候，嘱咐家人保留自己的骨灰并在适当的时候撒在东吴大学校园。为了纪念这位伟人，我从乌克兰基辅艺术大学聘请了雕塑家，准备为文乃史这样的东吴大学历史名人雕像。文乃史的孙子 Water Nance 出生在中国，是一位著名的遗传学家，曾任美国遗传学会会长，他通过互联网得知此事后，携家族成员专程来到苏州大学，并表示回美国以后，将会把文乃史先生的所有资料都整理好，捐给苏大博物馆。我想说的是，他们和邦衡先生、念东先生一样伟大！我和邦衡先生、念东先生曾讲过，我看好柴先生的100册《宋史》批注本，现在已经捐给苏大博物馆，这一义举的学术价值、示范效应和社会意义将不可估量！

最后，我代表学校诚心邀请各位专家、领导在百忙之中，拨冗到苏州姑苏小城去看看。长期在京城待着，到苏州去走一走，肯定能感受到另一番情调。勤劳智慧的苏州人正用古典园林的艺术精心打造着现代经济的版块，用双面绣的绝活巧妙实现中西方文化的和谐对接，我想，洋溢着古韵今风的姑苏小城，一定能够给各位专家、领导留下深刻的印象。我在北京郑重地邀请、在苏州衷心地等待各位专家、领导！感谢邦衡先生！感谢念东兄！感谢丁波兄！感谢各位！祝大家身体健康！工作顺利！心情愉快！

（作者单位：苏州科技大学）

柴德赓先生与《新五代史》点校*

陈尚君

各位前辈，各位先生：

很高兴参加这个柴先生点校的《新五代史》新书发布和《全集》的编辑启动仪式。我是后辈，但是有一些间接的原因，我自己的治学，除了复旦的本师以外，我最崇拜的两位先生，一位是岑仲勉先生，治唐史的；另外一位是陈援庵先生。除了后来我做了一部《旧五代史》以外，包括很多的方法上面，学到不少，受到很多（援庵先生）的启示。陈援庵先生是很讲方法，很重视工具书的。陈援庵先生在讲到《吴渔山先生年谱》做的时候，看那么多书，可以同时做好几部。我自己也在揣摩这种方法。陈援庵先生说做论文为什么要加注，一气写完就行了，绝不加注，我自己现在还在坚持这样做，当然会被各种学术会议和学术刊物所谴责。但是我觉得这是一个好的方法。柴德赓先生的《史籍举要》我是认真地看了，对于基本典籍的那种精深的体会和理解，这是后学读史做论文的最重要的途径。其他方面，比如6月初上海《东方早报》的书评，我仔细看了，解开了很多困惑的谜团。比如，张旭东讲的，傅斯年把北大沦陷时期的教师全部开除，这种做法引起的反响，柴先生书里面提到傅斯年的远祖是清人入关后第一榜的状元，我觉得这是蛮有趣的一个话题。也解开了我的一个谜团，1948年上海的一个当时学界最高的前辈唐文治先生提出的废止执行

---

* 根据陈尚君先生2014年6月29日在"《柴德赓点校新五代史》新书发布会暨《柴德赓全集》编辑启动仪式"上的发言录音整理而成，并经作者审定。

惩治汉奸条例，我在柴先生的书中和张旭东书评之中得到解答。

今天讲柴先生点校的《新五代史》，我有一点特殊的原因，因为中华书局的两部《五代史》近年是交给我整理的，经费很少，关注很多，学术要求很高，压力也很大。柴先生的书昨天晚上才看到，我们的稿子前年春天已经交到了中华书局，中华为了造成《史记》发行宣传的轰动效应，把我们的稿子一直压着。希望明年能够出来。我也希望在最后定稿之前，能参考到柴先生的意见。大的改动，已经不太可能。

陈祖武先生刚才讲到的情况，后面两点我没有完全听清楚，因为您讲"谢瞳"的时候我不断翻书，想找到您说的地方。关于这一点，我想稍微解释一下，"谢瞳"的情况，是一个重要的证据，但是我觉得要做结论可能还需要其他的旁证，一个旁证是贵池本，那么贵池本所依据的宋元本的底本，现在再造善本已经影印了，那个本子究竟做什么，可以解答这个问题。另外，《册府元龟》里面"谢瞳"，我印象也是目字旁，而字子明在"瞳"和"曈"都有可通的理由，日字旁的更接近一点。在修订《新五代史》时，改动的人名大概有二三十处，但"谢瞳"我没有动，您特别提醒了我，我下次会特别注意。

我现在稍微说明一下中华本的情况，包括我所知道的一些原委，和柴校本有关的一些事实。因为1970年以后，中央把这个任务转到了上海，当然在这个过程当中有一些处理的不妥善的地方，上海承担的五史，《旧唐书》、《旧五代史》是由复旦负责的，由我的导师朱东润先生领衔整理。《新唐书》、《新五代史》是华东师大做的，上海师大也参加一部分，《宋史》部分也在上海做。从目前知道的情况来讲，《旧唐书》的刘节先生的点校很简单，后来基本上就没有用。陈垣先生和刘乃和先生整理的《旧五代史》，在柴先生点校稿本出来以后解决了一个问题，他的这个东西并没有到上海去，我询问过（上海），他们说都没有见到。（柴邦衡插话：豆丁网公布的档案。）我再说豆丁网的那位王芳军，是中华书局二十四史编撰办公室一位年轻的同志，他还不到三十岁。中华书局在2006年启动修订的时候，有一个原则，一个是梳理以前的档案，一个是希望以前的整理本与现在的修订本有所衔接，不希望现在的整理是对前辈的修正，特别不希望到处去抖前辈们这里对了那里错了。中华书局把他们以前整理的档案，把他们能够找到的复制给我，我在这里也可以很负责任的对各位说，《旧唐书》的档案校勘整理长编缺五到十卷，全部复印了给了我，这一部分加起来大概有两尺高。但《旧五代史》和《新五代史》的档案，一张纸都没有给过我。所以我们现在做的只能在原来的点校本与重新整理的材料基础上做。在这个过程之中，我可以很负责任地说，华东师大原来做的状态我不太了解，目前中华本《新五代史》的校勘标点质量是有一点欠缺，但是这种欠缺，我不太了解原委。因为全部七十四卷的校勘记不到一百条，大概有二三十卷没有校勘记。我们现在使用的古籍版本和古籍检索的手段是比前辈们好，我参加这次会之前，请一个助手整理了一下我们现在的一个情况，他写了个文本给我，我读一下：

> 柴氏所用文本基本未超过前次点校所用诸本，除百衲本据以影印的庆元本外，皆为明清以来较常见的版本。《中国古籍善本书目》载宋本（包括残本和宋刻元明递修本）五种，三种为庆元本系统。另两种，其一为北图所藏残宋本十四卷，此本刻写极工，似乎为北宋监本，最迟不晚于南宋初年，颇存珍贵异文，校勘价值极高。其一为北大图书馆藏南宋残本六卷，虽颇多讹误，但仍存不少有价值的异文。另外，台湾"国家图书馆"藏南宋刻本一部，系贵池本的底本。
>
> 《中国古籍善本书目》载元本三种（包括元刻明修本），皆出元代宗文书院本系统。此本讹误虽多，但与《通鉴考异》所引《新五代史》颇多相同之处，疑出欧阳修的稿本，这一版本很可能是此后多数明清版本的祖本。
>
> 我们校勘工作的宗旨是尽可能选择最有代表性、最有价值的古本加以利用，所以本次修订以百衲本所影庆元本为底本，通校了北图、北大、台湾所藏宋本、宗文本，及《通鉴考异》、吕祖谦《十七史详节》中所录的《新五代史》，参校了明清以后的一些重要版本。

华东师大所用的校点与柴先生的校点基本框架是一致的。是不是有所衔接，柴邦衡先生讲到其中标点的一致性，有的时候很难说，需要找到一些内证。古籍整理有的时候只能这样标点。

我在这里说一下对柴先生整理的《新五代史》的基本的看法：学界关于新旧《五代史》的看法早有定评。欧阳修的《新五代史》也有它欠缺的一点，它是私人编撰的，编撰的时期主要是两次，一次是景祐年间，第二次是皇祐年间为他母亲守丧之中，我仔细核对过两部《五代史》，相信《新五代史》补充的材料十分有限，主要是十国的材料。欧阳修有一些自己的表达习惯，比如节度使他喜欢用一些军名，因此造成很多的错误。在柴先生的校勘记中，我稍微看了一部分，觉得特别尊崇的一个地方就是，他继承了乾嘉以来古籍校勘学的基本规范和方法，也就是说，以一个本子为工作本，把见到的各种本子和前辈的各种著作之中能够吸取的文献和资料充分地连接起来。我回应一下刚才陈智超先生与柴邦衡先生说的，我感觉目前影印的这个本子是柴德赓先生的工作长编，是前期工作的一个记录。因为上面有很多是他读书时的感受，估计不是一个时期完成。其中很多的表述是清代校勘学家习惯用的记录异文、详尽备录的方式。考虑到《新五代史》对《旧五代史》的充分参考，他对《新五代史》的校勘采取了对校、他校与本校、理校，各种的方法，是继承了陈援庵先生的学术传统的，这是一个很重要的标志。和中华书局所需要的《新五代史》的完成工作本显然还是有很大的距离。因为中华书局需要的定本，目前在这个本子上还看不到最后完成的痕迹。从书信中的表述和其他的记述中，我不太清楚，不好发表意见。这个本子可以为我们提供一个很好的治学方法和风范。如果后面有充分的时间，我会参考这个稿子提出的一些结论。刚看到（这本书），我还没有办法提供很多看法。谢谢各位！

（作者单位：复旦大学中文系）

《新五代史》"谢瞳"辨[*]

杨立新

2014年6月29日，在商务印书馆，本人应邀参加了"《柴德赓点校新五代史》新书发布暨《柴德赓全集》编辑启动仪式"。与会文史大家们就20世纪60年代柴德赓先生点校的《新五代史》开展了热烈的讨论。

会上，中国社会科学院学部委员、研究员陈祖武先生对柴先生点校的《新五代史》（版本为光绪癸卯年［1903］十月五洲同文书局石印乾隆四年校勘本，即"石印殿本"）给予了高度评价，并举出柴先生富有创见的三个例子。其中第一个为《新五代史》卷一中，柴先生校勘"谢瞳"应为"谢瞳"。

"谢瞳"的名字出自《新五代史·梁本纪》，石印殿本为："温客谢瞳说温曰：黄家起于草莽，幸唐衰乱，直投其隙而取之尔。"对此，柴先生在天头眉批曰："'瞳'贵池本作'瞳'，薛史作'瞳'，字子明，以其字核之，当作'瞳'。"

柴先生非常肯定地认为，"谢瞳"当作"谢瞳"。其根据是贵池本作"瞳"，另外瞳名与其字子明相符。我们知道，古人的名与字之间含义相近、相关或相反。司马光说："字必附名而为义焉。"可见"字"是解释"名"的性质和含义的，与名相表里，所以也叫"表字"。历史上字子明的，还有三国时

---

[*] 原载杨立新博客，2014年7月2日。

的东吴名将吕蒙，和北宋大臣王旦。前者名与字之间的含义相反，后者名与字之间的含义相关。还有南朝宋文学家鲍照，字明远。"照"与"明"含义相关。

"瞳"与"曈"音同，均为形声字，但含义大相径庭。"瞳"，《玉篇》释为"目珠子也"。《史记·项羽本纪》："吾闻之周生曰：'舜目盖重瞳子'，又闻项羽亦重瞳子。""曈"，《说文新附》释为"曈，曈曨，日欲明也。从日，童声"。故"曈"是指日出时很明亮的样子。（按：《说文新附》中，"明"作为"曈"的释义出现！）王安石《元日》诗中有"千门万户曈曈日"句。"曈"在古代多用于人名，"子明"的"明"字与"曈"意相近，而与"瞳"不类。

对此，复旦大学中文系主任陈尚君先生认为，"明"字左部在古代既可写作"日"，也可写作"目"，故不能下定论。

诚然，"明"字在古代多写作"朙"。但此"目"却与眼睛没有丝毫关系。欲明究竟，我们还是要从字源学上作一番溯源探究。

查阅《说文解字》，我们在所收9353个汉字中只能找到这个"朙"字。《说文解字》的解释为："朙，照也。从月囧，凡朙之属皆从朙。"并附录"朙"的古文，指出"古文从日"。由此我们知道，"朙"的古文其实就是我们现在的通行简化字"明"，其造字原理亦即我们常说的"日月为明"。

对此，清人段玉裁在《说文解字注》中解释道："云古文作明，则朙非古文也。盖籀作朙，而小篆隶从之。《干禄字书》曰：'明，通；朙，正。'颜鲁公书无不作朙者。《开成石经》作明，从张参说也。《汉石经》作'明'。"段玉裁列出了"明"字的三种写法："朙"、"明"、"明"。但他在征引《干禄字书》时却出现了错误。《干禄字书》只收入"明"、"朙"两种写法，指出"上通下正"，即"朙"为正字，"明"为通字[①]。

这样我们就清楚了"明"的正体字应为"朙"，从月从囧，为会意字。

看到"朙"字中的"囧"，相信大家眼前定会突然一亮。这个长期废止不

[①] 关于通字，《干禄字书》解释为："所谓'通'者，相承久远，可以施表奏牋启、尺牍判状，固免诋诃。"

用的古文字近年来忽从故纸堆中死灰复燃，被赋予新意，迅速暴热网络，竟成了"21世纪最风行的汉字"。

"囧"字的风行可能与其古怪的字形有关。因它形如八字眉，下如一张嘴，便被赋予了郁闷、悲伤、无奈、困惑、无语等等意思，与"窘"一样表示在特殊情况下的一种极为窘迫的心情，因而成为网络聊天、论坛、博客中使用最频繁的字之一。

但遗憾的是，这只是现代人对"囧"字望文生义的理解，与其实际含义却相差十万八千里。"囧"在甲骨文中即已出现，它也是《说文解字》540个部首之一，许慎在《说文解字》中有如下解释："囧，窗牖丽廔闿明。"认为"囧"为窗户的象形，像窗口通明之状。看来古人和今人一样，都是取其象形，只不过是窗户而非人脸而已。

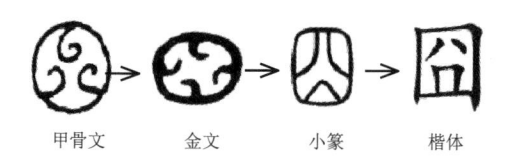

甲骨文 → 金文 → 小篆 → 楷体

这样，"囧"与"月"组合在一起，便成了"朙"。表示月光透过窗户照射进来，即光明之意。

下面我们再谈"明"的由来。在篆书向隶书演变的"隶变"过程中，"朙"字左边的"囧"讹变为"目"：所谓的"八字眉"合并为一横，下面的"一张嘴"也拉直成一横，是为"明"。所以，"明"字中的"目"绝不是指眼睛，而是"囧"。现在大家常说的"耳聪目明"之"目明"，属望文生义。

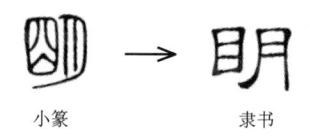

小篆 → 隶书

在实际使用中，这种笔画简省的"明"逐渐取代了笔画繁难的正体"朙"，成为广泛使用的通字。《康熙字典》对"明"的注释为："古同朙。田艺衡曰：古皆从日月作明。汉乃从目作明。"说明自汉朝以后多使用"明"，这也就是古代文献中大量出现"明"字的原因。

由此看来，"明"字字义与"目"没有关系，字形亦不相关。因此，新旧《五代史》中，"谢瞳"为"谢曈"应成定谳。如今国家正在重新修订"二十四史"，建议新版点校本"二十四史"为谢曈"正名"！[①]

（作者单位：人民日报社）

---

① 2015 年中华书局《新五代史》（修订本）出版，校勘记中引了柴德赓的识语。

试谈研究史学的一些基本功
——读柴德赓先生《清代学术史讲义》等的一些体会*

刘家和

柴师青峰德赓先生生平著述，在先生逝世后已结集出版者有《史学丛考》、《史籍举要》、《资治通鉴介绍》等，但收集尚未完全。前年先生女公子令文教授告诉我，先生讲授清代学术史时，有手书讲义稿，但残缺甚多，唯先生高足李瑚先生所录笔记，至今尚存全稿，故拟整理以付印行；在先生手稿中仍留有一部分读书笔记，自题为《识小录》，亦拟付梓；此外仍拟附录有关清代史学之重要论文数篇，以资印证。此书已约定将由商务印书馆出版。她嘱我在书出版时写一篇小文作一些介绍或说明。

今年春季，商务印书馆编辑把初步整理打印出来的书稿送了过来。同时送来者有李君笔记手迹复印稿、柴先生讲义手稿复印本等。因为忙于学生论文答辩及有关研究项目，未能及时拜读。暑假来临，尽快抽暇校读。乃发现此清代学术史讲义稿仅据李君笔记整理而成，而柴先生手稿中尚有许多相当重要之内容未能收入。任何人做笔记都难免、甚至必有个人注意点之偏重与选择，故李君之笔记虽十分出色，但仍不能置柴先生残缺之手稿于不顾。经与同为柴先生门人的李秋媛、杜平二位学长商量，并征得柴先生家属与商务印书馆丁波先

---

* 原载《史学史研究》2013年第1期，后作为《清代学术史讲义·序二》，载柴德赓：《清代学术史讲义》，商务印书馆2013年版。

生同意，决定改以先生手稿本为底本，凡底本所缺或底本略而不详处，悉以李君笔记补充之。关于重新整理此稿之人选殊不易得，后又与李、杜二位学长反复商量、联系，最后请出姚念慈、邱居里二位教授担此重任。此二君既学有根底，又极其认真负责，从其以"编者注"出现之内容来看，非专业深淳者难以臻此，实在值得钦佩。他们的工作无愧于柴先生之原稿，亦无负于李先生之笔记矣。

柴先生此书，由《清代学术史讲义》（8章）、《识小录》（笔记168条）与《附录》（选文4篇）三部分组成，具体情况在书前目录中已有清晰的展示。

在这三个组成部分中，《清代学术史讲义》无疑是主体。这部讲义中的重点在明清之际的学术之演化、清初三大师所开创之新风与夫乾嘉学术之成就，以经史之学为主体。讲义时间下限基本到阮元而止，所以实际并不包括鸦片战争以后的清代学术。新中国成立以前，大学文科的课程大多数都是讲不完就结束的，柴先生讲到鸦片战争以前，所以已经有了一个相当完整的体系了。

柴先生的这一本书，虽然由后人编组而成，不过细读起来，还是能看出柴先生以及他的老师陈援庵先生治史的一贯方法与精神的。所以，我相信青年学人或学生如果能够耐下心来加以研读，那么无疑是会从此书学到一些独特而颇有价值的治史之门径。尤其是在当前学风中有些难以讳言的功利与浮躁的倾向的情况下，这本书对于我们现在治史之深入仍然是具有重要启发意义的。以下，我将简单地谈三点个人的学习体会，供读者参考并请指教。

一、关于目录与掌故

治中国传统学术的人，一般都深知目录之学乃是治学的入门要道。因为要做某一方面的学术研究就不能不知道在这方面有哪些最基本的、可以作为典据的材料以及对此的前沿研究成果，研究的目的就是要在前人的基础上有所突破或前进，不然，"炒冷饭"是没有价值的。所以在作研究之前，人们不得不先了解要读哪些必要的书。怎么办？从前通常总会先看《四库全书简明目录》、《书目答问补正》等目录书,这样就会知道有哪些书,作者为谁,有多少卷,有哪些重要版本。于是按图索骥,要读的书就基本可以找到了。

这样的方法不为不对,但是不够。柴先生在讲"清代学术史"的正文之前,先讲了一个简要的开场白即叙论。他首先就指出清代学术史难做,因为这一代的学者与学术著作太多,难以穷尽。他也给出了一份主要参考书目,不过他并不以此为满足。他提示我们,要找书,必须了解当时的著述家以及他们活动于其中的学术界。所以就在开场白的第二段,他用今人可能感到意外的郑重态度指出了《书目答问·姓名略》原刻本中的一些错误(今本已经改正)。1963 年中华书局重新影印范希曾《书目答问补正》之影印本时,柴先生应邀为之写了序,序中曾经指出:"《答问》后附清代著述家姓名略,这个姓名略原刻颇有人名错误、字号脱落的毛病,范氏不置一词,是不明了这个名单的重要性呢?还是时间来不及没有做?这就不知道了。昔年商务印书馆曾排印《书目答问》,竟删去著述家姓名略,那才真正是不认识这个名单的价值的人妄删的。"(此书序第 5—6 页)那么,这个名单的重要性究竟在哪里呢?柴先生在此处并未直接予以回答。不过,在讲义开场白中就有了很好的说明。这就是指出了,读《书目答问》不仅要读前面的书目,还必须读后面的姓名略。读姓名略,是要从著述家的人来了解他作过哪些方面的研究,其人是经学家(还要知其流派)、史学家抑或兼治多家之学。如果了解这个人的学术全貌概况,再来读他的某一部书,那么我们就能对这一本书理解得更深刻;如果还能了解这个人的师友、学派从而对当时学术界之总体概况有所把握,那么我们就能对此人之书从更深的层次来领会或把握其真义。孟子曾说:"颂其诗,读其书,不知其人,可乎?"(《孟子·万章下》)如果不知其人,那么对于所读、所引之书,就可能由于断章取义而误解或曲解其本意,这种现象是应该尽量加以避免的。试读《四库全书总目提要》,在此书对于每一部书的提要中,我们几乎都能发现该书作者还有哪些著作、分属于哪一类、其本人属于哪一学术流派以及处于当时何种学术环境之中等方面的信息。如果对于同一学者多部书的提要作一番综合的了解,那么读其书且知其人的目标是可能达到的。

如何才能读其书且知其人呢？必须要熟悉掌故。"掌故"这一个词，听起来似乎人人都懂，大概就是"陈年老账"的意思。这样的解说不能算错，不过具体内容总不太清楚。这里试图给它勾画出稍稍具体的轮廓。《史记·袁盎晁错列传》记晁错曾"以文学为太常掌故"，《集解》："应劭云：掌故，百石吏，主故事。"《索隐》："服虔云'百石卒吏'。《汉旧仪》云'太常博士弟子试射策，中甲科补郎，中乙科补掌故'也。"所以从一种意义上说，"掌故"指的是一种官名。不过，还可以从另一种意义上来说，如《史记·龟策列传》序："至高祖时，因秦太卜官。天下始定，兵革未息。及孝惠，享国日少，吕后女主，孝文、孝景因袭掌故，未遑讲试。"此处"因袭掌故"的"掌故"显然又并非官职，而实际与"故事"或"旧事"通用。由此可见，"掌故"一词，与"史"颇有相似之处。"史"本指"史官"，后又兼指史官所记之文即史书。"掌故"本指掌"故事"之官，后又兼指此官所记之"故事"或"旧事"。那么，什么是"故事"或"旧事"呢？其含义与我们今天"讲故事"的故事其实不同。现在说的"故事"，可以是曾经发生过的真事，可以是在真事的基础上经过夸张想象的演义（如文学名著《三国演义》，其中真事不少，但是也有许多说书人加进去的甚至扭曲事实的楔子），还可以是任意编造出来文学作品。可是在过去的史书里，故事就是曾经发生过的旧事。范晔《后汉书·蔡邕列传》记："邕前在东观，与卢植、韩说等撰补《后汉记》，会遭事流离，不及得成，因上书自陈，奏其所著十意，分别首目，连置章左。"李贤注"十意"云："犹'前书'之十志也。（家和按：桓帝名志，故讳'志'为'意'。）《邕别传》曰：'邕昔作《汉记》十意，未及奏上，遭事流离，因上书自陈曰："……臣自在布衣，常以为《汉书》十志下尽王莽而止，光武已来唯记纪传，无续志者。臣所事师故太傅胡广，知臣颇识其门户，略以所有旧事与臣。虽未备悉，粗见首尾，积累思惟，二十余年。不在其位，非外史庶人所得擅述。天诱其衷，得备著作郎，建言十志皆当撰录……"'"由此可知，所谓"旧事"或"故事"原来就是撰写史书中的《书》、《志》的史料，这种史料既包括各种典章制度与专门学术，又包括在各种典制与学术领域中活动的人，以及人与事之间的相互关系。简约地说,掌故就是历史人物、事件及其时代环境融而为一的有机整体,在这样整体中呈现的任何人与事都是有其活生生的语境的。史家与这样史料打交道时,史料并非可以任意摆布的一吊大钱或百依百顺任人打扮的小女孩,它是有其客观的历史的独立性的。严肃的史家必须坚持自己的理性,不能不尊重史料中所固有的这种客观性。不然,他就可能演化为文学家或其他学者,而非真正的历史学家。那么,史家还可能有自己的独到见解或成一家之言吗?或者说,史家是否只能作为史料发现者、整理者、考证者出现呢?答案当然应该是否定的。如果一个史家不能有所创见与突破,从而成一家之言,那么他就难以成为一个名副其实的史家。问题的关键在于史家如何才能正确地发挥自己的主观能动性。作为一位真正的历史学家,理应以自己的主观能动的精神深入到既有史料的自身理路中去,从而见到人所未见并说出人所未说的深度与高度,把问题的研究提高到一个新的层次。

所以,与掌故相表里的目录学,在原则上是和不明掌故的目录学有其值得注意的区别之处的。凭借与掌故相表里的目录学,人们所能得到的史料之本身就是一种活生生的有机整体,具有其自身的个性与独立性,从这样的史料中梳理出来的历史自然也就具有其自身的条理性与客观性。这是历史学的研究道路。凭借不明掌故的目录学,人们所能看到的就是一大堆杂乱无章的陈年烂账,是全无内在有机联系的"杂多"(manyfold,或 Mannigfaltigkeit,借用康德语),从而必须由著作者把由此而得的史料凭个人的思路或设想加以取舍、组织与建构,其结果自然就不再是史学著作而成为文学著作了。可以说,从最初的目录学入手处就有了史学途径与文学途径的区分。这一点看来十分值得注意。

二、关于"识小"与"识大"

柴先生此书的第二部分是《识小录》,内容为读书札记。前人颇有以"识小"题书名者(《识小编》或《识小录》),清代称为《识小录》之书即有王夫之所作一卷,姚莹所作八卷。按"识(读作志)小"典出子贡之言。《论语·子张》："卫公孙朝问于子贡曰：仲尼焉学？子贡曰：'文武之道，未坠于地，在人。贤者识其大者，不贤者识其小者，莫不有文武之道焉。夫子焉不学？而亦何常师之有？'"所以自题"识小"，一方面，显然有以不贤者自居的谦逊之意，另一方面，也表明内容为札记之类而不是大块文章。柴先生的《识小录》的确是读书札记。其中所读所引之书多种，引用最多在10至20次之间者，依次为清王鸣盛之《十七史商榷》、清李集辑（李富孙、李遇孙续辑）之《鹤征录》（此录仅前后两卷，先生所引竟达约15次之多）与明王世贞之《弇山堂别集》。引《弇山堂别集》最多之原因在于了解明代历史考据、目录与掌故（《四库提要》虽将此书列在"杂史"类中，但极为重视其对于明史研究的重要价值）；引《鹤征录》多则主要由于其中记载有关学者之生平与掌故甚多；引《十七史商榷》多亦着重于历史之考证。柴先生从明清时期的多方面历史演变入手研究清代学术，必须在此广大领域有一个总体上的理解与把握，其读书札记亦与其研究之重点密切相关。可见其"识小"之目标正在于"识大"。这说明他的"识小"及其"识大"是有着内在关联的。当然，柴先生的《识小录》还记了许多其他方面的内容，因为札记毕竟不是结构谨严的系统性著作。

据个人体会，学术研究中的"识大"与"识小"既有区别，又有联系。二者不可分离。从具体的学术史上来看，实际上存在四种情况。

第一种是，只见其小而不见其大。研究者孜孜于具体一人一事之考证、一章一句之考释、一名一物之辨证、一版一本之校勘，凡此等等，其用功勤、用力深而确有收获者，当然于史学之研究皆有贡献，甚至重要贡献。清代有过许多精于各种专门之学的专家。他们的成就与贡献在我们治史者看来都在于能为我们的重大问题研究扫清各种具体知识上之缺陷障碍，或者说这有助于为史学宏观研究扫清拦路虎。许多关于历法年代、地理山川、典制沿革、名物制度、训诂是非、目录版本等等方面的问题，如果有哪一路不通，那么涉及这一路的大文章就难以开展。在这种意义上，识小亦未尝不是识大的必要条件，即无识小则无以识大。所以子贡说，不论"识大"或"识小"，"莫不有文武之道焉"。不过，如果有学生做论文选一个偏僻的小问题，专找一些畸零冷僻的材料，以求"出奇制胜"之"创新"或填补空白，从此又养成习惯，那恐怕以后其治学道路就可能越走越窄了。

第二种是，只见其大而不管其小。如果对于作为"小"的专门知识不愿问津，甚至不屑一顾，而只注意从宏观角度思考问题，那么这种现象看来也无助于史学之发展。史学是关于人类自身的学问，人是活生生的有血有肉的存在，作为人类自身的学问当然也应该如此。史学与史学史都不能空谈，即使是史学理论或历史哲学，那也从来都要结合哲学史、史学理论史的具体深入钻研来进行的。古希腊哲学家亚里士多德的《形而上学》就是从对哲学史上的各个流派的学说进行批判的过程中来提出自己的哲学来的。严格地说，"大"是由众多的"小"有机地组合而成的，所以在逻辑上，它是一个"类"，诸"小"就是这个"类"的各个分子，类与分子之间有着密不可分的关系。有没有没有分子的"类"呢？这在逻辑学上是有的，即"空类"。尽管其值为"零"，它在逻辑推理中仍然是具有意义的。可是，史学绝对不是纯粹推理的学问，其研究必须有宏观与微观、经验与理性的结合。如果我们的宏观研究建立在"空类"的基础上，那么这种研究本身的基础就空洞化了。在这里，我们就有必要重温孔子的一句话："思而不学则殆。"

第三种是，既识其大又识其小。如果有人能够做到这种程度，那么就可以毫无夸张地说，他的确是一位博大精深的学者。其实"识大"与"识小"的关系也就是博与精的关系。《荀子·修身》言"多闻曰博"，又言"多而乱曰耗"。这就是说，多闻是博的必要条件，无多闻即无博，但并非其充分条件，只有多闻而不乱才是博的充分必要条件。所以《说文解字》十部说："博，大通也。""博"就是"既大又通"，"既大又通"也就是"博"，二者互为充分必要条件。具体地说，博就是掌握多种多样知识，而且这些知识必须是能够互相沟通从而形成一体的。当然从来就没有人能够掌握一切的知识，看来将来也很难有人做到这样的程度，博永远是相对的。如果一个人的确掌握了很多具体的知识，可是他对于这些具体知识把握得不精（其实就是对于这些具体知识的内部结构没有把握，也可以说对这些具体知识把握得不深不透），或者在他的多种知识之间缺少一些必要的具体知识来作为其间的沟通环节，那么他的知识虽多，仍然处于多而乱的状态。这就不能真正成其为博。那么，对于具体的或微观层次上的知识，我们如何才能把握得更深更透呢？这当然需要从微观层面上不断地深入。当然，这种精也永远是相对的。不过这种深入不能是盲目的。盲目的乱钻，其结果可能是越钻越出不来，甚至连识小都成了问题。对于这一点，一些青年学者朋友可能需要注意。那么如何才能在微观层面上不断有所深入呢？在这里，宏观上的总体把握能力至关重要。因为宏观上的总体把握能力实际是一种能够从高处俯瞰并把握问题的内在结构的能力。微观知识其实也是有其内部的结构的，如果能够从宏观总体把握问题内在结构获得一种训练和自觉，那么把握微观问题的努力就会有一个明确的方向。这样看来，似乎也可以说，微观层面上精深与宏观层面上的博洽实际是互为必要条件（也就互为充分必要条件）的。即无微观层面之精便无宏观层面之博，无宏观层面之博亦便无微观层面之精。于是，博与精之间形成了一种张力，二者之间既有趋大的与趋小的方向相反的离心力，又有内在的互为存在前提的不可分离的向心力。"识大"与"识小"之间的这种张力，对于我们学术研究的进展具有极其重大的作用。"上穷碧落下黄泉"，是时常被用来描写治学不怠的境界的一种写照。的确如此，学问的成长犹如一棵大树，根柢越深，枝叶越茂，枝叶越茂，根柢越深。子贡说的"贤者识其大者"，想来是指这种"识大"与"识小"相互为用、相得益彰的良性循环的最佳状态。

第四种是，既不"识大"，又不"识小"。如果发生这种情况，那就说明其为学尚未步入正道，或者说正处于上不着天、下不着地的境地。如果因循下去，那么学术预后可能不好。希望处境如此者好自为之。此处恕不赘论。

在中国学术史上，兼具"识大"与"识小"之长的著作并不少见。这里试举两个较为明显的例子以佐证。

其一是宋末元初的学者王应麟（深宁）所作《困学纪闻》，一部著名的学术札记。札记之文，或长或短；此书中短条（三几句话，二三十字）甚多，甚至有不足十字者。如卷七记读《论语》心得中有一条云："孔门受道，唯颜、曾、子贡。"如除去标点，仅得九字。从形式上看，此条只说明了一件事，内容可谓极小。不过它同时又是一个大结论，是作者通读《论语》，经过综合比较，然后才得出的结论。而且此书所记包含经学、天道、地理、诸子、考史、评诗文、杂识（识，记也）等（据《四库提要》之归类）。如此包罗万象（在当时条件下）的对象，竟以如此短小精悍之文论述之，实在难能可贵。所以，《四库全书总目提要》子部杂家类二关于此书之评议有云："应麟博洽多闻，在宋代罕其伦比。"又云："盖（应麟）学问既深，意气自平，能知汉、唐诸儒本本原原，具有根柢，未可妄诋以空言；又能知洛、闽诸儒亦非全无心得，未可概视为舍陋。故能兼收并取，绝无党同伐异之私。所考率切实可据，良有由也。"于此可见古人治学博与精密切结合之范例。

另一个就是明末清初的顾炎武（亭林）的《日知录》。顾氏此书实为王氏此书之继续与发展，在形式上也是每条长短不同。虽然《日知录》中的长条多于《困学纪闻》，但短小精悍者亦不少。甚至也有在十字以下之条。如卷十三中之"召杀"条云："巧召杀，忮召杀，吝召杀。"如除去标点，也仅得九字。不过《日知录》此卷皆论历代风俗之事，此条短文也是综合多方面历史经验得出的大结论。文虽短，而论断却大。顾氏此书的内容所及比王氏之书还要广泛。其文包括论经义、论政事、论世风、论礼制、论科举、论艺文、论名义、论古事真妄、论史法、论注书、论杂事、论兵及外国事、论天象术数、论地理以及杂考证等（据《四库提要》之归类）。《四库全书总目提要》子部杂家类三关于此书之评议有云："炎武学有本原，博赡而能通贯。每一事必详其始末，参以佐证而后笔之于书，故引据浩繁而牴牾者少。"《提要》只肯定此书博赡与精通，而不赞成顾氏弟子潘耒为此书所作之序中赞扬其书的经世致用的价值。这是清廷对顾氏作为明遗民的思想倾向不予肯定之自然结果。不过，顾氏在此书初刻自序中是颇以"明学术，正人心，拨乱世以兴太平之事"自许的。无论如何，顾氏在做精微考证之同时，心中丝毫没有遗忘人间大事。所以，此书也是前人"识大"而兼"识小"的一个典范。

柴先生的《识小录》显然是在前贤此类著作影响下作成的。陈援庵先生和柴先生都十分重视顾氏的《日知录》，看来此书的影响更大。当然，由于各种条件的不同，加之尚属初稿（《日知录》每条之稿皆经多次复审、精改甚至删削而成），柴先生的《识小录》在涉及方面及精致程度上都难以与王深宁、顾亭林二家之作并驾齐驱。但是，如果我们把这一份《识小录》与《清代学术史讲义》以及附录中的前两篇文章相互对照来看，那么仍然是能看出它实际也可以说是为后二者的写作作准备的。事关明清之际学术之巨变，所以这种"识小"其实也是为"识大"作先导的。这是从大处着眼而先从小处着手，庶几不为空论而已。

三、关于"竭泽而渔"

"竭泽而渔"，是陈援庵先生作史学考证时对于史料把握程度的严格要求。简言之，也可以说是把能找到的史料都找到。

"竭泽而渔"，典出《吕氏春秋·孝行览·义赏》，其文云："昔晋文公将与楚人战于城濮，召咎犯而问曰：'楚众我寡，奈何而可？'咎犯对曰：'臣闻繁礼之君，不足于文；繁战之君，不足于诈。君亦诈之而已。'文公以咎犯言告雍季，雍季曰：'竭泽而渔，岂不获得？而明年无鱼。焚薮而田，岂不获得？而明年无兽。诈伪之道，虽今偷可，后将无复，非长术也。'文公用咎犯之言，而败楚人于城濮。反而为赏，雍季在上。左右谏曰：'城濮之功，咎犯之谋也。君用其言而赏后其身，或者不可乎？'文公曰：'雍季之言，百世之利也。咎犯之言，一时之务也。焉有以一时之务先百世之利者乎？'"这里借用此典，当然并非用其本意，而是一种比喻。

或许有人会说，作考证要求对史料一网打尽，过去的确很困难，现在有了电脑和数据库，各种索引皆可应手而得，已经不是问题了。照此说来，人人皆可成为考据大师了。现在的确可以看到一些文章，其所引据的材料数量惊人。不过仔细一看，就能觉到其中许多材料引得颇不自然，或是作者对所引史料的理解不够准确,从而与所论问题对不上口径,或是所引史料系从他处转引,从而取材武断,割裂了所引之文与其上下文之间的有机联系,属于裁引不当。问题不一而足。出现此类现象的根本原因在于,误以为我们对于历来文献是可以不系统阅读并系统理解的,只要能从其中查出对己有用的断片材料即可。白寿彝先生曾经一再强调,很多书(除备查找的工具书外)是要系统读的,不读而简单地从中寻觅、截取材料来抄卡片是不可取的。白先生的意思不是说不可以抄卡片,而是要在通体把握原文的情况下恰当地引取材料或做卡片。问题在于读书要花时间,在一些比较重功利的人看来,这样会降低效率,不如走捷径来得快。可是,这样追求来的最多是量上之多,而很难是质上之深,所以很难说求得了真正的效率。

也许有人说,我通过电脑搜索,材料已经一网打尽,这岂不是既竭泽而渔又讲究效率了吗,为什么还会有问题呢?察其究竟,在对于"竭泽而渔"一语未能明其本意。"竭泽而渔",在这里其实是一种形象化的比喻。我们不能把自己研究问题所需的材料库简单地看作一池水或一水库水,它们就现成地摆在那里,只要我们把水放完,所有的材料就得到了。电脑数据库就相当于这样的水池或水库。这样来理解"泽",看来是太过简单了。

其实,当我们说要"竭泽而渔"的时候,首先必须对于自己所面对的"泽"要有一番深入的分析理解。这里的"泽",不能被简单地看成一望可尽的一潭死水,因为水总是要有其来龙去脉的。作为历史资料库的"泽"更是如此。所以,我们必须把"泽"看作横向具有结构而纵向又具有层次的整体。

这里不妨仍旧以湖泊为比喻,一些湖泊结构比较简单,即使如此,它们也必须有若干川流作为其来源,而这些川流有必须有其地下水或天降水作为其来源。许多大的湖泊,往往实际又由许多较小的湖泊曲折勾连而成。所以严格地说来,竭泽而渔谈何容易。当然,我们可以谈根据自己所研究的课题的目标为根据来确定自己所要"竭"的是哪一部分的"泽",但又明知自己所竭之泽以外仍有许许多多的泽。我们永远不能自满自足,须知泽外有泽、天外有天;同时又要对于自己所需也所能竭的这一部分的泽作最大限度的努力去穷尽之。

以上说的都是比喻。如果从道理上来说，要能在史学研究上"竭泽而渔"，那么就必须既自觉地拓展自己的知识结构，又自觉地不断提高自己的思维能力。这是一项极其艰难的工作，可是，如果不能有所突破，那么在哪一点上有不足，就会哪一路走不通。我们每一个人都必然或多或少地具有自己的局限，而且永远如此，所以只能长到老学到老，永远保持谦逊与精进，如此而已。

现在再以柴先生及其老师陈援庵先生的几篇文章作一些具体的举证。

本书中收录柴先生文章四篇，其中前两篇就是在具体研究中力求竭泽而渔的实例。（附记：其中后两篇论乾嘉几位史学家，可以作为《清代学术史讲义》之补充。）

其一，《明季留都防乱诸人事迹考上》。这是柴先生在北师大求学时的一篇作业，深得导师陈援庵先生嘉奖，评为第一，并推荐在本校学报发表。按《留都防乱公揭》乃复社同仁于崇祯十一年八月攻讦阮大铖的一篇宣言，末有署名者一百四十余人（不同版本列名有二三人之差，此文说明留待后考）。此文目的即在于一一考明署名者之事迹。然在此百四十余人中，重要名人之资料固然连篇累牍，而其知名度较低或甚低者之资料又甚少、甚至难寻。要想把这些人的事迹一一考出，第一难题或要务就是须竭泽而渔。

此文之末，未列引用参考书目。可能因为全文未完，仅系上篇，原拟下篇之末再列，可惜以后未出下篇。按内容分类，约为正史、逸史、别史、方志（省、府、县）、家谱、碑传集（神道碑、墓志等）、文集、诗集、笔记以至《东林点将录》、《复社姓氏》、《进士题名录》等等。按所引书类别来说，看来已尽全力竭泽。为何要引用这样多种的书？因为能够在《留都防乱公揭》中署名的人都是相互有关系的。如何了解其间关系才能把这些人的事迹一一勾稽出来？从各种史书中可以找出重要人物间的关系，从各种方志可以找出人们之间的乡里关系及其事迹，从家谱、碑传中可以找出亲友之间的关系及其事迹，从各种文集笔记中也可以找出亲友关系及其事迹，从各种题名录中可以找出人们在某一群体中的相互关系。这是一种由人的关系中找书，又从书的内容中既扩大引书线索又找人的事迹的办法。柴先生当时作为一位大学生已经能做到如此程度，当然是从乃师陈先生那里学来的。

本书所收柴先生第二篇文章是《〈鲒埼亭集〉谢三宾考》。如果说前一篇文章所涉人物之面甚广，难在面上之竭泽，而此文则是集中于谢三宾一人之身，要把谢三宾这个地位并不太高而汉奸面孔又甚丑陋的人物的事迹勾稽出来，尤其各种书籍对此人之称谓竟有十三个之多，亦须一一考察出来。这就是要借竭泽而渔之博以考一人之事之精。文末列出所引书目计84种，不可谓之不多。至于其引书之分类与结构，读者不妨自己多做思考以寻其究竟。

柴先生的竭泽而渔考史方法，可以从其师陈援庵先生的著作中看到渊源。陈先生之《元西域人华化考》，书凡8卷，而所征引书目竟达210种之多。论其结构，那也依次是正史（包括类编、补志、考史之札记）、方志、行纪、金石录（并考跋）、书目谱录、笔记杂录，以及大量诗集、文集。前人多以为有元一代之少数民族人士之华化者既浅又少。而陈先生从多地区、多方面列举其佼佼者以驳旧说，故其书涉及面广，且材料分散。非竭泽而渔，不能竟其功。又陈先生之《吴渔山先生年谱》，书凡2卷，而所征引书目竟达78种之多。按吴渔山（历）为明末清初江苏常熟之一画家，后（51岁）入耶稣会，6年后又晋升为司铎。吴氏既为画家又为耶稣会之第一批华人司铎，故为治教史会史者所重视。在陈先生书以前，已有一位颇为渊博之教会学者为吴历作过年谱，引书有十余种，一般看来似乎也不能算少，因为谱主之知名度并不太高。而陈先生书所引书数竟为前书所引之四倍，且所引书基本皆为诗文集、年谱、书画录以及教会文献。吴历并非历史上一流名人，以一人为谱主而博罗群书，非竭泽而渔，亦无以竟其事。这样，我们就能从陈先生的《元西域人华化考》看到柴先生的《明季留都防乱诸人事迹考上》的前身，从陈先生的《吴渔山先生年谱》看到柴先生的《〈鲒埼亭集〉谢三宾考》的先导。

也许有人会以为这些文章都是考证性的识小之学，不屑一顾。可是没有识小的基础和训练，又能做什么样的识大文章呢？何况这样的识小，如果没有十分广博的掌故与目录的视野及把握问题高度的思维能力，那么即使你想识小

（真正的识小）也是难以做到的。譬如，有一大泽在前，自平地观之，仅能见其一曲；如能登高以观之，则所登愈高，所见亦愈广；如能登极高处而观之，则全泽之曲折勾连尽现眼底，始具有竭泽之可能。而且这仅仅是可能，因为此泽之大体是被你看到了，要去竭它，那又是一番极大之工程，真是谈何容易！如果从治学之开始即既畏登高之艰，又惧识广之难，那么就会产生既不能小又不能大、既不能高又不能深的情况，那就太可惜了。我想，读柴先生的书，细寻陈、柴先生治学之途径，对于未来一代史学大师之涌现是会有所裨益的。

2012年11月8日门人刘家和
谨识于北京师范大学寓庐愚庵
（作者单位：北京师范大学历史学院）

传薪学术有三书
——《清代学术史讲义》读后*

关永礼

有清一代学术可谓守正出新，积久后彰。既有对以往传统学术的全面总结，也有适应时代巨变勇于开拓的精神。学如积薪，在众多领域多有匡发，取得了超迈前贤的学术成果。一时间俊才云蒸，樊然竞出，彬彬之盛，如万卉齐开，丹碧绯映。王国维先生总结清代学术凡三变："国初之学大，乾嘉之学精，道咸以降之学新。"晚明王学盛极而衰，衍为束书不观、清谈误国的理学末流，最终导致鼎革易代。创深痛巨之余，清初顾炎武、黄宗羲、王夫之三位学术大师力矫学风空疏的流弊，宏著等身，崇实经世致用，开辟榛莽，丕振宗风，被称为正统派"不祧之大宗"。阎若璩、胡渭、毛奇龄等人究心古学，经学考据从经籍入手，抉疑发覆，剖决正讹，备受称道，为乾嘉学派的形成导夫先路。乾嘉时代，朴学臻于鼎盛，考证之学成为学术中坚。经学研究流派纷呈，以惠栋为中心、以信古为标志的吴派，以戴震为中心、以求实为特征的皖派，以焦循、汪中为代表的扬州学派，以全祖望、章学诚为代表的浙江学派先后涌现，各领风骚。王念孙、王引之父子专治小学，博洽精核，发前人所未发。段玉裁、桂馥、王筠、朱骏声四大家治《说文》，各有建树。嘉道间兴起的西北地理之学，道咸间兴盛的金石之学，成就斐然可观。晚清对诸子学的整理与研究

---

* 原载《光明日报》2013年11月26日。刊发时略有删节，此为原稿。

迭兴不衰,达到新的高度。经今文学风行,青蓝相接,恰是时代危机的反映,今文学家发挥公羊家"以经议政"的特点,寻求改革的出路。对前人诗文的考据,钩玄掘隐,令人服膺。连前人绝少涉猎的宗教研究,也取得长足进步,清代学术的繁荣堪与先秦学术、宋明学术比并而无愧色。

20 世纪二三十年代,章太炎、梁启超、钱穆三位先生倾力研治清代学术史,先后相继。章太炎先生《检论·清儒》概论清代学术,开风气之先,有伐山开辟之功。梁、钱二位先生分别结撰同名史著《中国近三百年学术史》。梁启超是近代杰出的思想家、教育家和一代学术巨擘。纵奇才,"笔端常带感情",以焕然濯新的文风驰骋文坛。他在 1923—1924 年讲授"清代学术史"于南开大学和清华研究院,1925 年讲义经整理以《中国近三百年学术史》之名刊行。全书 16 讲,26 万余字,以清学为宋明理学的全面反动立论,推崇汉学的科学考证精神,梳理清代学术史,论述清代学术变迁与政治的影响、清初学术思潮及主要学者成就、清代学者整理旧学的总成绩,以现代学术观念对清代学术流派加以研判,试图建立新的学术规范,创辟出编纂学术史的崭新体裁。钱穆也是博赡贯通的卓然大家,为学淹通四部,寝馈百家,且擅长考据,尤通义理,著述丰赡。1931 年在北京大学开讲"近三百年学术史",编撰讲义,1937 年出版,书名同为《中国近三百年学术史》,隐然有与梁氏争胜之意。全书 14 章,65 万余字,立论与梁启超迥殊,另启涂辙,将清代学术溯源于具有经世济民精神的宋学,近讨源于晚明东林,以人为纲,自黄宗羲以迄康有为,踪其师承,踵其衍变,详述三百年间学术的嬗变兴替。梁、钱二书先后刊播,广受学林推挹。

2013 年 6 月,商务印书馆刊印了一部柴德赓先生的《清代学术史讲义》。柴德赓(1908—1970),著名史学家、教育家、书法家,史学大师陈垣先生的得意弟子、学术传承人。继承陈垣先生为代表的老一辈史学家朴质无华、无征不信、追求真理的学风,师承乃师经世致用的治学精神、擅长考据的特长和竭泽而渔的考史方法。20 世纪 40 年代,在辅仁大学执教期间,开设"清代学术史"课程,深受学生欢迎。讲义手稿历劫无恙,留存至今,由家属奉献出来，商务印书馆慧眼识珠，礼请专家精心整理校勘后出版，名为《清代学术史讲义》，沉珠重光，为清代学术史研究又添一部力作。全书8章，约10万字，上起明清易代，下迄乾嘉两朝，一百八十余年间的学书大要，灼然大明，朗然在目。分析清代学术发达的原因，探河穷源，举其荦荦大者，从晚明学风转变、西学输入、政治变迁和理学程朱陆王势力的消长着眼，揭示宋明理学向清代学术转变的历史必然之势，鞭辟入里，令人信服。清代学术史上，名家、名作如林，不胜缕举，书中博稽慎择，搜罗略备，介绍清初三大师开创的新学风与乾嘉学术的成就，以经史之学为主体，在有限的篇幅内，钩玄提要，别择适当，且能旁征博引，详略得宜，见运筹布局之功力，收博观约取之效。列举清初汉学家的学行，从中窥知顺、康两朝学术演进之迹。探讨乾嘉间的学术分野，以吴、皖、扬州三派为重心，人物多连类而及，如联珠贯穿，层次不紊，脉络分明。论述乾嘉史学，则以浙东史家全、章和赵、王、钱三大家为主，兼及史部文献，足见爬梳精当，论断睿智。中国社会科学院历史研究所原所长陈祖武先生为书作序，认为《清代学术史讲义》"在清代学术史研究的奠基阶段，接武梁、钱二家所著，允称后出转精，鼎足而立"，堪为允当可信之论。

梁、钱、柴三位先生均曾执教杏坛，化育人才，且三部清代学术史均先讲义而后成书，示学人以门径。三书征引史料同中有异，但取径不一、视角有别，关键在于三位先生的文化自觉之心相同，昌明国粹、融化新知之心相同，善教播德之心相同，因而三书有殊途同归、异曲同工之妙。梁启超先生撰作《中国近三百年学术史》，外挹新潮，内衡国故，在古今中西会通中创新范式，着意从传统文化中寻求民族复兴的力量。钱穆先生初讲"近三百年学术史"，时值"九一八事变"，外侮日亟，世事日棘，激于爱国忧民情怀而有《中国近三百年学术史》之作，弘扬以天下为己任的宋学精神，砥砺国人自立、自强，从传统文化中寻找精神家园。柴德赓先生的《清代学术史讲义》则是对陈垣先生学术精神的赓扬光大，不仅把清代学术史与清代社会政治变迁结合起来加以考察，还把清代史事与当时全民抗战时代紧密联系，知人论世，讲史德、重操守、颂气节，鉴往知来，激励后昆，弘扬传统美德，继起勿替，直可视为"学术抗战"之作。

近年来，梁、钱两位先生的著作全集均已刊行，沾溉学人良多。柴先生的著作有多种尚未付梓。欣闻商务印书馆将整理出版柴先生的全部著作，这将是一笔宝贵丰厚的史学遗产。后辈学人将乐观其成，敬候佳音。

（作者单位：民主杂志社）

刘家和先生与《清代学术史讲义》*

丁 波

最早听到刘家和这个名字，是在大学一年级。那时，给我们讲先秦历史是杨国勇教授，杨先生本科就读于北京师范大学，他经常在讲课中向我们提及他的大学老师刘家和，大意是刘家和先生中国史的根底极好，又有很好的语言学习能力，外国语言学得极好，世界史做得很扎实。大学一年级，正为了英语四级挣扎，听了杨国勇先生讲的刘家和的事迹，便生出了许多崇敬，希望能成为刘家和先生一样的学者，既能学好中国史，也能攻下向来不喜欢不擅长的外语。对刘家和先生仰慕已久，但真正和刘家和先生有近距离接触，还是因为柴德赓先生的遗稿《清代学术史讲义》。

2010年，在苏州大学张承宗教授的帮助下，我联系到了柴德赓先生的女公子柴令文，之后便约了时间去登门拜访。拜访的当天，柴令文先生向我展示了柴德赓先生部分手稿，其中就有他在辅仁大学讲授"清代学术史"的课堂讲义，她同时给我出示了柴德赓在辅仁大学的学生、中国社会科学院荣誉学部委员李瑚先生抄录工整的课堂笔记。出于职业的敏感，我向柴令文先生建议，可以把柴德赓先生讲义原稿和李瑚先生的听课笔记进行整理，编辑出版一部《清代学术史讲义》，柴令文先生爽快地答应了。柴德赓"书法潇洒流畅"（启功语，见《青峰草堂师友墨缘》，商务印书馆2013年版），但对不熟悉其书法的

---

* 原载《中华读书报》2013年7月3日。

人来说，辨认识读并不容易，李瑚先生课堂笔记虽然工整，课堂记录时间仓促，部分连笔字识读起来也是非常困难。北京师范大学史学所王志刚副研究员出于对柴德赓先生的敬重，不计得失地承担了这项任务（在高校，这类整理成果，是不能计入科研考核任务的）。考虑到《清代学术史讲义》大约只有4万字，太单薄，和柴令文先生商量，把柴德赓先生题为"识小录"的关于清代学术史的部分读书笔记随着清代学术史讲义一同整理出版，并从已出版的柴德赓学术论文集《史学丛考》中选取了四篇关于清代学术史的代表性论文作为附录。对全部原稿的整理和识读，大约花费了一年半的时间。因为柴德赓先生"清代学术史讲义"原稿共四册，第三册散佚，第一次整理，选择了较完整的李瑚的听课笔记为底本，柴德赓先生讲义为补充。2012年6月，第一稿出来后，柴令文先生向我们建议，北京师范大学资深教授刘家和先生是柴德赓先生的学生，可以请他为本书作序，刘家和先生是史学大家，又是柴德赓先生的学生，由他作序，当然是最好的选择。

7月，我带着经过整理的讲义初稿就去拜访刘家和先生，这是第一次和刘家和先生面对面交流，向刘先生表达了从本科阶段就有的敬仰之情，刘先生幽默地说，看来我们还是同道中人，由你来做柴先生《清代学术史讲义》的责任编辑，很合适。刘家和先生深情地回忆了当年在辅仁大学听柴德赓先生讲课的情景，给他印象最深的是柴德赓先生的漂亮的板书，因为太专注欣赏柴先生飘逸潇洒的书法，他常常忘了记笔记。刘家和先生留下了讲义的整理初稿，随后又要去了柴德赓讲义原稿的复印件和李瑚笔记的复印件。大约一周后，刘家和先生给我打电话，约我去他家谈稿子。到先生家之后，先生表情严肃地对我说，初稿他认真看了，问题很多，最主要的问题是清代学术史讲义稿仅据李君笔记整理而成，而柴先生手稿中尚有许多相当重要之内容未能收入。任何人做笔记都难免、甚至必有个人注意点之偏重与选择，故李君之笔记虽十分出色，但仍不能置柴先生残缺之手稿于不顾。我提出，推倒整理稿初稿重新整理，恐怕找不到合适的整理者。刘家和先生说，这个我已经替你考虑了，我本人事务较多，难以胜任，如果出版社同意重新整理，他可以在听过柴德赓先生课的辅仁大学的同学中帮我们物色合适的整理者。为了保证书稿的质量，我们采纳了刘先生的意见，并请他物色整理者。过了一个月，刘家和先生给我打电话，说找到了一位合适的整理者，北京师范大学传统文化与古籍整理研究院的邱居里教授愿意承担此项任务，邱居里先生是著名史学家邱汉生先生的女公子，学术功底深厚。

后来才知道，从7月中旬开始，为了物色合适的整理者，刘家和先生与辅仁大学同学李秋媛、杜平先生等反复讨论，得知他们辅仁大学同学陶麐听过柴德赓先生的"清代学术史"课，刘家和先生与杜平先生专门从师大到校外去找陶麐先生商议，在师大门口打车，出租车司机看到两位老者年岁太高，纷纷拒载，适逢刘家和先生一位学生开车路过，亲自把他们两位送到了陶先生的住处。陶先生听过柴德赓先生的"清代学术史"课，还保留了经柴德赓先生批阅的考试卷，可惜的是，陶先生年事已高，视力有些问题，看稿力不从心，不能担任整理的任务。从陶先生家出来后，两位老先生又走了相当一段距离才坐上出租车，先生为此书的编辑整理，付出了难以想象的辛劳。邱居里先生接受了整理任务后，刘家和先生又多次与她反复沟通，就柴德赓讲义原稿与李瑚笔记如何融合等细节问题进行了深入沟通，到9月初，整理方案最终确定了下来。刘家和先生如释重负地对我说：我这一个暑假都交给我的老师了，下面可以写序了。在《清代学术史讲义》初稿整理出来之后，我们已经请中国社会科学院学部委员、历史研究所原所长陈祖武先生已写过一篇文字，陈祖武先生出于对柴德赓先生的景仰，坚持要把这篇文字作跋。开始写序之前，刘家和先生让我和陈祖武先生沟通，希望把陈先生的文字放到序的位置，陈先生的文字作为序一，他的文字作为序二。陈祖武以刘家和先生年长且德高望重，坚持不肯居于刘家和先生之前，我们把这个情况又反馈给刘家和先生，刘家和先生直接致电陈祖武先生，反复言明自己的意见，陈先生最终接纳了刘先生的建议。事后，刘家和先生讲了他坚持这样安排的初衷：陈祖武先生是清代学术史的专家，看我年纪比他大，要把我放在前面。作为柴德赓先生的学生，我参与柴德赓先生著作整理是应尽的义务，而陈先生却是在帮忙，我虽然年纪大他一些，一定是要他放在前面的。

大约到 11 月，刘家和先生发过来一篇达一万多字的长序。在序中，刘家和先生的落脚点是柴德赓先生治史的方法，他说："柴先生的这一本书，虽然由后人编组而成，不过细读起来，还是能看出柴先生以及他的老师陈援庵先生治史的一贯方法与精神的。所以，我相信青年学人或学生如果能够耐下心来加以研读，那么无疑是会从此书学到一些独特而颇有价值的治史之门径。尤其是在当前学风中有些难以讳言的功利与浮躁的倾向的情况下，这本书对于我们现在治史之深入仍然是具有重要启发意义的。"2013 年 6 月，《清代学术史讲义》正式出版，17 日周一下午拿到样书，知道刘家和先生一直关注着出版进度，我当即给先生打电话，问先生什么时候方便，我把样书给他送过去。打电话的时候已是下午五点左右，我的本意是约周二或周三给先生送书。先生急于见到样书，问我是否方便晚上送书。当晚，我约了柴德赓先生长孙柴念东同去。晚七点半到了刘先生家里，刘先生已事先沏好一壶茶，进门落座，先生就说："茶已经沏了一会，不烫了，正好喝。"老先生待人的细致入微让人肃然起敬。看过样书，刘先生和我们聊起了他与柴德赓先生交往中点点滴滴，说到动情处，先生激动地对柴念东说："念东，你知道吗，我们以前就像今天这样，经常聚在柴德赓先生家里，尽情畅聊，经常忘了时间，最后柴师母都要来回走动两三趟，提醒我们聊得太久了。"刘先生说到这里的时候，他的夫人从隔壁房间走了过来，开门，然后转身又离开，我与柴念东抬头看表，已晚上十点了，当即恍然，刘先生也有觉察，面露笑容，幽默地说"今天聊得太久了，又得吃安眠药了"。

离开刘先生家，回味从着手整理柴德赓先生的《清代学术史讲义》，到书的正式出版，百感交集，如果没有像刘家和先生这样的学生积极参与老师遗著的整理，能有《清代学术史讲义》顺利编辑出版吗？《清代学术史讲义》的出版，不光为学界贡献了一部优秀的学术著作，它的编辑出版，也传递了一份浓浓的师生情，而这正是学术薪火相传的根基。

（作者单位：商务印书馆）

追忆师者风范，继承优良传统
——柴德赓先生《清代学术史讲义》出版座谈会纪要[*]

武晓阳

柴德赓（1908—1970）先生是我国著名史学家、教育家和书法家，历任辅仁大学讲师、白沙国立女子师范学院副教授、辅仁大学教授、北京师范大学历史系教授兼系主任、江苏师范学院历史系教授兼系主任，一生从事史学研究和教学近四十年，系陈援庵先生的主要学术传人之一。《清代学术史讲义》以柴德赓先生在辅仁大学执教时的同名讲义和李瑚研究员学生时代的听课笔记为基础，由邱居里、姚念慈、王志刚整理而成，商务印书馆2013年6月出版。2013年7月20日上午，北京师范大学历史学院、史学理论与史学史研究中心、商务印书馆和中国社会科学院世界历史研究所，联合发起召开了柴德赓先生《清代学术史讲义》出版学术座谈会。

会议由北京师范大学历史学院院长杨共乐教授主持。柴先生的弟子北京师范大学资深教授刘家和、杜平、李秋媛、陶懋炳，柴先生的女公子柴令文，中国社会科学院历史研究所原所长、学部委员陈祖武，中国社会科学院世界历史研究所所长张顺洪，北京师范大学资深教授瞿林东，北京师范大学教授晁福林、易宁，中国人民大学教授牛润珍，商务印书馆总经理于殿利，该书责编丁波，以及来自《人民日报》、《光明日报》等媒体的记者，共40余人参加了座

---

[*] 原载《史学史研究》2013年第3期。

谈会。

与会者认为，柴先生的《清代学术史讲义》有重要的学术价值，它的出版具有现实意义。

刘家和指出："青年学人或学生如果能够耐下心来加以研读，那么无疑是会从此书学到一些独特而颇有价值的治史之门径。尤其是在当前学风中有些难以讳言的功利与浮躁的倾向的情况下，这本书对于我们现在治史之深入仍然是具有重要启发意义的。"陈祖武称，《清代学术史讲义》"同20世纪二三十年代问世的两部《中国近三百年学术史》相比，青峰先生之所著，既有如梁、钱二位先生论著一般的学术源流梳理，更有对援庵老先生学术和精神之发扬光大"。该书在"清代学术史研究的奠基阶段，接武梁、钱二家所著，允称后出转精，鼎足而立"。瞿林东还以自己治史为例，结合柴先生讲义中的《识小录》，来阐释在做学问的过程中，做读书札记、读史札记的重要性。他指出，《识小录》是柴先生讲课"熟悉"，"很自如"的基础。而"这168条《识小录》，让我对柴先生有了更进一步的认识"，"他确实是有丰厚的积累"。于殿利指出，现在出版《清代学术史讲义》有重大的现实意义，也具有重要的学术价值。首先，书中的真知灼见无论是对青年学生还是史学工作者都有很好的借鉴意义。其次，著作中所体现出的柴先生的学品、治史态度非常值得我们后人学习和发扬。最后，我们拜读老一辈学者的著作时，能再次感受他们为学术而献身的精神，而这种精神恰恰是如今青年学者应该借鉴和学习的。

与会者认为，柴先生的《清代学术史讲义》继承了陈垣校长治史的精神和方法，这一传统需要继续发扬光大。

刘家和先生深入分析了陈垣先生和柴德赓先生的治史路径，并概括说："要掌握与掌故相表里的目录学"；将"识小"与"识大"紧密结合起来；"既自觉地拓展自己的知识结构，又自觉地不断提高自己的思维能力"，力求做到对史料的"竭泽而渔"。[①]陈先生和柴先生的这一学术传统是宝贵的财富。这

---

① 刘家和先生的详细论证，参见刘家和：《试谈研究史学的一些基本功——读柴德赓先生〈清代学术史讲义〉等的一些体会》，载柴德赓：《清代学术史讲义》，商务印书馆2013年版，第4—18页。

一治史路径既奠定了北京师范大学历史学科"根底之学"的传统基础，又是进一步提升北师大历史学科实力之保障。他指出，"我们师大历史系要振兴，或者我们历史学科要振兴，陈老和柴先生的学风，做学问的方式，是非常值得注意的"；"现在中国要振兴，如果我们的史学，要能在国际上站住脚，我看陈老、柴先生之路还得走。"杜平也认为，"要坐下来，继承陈垣老和柴先生的治学方法和精神，做到这一点不是轻而易举的"，但"历史学院一定要在青年一代中培养高端人才，把陈老和柴老的治学方法和学问继承下来"。瞿林东指出，"我们北京师范大学的历史学科，有它的特殊性，有陈垣校长打下的基础，有陈垣校长的学生（像柴德赓先生这样）的继承和发展"，"学术传承和创新特别重要"。"陈老开创的历史文献学里的许多门类的学问，我们真正在里面下一点功夫，都会从不同的角度取得成就。"

牛润珍在发言中强调："学术复兴，首先在于学术精神的重振，学术精神的重建和复兴。那么，学术精神重建，以什么为资源呢，像援庵老，像青峰先生，这就是非常深厚的资源。如果利用这些资源来重振我们民族学术的精神，我们的学术复兴、重振就有希望。"晁福林指出，学术传统，首先是要靠一代又一代师生的口耳相传、薪火相传来继承的。第二，学术传统还要依靠方法和精神的继承。第三，继承学术传统，"还要靠对前辈所开辟的学术领域的继续开拓和继续认识"。"柴先生和陈先生的学术传统，不仅是我们北京师范大学的骄傲，也受到全国学术界的重视。"

陈祖武说，"我虽然不是柴先生的入室弟子，但这些年始终在认真地读柴先生的书，在沿着柴先生开辟的路径往前走"，"在我进入清代学术史这一研究领域之初，实际上是以柴德赓先生为老师，开始学术之路的"。他希望"大家一起，沿着陈垣老、柴先生、刘先生，还有已经故世的刘乃和先生，沿着这些老先生开辟的路径继续往前走"，"把我们北京师范大学的中国古代史学科建设好，真正地成为全国史学界的重镇"。

张顺洪指出，柴先生"'讲师德，重操守，讲史源，重文献，讲史法，重实证'的这些史学理论与方法，值得我们学习、传承和发扬"。他表示，要虚心向老前辈们学习，并提出，研究世界史的学者，要认真学习掌握中国的传统史学，从中吸取宝贵经验，借鉴中国史的成就和方法，推动中国的世界历史学的发展，构建有"中国特色、中国气派的世界历史学"。

与会者还回顾柴德赓先生的学术经历，介绍《清代学术史讲义》的整理出版过程，展现了代代相传的师生情谊。

柴令文代表家人讲述了父亲在辅仁大学、北京师范大学求学和工作的经历，特别是与陈垣老校长深厚的师生情。她说，《清代学术讲义》的整理出版得到了李瑚先生、刘家和先生、杜平先生等人的鼎力相助，真挚的师生情让她感动。父亲的《资治通鉴介绍》、《史学丛考》、《史籍举要》、《清代学术史讲义》的整理出版，正是师生情谊薪火相传的最好体现。责编丁波详细介绍了《清代学术史讲义》的编辑出版情况。他说，在这个过程中，自己对刘家和先生、陈祖武先生和李瑚先生等老一辈学者的严谨的学风、奉献的精神及与柴先生的情感，对柴先生子女的大力支持，至为感动。整理者邱居里介绍说，本书是在刘家和先生指导下整理完成的，在与刘先生讨论的过程中，收获良多，刘先生"对陈先生学术的想法，柴先生学术的想法，后面的人应该怎样继承陈先生的学术传统，对陈先生的学术应该怎样整理和研究，都有很多思考"。这使她深受教益。

陶鏖、杜平、李秋媛深情地回顾了他们在辅仁大学和北京师范大学求学的经历，特别是柴德赓先生的教诲。陶鏖说，柴先生在辅仁大学讲授的"中国通史"课，其中许多内容至今仍记忆犹新。柴先生的《清代学术史讲义》写得非常详细，但他授课很少看讲义，总能侃侃而谈，还经常插一些风趣的小故事，很受大家欢迎。柴先生不仅在学习和工作中，而且在生活中都给自己以关心、提携和帮助。李秋媛说，柴先生积累的东西多，讲课特别亲切，特别熟，非常生动。他把"史籍举要"课与目录学、掌故结合在一起，课堂中随便一句话，就会带来丰富的知识，给人许多启发。而且，"柴先生对学生很好，很耐心地教我，还带我去逛书店和旧书摊"。杜平也讲述了读书时与柴先生交往的一些细节。

最后，杨共乐教授对会议作了总结，认为这是一次"拜师会"。"柴德赓先生的实践告诉我们，陈垣老的学术是可以传承的，陈垣老的学术有其自身的独到路径。《清代学术史讲义》的出版，为我们探索学术路径指了一个方向，提供了一个范例。这既是北京师范大学历史学院的一件大事，也是中国学术界的大幸事。"

附记：本文得到张昭军教授的指导，特表感谢！

（作者单位：北京师范大学历史学院）

你看！他们是怎么弄学术的[*]

张旭东

柴德赓先生（1908—1970），字青峰，辅仁大学教授。1955年调江苏师院，在1970年"文化大革命"劳动中，未随身带速效救心丸，心脏病发去世，活了六十三岁。柴先生著述不多，一部《史籍举要》[①]因被国家教委定为高校教材而流传较广。这部书原是讲稿，柴先生身后由江苏师院三位学生整理并请许大龄统稿作序。但据启功先生"爆料"，这书有"抄袭"陈垣之嫌，许大龄被夹在其中。

再有就是一部《史学丛考》[②]，收了二十七篇论文，是柴一生学术结晶。他从陈垣点校过《五代史》，又钻研《宋史》，这些在《丛考》中都有体现。关于清代学术的文章在这部论文集中占了很大篇幅，可以推见柴对清代学术下了功夫。

但是去年新出版的这部《清代学术史讲义》，柴先生必然没准备出版，因为留下来的只是提纲，为讲课而备，很多例子是随口讲的，讲稿上没有。很久以后才知道一位老学生李瑚保留了一份珍贵的听课笔记，凑在一起形成了这部书。老师的讲稿只记了很多条条框框，学生的笔记纲目未必很清，专拣有趣的例子记，最后珠联璧合，这一点最有趣。

---

[*] 原载《东方早报·上海书评》2014年6月1日。
[①] 柴德赓：《史籍举要》，北京出版社1982年版。
[②] 柴德赓：《史学丛考》，中华书局1982年版。

这部书整理得很好，整理者有水平。但对于"这是什么时候的一部讲义"这个基本问题的回答，却出现严重分歧。"出版说明"说"20世纪40年代初"，李瑚"后记"说"这本书收录了70年前……听柴德赓先生讲课时所作的笔记"，末署"2012年3月25日"。七十年前即1942年，正是"40年代初"。但陈祖武序却说"20世纪40年代中，八年抗战胜利，柴青峰先生德赓教授重返辅仁大学""讲授清代学术史"，真是莫衷一是。

这个问题不是不能回答。《讲义》讲到明梅鷟时说："若余嘉锡先生，自十九岁即研究《四库提要》，以至今年六十四岁，故能精熟。"①余季豫生于1884年，以虚岁计，六十四年后当为1947年，与陈祖武说合。陈智超《千载师生情》（商务印书馆新出《中国史学名著评论》附录）说1946年秋柴返回辅仁，亦合。李瑚高年作跋，概以整数，说得过去。"出版说明"据之而误。陈祖武这篇序概括各章大意，四平八稳，不见得好，但对年代敏感，史家求真，倒值得喝彩。

考这个时间有什么用？知人论世，在下面会看到分别。

柴德赓在梳理剃发令颁布之前的民族思想时说："中国史上民族思想发生甚晚。南北朝时代，无所谓民族思想。北方人投南方，南方人投北方，都不算一回事，都照样做官。……唐朝人亦不讲民族思想，太宗时官儿有一半是胡人，也不理会。到宋朝民族思想才激烈。宋末义士甚多，不仕异族。"②明末的民族思想是在剃发令下达后激起来的，之前没有。"

其原因有三：一、明末李自成入北京，官员受他压榨很深，清兵入关官吏反觉得可以苟安，大批投降。二、明末有三饷（辽、剿、练），清兵入关后，立即取消，老百姓一身轻松。三、清朝的制度，旗人当兵是义务，汉人不强你当兵；旗人不许经商。老百姓种田、经商，少受骚扰。"不与民争利，……老百姓就不觉得有亡国之痛了。至于士大夫就不然。……举子、秀

---

① 柴德赓：《清代学术史讲义》，商务印书馆2013年版，第83页。
② 柴德赓：《清代学术史讲义》，第30—31页。

才更谈不到。张献忠在四川时，开科取士，亦有人投考。他们可以向李自成要求开科取士，也可以在清朝考举人、进士。顺治三年丙戌科进士，不是也取了几百人吗！第一名是傅以渐，聊城人，去年傅斯年先生提过傅以渐，原来是他的先世。这一科进士相当寒碜，全是北方人。……因为那时候南方还在抵抗，来不了。这样的士大夫有什么民族思想可谈。"①

这话若说在1947年前后，那隐含的内容就出来了。我们知道，抗战结束后，傅斯年最主张惩治汉奸及追究留下未走者，"傅斯年惩治汉奸的声誉让人们相信，汉奸应该押送到他那里去拘禁"②，甚至引起了抗议游行。傅斯年档案里更保留了一位实业家聂云台写给傅斯年的信，揭发他服务于伪政府的一个亲戚、著名历史学家瞿宣颖（兑之）就藏在他家里③。这些把我们拉回到那个历史年代。

没有见到有材料反映傅斯年对陈垣有什么不满甚至追究，但柴德赓的这段话不会空穴来风。柴自己离开北京去了四川的白沙女师，不存在这问题，他是为陈垣护。不期然地，为历史学家傅孟真先生上了一堂历史课。

陈垣看不起思想史研究也是一重公案。认为"什么思想史、文化史等，颇空泛而弘廓，不成一专门学问"，警告蔡尚思应该"缩短战线，专精一二类或一二朝代，方足动国际而垂久远"，不然，"虽日书万言，可以得名，可以噉饭，终成为讲义的教科书的，三五年间即归消灭，无当于名山之业也"④。

至于学术史，援庵应该不会看不起，因为他也讲过清代学术的课（柴著与之亦有渊源），但是很显然，学术史的研究弄不好依然要犯同样的毛病，所以援庵原话是"思想史、文化史等"。同时，援庵看不起"终成讲义的教科书"，这也当是柴不甚重视此讲义的原因。今日某巨公自言可以同时带思想

---

① 柴德赓：《清代学术史讲义》，第31页。
② 王汎森著，王晓冰译：《傅斯年：中国近代历史与政治中的个体生命》，生活·读书·新知三联书店2012年版，第205页。
③ 王汎森著，王晓冰译：《傅斯年：中国近代历史与政治中的个体生命》，第205页。
④ 陈智超编注：《陈垣来往书信集》（增订本），生活·读书·新知三联书店2010年版，第383页。

史、文化史、学术史、经学史四个方向的博士,在援庵眼里,前两项首先便落了空,后两项怎样,也难说。援庵这话不是真的反对这几种史,是反对这种极易出现的倾向。

柴德赓喜欢引用沈钦韩的几句话,沈在《王荆公文注自序》里说:"夫读一代之文章,必晓然于一代之故实,而俯仰揖让于其间,庶几冥契作者之心。"这话也可以这么说,"夫论一代之学术,必晓然于一代之故实"。不还原历史背景,不能读懂文章;不了解历史细节,不能理解一代之学术。这是柴著第一个特点,从考史走向学术史。

柴著注重讲"现状",是这个特点的反映。他谈到清人入关以后,"第一等读书人决不应考,决不应征。……不考,自然不做八股文,一入学即读有用之书,为学问而学问,所以清初学者盛极一时,人人著书立说,开了许多新路子,造成新的学风"①。但不应考,不应征,当然有风险。清人其实有不能不考的苦衷,为门户计,有的先跪在祖宗神主前打了板子,再去应考的。也有一经考上,立即归家,一辈子不做一天官的,因已保门户,便不进取。明史馆初开,征聘黄梨洲,不去,没有法子,就让弟子万斯同、万言,儿子黄百家参加②。

为了笼络,康熙十八年举行一次博学宏词,十七年即开始保举,地方官如有人才而不保举,则治罪,故官员皆至遗民家叩请应试。能不参加者,生死须置之度外。顾亭林寄诗友人:"为言顾彦先,已办刀与绳。"亭林被保在内,为其甥所撤出。黄宗羲亦被撤出,京师有学生③。剃发令颁布以后,有人剃一次头,作祭文一篇④。环境写出来了,才能让人理解这环境里会产生什么,清代学术就在这氛围里逐渐酝酿。

黄宗羲治史,自谓其父被逮,谓之曰:"不可不通知史事。可读《献征

---

① 柴德赓:《清代学术史讲义》,第34页。
② 柴德赓:《清代学术史讲义》,第47页。
③ 柴德赓:《清代学术史讲义》,第33页。
④ 柴德赓:《清代学术史讲义》,第32页。

录》。"①焦竑《献征录》记明代碑传，即名人事迹。柴著第二个特点，就是讲很多故事，讲掌故。我们看到李瑚笔记记了很多例子。掌故是什么？掌故是学术史，谁传谁，谁骂谁，皆是也。可以想见这课当时的效果。沉淀了故事，上升到理论的所谓学术史，摆了辨章学术的姿势，流于姿势而已，一打就垮，也没劲透了，"可以噇饭，可以得名"，以虚论为入微。

柴著很多地方注重细节，他讲清代学术的形成，其中一点，万历年间是个转折，清代初年的学者，生在万历年间的非常多，严衍生万历三年，钱谦益生万历十年，孙奇逢生万历十二年，朱舜水生二十八年，李清生三十年，傅山生三十二年，黄宗羲生三十八年，张尔岐生四十年，顾炎武生四十一年，王船山生四十七年，马骕生四十八年，这些鼎鼎大名的学者，都生于万历年间，开花结果都在清初②。

有些地方讲得比较细，比如他讲顾亭林治学一诵二听三抄。诵就是大声念，然后背出来，三大家里面顾最行，后面王念孙行。听比较有意思，他找声音洪畅者四人，设左右坐，先生居中，使一人诵而己听之，遇其中字句不同或偶忘者，详问而辩论之。凡读二十纸易一人，周而复，《十三经》毕，接温《三史》，或《南》、《北》史③。抄就是抄书。柴先生不是给你总结，而是摆给你看。"你看！他们是怎么弄学术的。"

他这样深进去讲，而不是浮在面上。把清代学术的振兴真正讲出来了。前面两部《中国近三百年学术史》，梁任公讲"思潮"，钱宾四讲"思想"，都觉得有点架空，浮在面上。这倒真不是见庙拜佛，而是鲜明的感受。要究其成因，恐怕不是柴高出梁、钱一截，而是陈援庵"空泛弘廓"四个字挂在头顶，不敢放松，一定要从故实讲进去，从细节讲进去。学术发展有个历史的由头，这才对。不讲故事的学术史，是唬人的。

第三个特点是认为目录学是学术史，他讲清代，《四库提要》用不上，就

---

① 柴德赓：《清代学术史讲义》，第46页。
② 柴德赓：《清代学术史讲义》，第26—27页。
③ 柴德赓：《清代学术史讲义》，第63页。

特强调《书目答问》,刘乃和是柴的学生,回忆文章里专门提到这部书;《史学丛考》里有一篇专门的文章。目录学是学术史,这当然也是陈垣的意思。

这本《讲义》不完整,只讲到钱大昕,钱大昕没有讲完就结束了。三本学术史各有特点,各有侧重。梁任公聪明人,善于找个角度,设个统系给你统起来,读得并不细。钱宾四以人为纲,要细些,但思想和学术混在一起,讲理学人物多。(余英时后来在《论戴震与章学诚》里干脆就叫"学术思想史",其实很混淆,学术史就讲学术史好了。)柴的这部就注重毛奇龄、汪容甫那些读书多的人,他只讲学术,不混思想,故事多,细节多,看得出,他读得最细。但这要看人,有的人完全略过去,理学人物一个也不讲,有些人读得很细,像全祖望。乾嘉里面,可惜有些人物讲得不细,像高邮二王,不然乾嘉这段会讲得更好。我们下面着重讲下章学诚。

有一句话在讲义里重复了两遍,那就是"陈校长常云,史学不可自章学诚入手"①。为什么?还不是因为"空泛弘廓"那四个字,章学诚是史学中的议论派,"主义多,所作者无多"、"少实在东西"②。因为能议论,所以显得有思想。钱大昕,让他如何议论去?

《文史通义》五将学者分成两种:"高明者多独断之学,沉潜者尚考索之功。"其实,这不是两种人,是两种状态。只有在沉潜考索的基础上,才有可能走向高明独断,谁见过没有沉潜考索的高明独断?人的性分确实在两者之间有偏优,但学术之路都得这么走,就是从考索走向独断,两种状态交叉出现,螺旋上升。不走就跑要不得。

章学诚推崇郑樵《通志》,认为"卓识名理,独见别裁","足以明独断之学"。看不起马端临《文献通考》,"分析次比,实为类书之学"。章氏恨类纂,认为编纂材料无独到见解。很多时候独到见解就是善于找到一个角度,并非真

---

① 柴德赓:《清代学术史讲义》,第55、127页。
② 柴德赓:《清代学术史讲义》,第127页。

理在握。柴德赓认为《文献通考》之类，实则可以保存材料，亦甚可贵。可见两派意见实在不合。十年前（即 1937 年），钱穆《中国近三百年学术史》谓"东原、实斋乃乾嘉最高两大师"，可谓拔高。20 世纪 70 年代余英时作《论戴震与章学诚》，正要坐实师说。他说："为什么王阳明为了和朱熹争论'格物''致知'的问题，最后必须诉诸《大学古本》，踏进了文本考订的领域？"认为明代理学走到清代考证学有"儒学传统"内的"内在理路"（三联版《论戴震与章学诚》总序）。原来清代考证学的形成竟然有这样的内在理路！我们讲"实事求是"，从来不讲"实逻辑求是"，内在的理路只是逻辑，不是"实事"，要得到"实事"就得考史。柴的这部残缺的讲义倒是立得住。

看书这件事，有时候视野窄又盯着看，容易"一星如月看多时"，小星看成大星，大星看成月亮。余先生是月亮还是太阳，我不敢说，但无论如何都是大星；柴先生著作少，只好是小星。但一篇十二页的文章《章学诚与汪容甫》及半部《清代学术史讲义》已使大星相形见绌。当然这是我一人的看法，难免是"抱着小星当太阳"。

关于柴德赓的人品略说几句。《启功口述历史》里面说："当时陈校长有意安排我到校长室做秘书，便让柴德赓先生来征求我的意见。我当然想去，以便有更多的机会接触陈校长，但我的处事态度有点守旧，先要照例客气一番：'我没做过这样的工作，我怕能力不够，难以胜任啊！'柴德赓回去向陈校长汇报时却说，启功郑重其事地说他不愿来，这真叫我有口难言。于是他把一个和自己非常熟悉的学生安排了进去，也许我那番'谦逊'的话正中柴德赓先生的下怀，他很想借这个机会安排一个人，以便更多地了解、接触陈校长。"[①]

考其时间在 1934 年，启功二十三岁。柴较启大四岁，当时二十七岁。刘乃和说柴 1929 年考入北平师范大学历史系，1933 年毕业，1936 年受聘于辅仁大学历史系（《史学丛考序》）。中间三年，据陈智超的说法"1933 年大学毕业

---

① 启功口述，赵仁珪、章景怀整理：《启功口述历史》，北京师范大学出版社 2004 年版，第 88、89 页。

后，他一度回到南方。1936年又调回辅仁大学历史系"①，但据何荣昌、张承宗《柴德赓先生传略》，中间三年执教于辅仁附中②。那么这个"学生"则是附中学生。刘乃和到1939年才入辅仁作柴的学生，此人决不是刘，但刘后来的经历与此如出一辙，知其事当有。

启功又说："柴德赓为人很乖巧……很能博得陈校长的喜欢。陈校长这个人有这样一个特点，特别是到晚年，谁能讨他喜欢，他就喜欢谁，认准谁，也就重用谁，即使这个人工于心计（原注：这里的这个词不带任何贬义），或别人再说什么，他也很难听进去了。……历史系主任一直由张星烺担任，后因身体不好而辞职，陈校长便让柴德赓接任。后来据历史系的人讲，有些人发起会议，当面指责他，把他说的一无是处，气得他面红耳赤，最后还是斗不过那些人，被排挤出辅仁，到吴江大学（后改为苏州师范学院）去任历史系主任。"③

写事易，写人难。刻画全面更难。还是启先生又写出柴的另一面，他说："柴先生朋友特别多，几乎当时学术界、教育界不认识他的很少很少，有人说他为什么有那么多朋友，他有一种魅力，和他认识的人自自然然没有隔阂。"④但这个"工于心计"、"乖巧"又"自自然然与人无隔阂"的柴德赓后来到了苏州江苏师院"连遭诬陷，屡受迫害"，最后"含冤而死"（刘乃和《史学丛考序》），这又是为什么呢，没人能回答这问题。柴、启二人都少年失怙，视陈垣为父，有竞争关系。二人去世，陈智超所写纪念文章都用同题（《千古师生情》），以示不偏。

纸上识人，至难决断；但文字上的事，却八九不离十。柴的文章，屈隐伸张，文字厉害。《史学丛考》里的前三篇都可置于援庵集中毫无愧色，《谢

---

① 陈智超：《殊途同归——励耘三代学谱》，东方出版社2013年版，第110页。
② 何荣昌、张承宗：《柴德赓先生传略》，载张承宗、何荣昌主编：《青峰学记——柴德赓教授纪念文集》，江苏文史资料编辑部1992年版，第2页。
③ 启功口述，赵仁珪、章景怀整理：《启功口述历史》，第114、115页。
④ 启功：《尊师重友 真诚待人》，载张承宗、何荣昌主编：《青峰学记——柴德赓教授纪念文集》，第23页。

三宾考》更精彩绝伦。朱建春的纪念文章说,钱仲联据新见《陆氏族谱》谓陆秀夫为放翁曾孙,文章发表六天,柴就写出《陆秀夫是否放翁曾孙》,可见积累①。启功记陈垣的"一指禅",学生说错了,用右手食指冲你一指,难过得不得了,回去拼命看书。

学生被称为"四翰林"的余逊、柴德赓、启功、周祖谟,在精博二字上都初具规模。但陈要求严,不让多写,柴又下笔矜慎,使得著作不多。启功回忆说:"陈老校长对学生的作品,不管是小论文、一首诗、一篇长论文,他是一个字一个字地看,从题目到末尾写上年月日,一字不落地死抠。我们最怕拿一篇稿子给陈老师看,老师高兴那真是比自己写一篇还高兴。第二步不好过,一个个字抠。问:为什么写这个字?答:我不知道。问:你知道应怎么改?一直问到底,最后老师才指出应用那个字。"②

刘乃和《史学丛考序》和陈智超《千古师生情》都提到"师生之间讨论学问,有时到深夜。一个问题,双方有不同意见时,经常争得面红耳赤,最后只好以书为证。于是两人提着马灯拿起小凳,到书库去查书讨论。问题解决,乐在其中"。陈智超《殊途同归——励耘三代学谱》中说:"祖父经常说,文章写好后不要急于发表,一定要请人家批评。有三种人,一种是自己的长辈,一种是自己的平辈,一种是自己的学生辈。"③同辈中主要是三个人:陈寅恪、胡适、伦明。学生辈则是柴德赓,这从抗战时期的家信中看得出来,他让儿子把文章转给柴,一则说"青峰走后,余竟无人商榷也",一则说"《出处篇》亦油印一份,已寄青峰,他能知我心事"④。

读了柴先生的以及关于柴先生的几本书,生出很多感慨。他是陈援庵的学术继承人,他是紧跟派,不是紧跟领袖,而是紧跟陈垣。我前面说援庵不轻

---

① 朱建春:《柴德赓教授与宋史研究》,载张承宗、何荣昌主编:《青峰学记——柴德赓教授纪念文集》,第164页。
② 启功:《尊师重友 真诚待人》,载张承宗、何荣昌主编:《青峰学记——柴德赓教授纪念文集》,第21页。
③ 陈智超:《殊途同归——励耘三代学谱》,第54页。
④ 陈垣著,陈智超编:《中国史学名著评论》附录,第165页。

视学术史，但也没说重视，他对思想史文化史"空泛弘廓"的观念影响了柴，从《史学丛考》二十七篇文章来看，能清楚地感受到柴的敏感神经指向学术史研究。最遗憾的就是他自己没有及早地意识到这一点，集中精力做一部东西出来。在《章实斋与汪容甫》中他考出王念孙、孙星衍、洪亮吉、汪中、章学诚曾先后在朱筠幕，如果能继续考他们几位的相互影响，将是非常有趣的一部书。我一方面同意援庵的意见，一方面又为柴没有全力研究学术史而遗憾，这个矛盾也很有趣。最后说一下目前学术史研究的现状，援庵说的不能"垂久远"，我觉得一点不错；但他说的不能"动国际"，却完全错了，动国际的正是这一套，不很有趣吗？《讲义》开篇就说后世了解前人，时空隔断，只能凭著作，当时再有名再厉害，没著作白瞎。竟一语成谶，惜哉！

最后读了陈垣柴德赓通信，1958年10月28日，陈垣写给柴说："你十一月中旬到京开会，当可畅谈，藉申积愫，可惜一元诸旧，均与我等分途，会晤时，未必能如前此欢畅耳。"[①] 颇有孤立感。前边说陈门四翰林，并非说陈门弟子就这四个，也并不是这四个最厉害，而是"九一八"以后星散，只留这四个经常去，其他如储皖峰、牟润孙、台静农都是亲近的弟子。我问过牟润孙的一位很亲近的老学生，问牟先生对柴有评论吗，答说："竟然没提过，可能不以刘乃和为然。"这回答很妙，不提柴因了刘。柴、刘都左倾，陈垣晚年为人所议，身边的人有无责任，有多大责任？启功看似说小孩儿话，保不准话里有话；看似该说不该说的都说了，恐怕还是没说尽。当然这些是猜测，这种事没有记载，如果猜错，只好自己认。我虽然极爱柴的考证文字，但也不能为他护。

（作者单位：上海古籍出版社）

---

① 陈智超编注：《陈垣来往书信集》（增订本），第595页。

柴德赓的学术贡献*

王卫平

柴德赓（1908—1970），字青峰，浙江诸暨人，当代著名的历史学家、教育家，是陈垣先生的学术传人之一。他早年就读于北平师范大学历史系，先后执教于南北多所高校，历任辅仁大学、北京师范大学、江苏师范学院（苏州大学前身之一）历史系教授兼系主任，主要讲授中国历史纲要、中国古代史、中国历史教学法、史料与史学、中国历史要籍介绍及选读等课程，著有《史学丛考》《史籍举要》《资治通鉴介绍》等，主编中国近代史资料丛刊《辛亥革命》，参加点校"二十四史"。

柴德赓先生学识渊博，功力深厚，尤精于目录学和文献史料学。他继承了陈垣先生"学术从目录学入手"的治学方法，把目录学视作治史的重要途径。据龚书铎、刘乃和、许大龄等先生回忆，柴德赓先生曾分别告诫他们要多读多查张之洞的《书目答问》，重视目录学的基础。柴先生特别注重对史籍的考证梳理，他的遗稿《史籍举要》内容丰富，评论精辟，所评之书均广涉其作者及著作时代、史料来源与编纂方法、优缺点及在史学上的地位、注解与版本等，但又不拘泥于此，而是根据各史著的具体情况，选择介绍的内容与重点也随之而异。如关于《资治通鉴》一书，他便是从作者、史料来源、编纂方法、对《通鉴》的评论、《通鉴》胡注、与《通鉴》有关的几部书、版本等七个方

---

* 原载《光明日报》2009年3月17日。

面加以介绍与评价。瞿林东先生曾指出,《史籍举要》"从讲授史籍入手,而涉及史学的许多方面,进而又涉及历史评价的诸多问题。……史籍、史学、历史的融会贯通,使作者所论,可以古今联系,纵横驰骋,读来视野开阔,获益良多"①。正因为有这样的特点,该书出版后即获广泛好评,吕叔湘先生称"此书优点甚多","全书脉络贯通",评论"有根有据,恰中肯綮","在同类书中允称上选"②。何竹第先生将该书誉为"研究史料人员的一把钥匙"。因此,该书被列为文科教材并荣获全国高等学校优秀教材奖,洵非偶然。

柴德赓先生的治史成就表现在许多方面,在五代史、宋史、明清史、辛亥革命史诸领域均有较为深入的研究。其早年成名作《〈鲒琦亭集〉谢三宾考》一文,对晚明史上的重要人物谢三宾的生平事迹作了详尽的考证与论述,对其晚节不保、两次降清作了批判,表达了柴先生的爱国精神与民族意识。这篇文章充分反映出柴先生用"精严缜密的考证方法"(龚书铎先生语)做学问的特色,发表后即得到学界好评。柴先生在清代学术史方面的系列论文《王鸣盛和他的〈十七史商榷〉》、《章实斋与汪容甫》、《试论章学诚的学术思想》等,明其师承,辨其源流,具有很高的学术价值。

新中国诞生后不久,柴德赓先生即受中国史学会的委托,负责编辑中国近代史资料丛刊《辛亥革命》,历时6年,成书凡8册,共320余万言,收录了120多种资料,其中十多种资料属于首次刊出,具有珍贵的价值。尽管由于主客观的原因,这部资料集仍存在着不少问题或缺点,但却为辛亥革命史的教学和研究提供了极大的方便。

值得一提的是,1955年柴德赓先生南调江苏师范学院后,极为关注苏州地方史的研究,不仅相继撰写了《从白居易诗文中论证唐代苏州的繁荣》、《明末苏州灵岩山爱国和尚弘储》等论文,还在指导学生调研时,在苏州玄妙观机房殿墙脚下发现了《永禁机匠叫歇碑》,并作了专门研究。这篇碑文成为

---

① 瞿林东:《登堂入室的门径——〈史籍举要〉重版前记》,载柴德赓:《史籍举要》,北京出版社2002年版。

② 吕叔湘:《书柴德赓〈史籍举要〉》,《光明日报》1990年5月2日。

学术界研究明清资本主义萌芽问题最为重要的实物资料之一。正是在他的鼓励和影响下，重视地方史研究和资料整理成为苏州大学历史系的一个传统和重要特色。

柴德赓先生一生从事教学，培养了许多杰出的史学人才，著名学者许大龄、刘乃和、来新夏等都是他的学生。柴先生待人热情，诲人不倦，深受学生的欢迎和喜爱。据刘乃和先生回忆：柴先生在辅仁大学讲"中国历史纲要"，"刚一上课，那清朗的语调，生动的内容，就把全班同学的注意力给吸引住。在一年的讲授中，他经常夹叙清人治学特长和历史掌故，使同学开阔了眼界，提高了治史的兴趣，初步获得了读书的门径。他是我们班最受欢迎的老师之一"[①]。许大龄先生回忆说："1963年他在北大讲课，无论是在课堂上，或是在宿舍里，几乎每天都有很多青年同志把他包围着，有历史系的，也有中文系的，有同学，也有青年和中年教师，去敬听他的谆谆教诲。"[②]

（作者单位：苏州大学社会学院）

[①] 刘乃和：《史学丛考序》，载柴德赓：《史学丛考》，中华书局1982年版。
[②] 许大龄：《史籍举要序》，载柴德赓：《史籍举要》，北京出版社1982年版。

论柴德赓史学研究的主要方法和特点[*]

侯德仁

柴德赓（1908—1970），浙江诸暨人，我国现代著名历史学家。他是著名史学家陈垣先生的高足，曾先后在辅仁大学、北京师范大学、江苏师范学院（今苏州大学）任教，在历史学研究和教育方面都做出了杰出贡献。柴德赓先生一生学习和研究历史，在历史研究上表现出了自身鲜明的治史方法和特点。

一、柴德赓的主要生平及主要著作

柴德赓，字青峰，1908年生于浙江省诸暨县思安乡柴家村。5岁入私塾，11岁能读《古文观止》，从而打下了坚实的古文功底。小学毕业后，开始研读《左传》、《纲鉴易知录》、《东莱博议》、《古文辞类纂》，对文史产生了浓厚的兴趣。1923年，柴德赓进入临浦小学初中班，深受历史教师蔡东藩先生的影响和熏陶，研读文史知识的兴趣更加浓厚。1926年夏考入浙江省立第一中学高中文科。1929年柴德赓北上，考取北平师范大学史学系，师从史学大师陈垣，从此师生之间开始了长达四十年的深厚交谊。柴德赓深受陈垣先生的器重，得陈垣先生治学精神之真传，为"陈门四翰林"之首。大学毕业后，柴德

---

[*] 原载中国社会科学院历史研究所马克思主义史学理论与史学史研究室编：《理论与史学》第3辑，中国社会科学出版社2017年版。

赓先后任教于辅仁大学、北京师范大学及江苏师范学院（今苏州大学），并曾任北师大与江苏师院历史系系主任。他潜心研究史学四十年，成就斐然，造诣精深。又精于词章，兼擅书法。已故全国人大常委会副委员长、著名史学家周谷城先生题辞赞其"育才治学，两有所长，专门治史，成绩昭彰"①。瞿林东先生也在《史籍举要》的"重版前记"称柴先生"是20世纪中国著名史家，在史学界有广泛的影响"②。这些评价皆非虚誉。因为，无论在学术研究还是在人才培养上，柴先生确实对20世纪的中国史学做出了重要贡献。

柴德赓先生毕生从事史学研究与教学工作，是史学界的知名学者。在北平师范大学、辅仁大学读书和教书时，就备受陈垣先生的青睐。1930年6月，陈垣先生在他的"中国史学名著评论"课的讲稿上，就有"十九年六月廿五日试卷，师大史系一年生柴德赓、王兰荫、雷震、李焕绂四卷极佳"③的批语，可见甫一入学的柴德赓就受到了陈垣先生的青睐。从此，柴德赓就在陈垣先生的指导下从事史学研究，而且登堂入室，成为陈垣的入室弟子、得意高足，是其学术传人。柴德赓在四十年的史学研究和教学工作中，成果丰硕。他精通目录学、文献学和考据学，对宋史、明清之际的历史与清代学术史，都有精湛的研究，在史学界产生了广泛的影响。然而，因历史条件限制，在其生前仅在学术期刊和报纸上发表了若干篇学术论文，尚未来得及将其所撰述的著作公开出版。柴德赓去世后，在其家属、学生的推动下他的一些学术著作先后公开发表。迄今为止，柴德赓先生的学术代表作《史学丛考》、《史籍举要》、《资治通鉴介绍》、《清代学术史讲义》等先后得以发表。这些著作的发表对于学术界学习和研究柴德赓先生的史学成就和方法提供了绝佳的素材。

作为20世纪著名的历史学家，柴德赓先生的学术影响是不言而喻的，因而总结其史学研究的方法和特点，对于深入理解20世纪的中国史学成就和特

---

① 周谷城：《原全国人大常委会副委员长周谷城题词》，载何荣昌、张承宗、柴邦衡主编：《百年青峰》苏州大学出版社2007年版。
② 瞿林东：《登堂入室的门径——〈史籍举要〉重版前记》，载何荣昌、张承宗、柴邦衡主编：《百年青峰》，第82页。
③ 陈智超：《千古师生情》，《民主》2008年第1期。

色，具有重要的学术意义。总括起来说，柴德赓先生史学研究的方法和特点，体现在以下几个方面：精通目录学与文献学，善于考镜学术源流；精熟史学考据，考证方法缜密多样；熟谙史学比较方法，于比较中获得新见。

二、取径文献目录学，探溯学术之源流

读书治学应该从目录学入手，是古今很多学术名家的共识。乾嘉考据大家王鸣盛在《十七史商榷》第一条即说："目录之学，学中第一紧要事，必从此问涂，方能得其门而入，然此事非苦学精究，质之良师，未易明也。"张之洞在《书目答问》中也曾指出："读书不知要领，劳而无功；知某书宜读而不得精校精注本，事倍功半。"由此可见，王鸣盛、张之洞都认为，谙熟目录学不仅是学人治学的敲门砖和必备素养，也是获得学术成功的必经之途。柴德赓先生深得历史文献学大家陈垣先生学术之真传，通晓目录学和文献学，对王鸣盛和张之洞的这个观点自然十分赞同，他对文献目录学在学术研究中的重要地位有着非常深刻的认识。

柴德赓先生在谈到如何搜集史料时，曾论及目录学在学术研究中的重要功用。他说："研究一个问题，必须把和这个问题有关的史料尽量搜集起来，这是调查研究工作的最基本的条件。……可是史料太多，时间有限，每一个问题的史料要全面理解是不可能的。如能对中国历史书籍的大概情况有一个概括的系统的了解，知道哪些史料散在哪些书中，则是掌握史料的初步工作，这个工作有赖于目录学这一类的知识。……事实上，了解书籍目录源流，确能帮助解决许多问题，至少可少走许多弯路。至于深入细致的功夫，那是钻研不尽的。不懂目录学的人，也可以找到史料，但是不能有系统、有重点、有门径地去搜集；搜集了来，可能不很完全，甚至很重要的倒遗漏了。经验证明，脚踏实地去学习是最稳当、最有效的。"[①] 柴德赓先生的学生周国伟，因个人爱

---

① 柴德赓：《史籍举要·前言》（修订本），商务印书馆2015年版，第10页。

好而经常向柴德赓先生问学,因而多次获得柴德赓先生亲炙教诲,后来著成《二十四史述评》一书。他曾回忆说:"当我第一次见面和求教时,柴老师问明了我读过哪些历史古籍和大致了解我的历史知识水平后指出:要研究历史,首须从目录学入门。作为一个原来学经济而转入学历史者来说,更须如此。因即从书架上取出一本张之洞《书目答问》给我,教我仔细阅读。又说要作学问,必须多读书,不可随便乱写文章。……而读书,必须详校。不校不读,边校边读。因要我首先校读前四史,教我以百衲本为底本校读光绪同文本,并从书架上抽出了这些书给我。"① 从这一段简短的文字中,我们就可以获得很丰富的信息。其一,柴德赓先生主张史学研究必须从目录学入手,张之洞的《书目答问》又是目录学入门的基础著作;其二,柴德赓先生主张读书要不同版本之间对照校读,边读边校,再从读书和校勘中发现问题,然而再去努力研究解决问题。其实柴德赓先生的这一主张,正是说明了柴德赓先生的思想服膺的乾嘉诸老的学术路径,乾嘉考据学家王鸣盛在《十七史商榷·序》中即表达了与柴德赓先生非常相似的观点,他说:"予识暗才懦,一切行能,举无克堪,惟读书校书颇自力,尝谓好著书不如多读书,欲读书必先精校书。校之未精而遽读,恐读亦多误矣;读之不勤而轻著,恐著且多妄矣。二纪以来,恒独处一室,覃思史事,既校始读,亦随读随校,购借善本,再三雠勘。"② 由此可见,王鸣盛与柴德赓都共同主张读书应该"随读随校,购借善本,再三雠勘"的主张,否则就会造成"校之未精而遽读,恐读亦多误矣;读之不勤而轻著,恐著且多妄矣"的问题。综上所述,我们可以得出结论:柴德赓主张历史研究必须从目录学入门,而且还要熟练掌握校勘学、版本学等文献学知识,这是搞好历史学研究的必要前提。

其实,柴德赓先生的学术研究领域也主要以文献学研究见长,他具有非常丰富的目录学和文献学知识,学术功力精湛。他对历史文献和史籍目录非

---

① 周国伟:《怀念柴老师》,载何荣昌、张承宗主编:《青峰学记——柴德赓教授纪念文集》,江苏文史资料编辑部1992年版,第254页。

② 王鸣盛:《十七史商榷·序》,上海书店出版社2005年版,第2页。

常熟悉，征引古籍文献几乎可以信手拈来，这为他的学术研究和历史教学提供了强大的助力。事实上，柴德赓先生在学术研究和日常教学中，时时处处都会熟练运用目录学知识。柴德赓先生所著《史籍举要》一书就是一部文献目录学研究专著，这是在他的"中国历史要籍介绍"课程手稿和讲义基础上整理而成的一部著作，其中蕴含了非常丰富的文献目录学知识，为有志史学研究入门者提供了重要的参考。因而该书问世后备受好评，瞿林东先生赞誉此书是史学研究"登堂入室的门径"[①]，吕叔湘则赞誉该书"脉络贯通"，评论"恰中肯綮"，"在同类书中允称上选"，因而"有志于史学的人，手此一编，费力省而得益多，登堂入室，左右逢源，对于著者一定是感激不尽的"[②]。比如他的《史籍举要》就是按照目录学体例来分类介绍历史典籍的，全书按照史书体裁分为上下两编：上编为纪传体类，叙述二十四史和《清史稿》，兼及十家《后汉书》、二十三家《晋书》、崔鸿《十六国春秋》和《蒙兀儿史记》、《新元史》等著作；下编分为五类，包括编年体类、纪事本末类、政书类、传记类、地理类，分别举要叙述多部重要相关著作史籍作为说明，帮助读者精要选择入门参考史籍。对于每一部史籍的叙述，《史籍举要》一般都按照"（一）作者及著作时代；（二）史料来源及编纂方法；（三）优缺点及在史学上的地位；（四）注解及版本"的次序依次条分缕析地介绍，其中贯穿着非常丰富的历史文献和目录学知识。其中纪传体类，《史籍举要》对二十四史每部著作按时间先后次序逐一加以了介绍，这既对每部著作的内容、版本等情况有详细的论述，又从整体上体现出中国古代纪传体史书的源流演变，由此可以充分显示出作者对以二十四史为代表的纪传体史书的整体格局与微观细部的谙熟程度。至于其他体裁，例如纪事本末类史籍，《史籍举要》是这样论述的：首先介绍纪事本末体的起源，"纪事本末这一种体裁，在中国史学史上出现是比较晚的。中国史学最早是编年体。太史公出，创造了包括纪传表志的综合体

---

① 瞿林东：《登堂入室的门径——〈史籍举要〉重版前记》，载柴德赓：《史籍举要》，北京出版社2002年版。

② 吕叔湘：《书柴德赓〈史籍举要〉》，《光明日报》1990年5月2日。

例，南北朝以至唐宋，大致如是。至南宋始有纪事本末一体，以事件为主，不以年代、人物为主，史体遂备。纪事本末一体，自来皆称始于袁枢《通鉴纪事本末》"。进而，柴德赓逐一介绍了《通鉴纪事本末》、《宋史纪事本末》、《元史纪事本末》、《续通鉴纪事本末》、《明史纪事本末》、《左传纪事本末》等史著的编纂始末和价值，进而引出"九朝纪事本末"的概念。他说："以上所讲五种纪事本末，加上张鉴的《西夏纪事本末》三十六卷、李有棠的《辽史纪事本末》四十卷、《金史纪事本末》五十二卷、杨陆荣的《三藩纪事本末》四卷，即为坊间所通行的'九朝纪事本末'。"最后，他进一步总结说："自宋以来，史体有以史事为主的一体，其形式不外乎纪事本末，亦步亦趋。自明至清，此体逐渐发展。……清代官书中，又有'方略'一种，实亦纪事本末之类，如：《平定三逆方略》六十卷，勒德洪等撰；《亲征平定朔漠方略》四十卷，温达等撰；……至近代，此体最为发展，以年月为次，以事之首尾为起讫。如《筹办夷务始末》、《武昌革命真史》、《六十年来中国与日本》等皆是。"①就是在这样看似简单平实的叙述中，柴先生不但介绍了各种纪事本末体的有关史籍和作者情况，而且还将纪事本末体史书体裁的源流演变给予了简明扼要的阐发。由此可见，柴德赓先生对目录学和文献学的娴熟。

　　同时，柴先生也有着丰富的版本学知识。比如其介绍《后汉书》内容和体例时，一并介绍其版本流传情况时说："《后汉书》因纪传与志分属二人，各本排列次序，都是纪、传在前，志列于后，只有殿本把志插入纪、传当中，而殿本流传又最广，因此引用《后汉书》志、传的卷数，常常相差至少三十卷。《后汉书》有宋刘攽校本，今附入注。……现存《后汉书》版本，以百衲本所用的宋绍兴刊本为最早。这书的特点是保持了原来面目，比较可信。"②就在这一小段文字中，不仅简明地罗列了《后汉书》的主要版本及其异同，而且还出现了很多版本学的专有名词，如百衲本、殿本、宋绍兴刊本、校本等，这

---

① 柴德赓：《史籍举要》（修订本），第197、208页。
② 柴德赓：《史籍举要》（修订本），第37页。

些又充分显示出作者扎实的版本目录学功夫,令人钦佩。再如作者介绍《南齐书》版本流布情况时说:"今本《南齐书》只五十九卷,宋蜀大字本亦如此。遗失的一卷可能是序录。刘知幾所见《南齐史》亦五十九卷。但《史通·序例》篇云:'沈《宋》之志序,萧《齐》之序录,虽皆以序为名,其实例也。'《廿二史考异》卷二十五举此条以为刘知幾曾见序录之证,今序录已不存。《四库提要》误以序录为序传,不知序传当叙先世事迹,序录仅述作书义例,是不同的。说详余嘉锡氏《四库提要辨证》。萧子显作成《南齐书》时有进书表,晁公武《郡斋读书志》、高似孙《史略》均引用,也许宋时此表尚附本书中。今百衲本为宋蜀大字本,已无此表。此书各本缺州郡志上、列传第十六、二十五、三十九各一页。百衲本仅缺二十五、三十九各一页,较各本多二页。"① 从这段引文中,我们亦可以获知有关《南齐书》版本流布的丰富信息:第一,萧子显《南齐书》今本只有五十九卷,但根据萧子显本传称《南齐书》六十卷,因而可能逸失一卷。《南齐书》逸失的一卷有可能为原书的《序录》;第二,《四库提要》错把《序录》当作《序传》,其实《序传》主要叙先世事迹,《序录》则叙作书义例;第三,根据《史通》所言,刘知幾可能见过《南齐书·序录》,但不知为何刘知幾所见的《南齐书》也是五十九卷;第四,根据晁公武《郡斋读书志》和高似孙《史略》的征引,《南齐书》成书时有进书表,然而现今所传之百衲本和宋蜀大字本均无此表,还各有缺页;第五,短短一小段文字,柴德赓先生征引了刘知幾《史通》、钱大昕《廿二史考异》、清官修《四库提要》、晁公武《郡斋读书志》、高似孙《史略》以及近人余嘉锡《四库提要辨证》等参考著作,论证萧子显《南齐书》的版本流传情况,同时,对今本、百衲本、宋蜀大字本等版本的《南齐书》进行了比较分析。因此,我们可以再次确证柴德赓先生具有非常渊博的文献目录学知识,对史籍文献的版本流布情况相当精熟,具有丰富的版本学知识功底。

章学诚曾指出,文献目录学研究具有"辨章学术,考镜源流"的学术特

---

① 柴德赓:《史籍举要》(修订本),第68—69页。

点。确乎如此,柴德赓先生的文献目录学研究也常常体现出这一学术特点。就他的《史籍举要》一书而言,作者对各书内容的介绍不仅仅是简单介绍而已,经常是探流溯源地阐述相关学术内容,常常指出某书在编撰方法上的因革异同,或者其流传过程中的地位变迁情况。例如:此书在论述典制体史书(书中称为"政书")的代表"三通"——《通典》、《通志》、《文献通考》时,对典制体史书源流演变情况有整体的介绍。该书首先指出了"政书"的定义及其名词起源:"政书是记述历代王朝经济制度、政治制度的书籍。'政书'这个名称,目录学上以前无定名,是清代修《四库全书》时开始使用的。"进而作者指出,政书的前身是纪传体史籍中的"志",即"记载这一类材料的史籍,最主要的,二十四史中有'志'这一类"。至于政书则"是在'志'以外的一些专讲典章制度的书籍"。随之作者将政书按照类别差异进行了种类划分,介绍说:"这些书中像《通典》、《文献通考》等是把古今制度联系起来讲的",即典制体通史;"像《唐会要》、《五代会要》等是把某一朝制度分类编纂的",即典制体断代史;"像《大明会典》、《大清会典》等是把当时制定的原文件汇集成册的",即典制体断代史档案资料汇编;"还有专讲某一部分制度的档案书籍,像《唐律疏议》、《大清律例》等"①,即典制体专门史档案资料汇编。关于典制体通史,书中还简要说明了它们的源流演变,即由《通典》、《通志》、《文献通考》开其端,后乾隆时所修六通——《续通典》、《续通志》、《续通考》、《清通典》、《清通志》、《清通考》,"六书皆仿《通典》、《通志》、《文献通考》体例而作",这九书合称"九通",然后再"加清末民初刘锦藻所著《续皇朝文献通考》三百二十卷"②,合称为"十通",此即为典制体通史的简要流变史。关于断代典制体体裁——"会要",《史籍举要》在介绍《唐会要》、《五代会要》的同时,详细分析了它在历朝各代重要书目中的地位变化,"'会要'一体,今存者自《唐会要》始。《崇文总目》、《郡斋读书志》以

---

① 柴德赓:《史籍举要》(修订本),第209页。
② 柴德赓:《史籍举要》(修订本),第225页。

《唐会要》入'类书'类,《直斋书录解题》入'典故'类,《文献通考·经籍考》入'故事'类,《宋史·艺文志》入'类事'类,《四库全书》入'政书'类"。随后,书中分析了发生这些变化的原因,指出类书"起源甚早,至唐而盛。……皆分门别类,罗列典故,为作文章取材方便而流行"。但是,"《唐会要》则全载典章制度,不同于类书之并载风花雪月、草木虫鱼,故愈至后世,地位愈高,由类书而典故,而故事,而类事,至《四库全书》,竟入'政书'之列"①。再如该书在论述《明实录》、《清实录》时,进而阐述实录体的源流云:"实录为编年体史书,最早见于记载的有《梁皇帝实录》,记梁武帝事。唐以后每一皇帝死后,嗣君必敕史臣撰修实录,沿为定例。据统计,历代实录共有一百一十六部,但绝大多数已佚。唐代仅存《顺宗实录》,宋代仅存《太宗实录》残本,比较完整的是明、清两代的实录。"寥寥数句话,就将实录的沿革存佚情况交代得清楚明白,进一步扩展了读者的知识空间。又如,该书对年谱这类史籍的介绍,亦呈现了寻流溯源的论述特点:作者首先交代年谱兴起的原因:"年谱之学多因读名家文集而不知其平生事迹或每多解释不通而兴起。"继而讲解其作法:"其作法,自一人之初生以至死亡,每年举出事实。此种材料来源,或属本人事迹,或举其同时人有关事迹,或举当时政治上有何重要变动,然其最主要的材料为本人文集。"然后即简述其源流沿革:"年谱始于宋吕大防所撰《杜工部年谱》、《韩吏部文公年谱》(今粤雅堂丛书本《韩柳年谱》中有吕大防《韩吏部文公集年谱》一卷),大抵创于北宋,至南宋始盛。大防之后如鲁訔《杜工部诗年谱》、赵子栎《杜工部年谱》、胡仔《孔子编年》(五卷)、吴仁杰《陶靖节先生年谱》、……楼钥《范文正公年谱》、文安礼《柳先生年谱》(一卷)等。至清代,则年谱多至不可胜举。"②"年谱之学至清代而极盛,大抵皆后人补撰。亦有自撰年谱者,如钱大昕《竹汀居士年谱》、杨守敬《邻苏老人自撰年谱》、缪荃孙《艺风老人自撰年谱》。亦有不用

---

① 柴德赓:《史籍举要》(修订本),第224页。
② 柴德赓:《史籍举要》(修订本),第256页。

年谱之名实则年谱者,如汪辉祖《病榻梦痕录》。"① 数百字就将年谱这种史书体裁的来龙去脉讲得清楚明白,并且随手征引了多部文献作为例证,作者对文献的熟悉程度,由此再见一斑。再举一例,《史籍举要》在论述《资治通鉴》"因事立论"的学术特点时,首先论及中国"史论"的起源:"古来史书如《左传》有'君子曰',《史记》有'太史公曰',《后汉书》有'论曰',这是作者因事立论,表示自己对这种事或这个人的看法,有褒有贬,都是想以自己的观点影响读者。"进而,就《资治通鉴》自身而言:"《资治通鉴》的前身《历年图》就有论,《稽古录》也有论,足见论是司马光所重视的事情。《资治通鉴》共有一百八十六篇论,其中分两类,第一类以'臣光曰'三字发端的,是他自己的议论,共一百零二篇。第二类是历来史家原有的论赞,他认为对的,移作《资治通鉴》的论,这样的论有八十四篇。……大抵事情善恶很明显的,不需要作论。……司马光所论述的多是有关治乱之机,即所谓为君之道,事君之道。他是因事进谏,积极为封建政治服务。"② 此处也不过三百字而已,既扼要说明了"史论"的源流变化,又直接论述《资治通鉴》对这一体例的继承和发展。所有这些,都体现出柴德赓先生治学上善于运用探源溯流、融汇贯穿的研究方法。其实,在《史籍举要》中,如同上述一般的论述方法是屡见不鲜的。作者往往能够根据自己深厚的文献学功底,特别注意在一般史籍的介绍中瞻前顾后、左右勾连相关史籍文献,处处逢缘,为读者把一条条孤立的知识线纵横交汇成一张张丰富生动的文献目录学知识网。《史籍举要》论述中所使用的这种探源溯流、经纬交织的论述方式,充分显示了作者高超的写作技巧和极为渊博的学识。

三、精通史学考据,方法缜密多样

柴德赓先生在学术研究中,非常善于运用史学考据方法,这也是深受其老师陈垣的影响所致。陈垣先生在《通鉴胡注表微·考证篇序录》中写道:

---

① 柴德赓:《史籍举要》(修订本),第 257 页。
② 柴德赓:《史籍举要》(修订本),第 179 页。

"考证为史学方法之一，欲实事求是，非考证不可。"陈垣早年服膺乾嘉学派，不仅继承了乾嘉学派优秀的考据学遗产，而且推陈出新，能够将微观的史实考索与宏观的历史观照完美地结合在一起，写出了《元西域人华化考》、《元也里可温教考》、《通鉴胡注表微》等一系列经典的考据学著作，开拓了20世纪考据学的新境界。柴德赓先生作为陈垣先生的得意弟子，曾在陈垣身边工作达二十年之久，深得陈垣学术之真传。据刘乃和先生回忆，当时师生二人在陈垣励耘书屋谈文论史，经常是边谈论边翻书，甚至为了查找一个证据，还要搬出许多的典籍图书来求证①。在陈垣先生精心指点下，柴德赓先生继承了陈垣先生学术精髓，掌握了陈垣先生的学术方法。刘乃和评价柴德赓说："他精研目录之学，熟悉史料，所写论文，旁征博引，说理充分，考核精辟，令人信服。对五代史、宋史、清史及辛亥革命史都有较深研究。尤其对清代学术源流，本末支系，传法师承，了如指掌。"②刘乃和先生的这个评价可谓知人之言，公允恰当。其中，刘乃和先生评价柴德赓的史学研究具有"旁征博引，说理充分。考核精辟，令人信服"的特点，更是极为准确。早在柴德赓"上大学二年级时，他就撰写了《明季留都防乱诸人事迹考》论文，考证出明末在《留都防乱公揭》上签名中的几十人事迹，文中充分利用地方志和其他典籍资料，考据详实，被选登在师大《史学丛刊》第一卷第一期上"③。这篇文章，是柴德赓公开发表的第一篇学术文章，牛刀小试，初步显示了史学考据的功夫。后来，柴德赓又先后撰写了《宋宦官参预军事考》、《〈鲒埼亭集〉谢三宾考》、《全谢山与胡稚威》、《万斯同之生卒年》等多篇考证性文章，这些文章都已经收录在中华书局1982年出版的《史学丛考》一书中。柴德赓先生在这些文章的考据中，充分展示了自身的学术特长，能够娴熟地运用多种史学考据方法进行史学考据工作，其方法之缜密，形式之多样，令人信服。

柴德赓先生在史学考据方面，有两种考据方法尤为值得一提。其一为竭

---

① 刘乃和：《史学丛考·序》，载柴德赓：《史学丛考》，中华书局1982年版，卷首第3页。
② 刘乃和：《史学丛考·序》，载柴德赓：《史学丛考》，卷首第4—5页。
③ 刘乃和：《史学丛考·序》，载柴德赓：《史学丛考》，卷首第2页。

泽而渔式的考据方法，这种方法其实是柴德赓先生充分运用自己的文献学特长，对某一历史问题的几乎所有史料全部征引，然后进行逻辑的学理分析，最后得出恰当合理的结论。比如，柴德赓先生《明季留都防乱诸人事迹考上》对明季复社同人攻讦阉党余孽阮大铖的《留都防乱公揭》上署名的 140 余人事迹一一进行了勾稽和考辨，仅本文的上半部分征引了正史、逸史、别史、方志、家谱、碑传集、文集、诗集、笔记乃至《东林点将录》《复社姓氏》《明清进士题名录》等各种著述近百种之多，如此的旁征博引，几乎将这一问题的所有资料都搜罗殆尽，进而把这个问题考辨得清楚明白。柴德赓的《〈鲒埼亭集〉谢三宾考》对明清之际的历史人物谢三宾的考证，也是采用了竭泽而渔式的考据方法。谢三宾是明末的一个中下级官僚，他曾在明清政权更迭的历史关头三降三叛，是一个进退失据、反复无常，一心只想保住家财和地位，毫无气节可言的宵小之徒。其实，要想勾稽这个历史人物的事迹并非易事，因为他的地位并不高，《明史》等官修史书对其事迹记载甚少，要想勾稽清晰他的生平事迹难度相当的大。然而，柴德赓先生在这篇文章中，再次展示出雄辩的考据学功夫，他广泛征引了清初实录、明季的野史、文人笔记、地方志、文集、诗集、年谱、日记等各种史料 84 种之多，这几乎将有关谢三宾的史料勾稽殆尽，进而他又将这些纵横交织、牴牾互见的史料逐次考辨，最终将谢三宾其人的生平概要、降叛事迹、思想活动、师友交游及其子孙后代情况都一一考辨清晰了，几乎就是一篇内容丰富、细节清晰的谢三宾传。

其二，是柴德赓先生还善于采用诗文证史的方法考辨历史事实。这一点，突出的表现在柴德赓先生的约 2 万字的长文《从白居易诗文中论证唐代苏州的繁荣（初稿）》[1]和一篇2000 余字的短文《天堂苏杭说的由来》[2]两篇文章中。据统计，前一篇文章直接引用白居易的诗句有 70 余则，加上韦应物、刘禹锡、陆龟蒙、范仲淹、范成大等人的诗文竟有 100 余则之多。柴先生在这篇文章

---

[1] 柴德赓：《从白居易诗文中论证唐代苏州的繁荣（初稿）》，《江苏师范学院学报》1979 年第 1、2 期。
[2] 柴德赓：《天堂苏杭说的由来》，《新华日报》1961 年 6 月 11 日"新华副刊"。

中所征引的诗文资料，主要归纳为 11 种类型，包括考史事之时间、考人物之交游、考史志之阙漏、考苏州州境大小与户口数字、考苏州城的规模与繁荣程度、考苏州物产之繁盛、记苏州城多水多桥、记苏州偶发的自然灾害、记杭州之盛、兼夸苏杭二州、反映下层民众之境况等问题的资料[①]。柴德赓先生将这些诗文有机运用于文章论题的考证中，同时还广泛地征引正史、方志、文集等资料，使得所有材料形成纵横交织，上下贯穿的结构体系，缜密地论证出唐代苏州各个方面的繁荣状况，包括社会安定、经济富庶、城市繁华、市场活跃、户口繁多等等方面都有较为详尽的论证，而且这些论证基本都以唐代的诗文作为佐证。《天堂苏杭说的由来》一文虽仅有 2000 余字，却引用白居易诗文有 8 则之多，还引用了苏轼、苏辙等诗文 8 则，条分缕析地论证了"上有天堂，下有苏杭"之说的由来与演变，说理透彻，解析精辟，让人兴味盎然。

回顾柴德赓先生一生的治学经历，其注重"诗文证史"并不仅限于上述两篇文章，只要随意地翻阅《史学丛考》这部论文集，几乎每一篇文章中都有以诗文证史的现象。比如《〈鲒埼亭集〉谢三宾考》中，就大量地引用了《续甬上耆旧诗》《鲒埼亭诗集》《句余土音补注》《深省堂诗集》《郑寒村诗文集》《明事杂咏》《松园浪淘集》等诗文，详细考证了谢三宾这个明清之际历史人物的相关史实，深化了我们对这一历史人物的认识。由此可见，善于使用"诗文证史"的方式考辨史事确实是柴德赓的一个重要学术风格。

四、擅长历史比较，熟谙类比反比

一般而言，历史研究中的比较方法，主要包括两个方面：一是对所研究的历史现象进行时间系列上的前后阶段的纵向异同比较（又称历时性比较或垂直比较）；一是对所研究的历史想象作空间系列上的同一阶段的横向异同比较（又称共时性比较或水平比较）。有人认为，这种史学比较方法是 20 世纪初期

---

① 邱敏：《以诗证史——从一篇短文论柴德赓的治学风格》，《苏州大学学报》2007 年第 1 期。

前后才从西方开始流行起来的，然后逐渐传入中国的。或许作为一种现代史学方法的自觉运用，比较史学方法也许是从 20 世纪初开始的。其实，运用比较方法研究史学，其起源应该是非常早的，在司马迁所著的《史记》中我们都可以找到运用比较方法进行研究的例子。

柴德赓先生亦是熟练应用比较方法研究史学的典范。或许我们根本不用多加论述，仅仅从柴德赓的论文题目中便可以体会到这一点。例如，《全谢山与胡稚威》、《王西庄与钱竹汀》、《章实斋与汪容甫》以及《〈鲒埼亭集〉谢三宾考》卷五《谢三宾与钱谦益》等，这些论文所论述的历史人物，都是两两一对同时出现，其中所蕴含的比较意味是不言自明的。上述这些人物，基本都是同类人物之间的比较。

有关同类人物的比较，我们可以《王西庄与钱竹汀》一文进行例证。该文主要是论述乾嘉考据学者王鸣盛与钱大昕的学术异同，对二者学术研究的旨趣、内容和理路进行了多方面的比较分析。文章开篇即指出：乾嘉史学三大家的治学途径和方法是有一定差异的，甚至是不小的差异，其中"王（鸣盛）、钱（大昕）是一个路子，赵（翼）又是一个路子"[1]。即是说，柴德赓认为王鸣盛和钱大昕的治学途径比较相似，而赵翼的治学途径相对独树一帜。柴德赓的这一看法获得了当代学者黄爱平、杜维运、乔治忠的支持。黄爱平说："乾嘉时期，大多数史学家如王鸣盛、钱大昕等人都由经入史，用治经的方法治史。赵翼则与此有别，而是由文入史，在经学方面无所建树。"[2] 因为赵翼生性颖悟，才华横溢，早年喜好古文诗词，颇"泛滥于汉、魏、唐、宋诗古文词家，兼习为词曲"，直至晚年归田以后才将精力集中于史学研究上，先后著成《陔余丛考》、《廿二史札记》等史学研究著作。杜维运和乔治忠则指出了赵翼和王鸣盛、钱大昕的治学方法的不同，杜维运认为赵翼实际上是一位"立于乾嘉学风之外的史学家"[3]，不能将其和钱大昕、王鸣盛一样并列为乾嘉历史考据

---

[1] 柴德赓：《王西庄与钱竹汀》，《史学史资料》1979 年第 3 期。
[2] 黄爱平：《朴学与清代社会》，河北人民出版社 2003 年版，第 291 页。
[3] 杜维运：《中国史学史》第 3 册，商务印书馆 2010 年版，第 907 页。

家。乔治忠也说：乾嘉史家并非全部擅长考据，"有的则不大善于从事历史考据，这构成史学另一侧面的风景线，赵翼和章学诚是其中的两位典型人物"①。由此可见，柴德赓看法与不少当代学者看法相似，他们均认为赵翼与王鸣盛和钱大昕治学途辙多有不同。揆诸事实，基本如此。然而，不同于赵翼的是，王鸣盛和钱大昕的治学途径非常相似，他们都擅长学术考据，还是"同乡、同学、同年、同官，又是至亲，晚年又同住苏州"，而且还"各人做了一部内容大致相同的书"②，二人在学术研究取径上确实有较多的相似点。然而，柴德赓却同中见异地指出，王、钱二氏在学术研究中也有不小的差异。首先，二者学术研究的内容不同。王鸣盛治学，"前期偏重经学，后期转入史学。就他的著述来看，经史参半"③，经史考证都有出色成就，但是"当时人重视他的仍在经学"④，即认为他的经学优于史学。然而，钱大昕的学问"主要是史学，其余各种专门知识，兼收并蓄，都是为史学服务的"⑤。他"以治经的方法治史"，却又"专治史而不专治一经"，他的为学次序是"以治史为主导的"，因而"当时人对竹汀的评价全在史学"⑥，在其生前就早被大家公认为专门史学家了。其次，二者学术功力不同。钱大昕不仅史学著作较王鸣盛多，"专精亦过之"，主要原因是"他把治经的功夫移来治史"。具体而言，柴德赓认为"竹汀于宋辽金元四史，用功较深，元史尤为专门。这方面是西庄所力所未及的。竹汀精于算学，对古代历法极有心得，著《三统术衍》、《四史朔闰考》等，这是西庄未曾致力，引以为憾的。文字音韵之学，竹汀和西庄都用过功，但竹汀对古无轻唇音等比西庄有所发明。此外，地理、官制、金石、目录之学，两人各有专门，诗文亦工力悉敌"⑦。其三，二者著书的体例和方法也有所不同。从

---

① 乔治忠：《中国史学史》，中国人民大学出版社 2011 年版，第 290 页。
② 指的是王鸣盛所著《十七史商榷》与钱大昕所著《廿二史考异》，二书均为考察讨论历代正史内容、体例、书法的考证性著作。
③ 柴德赓：《王西庄与钱竹汀》，《史学史资料》1979 年第 3 期。
④ 柴德赓：《王西庄与钱竹汀》，《史学史资料》1979 年第 3 期。
⑤ 柴德赓：《王西庄与钱竹汀》，《史学史资料》1979 年第 3 期。
⑥ 柴德赓：《王西庄与钱竹汀》，《史学史资料》1979 年第 3 期。
⑦ 柴德赓：《王西庄与钱竹汀》，《史学史资料》1979 年第 3 期。

形式上看,"西庄的校勘每一条都有个题目使读者便于检寻"。"竹汀依诸史次序,标某纪某传,不立题目,有的一篇之中校出好些条,也有多少篇连着一起没有校记的。"从内容上,"西庄《十七史商榷》有三种内容是《廿二史考异》所没有",即"评论史书优劣"、"评论历史人物"和"阐述治学方法"三种①。其四,二者治学态度和学术影响不同。柴德赓指出,王、钱二人总体说来的治学态度都是非常认真的,但是"西庄骄傲,看不起人,时时形之笔墨。竹汀则谦虚谨慎"②。就学术影响来看,二者的著述传世,都是可以卓然自立的,但是,"从经学的考据转到史学的考据,竹汀关系最大,考证最精,其影响也最深远"③。所有这些结论,都是柴德赓通过详细的比较分析考察而得出的,读来令人信服。

在柴德赓的研究中,除了有对同类人物史事的比较外,还有不少正反对比十分强烈的史事与人物的比较研究,以此达到区分善恶、泾渭分明的目的。《〈鲒埼亭集〉谢三宾考》对谢三宾历史事迹的考证就是这方面的典型例子。谢三宾为明末降臣,字象三,浙江鄞县人,天启五年进士,崇祯时官至太仆寺少卿。清兵南下,很多江南士大夫坚执民族气节,奋起抗清,不与清朝合作。然而,谢三宾却是个丧失民族气节的小人,他屡次降清,还屡次设计陷害江南抗清义士。而且,由于他叛服无常,徘徊于明清之间,致使很多当时记载明清之际历史的史籍对其记载隐晦不清,甚至名字异称都多达20余种。柴德赓先生本着"诛奸谀于既死",曝其原形而垂戒后世的目的,决定"勾稽其事迹著于篇"④,写成《〈鲒埼亭集〉谢三宾考》一文。该文详尽考证了谢三宾的一生行事,并举证了丰富的事例揭露了谢三宾的贪生怕死、陷害忠义的事实,从而凸显了抗清义士的高尚人格和节操。事例之一——亲往杭州归降:清顺治二年(1645),清军至浙江,召各地明朝官绅来降。谢三宾立即前往杭州谒见

---

① 柴德赓:《王西庄与钱竹汀》,《史学史资料》1979年第3期。
② 柴德赓:《王西庄与钱竹汀》,《史学史资料》1979年第3期。
③ 柴德赓:《王西庄与钱竹汀》,《史学史资料》1979年第3期。
④ 柴德赓:《〈鲒埼亭集〉谢三宾考》卷一《谢三宾略传及异称》,收入氏著:《史学丛考》,第95页。

清军统帅，表示归顺。然而与之"往还甚密"的同县友人祁彪佳则拒绝前往谒见，自投池中，以死殉节。谢三宾与祁彪佳，一个是贪生怕死、丧失气节，一个则是大义凛然、以死殉节，二者行事风格之对比何其鲜明。他们二者也成为明清易代之际知识分子的两种取向的代表，为我们了解明清之际的历史提供了绝佳的参考坐标。事例之二——试图诱杀抗清志士，破坏"六狂生起义"。当时鄞县士子董志宁、王家勤等所谓"六狂生"倡议起兵抗清，众推公绅刑部员外郎钱肃乐为首，并请驻定海总兵王之仁带兵来会，但谢三宾也派人致书王之仁，想以千金为饵劝诱王之仁杀六狂生与钱肃乐，然而王之仁不为所动，计划流产。事例之三——贿取南明高位后再次降清。鲁王朱以海在浙东建立抗清政权后，谢三宾见有机可乘，竟然以投机的行贿手段获得了礼部尚书兼东阁大学士的辅臣高位，然而不久义师失败，鲁王入海，谢三宾遂迫不及待地率领朝中大臣八十余人再次降清。然而与此同时，曾与谢三宾一同讨伐登、莱叛军而立功的朱大典，却"破家举义，尽其财不私"，立守金华，终因力竭不支而焚死眷属十七口后自尽殉国。上述三个对比鲜明的事例，一方面揭示出了谢三宾的投降卖国的丑行，另一方面也彰显了抗清义士的凛然正气。

综上所述，柴德赓先生精通目录学和文献学，他的学术研究是立足于扎实的文献考辨基础之上的。他治史擅长历史考据、旁征博引，善于缜密分析纷繁复杂的史料，从中洞见幽微，并归于实事求是，获得真实的历史见解。他还善于运用历史比较方法，经常能从平实的比较中获得新意，推动史学研究的进步。因此，柴德赓先生不愧为20世纪著名的历史学家，他的治史方法精当，特点鲜明，成果卓越，在20世纪中国史学史上应具有一定的历史地位。

写于 2017 年 12 月

（作者单位：苏州大学社会学院）

柴德赓历史教育思想探析[*]

吴 琼

一、历史教育的目的

柴德赓以治史闻名,在史学研究中始终坚持正确的历史观念和积极的价值观,也坚持经世致用的理念,认为史学必须为现实服务才能实现其最高价值。在长期的一线教学中,他也坚持认为,历史教育工作者必须带有强烈的历史责任感和使命感,历史教学也应该为现实服务,强调历史教育的鲜明目的至少应该具有三个方面,即爱国主义教育、政治思想教育和传统文化教育。

(一)培养爱国主义情操

中华人民共和国成立前,柴德赓身处特殊时代之下,渴望国家统一,史学研究大多体现其爱国情怀,在教学中也自然少不了强调爱国主义。中华人民共和国成立后,国家和平发展,柴德赓响应国家号召,学习苏联,强调进行政治教育,但在长期历史教学中从未放弃进行爱国主义教育。

---

[*] 本文系在作者2016年4月向苏州大学历史学系递交的硕士论文《柴德赓历史教育思想探析》基础上浓缩而成。在导师吴建华教授指导下,经过一年半时间,搜集、学习柴先生著作以及前辈学者研究,并且得到柴念东等先生无偿提供珍贵未刊资料以及指点,草创而成。由于自己学识浅陋,论文粗陋难免,但文责自负,诚望得到专家学者的指正。同时谨此向导师和柴念东等给予帮助的老师致以真挚感谢。关于柴德赓历史教育思想的研究,今见四川师范大学王娟在2016年7月刊发字数简短的论文《柴德赓历史教育思想初探》(《读天下》2016年13期),说明这一研究主题也引起国内学者的关注,可以共同探讨,加强研究。

柴德赓在谈到历史教育时曾说:"历史这一门功课,在中学六年之中,所占的比重不是很少的,它的偏重仅次于语文、数学"①,在学生的学习生涯中占有重要地位,对学生性格的形成具有一定作用。历史具有其独特的人文魅力,能够潜移默化地感染学生。柴德赓深刻认识到这一点,因此在历史教学中注重发挥历史的爱国主义教育功能,上课时爱憎分明,时常流露出强烈的爱国意识,整个课堂为之震撼。课上学生都深受感触,即使多年以后回忆,仍被他鲜明的爱国主义和强烈的战斗意识所感染。

1942年,柴德赓任教的辅仁大学是在日寇占领下的沦陷区北平,他在讲课时,至情至性,微言大义。"讲僧牒时,他忿慨地揭露南宋统治者龟缩于东南一隅,不思还我河山,却醉生梦死于纸醉金迷之乡,讲到这里,他放声朗诵起'山外青山楼外楼,西湖歌舞几时休,暖风熏得游人醉,直把杭州作汴州'的诗句。"②于忿慨处痛斥,于惋惜处悲叹,这种在历史课堂教学中贯穿历史教育的影响,潜移默化,对于学生成长才是长久有效的。

中华人民共和国成立后,柴德赓曾担任北京师范大学历史系和江苏师范学院(今苏州大学)历史系主任,在工作上他常常要求青年教师加强对教材的理解,整合教材,融入个人情感进行教学。他曾说:"有些章节只讲述历史事件,不正面进行思想教育也可以的。……问题在于教师如何体会,如何正确的阐述。"③教师只有很好地体会了教材,挖掘了深层次的东西,才能有所感悟,上课才能激情飞扬,富有感染力。因此,他在历史课堂上从未直接谈论应该如何爱国,何为民族精神,而是将爱国主义情感融入到了教学之中。这是柴德赓人格魅力之所在,相信此处无声更胜有声。

(二)加强政治思想教育

古代政治兴衰之得失莫不从历史中知晓。司马光作《资治通鉴》,希望帝

---

① 柴德赓:《关于当前中学历史教学中的基本问题》,1955年,苏州大学博物馆藏。
② 何荣昌、张承宗、柴邦衡主编:《百年青峰》,苏州大学出版社2007年版,第165页。
③ 柴德赓:《关于当前中学历史教学中的基本问题》,1955年,苏州大学博物馆藏。

王从历代得失中吸取经验,更好治理国家。对此,封建历史时期有其时代需求。中华人民共和国成立以后,也有其时代要求和阶级要求。柴德赓所处年代决定其思想中有着积极的政治参与度和敏感度。这也体现在他的历史教育思想中。他多次强调要在历史教学中融入政治思想教育。中华人民共和国成立后,学习苏联的教育模式,强调加强教师的政治理论素养。柴德赓响应国家号召,在学习苏联教育的基础上突出强调思想政治教育,认为政治教育是学校教育全面发展的重要环节。他以苏联为例,指出"在苏联的师范学院里是没有政治课的,通常中学的政治课是由历史教师担任的"①。历史教师担当着历史与政治教育的双重角色,任务更重,责任更大!

柴德赓在1955年夏季结合国务院的指示发表《关于当前中学历史教学中的基本问题》,提到"历史教学的任务要以历史唯物主义的观点和系统的历史知识教育学生,使学生明白社会发展的规律,建立起共产主义的世界观,加强学生建设社会主义祖国的信心。因此历史课不仅是历史知识的传授,又是宣传历史唯物主义,加强学生政治思想教育的重要的环节。既要有高度的科学性,还必须有高度的思想性"②。他积极响应国家号召,提出具体的教学方法,提倡利用历史材料阐明党的立场、观点、方法,教学中"主要是通过历史知识的讲授、分析来进行"③,加强理论联系实际。他认为离开具体史实来进行政治思想教育犹如无本之木、无源之水,其生命力就会枯竭。中国历史悠久,各种历史材料丰富,教师要利用材料,综合教材进行教学。这与当前我们大部分中学历史教育中广泛提倡的"史料教学"相类似。

(三)提升传统文化素养

柴德赓一生致力于中华民族历史研究,坚定守护和传承中华文化。他在

---

① 柴德赓:《关于当前中学历史教学中的基本问题》,1955年,苏州大学博物馆藏。
② 柴德赓:《关于当前中学历史教学中的基本问题》,1955年,苏州大学博物馆藏。
③ 柴德赓:《关于当前中学历史教学中的基本问题》,1955年,苏州大学博物馆藏。

史学研究中对民族文化精华予以肯定、糟粕予以激烈的批判，力图彰显中华传统文化精髓内容，宣扬优秀传统文化。然中华人民共和国成立后不久，"党提出'厚今薄古，古为今用'的方针"①，柴德赓认为这一政策虽然"大大纠正了以往钻在故纸堆中不能为当前政治服务的毛病"，但是在这样的教育思想指导下，历史教学出了问题："青年人不读古书，不爱读古书，以为这些东西没有什么用处了。甚至有人怕别人批评为'厚古薄今'，不敢阅读古书。"②"这样下去，历史系的学生一定会对古代一无所知，和方针政策是不符合的。"③不读古书，如何"古为今用"，如何以史为鉴，知兴衰得失。因此，柴德赓一直强调想学好中国历史，有些基本的书是必须要读的。

"他经常趁开会之便，抽空去乐桥一带访书。他与那些书商很熟。先生的平易近人，古籍版本方面的强闻博记，新旧书刊的如数家珍，深得书商的尊敬和赞赏。"④他很爱书，但是从不吝啬。学生问柴德赓借书，他总是很慷慨也很高兴，但是一定会关照学生多多爱护书籍。他说自己所做的事，正是希望以他个人经验来"影响学生，成名成家，在学问上有所成就"⑤。

柴德赓对传统文化的重视不仅体现在爱读古书上，他的书法也是令人叹服的。柴德赓清楚地认识到传统文化是中国人的根本，因此他在教学过程中尤为重视爱国主义教育和传统文化教育的结合。作为史学工作者，进行爱国主义教育不可避免地需要从传统文化中汲取资源，而在进行爱国主义教育的过程中，又会不自觉地对学生进行了传统文化教育。这两者相互作用，高效地对学生进行了情感价值观的教育。这是柴德赓历史教育思想中最为闪耀的一部分，

---

① 柴德赓：《高举毛泽东思想红旗以更大的决心改造自己奋勇前进——在政协苏州市委员会三届一次全体会议上的发言》，1961年，苏州市档案馆藏，档号：B2-3-1960-78。
② 柴德赓：《高举毛泽东思想红旗以更大的决心改造自己奋勇前进——在政协苏州市委员会三届一次全体会议上的发言》，1961年，苏州市档案馆藏，档号：B2-3-1960-78。
③ 柴德赓：《高举毛泽东思想红旗以更大的决心改造自己奋勇前进——在政协苏州市委员会三届一次全体会议上的发言》，1961年，苏州市档案馆藏，档号：B2-3-1960-78。
④ 何荣昌、张承宗、柴邦衡主编：《百年青峰》，第182页。
⑤ 柴德赓：《"文革"检查摘录》，1967—1969年，柴德赓家属藏。

对当今历史教学及改革都具有借鉴意义。

二、柴德赓对历史教学的思考

如今历史教学不再单纯地将知识的传授作为主要目标,也不再要求教师严格按照书本内容授课,而是希望教师能够因材施教,结合具体情况进行教学,培养全面发展的学生。实际上,柴德赓早就提倡教师授课应该灵活,注重培养学生能力,以学生为中心,对如何进行历史教学进行了诸多思考。以下主要从课堂教学内容、教学方法和教师专业素养三个角度进行阐述。

(一)课堂教学内容

1. 统筹整体,取舍有度

柴德赓在《历史研究法》中提到,一是要熟悉资料,二是要运用资料。这一观点也可以用在教师的教学上。教师在总体把握内容、教学进度的基础上,钻研教材,对于每一章中的重点"必须很好的体会,全盘掌握,环绕教学目的,重点讲授"[1]。"重点突出,学生也便于记忆,若是罗列史实,不分轻重,全盘端出,这样学生就分不出主要次要,也不好记忆,反而弄模糊了。"[2] 这就要求教师全盘把握,统筹整体,"系统的钻研教材,要注意教材内容的内在联系、发展、变化,根据时间地点时间条件清楚地讲授"[3]。

对于历史资料的运用,柴德赓也有所思考。他曾发现有一些同志"以为光是讲教科书上有的材料,显不出教师的本领,也太平凡了,千方百计想搜集些新鲜材料加进去,甚至挤掉教科书中原有的材料"[4],认为这样大可不必。教材中的材料一般都是编者精心思考而定,在教学中他不反对教师补充一些必要

---

[1] 柴德赓:《关于当前中学历史教学中的基本问题》,1955年,苏州大学博物馆藏。
[2] 柴德赓:《关于当前中学历史教学中的基本问题》,1955年,苏州大学博物馆藏。
[3] 柴德赓:《关于当前中学历史教学中的基本问题》,1955年,苏州大学博物馆藏。
[4] 柴德赓:《关于当前中学历史教学中的基本问题》,1955年,苏州大学博物馆藏。

的材料,这是为了更具体说明或者形象化地说明问题,但是不应该喧宾夺主,随意去掉教科书的一部分,用其他的材料来取而代之。对此,柴德赓认为应该"把关键性问题讲清楚,次要的材料足以说明问题就够了,有些附带的说到就可以了"①。这是对史料运用"度"方面的思考。

在此基础之上,柴德赓提出了更高的要求,要求教师能够甄选史料,"真伪互异,存其真;详略不同,取其详;后先相承,取其先"②;要去伪存真,去粗取精,就像"要造一所精美的房子,砖头要磨砖对缝,不能不选择;要做好机器,零件必须精密坚固"③。要学生得出客观公允的答案,必须对史料进行鉴别,这就要求教师选取的史料能够"精"。对史料的选择经过"度"、"精"这两方面的思考,教师才能够更好地进行课堂教学,高效完成课堂教学目标。

2. 尊重事实,渗透情感

历史是真实客观存在的,容不得半点改动,同时又是变化发展的。柴德赓深受乾嘉学派治学方法的影响,精于考证之学,治史态度公正客观,讲究实事求是。在多年教学中他一直提倡教师在教研室互相交流学习心得,丰富教师的理论素养和专业水平,以期更好地教授学生。

同时,在教师专业素养提高的基础上,柴德赓希望教师能够在教学中充分体现情感教育。柴德赓在上课的时候在情感引导上做得非常好。很多学生多年之后回忆,仍然有所感悟。他上课虽有讲稿,但更喜即兴而谈,讲到悲处,不禁哀叹;讲到兴致激昂之处,声音洪亮,爱憎分明,纵放自如。激烈的情感令学生印象深刻,潜移默化地影响了学生的情感。课后,柴德赓常常与学生谈论学术问题,时刻不忘教书育人,常常运用自己对历史人物、历史掌故的理解,教育学生如何做人。在教育学生的过程中渗透了自己的情感,但是又并未给学生固定的答案,而是将学生带入了他营造的情境中去,促使学生主动感悟,理解历史事实。

---

① 柴德赓:《关于当前中学历史教学中的基本问题》,1955年,苏州大学博物馆藏。
② 柴德赓:《历史研究法》,1960年,苏州大学博物馆藏。
③ 柴德赓:《历史研究法》,1960年,苏州大学博物馆藏。

(二)课堂教学方法

柴德赓一直强调课堂教学方法的重要性,指出教师应该是座山,是全面发展的艺术家。教师面对不同的学生,不能简单机械地重复,必须在选择和使用教学方法时结合具体教学情况,有组织地运用,方能取得优良的教学效果。柴德赓关于教学方法的思考甚多,此处主要阐述两点。

1. 课堂教学语言生动

柴德赓上课语言表述富有特色,被学生称之为"一绝"[①]。这与他精通诗词也不无关系。柴德赓上课"口若悬河,又似玉盘珠落"[②]。台下聚精会神,屏气静息,鸦雀无声;台上兴高采烈,谈笑风生。在丰富语言的带动下,师生关系融洽,教学效果极佳。刘乃和就曾回忆柴德赓上课,"他经常夹叙清人治学特长和历史掌故"[③],激发学生兴趣,调动学生的学习积极性。

柴德赓上课不仅富有特色,还要求语言生动形象,讲事件如置其中,讲人物如睹其人,讲现象如临其境,讲器物如见其形,调动学生情感,激活学生的想象力。他曾说:"历史是一门很有趣的功课,历史教师要能以生动的语言教学,才能富于感染力,学生印象很深。"[④]

历史课堂对于教师的语言有着较高的要求。掌握高超的教学语言技艺也是教好历史课的重要法宝。这就要求教师持之以恒地学习和实践,不断提高教学语言水平,以至于形成自己的语言风格,成为独特的教学风格,对学生影响深远。

2. 营造和谐课堂氛围

课堂教学是学校教学最主要和最基本的形式。课堂环境对学生的行为、学习和动力有着强大的影响。柴德赓的课堂气氛鲜少出现负面情况。他讲课旁征博引、风趣生动,在知识上深受学生欢迎。亲切随和的教态,不知不觉间缩

[①] 何荣昌、张承宗、柴邦衡主编:《百年青峰》,第164页。
[②] 何荣昌、张承宗、柴邦衡主编:《百年青峰》,第164页。
[③] 何荣昌、张承宗主编:《青峰学记——柴德赓教授纪念文集》,江苏文史资料编辑部1992年版,第185页。
[④] 柴德赓:《关于当前中学历史教学中的基本问题》,1955年,苏州大学博物馆藏。

短了师生之间的距离。他"经常和学生在一起,热情与学生交谈。他在哪里出现,哪里就有欢声笑语"①。柴德赓与学生相处非常融洽。许大龄回忆柴德赓在北大讲课的情况时说:"1963年他在北大讲课,无论是在课堂上,或是在宿舍里,几乎每天都有很多青年同志把他包围着,有历史系的,也有中文系的,有同学,也有青年和中年教师,去敬听他的谆谆教诲。他平易近人,来者不拒,那时我们很担心会不会把他的身体累坏。"②柴德赓渊博的知识、随和的态度,仿佛有种向心的魔力,吸引着学生们去倾听,去学习,这不得不说是柴德赓个人魅力的最好体现。

相较于其他因素,营造和维系良好的课堂气氛,教师起的作用是主要的,但教师在教学中必须转变观念,认识到课堂气氛并非仅仅在课堂上形成,与课后师生关系也有着莫大的联系。

3. 课堂教学方法的选择

我们常说,教学有法,教无定法,贵在得法。教学方法的运用不仅要符合教学的规律和原则,而且要适应教学的实际情况。柴德赓"要求教师努力钻研教材,深刻领悟和掌握自己所教学科的教学目的、思想内容和科学内容,相应地改进教学方法,以求正确的系统的进行教学"③,同时他特地强调了"要实事求是,结合具体条件,主要看行之有所实效"④即可使用,不在乎形式,充分重视教学的实际情况。

教学中要找到适于教师本人教学方法,也要注意到教学的另外一个重要参与者"学生"。柴德赓曾对有些教员进行过批评,说他们"组织教学这一个环节,通常只是进讲堂后眼睛望一望同学而已,此后学生爱干什么干什么,教员只顾自己讲,不再注意同学听讲,是否注意,是否去那里思考。像课堂提问,没有计划,学生举手一大片,教员随手一指,学生答了,也不管对不对,

---

① 何荣昌、张承宗、柴邦衡主编:《百年青峰》,第216页。
② 何荣昌、张承宗主编:《青峰学记——柴德赓教授纪念文集》,第217页。
③ 柴德赓:《关于当前中学历史教学中的基本问题》,1955年,苏州大学博物馆藏。
④ 柴德赓:《关于当前中学历史教学中的基本问题》,1955年,苏州大学博物馆藏。

就在本子上记分，其实是不是认识学生还是个问题"。对此，柴德赓一再强调学生应该是课堂的主体，提倡教师应该认识每一位自己的学生，这就方便教师熟悉各位学生的差异性。在课堂教学中应该考虑到不同学生的差异性，了解和掌握学生的知识、能力、个性、习惯等多方面的具体情况，从而选用最适宜的办法，调动全体学生投入课堂学习中去。

关于教学方法的选择，柴德赓提出了相关的几项原则："（一）目的性要明确。科学性、思想性。首先改变大学、中学、初中、高中没有分别的教学方法。（二）讲课要有系统性原则，有重点。（三）讲课要有直观性原则，地图、实物、言语。（四）课堂教学要注意巩固性原则，克服只教不管学的想法。（五）启发同学的学习积极性，开个历史晚会，去参观都可以。（六）量力性原则。"① 总之，柴德赓希望教师综合多种教学方法，并找到适合自身教学的方法，使得教学能够既有科学性又有艺术性，充分发挥自己的教学机智，在实践中灵活运用教学方法，以提高自己的教学水平，提高学生学习水平，达到教学相长的双赢局面。

（三）历史教师专业发展

《中国教育改革和发展纲要》指出："教育的改革和发展对教师提出了更高的要求。教师是人类灵魂的工程师，必须努力提高自己的思想政治素养和业务水平；热爱教育事业，教书育人，为人师表；精心组织教学，积极参加教学改革，不断提高教学质量。"② 这对21世纪教师的专业素质提出了明确的要求，要求教师具有师德、知识素养、研究能力、教学能力等多种素养。柴德赓担任系主任时期，对青年教师就提出了相关要求，此处重点阐述师德和知识素养方面。

1. 历史教师的师德素养

教师想获得学生的尊重，第一步必须使学生"亲其师"，要关心爱护学

---

① 柴德赓:《关于当前中学历史教学中的基本问题》，1955年，苏州大学博物馆藏。
② 于友西:《中学历史教学法》，高等教育出版社2010年版，第341—342页。

生,尊重学生的人格,公平对待学生,严慈相济,做学生的良师益友。学生一旦体会到这种感情,就会"亲其师",从而"信其道"。柴德赓关心学生的学业是众所周知的,课上不仅关心拔尖的学生,对学业稍有欠缺的学生也格外关注。课后更是时常帮助学生辅导功课,不懂的问题来者不拒,一一解答,耐心引导。有学生家里比较困难的他都尽力帮助。"有一位从句容农村来的姓庄的同学,平时十分节俭,伙食往往只吃一个几分钱的蔬菜,省点伙食费助学金,还要寄点回家。柴主任知道后,嘱咐柴师母,每月给他几元零花钱,直到毕业为止。……还有一位姓成的南京同学,已是初冬季节,还睡着草席,盖着薄被。柴主任亲自挟着一条厚棉被送到子实堂宿舍。"①柴德赓这种关爱学生、爱生如子的浓浓真情,影响了一届又一届的学生。他的学生对他终身永存感恩之心。柴德赓对学生的慈爱之心令人动容。当然,他对学生也是严格要求的。有学生报考他的研究生,在答题中存在些许错误,他入学第一件事便是问学生明白没有,弄懂没有,不懂就要去查书弄明白,教导学生做学问容不得半点虚假。这种严慈相济的教法不仅感染了学生,而且获得了青年教师的认可。

孔子说:"其身正,不令而行。其身不正,虽令不从。"教师必须时时刻刻以高要求高品质来规范自己的言行,不断提高自身的师德水平,既教书育人,又为学生做好表率。

2.历史教师的知识素养

(1)政治理论的学习

随着素质教育改革的不断深入,思想政治教育的地位也不断提高。初中历史新课程标准中明确提出"培养具有社会主义核心价值观的公民"②,高中历史新课程标准中要求学生"学会用马克思主义科学的分析问题、解决问题"③,

---

① 李金林、孔亚南:《永恒的思念——忆恩师柴德赓教授》,载何荣昌、张承宗、柴邦衡主编:《百年青峰》,第214页。

② 中华人民共和国教育部制定:《义务教育历史课程标准(2011年版)》,北京师范大学出版社2012年版,第1页。

③ 中华人民共和国教育部制订:《普通高中历史课程标准(实验)》,人民教育出版社2003年版,第1页。

这都对一线教师提出了更高的要求,也要求历史教师在教学过程中渗透思想政治教育,明确历史教育在思想政治教育中的作用。为了完善教学,历史教师必须不断提高政治理论素养才能满足现代社会教育的要求。

柴德赓很早就认识到历史教育在政治思想教育中起的作用,也非常重视教师政治理论素养的培养。他曾说历史教师"要用历史唯物主义的观点来进行教学,来证明社会发展的规律,因此马克思列宁主义的学习,尤其是辩证唯物主义和历史唯物主义的学习,是我们科学业务的一部分。必须刻苦钻研,要有一定学习时间的保证,更重要的,我们自己有迫切要求学习的积极性,没有学过的要学,已经学过的还要学,就算初步搞通理论,这理论如何与我们教学实践相结合,也还是艰巨的过程。学习理论要有长期打算,不可贪快图近"[①]。

(2)专业知识的学习

历史学科的特点决定了历史教师必须具备扎实的专业基础知识,才能做到"会当凌绝顶,一览众山小"。

要提高历史教师的专业素养,必要的一点就是多读书,多交流。柴德赓"不厌其烦地介绍给青年要读什么书,怎样读书,哪些书要精读,哪些书要浏览,哪些书要参考,哪些书为我们提供第一手资料。"[②]他"亲自指导中国史的青年教师组成了读书小组,系统学习《资治通鉴》。给我们介绍《资治通鉴》的史料价值与优缺点;介绍张之洞的《书目答问》,教我们学会应用陈垣著的《二十史朔闰表》、《中西回史日历》等工具书。他积极联系有关院校,送青年教师出去进修,他外出开会时把青年教师带去参加学术活动与听课,从各方面培养提高青年教师的水平"[③]。他从不藏私,经常把读到的资料提供给年轻的研究者或者同辈学人。

---

① 柴德赓:《关于当前中学历史教学中的基本问题》,1955年,苏州大学博物馆藏。
② 许大龄:《〈史籍举要〉序》,载何荣昌、张承宗主编:《青峰学记——柴德赓教授纪念文集》,第191页。
③ 何保罗、何荣昌:《追念柴德赓先生——在江苏省纪念六位史学家大会上的发言》,载何荣昌、张承宗主编:《青峰学记——柴德赓教授纪念文集》,第216页。

柴德赓一生对中国历史学的发展做出了巨大贡献，在历史教育上也是功不可没。斯人已逝，但留给了后世学子值得细细咀嚼的丰富遗产，对后人进行历史研究和历史教育提供了借鉴，将产生深远的影响。

（作者单位：常州外国语学校）

柴德赓中国史学史研究的特点及局限 *

王 冰

历史学作为一门学科，体系庞杂，中国史学史只是历史学众多分支学科之一，在20世纪20年代前后开始萌芽、发展。梁启超率先提倡建立"新史学"，李大钊首创用唯物史观去研究历史，他使中国史学史的研究走向科学化、正规化，李大钊在事实上成为20世纪研究中国史学史的第一人。

北京师范大学瞿林东教授将前人对中国史学史的研究分为五个阶段：即草创时期（30—40年代）；沉寂时期（50年代）；活跃时期（60年代前期）；再度沉寂时期（60年代中期至70年代中期）；建设时期（70年代末至今）。①

中国史学史作为一门新兴学科，在不到一个世纪的发展历程中，虽然经历了曲折，但却具有很大的发展潜力，因此，研究20世纪的中国史学史意义重大。在对20世纪中国史学史的研究中，涌现出众多的知名学者，其中，本文研究的主人公柴德赓即是研究中国史学史活跃时期的代表学者之一，他曾参加过讨论中国古代史学史的相关问题，也曾对中国史学史的研究提出过一些创建性的意见，他是20世纪知名的历史学者，因此，对柴德赓的研究也将从一个侧面反映出我国史学的发展与变化，同时也使后学之人对柴德赓先生有更加全面的认识。

---

* 本文节选自作者《柴德赓与中国史学史研究》，东北师范大学2012年硕士论文，指导教师：武少民。收入本文集时，作者重新修改论文，此处刊载为重点部分。

① 瞿林东：《中国史学史：20世纪的发展道路》，《北京师范大学学报》1999年第2期。

柴德赓先生对中国的史家和史书多有研究，因此，当今研究柴德赓的学者大多专注于柴德赓是怎样论述中国史家的、怎样剖析中国史书的，进而总结出柴德赓的治史特点。

目前研究有关柴德赓先生论述中国史家的学者和相关文章有：张承宗《柴德赓与他的老师陈垣》(《学海》1991年第2期)；龚书铎、李秋沅《柴德赓先生的治学道路和方法》(载何荣昌、张承宗主编：《青峰学记——柴德赓教授纪念文集》，江苏文史资料编辑部1992年版)；宁侠《从评价章学诚看柴德赓先生的治学》(载何荣昌、张承宗、柴邦衡主编：《百年青峰》，苏州大学出版社2007年版)；武少民《柴德赓与清代学术史研究》(《历史教学问题》2009年第6期)。上述学者分别从柴德赓是如何论述古代的代表史家如章实斋、汪容甫、王西庄、钱竹汀、赵翼等入手，总结出柴德赓从哪几个方面研究中国史家，是用什么方法进行研究，分别提出自己的见解和观点。

柴德赓所评论的史书大多是纪传体类的，这体现在他的《史籍举要》这部书中，所以当代研究柴德赓是如何评价中国史书的学者纷纷对这部书做了评论。如许大龄《〈史籍举要〉序》(载何荣昌、张承宗、柴邦衡主编：《百年青峰》)、荣孟源《〈史籍举要〉读后》(《历史知识》1982年第5期)、崔曙庭《〈史籍举要〉的特点和成就》(载何荣昌、张承宗主编：《青峰学记——柴德赓教授纪念文集》)、邱敏《删繁举要 源清流晰——整理〈史籍举要〉稿有感》(载何荣昌、张承宗主编：《青峰学记——柴德赓教授纪念文集》)等。这些学者分别对《史籍举要》这部书做了肯定的评价，并总结出柴德赓做此书的目的是使"有志于史学的人，费力省而得益多，登堂入室，左右逢源"。当代学者除对上述柴德赓主要研究的六大类史书进行了评论，还对柴德赓研究的宋代史书有所评价。邱敏《柴德赓先生的史学成就和学术风格》(《史学理论与史学史学刊》2008年卷)，在这篇文章中邱敏评论了柴德赓的《论欧阳修的〈新五代史〉》一文，他认为柴德赓是运用对比的方法写作此文的，即将欧阳修的《新五代史》与薛居正的《旧五代史》做比较，他还认为这篇文章大有赵翼之遗风，但却又超越了赵翼。瞿林东教授对柴德赓所写《资治通鉴介绍》一书也有评价，写有《学脉·史论与学术含量——〈资治通鉴介绍〉评析》，瞿林东教授指出，《资治通鉴介绍》一书贯穿着一条"学脉"即，司马光《资治通鉴》——胡三省《资治通鉴音注》——陈垣《通鉴胡注表微》。这条"学脉"反映了三个不同历史时代，三位著名历史学家的爱国情操。①

一、研究特点

（一）注重史学史与学术史、历史感与现实感的联系

"史学史"顾名思义意即史学本身的发展历程，是研究史学本身的一门学问。而"学术史"则是研究某门学问的历史，史学史和学术史二者之间联系密切，学术史的产生要受到当时史学的影响。如从清代学术与清代史学来看，在乾嘉时期由于受到政治的影响，当时的学者不敢过多的发表言论，终日"埋首故纸堆"，一心只读圣贤书。学术界呈现出沉寂的状态，这就使得当时的史学也只是专注于毫无意义的烦琐考据，梁启超也曾说过：

> 乾嘉间之考证学，几乎独占学界势力，虽以素崇宋学之清室帝王，尚且从风而靡，其他更不必说了。所以稍微时髦一点的阔官乃至富商大贾，都要"附庸风雅"，跟着这些大学者学几句考证的内行话，这些学者得这种有力的外护，对于他们的工作进行，所得利便也不少。②

由此可见史学本身是受当时学术氛围影响的。

柴德赓对清代学术源流、本末支系，有深入的研究，写过多篇有关清代学术的文章，如《万斯同之生卒年》、《全谢山与胡稚威》、《王西庄与钱竹汀》、《王鸣盛和他的〈十七史商榷〉》、《章实斋与汪容甫》和《试论章学诚的学术思

---

① 瞿林东：《学脉·史论与学术含量——〈资治通鉴介绍〉评析》，《苏州大学学报》2010年第4期。
② 梁启超：《中国近三百年学术史》，东方出版社2004年版，第25页。

想》等。同时他也偏重于考据学，但他的考据不同于乾嘉时期的只关注于音韵、训诂等，他关注于考证史实本身。他认为清代考史三大家王鸣盛、钱大昕和赵翼的学术研究在很大程度上就取决于当时的史学发展状况。柴德赓认为王鸣盛是为古代史书而考证，其沉醉于古代史学的辉煌中不能自拔，我认为他的这种思想形成与他个人的背景及当时社会大环境都是分不开的。柴德赓对王鸣盛的治学是这样评价的：

> 这种以少数人为古书做些考订解释工作，当然也有需要。若多数人都去这样做，又以为非这样做不可，那是为读古书而读古书，为古人做奴隶，引导大家往死胡同走，把学术弄得支离破碎，把研究历史的目的全弄错了，不仅毫无用处，对中国文化的进步起了严重的阻碍作用。①

由此可见柴德赓是不赞成为古史考证的，认为那是一种徒劳的工作，对史学的发展有害无益。

历史是为现实服务的，"以史为鉴"是历史为现实服务的一个表现，同时史家的思想也会反映当时的社会状况，相反，社会现实也促使史家的思想发生转变，二者是相辅相成的关系。从柴德赓的文章中可以总结出，他认为古代史学家胡三省与近代史学大师陈垣的历史感与现实感之间的联系紧密、表现突出。瞿林东教授也认为司马光《资治通鉴》、胡三省《资治通鉴注》和陈垣《通鉴胡注表微》三者之间贯穿着一条"学脉"，三位不同时代的史学家，其思想映射了三个不同历史时期的时代背景。

北宋时期由于有少数民族建立政权的存在，使北宋人们时刻都存在危机意识，司马光写《资治通鉴》就是这种危机意识在史学上的表现。司马光写作此书的目的用他自己的话说是："鉴前世之兴衰，考当今之得失，嘉善矜恶，取是舍非。"柴德赓认为司马光写此书既是为警示统治者，同时也给统治者提供借

---

① 柴德赓：《王鸣盛和他的〈十七史商榷〉》，《史学丛考》，中华书局1982年版，第285页。

鉴，该如何做一位圣君。胡三省为《资治通鉴》做注，胡三省不同于其他史家，他不只是单纯考证字句的错误，而多是发表自己的议论，其注本身也具有一定的史学价值。胡三省生活在南宋元朝入侵之时，在宋亡后写有《资治通鉴注》，他深感国破家亡的痛苦，所以在他的文章中经常发表"呜呼哀哉"的议论。陈垣写有《通鉴胡注表微》，那时他生活在日本统治的北平沦陷区，和胡三省所处的背景相似，他应用考证的方法，表达他内心深处的想法，映射他强烈的爱国思想和民族情感。

柴德赓注重历史感与现实感之间的联系，他对司马光、胡三省和陈垣都有论述，对他们的思想进行总结，从中可以得出历史学家的思想与当时的社会现实是紧密联系在一起的，反映现实、服务于现实。历史学家的作用就是使过去的历史再现，指引人民如何应对现在，从而更好地迎接未来的挑战。最后，引用仓修良教授在其《中国古代史学史》自序中的一句话对这部分进行总结：

> 那种认为历史学与现实生活缺乏联系的观点是不足为据的。诚然，从表面看来，历史是记录过去的。但是，作为对过去反思的史学，与人类生活之间存在着某种必然的联系。[①]

（二）注重研究史家的史学思想

思想是人的灵魂，思想引导人的行动。个体在不同时期其思想是不同的，会受到时代、人生阅历、人生态度等不同方面的影响。研究历史学家的思想尤为重要，历史学家具有敏锐的洞察力和强烈的现实感，所以，其思想会大体真实地反映一个时代的整体风貌。

柴德赓比较注重对史家思想的研究，如他对欧阳修的思想有所研究，欧阳修是封建文人的代表，对他的思想进行总结会反映出那个时代大部分文人的整体思想和时代特征。柴德赓认为欧阳修具有极强的"教化"思想，使人们能分

---

① 仓修良：《中国古代史学史》，人民出版社2009年版，第43页。

清善恶是非。柴德赓在他的文章中写道：

> 欧史的做法，既仿《春秋》，又学《史记》。仿《春秋》是指褒贬议论，学《史记》是指编纂方法。①

欧阳修自己也说：

> 孔子何为而作《春秋》？正名以定分，求情而责实，别是非，明善恶，此《春秋》之所以做也。②

由此可以看出，欧阳修想通过他的著作教化百姓，从中可以看出欧阳修是极力维护封建统治的。

前文介绍过柴德赓对司马光、章学诚和陈垣的史学思想都有研究，通过他的研究我们可以更加深入透彻地理解其研究对象的史学思想，和分析他们所处的时代背景。此外，对于他们的代表作《资治通鉴》、《文史通义》和《通鉴胡注表微》，都能用新的视角理解。柴德赓认为司马光具有保守的维护封建专制统治的思想，这样的思想形成与司马光个人性格和当时的社会背景都是分不开的。司马光为人谨慎，这样的性格必然会造就他思想的保守，在思想上必然属于保守派，用比较通俗的语言描述保守派：这一派不会大兴土木完全推翻旧有的物件，而是能修就修，能补则补。司马光的这一思想形成与当时的社会背景是相适应的，当时北宋虽富庶，但四周有少数民族建立的政权存在，时刻威胁着北宋的统治，不得不使当时的宰相有忧患意识，以保存实力。同时的范仲淹也说过流传后世的名言："先天下之忧而忧，后天下之乐而乐。"这都是对当时社会背景的一种映射。陈垣思想的变化与当时的社会背景联系更为紧密，

---

① 柴德赓：《论欧阳修的〈新五代史〉》，《史学丛考》，第169页。
② 转引自仓修良：《中国古代史学史》，第356页。

前文已经详细论述过陈垣的思想,从中可见社会的微动都会牵动当时学者思想的变化。对于柴德赓的研究成果我们要继承,同时我们也要思考新的问题,得出自己独特的见解。对于任何知识和见解我们都要勇于继承和发扬,但是我们更要有所创新。

(三)注重对史家的比较研究

比较研究就是对人和物的特征进行对比,得出其相同点和不同点,比较研究法也是历史学的一种研究方法,通过比较研究得出的结论更具体、直观。柴德赓擅于运用比较研究法对中国史家进行研究,当然其中也包括考证法。他写过《全谢山与胡稚威》、《王西庄与钱竹汀》、《章实斋与汪容甫》三篇比较研究类型的文章。

通过对全谢山与胡稚威的比较研究,他得出二人年龄相近,并且是同乡,但是二人并不和睦,柴德赓通过考证得出二人不和的原因有二:第一,胡稚威批评方苞、李绂,这是全谢山所不能容忍的。柴德赓认为方苞和李绂在当时的学术界具有一定的地位和影响,他经过考证得出全谢山与方、李二人的交情很深,而胡稚威诋毁二人,这是全谢山与胡稚威之间的一个矛盾。柴德赓在文章中写道:"当时方、李学问地位之尊如彼,谢山与方、李关系之深如此,而稚威轻易诋毁,谢山安得不怫然而起,鸣鼓而攻。"① 第二,柴德赓认为胡稚威比全谢山的名气大,这点遭到全谢山的忌妒。柴德赓说:"稚威入京师后,被扼者十六年,幸蒙举荐,又为忌者所中。"经过考证得出此忌者正是全谢山。

柴德赓通过对王鸣盛与钱竹汀的比较研究得出,二人是同乡且年龄相仿,比较巧合的是二人之间还有亲戚关系,晚年又同住一地,二人之间有许多相同点,柴德赓通过比较分析,发现二人之间存在以下几点不同:第一,二人研究的侧重点不同。王鸣盛研究的内容,"前期偏重经学,后期转入史学。就他的著述来看,经史参半"。钱大昕也精通经学,但是他在史学领域却硕果累累,"以治

---

① 柴德赓:《全谢山与胡稚威》,《史学丛考》,第247页。

经的方法治史，又专治史而不专治一经的，应该说竹汀是第一个人"。"竹汀的学问主要是史学，其余各种专门知识，兼收并蓄，都是为史学服务的。"① 第二，从二人的学术成就比较来看，钱竹汀的成就要高于王西庄。原因有二：首先，王西庄自恃清高，治学没有虚心的态度。柴德赓写道："问题是西庄自己并不谦虚。他对同时学者是否敢骂，虽不了解，他骂古代史学家，可不留余地。""这种轻率口气，挥笔即来，实在是看不起人。"② 由此可见王西庄对待学术的态度就很有问题。其次，王西庄对待学术既不专也不精，而钱竹汀却与之相反将精力完全倾注于史学领域。对此柴德赓曾说：

> 竹汀于宋辽金元四史，用功较深，元史尤为专门。这方面是西庄力所未及的。竹汀精于算学，对古代历法研究及有心得，著《三统术衍》、《四史朔闰考》等，这是西庄未曾致力，引以为憾的。文字音韵之学，竹汀和西庄都用过功，但竹汀对古无轻唇音等比西庄有所发明。此外，地理、官制、金石、目录之学，两人各有专门，诗文亦工力悉敌。竹汀所以史学著作较西庄为多，专精亦过之，主要的一点，他把治经的功夫移来治史。③

第三，二人的代表作《十七史商榷》和《廿二史考异》在当今社会的地位不同。这两部著作都是史学名著，后者对学术界的作用要大于前者。

> 西庄和竹汀著述传世，都是卓然可以自立的，从经学的考据转到史学的考据，竹汀关系最大，考证最精，其影响也最深远，他和王西庄同而不同就在于此。④

---

① 柴德赓：《王西庄与钱竹汀》，《史学史资料》1979年第3期。
② 柴德赓：《王西庄与钱竹汀》，《史学史资料》1979年第3期。
③ 柴德赓：《王西庄与钱竹汀》，《史学史资料》1979年第3期。
④ 柴德赓：《王西庄与钱竹汀》，《史学史资料》1979年第3期。

关于章实斋与汪容甫，从柴德赓的文章可以看出二人虽同为当时的著名学者，但是二人却生活艰辛，在仕途上也不得志。关于章实斋柴德赓如此写道：

> 实斋乾隆四十三年成进士，已四十一岁。他自知"迂疏"，不敢入仕，以后也未正式授官。……他是一个仕途不得意的人，生活完全依靠朋友帮助，或是主持书院讲席，或是帮人修书来维持，有时很拮据。①

对于汪容甫生活艰辛和仕途坎坷柴德赓也有说明：

> 容甫七岁丧父，母亲携他乞食。……他比实斋更不得意，学问名气越大，他越不想去应考，以明经终。他生活很艰苦，事母很孝顺，主要靠做幕宾及校书来过活。②

以上论述可谓二人的相同之处。虽然二人同为出身清苦、仕途坎坷，且二人曾三次共事，但并没有因为共同的经历惺惺相惜，相反二人之间并不和睦，主要体现在章实斋对汪容甫的批评，或许是因为章实斋心胸狭窄而汪容甫大度，汪从没在书面上评论过章。章实斋在《章氏遗书》外编《读书随札》中曾说：

> 汪中恬不知耻，李惇铭云："是时古学大兴，元和惠氏、休宁戴氏，咸为学者所宗。自江以北，则王念孙为之唱，两君和之，中与刘台拱继之，并才力所诣，各成其学，虽有讲习，不相依附。"③

此外，章实斋对汪容甫的学术成就也予以否定，"不许汪容甫谈学问，不许他入儒林"，章实斋非常自负，他认为自己的学问是"正宗"，而其他人都不如

---

① 柴德赓：《章实斋与汪容甫》，《史学丛考》，第287页。
② 柴德赓：《章实斋与汪容甫》，《史学丛考》，第287页。
③ 柴德赓：《章实斋与汪容甫》，《史学丛考》，第293页。

他，所以在他的那个时代与他意气相投的人不多甚至没有，实质上他的学问在当时也并不是显学。章实斋是封建正统思想的卫道士，他尊崇儒学，但汪容甫却支持墨家的观点，这也是和章实斋相背而驰的。从以上的论述可以看出章实斋为人狭隘，对待不同观点不能辩证的分析，而是一概否定，他对待学术的这种态度是不可取的。正如柴德赓所说：

> 我们今天贯彻百花齐放、百家争鸣方针，同时学者各抒所见，互相尊重，已形成风气，看到封建时代文人相轻的恶习，觉得好笑。①

二、研究局限

柴德赓做为中国知名的历史学家、教育家，对中国史学的发展和历史教师的培养做出重要贡献，他治学严谨，其研究成果有一定的史学价值。但是，由于他过早逝世，此时其历史造诣正值纯熟期，他的过世对中国史学的发展来说，无疑是一个重大损失。由于他辞世过早，其研究也存在一定的局限性，从以下两方面来加以说明：

首先，其思想中有偏激的成分。举例来讲，比如对章学诚的评价问题，当代学者对章学诚的评价其积极的方面要多于消极方面。多数史学家认为章学诚在史学领域有开创性贡献，如他首倡"六经皆史"说，首次提出史家要具备"史德"的观点和在当时比较进步的进化的历史观点。柴德赓肯定章学诚在史学领域的贡献，他说：

> 他自负甚高，好与人争论，但著书立说，学问上有卓然可以自立的价值。②

---

① 柴德赓：《章实斋与汪容甫》，《史学丛考》，第299页。
② 柴德赓：《章实斋与汪容甫》，《史学丛考》，第287页。

总起来说，章学诚在乾嘉年间的学者中是有自己独特的风格和见解的，对当时和后世都有一定的影响，这是无可怀疑的。①

作为一位严谨的、实事求是的历史学家，柴德赓对章学诚的评价更多提出的是批评的观点，但是语言过于激进。第一，他对章学诚维护封建专制制度的批评说：

"名教罪人"的字样，是理学家常用的评语，但至雍正以后就赋以新的内容了。……章学诚是乾隆时人，他当然知道这四个字的分量，他这种义愤填膺的议论，除了说他出自拥戴"时王"的热忱以外，又能说什么呢？②

第二，从柴德赓的文章中可以分析出，他认为章学诚的气度小，不能容忍与他不同的学术观点存在，而且还会言辞不逊的对其攻击。第三，柴德赓批判章学诚在学术上的错误和其知错不改的治学态度。柴德赓在文章中说：

关于章学诚的学业水平，也是有问题的。他在《文史通义》中也好，在《遗书》其他部分也好，常常有些错误，也有常识方面的错误。③

对于历史人物的评价我们是该做到实事求是、客观公正，但是，人非圣贤，孰能无过，我们只要指出其缺点，在以后的治学中避免犯类似的错误，只是指出古人缺点的目的所在，而用严厉的语言苛责古人是不能解决实际问题的。而柴德赓的批判就太过于严厉，对章学诚的错误所产生的影响估计过坏。对此他说："象章学诚这样一位学者，我觉得近来肯定的过多了些，批判则太少了。这

---

① 柴德赓：《试论章学诚的学术思想》，《史学丛考》，第 305 页。
② 柴德赓：《试论章学诚的学术思想》，《史学丛考》，第 307 页。
③ 柴德赓：《试论章学诚的学术思想》，《史学丛考》，第 310 页。

样，会给人一种错觉，引到一种错误的方向上去。"①

其次，柴德赓的研究成果主要集中于清代，对宋朝的史家和书籍也有涉及，明朝也有几篇考证文章，对当代的史家研究不多，而对于其他朝代则没有涉猎。他对清代的研究最为精深，参加编纂《辛亥革命》，还写过如下文章，《〈四库提要〉之正统观念》、《记贵阳本〈书目答问〉兼论〈答问补正〉》、《重印〈书目答问补正〉序》、《万斯同之生卒年》、《全谢山与胡稚威》、《王西庄与钱竹汀》、《王鸣盛和他的〈十七史商榷〉》、《章实斋与汪容甫》、《试论章学诚的学术思想》、《跋顾亭林〈致归元恭札〉墨迹》、《跋〈邵念鲁年谱〉》、《严绳孙手札》、《记〈永禁机匠叫歇碑〉发现经过》。宋朝的研究其次，主要文章有《宋宦官参预军事考》、《论欧阳修的〈新五代史〉》、《〈资治通鉴〉及其有关的几部书》、《陆秀夫是否放翁曾孙》。对明朝的研究文章有《明季留都防乱诸人事迹考上》、《〈鲒埼亭集〉谢三宾考》、《关于〈杜臆〉的作者王嗣奭》、《明末苏州灵岩山爱国和尚弘储》。对当代史家的研究仅限于他的老师，曾写过《蔡东藩及其〈中国历代演义〉》、《〈通鉴胡注表微〉浅论》、《我的老师——陈垣先生》。对唐代的文章仅有一篇《从白居易诗文中论证唐代苏州的繁荣》。从以上的统计可以看出柴德赓对中国古代史学的研究并不均衡，其原因有以下几方面：第一，受其师陈垣的影响。陈垣精通清朝史学，所以柴德赓对清朝的学术传承了解比较透彻。第二，清朝的史料比较好搜集。柴德赓生于1908年，此时清朝还没有灭亡，他真正研究史学时清朝灭亡也不过半个世纪，史料保存的比较完好，此外，清朝史料来源的途径也比较多，如亲自采访调查等。第三，由于柴德赓逝世过早，其精力有限，还没来得及对其他朝代进行精深的研究其学术生涯就戛然而止了。柴德赓运用马克思主义研究历史，注重实事求是，对每篇文章的史料都进行过其认真的考订，所以他的文章都具有相当高的史料价值。

---

① 柴德赓：《试论章学诚的学术思想》，《史学丛考》，第312页。

三、结语

  纵观柴德赓先生的一生，其毕生都致力于史学的研究与教学工作，在史学研究方面，擅于运用考证的方法论证史实，其成果丰硕、翔实可靠。从其著作中可以看出，他本人对"经世致用"和"实事求是"的史学传统非常推崇。他认为陈垣、司马光和欧阳修的"经世"思想尤为突出，这种思想的形成与史家所处的社会背景是密切相关的。他认为在史学研究领域做到"秉笔直书"、"实事求是"更是必不可少的。他对清代考据三大家王鸣盛、钱竹汀和赵翼的"实事求是"史学传统大加赞赏，视为其研究学术的榜样。柴德赓在学术研究中注重继承这一传统，但他是运用马克思主义理论为指导的新时期的"实事求是"，这在史学研究领域是种新的突破。

  从柴德赓与老师陈垣的交往中可见他继承了尊师重教、注重师承的优良传统，与学生的交往中可知他又是一位治学严谨、诲人不倦的教师典范。终其一生，他对中国史学史的发展做出了巨大贡献，为中国教育尤其是历史教师的培养工作，成绩卓然。尤为可贵的是柴德赓为有志于学习史学和研究史学的人提供了读史的"门径"和治史的方法，如他的《史籍举要》一书，便为学习史学研究史书的人提供了便利，他提出的解决纪年问题的方法为研究史学的人提供了极大的便利。此外，柴德赓的治学方法、治史态度和教学态度，都是后学之人深为推崇的，他的治学和为人对后世产生了积极影响。

（作者单位：黑龙江省绥化市第七中学）

《柴德赓全集》总目（初稿）

柴念东

第一卷　清代学术史讲稿　清代著述家名录
第二卷　中国历史要籍介绍　资治通鉴介绍
第三卷　中国通史讲稿
第四卷　史学丛考　其他文章
第五卷　学术札记
第六卷　诗稿　书信　藏书捐赠个人资料等
第七卷　柴德赓日记（1944、1949—1951）
第八卷　柴德赓日记（1952—1956）
第九卷　柴德赓日记（1957—1958）
第十卷　柴德赓日记（1959—1966、1969）

编后记

2018年是史学家柴德赓先生诞辰110周年，柴先生是史学大家陈垣校长的得意弟子，深得陈垣先生真传，在史学研究和史学教育上均作出过杰出贡献。柴德赓先生于1952年至1955年任北京师范大学历史系教授，1955年调至江苏师范学院（今苏州大学）任历史系教授，在两校均担任过系主任，对两校的历史学科发展做出了不可磨灭的贡献。

缘此，2018年11月4日，北京师范大学历史学院和苏州大学人文社会科学处在北京联合召开了"柴德赓诞辰110周年学术研讨会暨《柴德赓全集》学术委员会会议"，来自全国各地近50位专家、学者参加了此次会议，这是继2007年苏州大学举办柴德赓诞辰100周年纪念会、学术研讨会等系列纪念活动后又一次重要的学术活动。

在筹办此次会议过程中，《青峰学志》编辑人员特向国内史学专家、学者征集学术论文，得到热烈响应和支持，收到论文包括：陈祖武《〈清史稿儒林传校读记〉举要》、曹永年《柴青峰藏陈援庵〈中国史学名著评论〉（讲授记录稿）跋》、邱居里《传承与发展——柴德赓先生〈史籍举要〉读后》、武少民《论柴德赓对清代学术史研究的贡献》、李岭和宁侠《读柴德赓先生〈"中国史部目录学"教学大纲〉札记》、韩益民《袁枚〈祭庄滋圃中丞文〉略考》、孔令通《柴德赓与陈乃乾往来函札二通考释》、赵宇翔《柴德赓与"章黄学派"关系考》、杜羽《手稿的价值与捐赠的意义》、崔珏《〈中国历史要籍介绍〉学习笔记读后》、邹典飞《潇洒流畅　学者风范——记著名历史学家柴德赓先生的书法成就》、丁波《柴德赓日记及来往书信中所见之〈辛亥革命〉署名及稿酬风波》以及吴琼《柴德赓历史教育思想探析》和王冰《柴德赓中国史学史研究的特点及局限》等论文，这些文章构成本文集的主要部分。

《青峰学志》还收集了十年来在书刊上发表的相关纪念柴德赓的文章及会议发言，其中包括刘家和、瞿林东、陈智超、关永礼、陈尚君、田晓明、王卫平、俞宁、沈慧瑛、杨立新、张建安、朱万章、侯德仁、张旭东、武晓阳、王江鹏等，这些文章都是十年来有关柴德赓研究的见证。

《青峰学志》还收录了陈晶、邓小南、孙文泱为商务印书馆即将出版相关书籍的感言及笔记，这些都是对柴德赓先生著作、生平的重要评价。

关于柴德赓先生的纪念文集已经出版过《青峰学记》（1992年）和《百年青峰》（2007年），此《青峰学志》为第三册。《青峰学志》的特点是撰稿人几乎都是这10年来新加入到有关柴德赓学术和生平研究的学者，他们和柴德赓均无交集，是学术使他们加入到柴德赓研究的领域。特别是苏州大学柴德赓研究所成立之后，将学术研究引向深入，随着《柴德赓全集》的陆续出版，势必引起更多学者的关注。

在2018年纪念柴德赓先生诞辰110周年学术研讨会上，刘家和先生作了《从〈王西庄与钱竹汀〉谈柴德赓先生的史论观》的主题发言，在此列为文集的首篇。

最后，感谢商务印书馆和苏州大学的大力支持，使《青峰学志》得以顺利出版。

柴念东
2019年8月中旬
于苏州大学